실전 알고리즘 트레이딩 배우기

실전 알고리즘 트레이딩 배우기

L e a r n   A l g o r i t h m i c   T r a d i n g

세바스티앙 도나디오 · 수라브 고쉬 지음 이기홍 옮김

에이콘

에이콘출판의 기틀을 마련하신 故 정완재 선생님 (1935-2004)

지은이 소개

세바스티앙 도나디오 Sebastien Donadio

트레이데어Tradair의 최고 기술 책임자로 이 기술을 선도하는 책임을 맡고 있다. HC테크놀로지스의 소프트웨어 엔지니어링 팀장, 선 트레이딩Sun Trading의 계량적 트레이딩 전략 소프트웨어 개발업체인 고빈도 FX사의 파트너 겸 기술 이사로 재직하면서 국방부의 프로젝트 리더로 일하는 등 매우 다양한 전문 경험을 갖고 있다. 프랑스에 있는 동안 Bull SAS와 소시에테 제네랄Societe Generale의 IT 신용 리스크 관리자Credit Risk Manager로서 연구한 경험이 있다. 지난 10년 동안 시카고 대학교, 뉴욕 대학교, 컬럼비아 대학교에서 다양한 컴퓨터 과학 과정을 가르쳤다. 주로 기술을 다루는 것에 열정을 갖고 있으며, 스쿠버 다이빙 강사면서 경험 많은 암벽 등반가이기도 하다.

수라브 고쉬 Sourav Ghosh

지난 10년 동안 몇몇 독점적인 고빈도 알고리즘 트레이딩 회사에서 일했다. 전 세계 여러 자산 클래스에 걸쳐 트레이딩 거래소를 위한 매우 낮은 지연 시간과 높은 처리량의 자동 트레이딩 시스템을 구축했다. 시장 조성을 위한 통계적 차익 거래와 가장 유동적인 글로벌 선물 계약의 거래 전략을 전문으로 한다. 시카고의 한 트레이딩 회사에서 정량적 개발자로 일하고 있다. 서던캘리포니아 대학교USC에서 컴퓨터 과학 석사 학위를 받았다. 관심 분야는 컴퓨터 아키텍처, 핀테크, 확률 이론과 확률적 프로세스, 통계적 학습과 추론 방법, 자연어 처리 등이다.

기술 감수자 소개

나타즈 다스굽타 Nataaj Dasgupta

RxDataScience Inc.의 Advanced Analytics 부사장이다. 19년 이상 IT 산업에 종사했으며, 필립 모리스, IBM, UBS 투자 은행, 퍼듀 제약Purdue Pharma의 기술 분석 부서에서 근무했다. 퍼듀 제약에서 데이터 과학 팀을 이끌었고, 회사로부터 상을 받은 빅데이터 및 머신러닝 플랫폼을 개발했다. 퍼듀 제약 이전에는 UBS의 외환 트레이딩 그룹에서 고빈도 및 알고리즘 트레이딩 기술 관련 일을 하면서 이사보의 역할을 맡았다. RxDataScience에서 맡은 역할과는 별도로 『Practical Big Data Analytics』(Packt, 2018)를 저술했고, 공동으로 『Hands-on Data Science with R』(Packt, 2018)을 저술했으며, 현재 런던 임페리얼 칼리지Imperial College에도 소속돼 있다.

라탄랄 마한타 Ratanlal Mahanta

현재 투자자들에게 계량적 모델을 제공하는 글로벌 계량적 연구 회사인 bitQsrv에서 계량 분석가로 일하고 있다. 계량적 트레이딩 모델링과 시뮬레이션에서 몇 년의 경험이 있다. 컴퓨터 금융 분야의 석사 학위가 있으며, 연구 분야로는 계량적 트레이딩, 최적 실행, 고빈도 트레이딩 등이 있다. 금융업계에서 9년 넘게 일했으며, 시장, 기술, 연구, 설계의 교차점에 놓여 있는 어려운 문제들을 해결하는 데 재능이 있다.

지리 픽 Jiri Pik

주요 투자 은행, 헤지펀드, 기타 참여자들과 함께 일하는 인공지능 설계가이자 전략가다. 혁신적인 트레이딩, 포트폴리오 및 위험 관리 시스템과 의사결정 지원 시스템을 설계하고, 여러 산업에 걸쳐 제공한다. 컨설팅 회사인 지리 픽 – 로켓에지Jiri Pik - RocketEdge는 인증된 전문 지식, 판단력, 실행력을 고객에게 빛의 속도로 제공한다.

옮긴이 소개

이기홍

카네기멜론 대학교에서 석사 학위를 받았고, 피츠버그 대학교 Finance Ph.D, CFA, FRM이며 금융, 투자, 경제분석 전문가다. 삼성생명, HSBC, 새마을금고 중앙회, 한국투자공사 등과 같은 국내 유수의 금융 기관, 금융 공기업에서 자산운용 포트폴리오 매니저로 근무했으며, 현재 딥러닝과 강화학습을 금융에 접목시켜 이를 전파하고 저변을 확대하는 것을 보람으로 삼고 있다. 저서(공저)로는 『엑셀 VBA로 쉽게 배우는 금융공학 프로그래밍』(한빛미디어, 2009)이 있으며, 번역서로는 『포트폴리오 성공 운용』(미래에셋투자교육연구소, 2010), 『딥러닝 부트캠프 with 케라스』(길벗, 2017), 『프로그래머를 위한 기초 해석학』(길벗, 2018)과 에이콘출판사에서 펴낸 『핸즈온 머신러닝·딥러닝 알고리즘 트레이딩』(2019), 『실용 최적화 알고리즘』(2020), 『초과 수익을 찾아서 2/e』(2020), 『자산운용을 위한 금융 머신러닝』(2020) 등이 있다. 누구나 자유롭게 머신러닝과 딥러닝을 자신의 연구나 업무에 적용해 활용하는 그날이 오기를 바라며 매진하고 있다.

옮긴이의 말

이 책은 실전 알고리즘 트레이딩을 위한 기초 환경, 지식과 함께 백테스트 및 리스크 관리에 대한 기법과 노하우, 실전에서의 유의 사항을 전달한다. 또한 파이썬을 기반으로 간단한 트레이딩 시그널부터 시작해서 경제 이벤트 기반 및 변동성 조정의 고급 기법을 활용하는 방법을 알려 주고, 이들을 머신러닝 기법과 어떻게 결합하는가에 이르기까지 보여 준다.

본래 알고리즘 트레이딩은 투자은행 트레이딩 부서에서 쓰이는 업계 전문용어이며, 주어진 주문을 시장 충격을 최대로 줄이면서 거래 비용을 최소화하는 거래 기법을 일컬었으나, 최근에는 기술적 지표를 중심으로 하는 시스템 트레이딩도 포함해 광의의 뜻으로 사용되기도 한다. 이 책에서의 알고리즘 트레이딩은 시스템 트레이딩의 의미로 사용된다. 하지만 이 책이 기본적으로 기술적 지표를 이용한 전략을 설명하고 있음에도 이들 시그널을 트레이딩에 적용하는 여러 지침 및 주의 사항은 다른 어떠한 트레이딩 시그널을 실전에 적용해 거래할 때도 큰 도움이 될 것이다. 이 책은 알고리즘 트레이딩 또는 퀀트 투자를 처음 접하는 사람들이 트레이딩이나 투자에 대한 큰 지식이 없어도 읽을 수 있는 좋은 입문서라 생각하며, 다음 단계로 나가기 위한 디딤돌이 되리라 기대한다. 이 책에서 사용되는 프로그램들은 깃허브에 대부분 제공되고 있으며, 이들 프로그램들을 자신의 목적에 맞춰 수정하는 연습을 하면 실력 향상에 큰 도움이 될 것이다.

이기홍

차례

들어가며

오늘날에는 정교한 거래 시그널, 예측 모델, 전략에 의존한다는 의미로 타인에 비해 빠르기만 해서는 유의한 경쟁 우위를 확보하기 점점 더 어려워지고 있다. 이 책에서는 광범위한 청중에게 현대 전자 거래 시장과 시장 참가자들의 운영 방식과 또한 파이썬을 사용해 실용적이고 수익성이 높은 알고리즘 거래 사업을 구축하는 모든 구성 요소를 설계, 구축, 운영하는 방법을 잘 이해하는 데 필요한 지식과 실제 경험을 제공한다.

책 전반에 걸쳐 작업을 수행하는 데 필요한 알고리즘 거래와 환경 설정을 소개한다. 자동화된 거래 프로젝트를 시작하기 전에 여러분이 필요로 하는 알고리즘 거래 사업의 핵심 요소와 질문들을 배운다.

후반에서는 계량적 거래 시그널과 거래 전략이 어떻게 개발되는지 알게 될 것이다. 몇몇 잘 알려진 트레이딩 전략의 작동 방식과 구현법을 이해하게 될 것이다. 또한 변동성 전략, 경제지표 발표 전략, 통계적 차익 거래를 포함한 더 정교한 거래 전략을 이해하고, 실행하고, 분석할 것이다. 앞부분에서 구축한 알고리즘을 사용해 트레이딩 봇을 만드는 방법을 처음부터 배울 수 있다.

이제 여러분은 시장에 연결돼 라이브 시장에서 알고리즘 트레이딩 전략을 연구하고, 구현하고, 평가하고, 안전하게 운용할 준비가 돼 있을 것이다.

이 책의 대상 독자

소프트웨어 엔지니어, 금융 거래자, 데이터 분석가, 기업가, 알고리즘 거래의 탐구를 시작하고 싶어 하는 모든 사람을 위한 책이다. 알고리즘 트레이딩이 어떻게 작동하는지, 트레이딩 시스템의 모든 구성 요소가 무엇인지, 블랙박스와 그레이박스 거래에 필요한 프로토콜과 알고리즘, 완전히 자동화되고 수익성 있는 트레이딩 비즈니스 구축 방법을 알고 싶다면 이 책이 꼭 필요하다.

이 책에서 다루는 내용

1장, 알고리즘 트레이딩의 기초 알고리즘 트레이딩이 무엇이며 알고리즘 트레이딩이 고빈도수 또는 낮은 지연 시간 거래와 어떻게 관련돼 있는지 설명한다. 규칙 기반에서 AI로 이어지는 알고리즘 거래의 진화를 살펴본다. 알고리즘 거래 개념, 자산 분류 및 계기 등 본질적인 내용을 다룰 것이다. 어떻게 알고리즘을 결정하는가를 배운다.

2장, 기술적 분석을 통한 시장 해석 몇 가지 인기 있는 기술적 분석 방법을 다루며, 시장 데이터의 분석에 적용하는 방법을 보여 준다. 시장 추세, 지지, 저항을 활용한 기초 알고리즘 트레이딩을 실시한다.

3장, 기초 머신러닝을 통한 시장 예측 여러 가지 간단한 회귀 및 분류 방법을 검토하고 구현하며, 트레이딩에 지도 통계적 학습 방법을 적용하는 것의 장점을 설명한다.

4장, 인간의 직관에 의한 고전적 트레이딩 전략 몇 가지 기본적인 알고리즘 전략(모멘텀, 추세, 평균회귀)을 살펴보고, 그 작동과 장단점을 설명한다.

5장, 고급 알고리즘 전략 좀 더 진보된 접근 방식(통계적 차익 거래, 페어 상관관계)과 그들의 장단점을 검토해 기본적인 알고리즘 전략을 통합한다.

6장, 알고리즘 전략의 위험 관리 알고리즘 전략에서 위험(시장 위험, 운영 위험, 소프트웨어 구현 버그)을 측정하고 관리하는 방법을 설명한다.

7장, 파이썬 트레이딩 시스템 구축 앞에서 만들어진 알고리즘에 기초해 거래 전략을 지원하는 기능적 구성 요소를 설명한다. 파이썬을 이용해 작은 트레이딩 시스템을 구축할 것이며, 앞에서 나온 알고리즘을 사용해 거래할 수 있는 트레이딩 시스템을 구축할 것이다.

8장, 트레이딩 거래소 연결 트레이딩 시스템의 통신 구성 요소를 설명한다. 파이썬에 있는 퀵픽스 라이브러리를 사용해서 거래 시스템을 실제 교환에 연결할 것이다.

9장, 파이썬 백테스트 시스템 구축 트레이딩 봇의 성능을 검증하고자 대량의 데이터로 테스트를 실행해 트레이딩 알고리즘을 향상시키는 방법을 설명한다. 모델이 구현되면 트레이딩 로봇이 트레이딩 인프라에서 예상대로 동작하는지 테스트(구현 관련 실수 확인)해야 한다.

10장, 변화하는 시장 참여자와 시장 조건 적응 실시간 거래 시장에 배포할 때 전략이 예상대로 수행되지 않는 이유를 논의하고, 전략 자체 또는 기본적인 가정 내에서 문제를 해결하는 예를 제공한다. 또한 잘 수행되고 있는 전략이 왜 성능 면에서 서서히 악화되는지를 논의하고, 이것을 어떻게 해결할 것인지 설명하는 몇 가지 간단한 예를 소개할 것이다.

이 책을 최대한 활용하려면

이 책을 보기 전에 금융과 파이썬에 관한 기초 지식이 있어야 한다.

예제 코드 다운로드

이 책의 예제 코드 파일은 www.packtpub.com/support을 방문해서 이메일을 등록하면 파일을 직접 받을 수 있으며, 이 링크를 통해 원서의 Errata도 확인할 수 있다.

이 책의 코드 번들은 깃허브[GitHub] https://github.com/PacktPublishing/Learn-Algorithmic-Trading에서도 내려받을 수 있다. 코드에 대한 업데이트가 있을 경우 기존 깃허브 저장소에서 업데이트될 것이다.

또한 에이콘출판사의 도서정보 페이지인 http://www.acornpub.co.kr/learn-algorithmic-trading에서도 예제 코드를 내려받을 수 있다.

컬러 이미지 다운로드

이 책에 사용된 스크린샷/다이아그램의 컬러 이미지를 가진 PDF 파일을 제공한다. http://www.packtpub.com/sites/default/files/downloads/9781789348347_ColorImages.pdf에서 다운로드할 수 있다.

에이콘출판사의 도서정보 페이지인 http://www.acornpub.co.kr/learn-algorithmic-trading에서도 내려받을 수 있다.

편집 규약

이 책 전반에 걸쳐 사용된 많은 텍스트 규칙이 있다.

텍스트 내의 코드: 텍스트, 데이터베이스 테이블 이름, 폴더 이름, 파일 이름, 파일 확장명, 경로 이름, 더미 URL, 사용자 입력에서의 코드 단어를 표시한다. 예를 들면 다음과 같다.

"이 코드는 `pandas_datareader` 패키지의 `DataReader` 함수를 사용할 것이다."

코드 블록은 다음과 같이 설정된다.

```
import pandas as pd
from pandas_datareader import data
```

코드 블록의 특정 부분에 주의를 기울이려면 관련 라인 또는 항목을 굵게 설정한다.

```
if order['action'] == 'to_be_sent':
            # Send order
            order['status'] = 'new'
            order['action'] = 'no_action'
            if self.ts_2_om is None:
```

볼드체: 화면에 보이는 새로운 용어, 중요한 단어 또는 단어를 나타낸다. 예를 들어, 메뉴나 대화 상자의 단어는 다음과 같이 텍스트에 나타난다.

"**절대 가격 오실레이터**APO 트레이딩 시그널 지표에 의존하는 평균 회귀 전략."

주의 사항이나 중요한 내용을 나타낸다.

유용한 정보나 요령을 나타낸다.

연락하기

독자들의 피드백은 언제나 환영이다.

일반 피드백: 이 책에서 궁금한 점이 있으면 메시지 제목에 책 제목을 언급하고 customercare@packtpub.com으로 이메일을 보내 주기 바란다. 한국어판에 관한 질문은 에이콘출판사 편집 팀(editor@acornpub.co.kr)이나 옮긴이의 이메일로 문의해 주길 바란다.

정오표errata: 비록 콘텐츠의 정확성을 보장하고자 모든 주의를 기울였지만, 실수는 일어나게 돼 있다. 이 책에서 실수를 발견했을 때 우리에게 알려 준다면 감사할 것이다. www.packtpub.com/support/errata를 방문해 책을 선택하고, Errata Submission Form 링크를 클릭한 다음 세부 정보를 입력하기 바란다.

한국어판의 정오표는 에이콘출판사 도서정보 페이지 http://www.acornpub.co.kr/book/learn-algorithmic-trading에서 볼 수 있다.

저작권 침해: 만약 인터넷에서 어떤 형태로든 이 책의 불법 복제물을 발견할 때 우리에게 위치 주소나 웹사이트 이름을 제공해 주면 감사할 것이다. 자료 링크가 있는 copyright@packt.com으로 문의 바란다.

1부

소개 및 환경 설정

1부에서는 알고리즘 트레이딩 및 설정을 소개한다. 책 전체에서 작업을 수행하는 데 필요한 환경이다. 로봇 트레이딩 프로젝트를 착수하기 전에 해야 할 질문과 핵심 구성 요소를 배울 것이다.

1부는 다음 장으로 구성된다.

- 1장: 알고리즘 트레이딩 기초

01

알고리즘 트레이딩 기초

알고리즘 트레이딩 또는 자동 트레이딩은 트레이딩 목적을 위한 일련의 지시를 포함한 프로그램으로 작동한다. 인간 트레이더에 비교해 이 트레이딩은 더 빠른 속도로 이익과 손실을 초래한다. 1장에서는 트레이딩 자동화를 처음 접하게 될 것이다. 트레이딩 로봇을 구현하는 여러 스텝을 차근차근 설명할 것이다. 그 배경이 되는 트레이딩 세계와 기술적인 구성 요소를 배울 것이다. 또한 사용할 틀의 세부 사항을 다룰 것이며, 1장을 마치면서 파이썬으로 생애 최초의 초보적인 트레이딩 전략을 코딩할 수 있게 될 것이다. 1장에서는 다음 주제를 다룬다.

- 트레이딩의 대상
- 알고리즘 트레이딩과 자동화 소개
- 주요 트레이딩 구성 요소

- 프로그래밍 환경의 설정
- 초보적 트레이딩 전략의 구현

왜 트레이딩을 하는가?

로마 시대부터 현재까지 트레이딩은 인류의 본질적인 부분이다. 가격이 높을 때 다시 팔고자 가격이 낮을 때 원료를 구입하는 것은 많은 문화의 일부였다. 고대 로마에서 부유한 로마인들은 로마 포럼Roman Forum을 사용해 통화, 채권, 투자 자산을 거래했다. 14세기에 상인들은 정부 부채를 베네치아Venezia에서 트레이딩했다. 초기 형태의 증권 거래소가 1531년에 벨기에 안트베르펜Antwerpen에서 만들어졌다. 트레이더들은 약속 어음과 채권을 거래하고자 정기적으로 만났다. 새로운 세계를 정복하는 것은 높은 비용을 수반하지만, 또한 좋은 수익도 수반했다. 네덜란드 동인도 회사는 1602년에 투자자들이 높은 잠재적 수익률을 가진 이 값비싼 프로젝트에 참여할 수 있도록 자본을 개방했다. 같은 기간 동안 잘 알려진 튤립이 세계 각지에서 매도돼 투자자와 매도자에게 수익성 있는 시장을 조성하고 있었다. 많은 사람들이 이 꽃의 가격에 대해 투기했기 때문에 이러한 이유로 선물 계약이 만들어졌다.

100년 후 프랑스의 루이지애나Louisiana 원정도 일확천금을 꿈꾸는 많은 투자자들을 끌어 모았다. 미시시피 컴퍼니Mississippi Company는 루이지애나의 잠재적 부를 기반으로 모든 투자를 처리하고자 세워졌다. 다른 많은 투자 기회는 영국 철도와 남미 정복을 포함해 수세기에 걸쳐 일어났다.

이 모든 사건은 공통의 뿌리를 갖고 있었다. 부유한 사람들은 더 많은 돈을 벌려고 한다. 만약 우리가 트레이딩하는 이유에 대한 질문에 답한다면 그 대답은 아마도 더 많은 돈을 벌기 위함일 것이다. 그러나 이전의 모든 역사적 예는 매우 안 좋게 끝났다. 투자는 나쁜 투자로 판명되거나 대부분의 경우 그 가치는 과대 평가됐고, 트레이더들은 결국 자신의 돈을 잃었다. 이것은 실제로 이 책의 독자들에게 좋은 교훈이다. 트레이딩이 수익성 있는 사업같이 들리더라도 항상 수익성의 덫없음(때로는 작동할 수 있지만 항상 그런 것은 아님)을 주의하고, 투자에 내재된 위험을 고려해야 한다.

현대적 트레이딩 환경의 기본 개념

'현대적 트레이딩 환경의 기본 개념' 절에서는 트레이딩 기초, 시장 가격을 이끄는 요인과 수요 공급을 다룬다.

'왜 트레이딩을 하는가?' 절에서 다뤘듯이 트레이딩은 사람들이 서로 상품을 거래하고 그렇게 하는 동안 이익을 만들고자 태초부터 존재했다. 현대의 시장은 여전히 공급의 기본 경제 원칙에 의해 구동된다. 수요가 공급을 능가하는 경우 상품 또는 서비스의 가격은 상품 또는 서비스의 상대적 부족을 반영하고자 더 높이 상승할 것이다. 반대로 시장에 특정 상품의 매도자들이 몰려드는 경우 가격이 하락할 가능성이 있다. 따라서 시장은 항상 특정 제품에 대한 사용 가능한 공급과 수요 사이의 균형 가격을 반영하려고 할 것이다. 이것이 어떻게 오늘날 시장에서 가격 발견의 근본적인 동인이 되는가를 이 책의 뒤에서 알게 될 것이다. 현대 시장의 진화와 사용 가능한 기술의 발전으로 가격 발견은 점점 더 효율적이게 됐다.

직관적으로 온라인 소매업의 발전에 따라 제품 가격이 모든 매도자에 걸쳐 가장 효율적인 가격이 되고, 이러한 가격 정보에 쉽게 접근할 수 있어서 고객이 매수하는 가격은 최고의 호가가 될 것이라는 것을 추론할 수 있다. 현대 트레이딩에서도 마찬가지다. 기술과 규제의 발전으로 더 많은 시장 참여자가 과거보다 훨씬 더 효율적으로 가격을 발견할 수 있는 시장 데이터에 접근할 수 있다. 물론 참여자가 정보를 받는 속도, 반응하는 속도, 처리할 수 있는 데이터의 세분성, 각 참여자가 받는 데이터에서 트레이딩 통찰력을 얻는 정교함이 바로 현대 트레이딩에서 경쟁이 일어나는 곳이며, '시장 섹터' 절에서 이것들을 다룰 것이다. 그러나 먼저 현대 트레이딩 환경에 관한 몇 가지 기본 개념을 소개한다.

시장 섹터

'시장 섹터' 절에서는 서로 다른 종류의 시장 섹터 개념과 이들의 자산 클래스 개념과의 차이점을 간단히 소개한다.

시장 섹터는 트레이드하는 여러 상이한 기초 상품이다. 가장 인기 있는 시장 섹터는 상품(금속, 농산품), 에너지(원유, 가스), 주식(여러 회사 주식), 이자율 채권(부채와 거래해 얻는 쿠폰이 이자를 발생시키므로 붙인 이름), 외환(상이한 국가 통화 간의 현물 거래소 비율)이다.

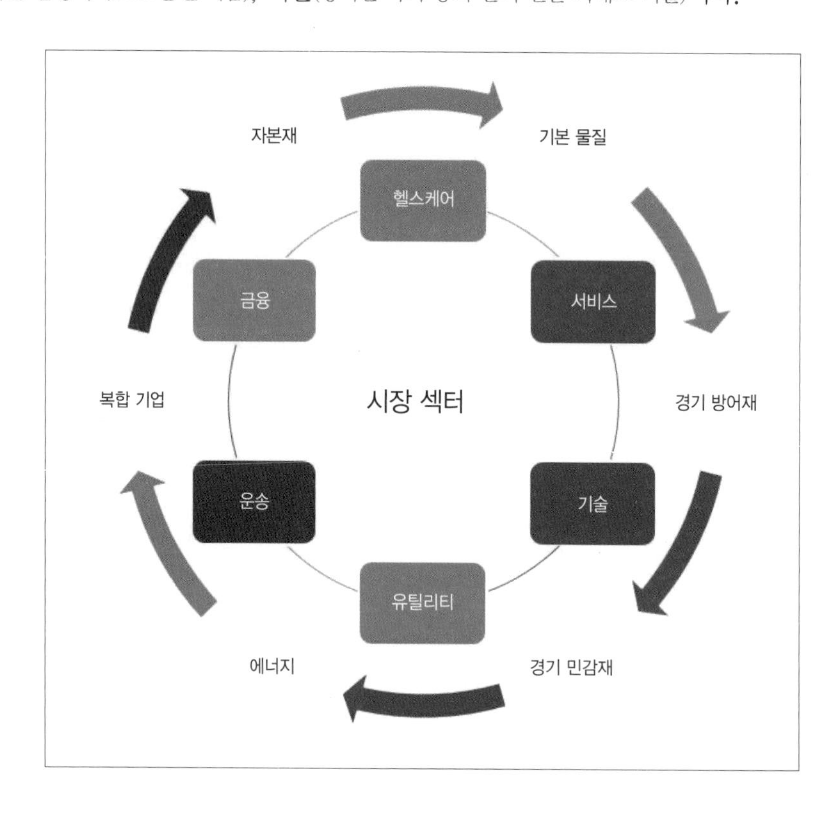

자산 클래스

자산 클래스는 서로 다른 거래소에서 트레이딩에 사용될 수 있는 서로 다른 종류의 실제 트레이딩 수단이다. 예를 들어, 현물 이자율 채권, 현물 외환, 현물 주식은 '시장 섹터' 절에서 설명한 것이다. 그러나 이들 기초 자산의 파생 상품인 금융 수단을 가질 수 있다. 파생 상품은 다른 금융 수단의 위에 구축된 수단이며, '자산 클래스' 절에서 탐구할 추가적인 제약이 있다. 두 가지 가장 유명한 파생 상품은 선물과 옵션이며, 모든 파생 상품 전자 거래소에서 집중적으로 트레이딩된다.

기초 수단의 가격에 연동된 기초 상품, 에너지, 주식, 이자율 채권, 외환에 관련된 선물 계약을 할 수 있으나, 서로 다른 특성과 규칙이 있다. 선물 계약은 간단히 말해서 매도자가 미래에 특정 날짜(만기일로도 알려진)에 기초 상품의 일정 금액을 매도하기로 약속하고, 매수자가 특정 일에 특정 가격으로 합의된 금액을 수락하기로 동의하는 매수자와 매도자 간의 계약이다.

예를 들어, 버터 생산자는 버터 생산 비용에 직접적으로 영향을 주는 우유 가격의 잠재적 폭등으로부터 보호받기를 원할 것이다. 이 경우 버터 생산자는 미래에 특정 가격으로 그들에게 충분한 우유를 공급하도록 우유 생산자와 계약을 맺을 수 있을 것이다. 반대로 우유 생산자는 미래의 우유 매수자에 대해서 걱정하고, 버터 생산자와 적어도 일정량의 우유를 미래에 특정 가격으로 제공할 것을 계약함으로써 위험을 줄이고자 할 것이다. 왜냐하면 우유는 부패될 수 있고 수요 부족은 우유 생산자에게 큰 손실을 의미하기 때문이다. 이것은 매우 간단한 선물 계약 트레이드의 예다. 현대의 선물 계약은 이것보다 훨씬 더 복잡하다.

선물 계약과 마찬가지로 기초 수단의 가격에 연동된 기초 상품, 에너지, 주식, 이자율 채권, 외환에 대한 옵션 계약을 가질 수 있으나, 서로 다른 특성과 규칙을 갖고 있다. 선물 계약과 비교해 옵션 계약의 차이점은 옵션 계약의 매수자와 매도자는 특정 가격으로 특정 일에 특정 양으로 사거나 파는 것을 거부하는 옵션을 갖는다는 것이다. 옵션에 관련된 모든 상대방을 보호하고자 프리미엄premium의 개념을 갖는다. 이것은 옵션을 사고/팔고자 미리 지불해야 하는 최소 금액이다.

만기 매수 의무가 아닌 콜옵션call option 또는 매수 권리는 만약 기초 상품의 가격이 만기 이전보다 상승하면 매수자가 돈을 번다. 왜냐하면 만기에 옵션을 행사할 수 있으므로 현재 시장 가격보다 더 낮은 가격으로 기초 상품을 매수할 수 있기 때문이다. 반대로 만약 기초 상품의 가격이 만기 이전에 하락하면 매수자는 옵션 행사에서 물러날 수 있는 옵션이 있으므로 지불한 프리미엄만 손해 볼 것이다. 풋옵션put option은 유사하나, 풋계약의 보유자에게 만기 시 (매도무가 아닌) 매도 권리를 준다.

서로 다른 금융 상품과 파생 상품은 이 책의 초점이 아니므로 자세히 다루지 않을 것이다. 다만 매우 다양한 트레이드 가능 금융 상품이 세상에 존재하고 규칙과 복잡성에서 매우 다르다는 것을 알리고자 간단히 소개했다.

현대 거래소의 기본 사항

이 책은 주로 현대 알고리즘 트레이딩이 어떤 것인지를 소개하도록 설계됐기 때문에 현대 전자 트레이딩 거래소가 어떻게 나타났는지 이해하는 데 초점을 맞출 것이다. 거래소 피트exchange pit에서 서로 고함을 지르고, 손짓 시그널로 특정 가격에 상품을 사고 팔겠다는 의사를 전달하는 시대는 지나갔다. 이들은 영화의 재미있는 장면으로 남아 있지만, 현대 트레이딩은 완전히 다른 모습을 보인다.

오늘날 대부분의 트레이딩은 다양한 소프트웨어 응용 프로그램을 통해 전자적으로 이뤄진다. 시장 데이터 피드 처리기market data feed handler는 지정가 호가창 및 시장 가격(매수/매도 호가)의 실제 상태를 반영하고자 거래소에 의해 전달된 시장 데이터를 처리하고 이해한다. 시장 데이터는 이전에 거래소와 시장 참여자(FIX/FAST, ITCH, HSVF)에 의해 합의된 특정 시장 데이터 프로토콜에 게시된다. 그런 다음 동일한 소프트웨어 응용 프로그램이 해당 정보를 사람에게 전달하거나 알고리즘적으로 자신이 의사결정을 내린다. 그다음 의사결정은 특정 주문 유형(GTD, GtC, IOC 등)을 전송해 특정 상품에 대한 의사와 특정 가격으로 사거나 팔고자 하는 의사를 거래소에 알리는 유사한 소프트웨어 응용 프로그램(주문 입력 게이트웨이)으로 다시 거래소에 전달된다. 여기에는 미리 거래소와 거래소 참여자들이 합의한 거래소 주문 입력 프로토콜(FIX, OMEX, OUCH)로 거래소에서의 트레이딩을 이해하고, 거래소와 통신하는 것이 관련된다.

접근 가능한 시장 참여자와 매치match가 이뤄지면 이 매치가 주문 입력 게이트웨이를 통해 소프트웨어 응용 프로그램으로 전달되고, 다시 트레이딩 알고리즘 또는 인간에게 돌아와 흔히 전자적으로 트레이딩을 완료한다. 이 왕복의 속도는 시장, 참여자, 알고리즘 자체에 따라 많이 다르다. 이는 낮게는 10마이크로초 미만이지만, 높게는 수 초가 걸리며, 이는 나중에 자세히 설명한다.

다음 다이어그램은 전자 트레이딩 거래소로부터 관련 시장 참여자들로 전달되는 정보 흐름과 다시 거래소로 전달되는 정보 흐름을 기술한 그림이다.

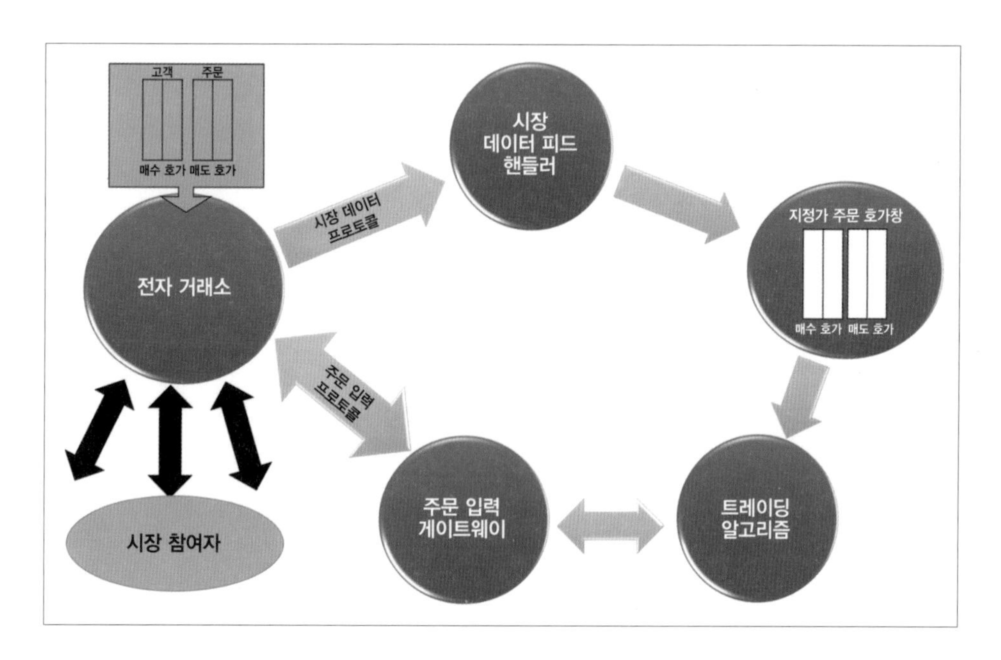

위의 다이어그램에서 보인 바와 같이 트레이딩 거래소는 고객의 매수 주문창(매수 호가)과 고객의 매도 주문창(매도 호가)을 유지하고, 모든 시장 참여자에게 주문창의 상태를 제공하고자 시장 데이터 프로토콜을 사용해 시장 데이터를 게시한다. 고객 측의 시장 데이터 핸들러data handler는 들어오는 시장 데이터 피드를 디코딩하고, 거래소가 인식하는 대로 주문

창의 상태를 반영하고자 자신의 지정가 주문창을 구축한다. 그러고 나서 고객의 트레이딩 알고리즘을 통해 전파된 다음, 주문 입력 게이트웨이를 거쳐 외부로 나가는 주문 흐름을 생성한다. 나가는 주문 흐름은 주문 입력 프로토콜을 통해 거래소로 통신된다. 이것은 그 다음 추가적으로 시장 데이터 흐름을 생성하고, 이런 트레이딩 정보 주기cycle가 계속된다.

알고리즘 트레이딩 개념의 이해

'현대 거래소의 기본 사항' 절에서는 (시장 참여자들이 보낸 다양한 주문으로 구성된) 거래소 주문창, 거래소 매칭 알고리즘, 거래소 시장 데이터 프로토콜, 거래소 주문 입력 프로토콜과 같은 새로운 개념을 많이 소개했다. 여기서 더 자세히 논의하자.

거래소 호가창

거래소 호가창은 고객이 주문한 모든 들어오는 매수 및 매도 주문을 유지한다. 그것은 들어오는 주문에 대한 모든 속성(가격, 계약/주식 수, 주문 유형, 참여자 식별)을 추적한다. 매수 주문(또는 매수 호가)은 가장 높은 가격(가장 좋은 가격)에서 가장 낮은 가격(가장 나쁜 가격)으로 정렬된다. 가격이 높은 매수 호가가 매칭에 관한 한 우선순위가 더 높다. 동일한 가격의 매수 호가는 매칭 알고리즘에 따라 우선순위가 지정된다. 가장 간단한 선착순 사용FIFO, First In First Out 알고리즘은 들어온 순서로 동일 가격 주문의 우선순위를 정하는 직관적인 규칙을 사용한다. 이것은 나중에 정교한 트레이딩 알고리즘이 속도와 인텔리전스를 사용해 주문에 대한 더 높은 우선순위를 얻는 방법과 이것이 수익성에 미치는 영향을 논의할 때 중요하다. 매도 주문(또는 매도 호가)은 가장 낮은 가격(가장 좋은 가격)에서 가장 높은 가격(가장 나쁜 가격)으로 정렬된다. 여기서도 같은 가격의 매도 호가에 관해서 매칭 우선순위 지정 방법은 특정 상품에 대해 거래소에 의해 채택된 매칭 알고리즘에 달려 있다. 이는 다음 절에서 더 자세히 다룰 것이다. 시장 참여자는 새로운 주문을 하거나, 기존 주문을 취소하거나, 가격 및 주식/계약 수와 같은 주문 속성을 수정할 수 있으며, 거래소는 참여자가 보낸 각 주문에 대한 응답으로 공공 시장 데이터를 생성한다. 거래소에 의해 배포된 시장 데이터를 사용해 시장 참여자들은 거래소의 주문창의 상태를 정확히 파악할 수 있다(이는 거래소가 숨기기로 선택한 정보에 달려 있지만, 지금은 무시한다).

거래소 매칭 알고리즘

들어오는 매수 호가가 가장 좋은(가장 낮은 가격) 매도 호가와 같거나 높은 경우 주문이 매칭된다. 반대로, 들어오는 매도 호가가 가장 좋은(가장 높은 가격) 매수 호가와 같거나 낮은 경우 매칭이 된다. 들어오는 공격적인 주문은 다음 이 두 조건이 만족하는 한 호가창에 있는 기존 수동적인 주문과 계속 매칭된다. 공격적인 신규 주문이 완전히 매치되거나 혹은 반대편에 있는 나머지 주문의 가격이 들어오는 주문 가격보다 더 나쁠 수 있는데 이때는 매칭이 일어나지 않는다. 이것은 주문이 입력된 지정가보다 더 나쁜 가격으로 매칭될 수 없다는 기본 규칙 때문이다. 그리고 동일한 가격 수준의 주문에 관한 한 매칭 순서는 거래소가 채택하는 매칭 알고리즘 규칙에 따라 결정된다.

FIFO 매칭

이전에 FIFO 알고리즘을 간략하게 설명했지만, 여기서 예제를 보임으로써 더 자세히 설명한다. 시간 순서대로 거래소 매수 호가bids A, B, C가 가격 10.00에 입력될 때 호가창이 다음과 같다고 가정하자. 따라서 같은 가격에 주문 A는 주문 B보다 우선순위가 높고, 주문 B는 주문 C보다 우선순위가 높다. 입찰 주문 D는 더 나쁜 가격 9.00에 있다. 마찬가지로 매도 호가asks 측에서 주문 Y가 가격 11.00에 입력되기 전에 주문 X가 같은 가격 11.00에 입력됐다. 따라서 주문 X는 주문 Y보다 우선순위가 높고, 다음 매도 호가 Z가 더 나쁜 가격 12.00에 입력됐다.

매수 호가	매도 호가
주문 A: 매수 1 @ 10.00	주문 X: 매도 1 @ 11.00
주문 B: 매수 2 @ 10.00	주문 Y: 매도 2 @ 11.00
주문 C: 매수 3 @ 10.00	주문 Z: 매도 2 @ 12.00
주문 D: 매수 1 @ 9.00	

10.00에 4주에 대해 들어오는 매도 주문 K가 1주에 대한 주문 A, 2주에 대한 주문 B, 1주에 대한 주문 C에 이 순서대로 FIFO 매칭 알고리즘에 따라 매칭된다고 가정하자. 매칭이 끝나면 주문 C는 여전히 남은 2주를 가격 10.00에 보유하고, 가장 높은 우선순위를 가질 것이다.

프로라타 매칭

프로라타pro-rata 매칭은 다양한 방식으로 제공되며, 일반적으로 약간씩 다르게 구현된다. 이 책의 범위 내에서 이런 매칭 알고리즘 배후의 몇 가지 직관과 가상의 매칭 시나리오를 소개한다.

프로라타 매칭 사이의 기본 직관은 동일한 가격에서 작은 주문보다 더 큰 주문을 선호하고, 주문이 입력된 시간을 무시한다. 이는 시장의 미시 구조를 상당히 변화시키는데 참여자들은 가능한 한 빨리 주문을 입력하는 대신 우선순위를 얻고자 더 큰 주문을 입력한다.

매수 호가	매도 호가
주문 A: 매수 100 @ 10.00	주문 X: 매도 100 @ 11.00
주문 B: 매수 200 @ 10.00	주문 Y: 매도 200 @ 11.00
주문 C: 매수 700 @ 10.00	주문 Z: 매도 200 @ 12.00
주문 D: 매수 100 @ 9.00	

앞서 보인 시장 상태를 고려한다. 이 예를 위해서 가상 주문 크기를 100배로 증가한다. 여기서 매수 호가, A, B, C는 동일 가격, 10.00에 있다. 그러나 크기 100으로 들어오는 매도 호가가 가격 10.00에 들어오면 그 수준에서 주문 크기에 비례해서 주문 C는 70계약에 대한 체결을 얻고, 주문 B는 20계약에 대한 체결을 얻고, 주문 A는 10계약에 대한 체결을 얻는다. 이것은 부분적 매치 크기 및 동일한 크기의 주문 간의 동일 순위 해결 등에 관련된 복잡성을 배제한 지나치게 단순화된 것이다. 또한 일부 거래소는 프로라타와 FIFO의 혼합을 사용는데, 들어오는 공격적 주문 부분은 프로라타를 사용해 매치하고, 일부는 FIFO 순서대로 매치한다. 그러나 이것은 프로라타 매칭이 FIFO 매칭과 비교해 어떻게 다른가

를 기본적으로 이해하도록 할 것이다. 프로라타 매칭의 상세한 검토와 그 영향은 이 책의 범위를 벗어나기 때문에 여기서 다루지 않는다.

지정가 주문 호가창

지정가 주문 호가창은 거래소 호가창과 매우 비슷하다. 유일한 차이점은 시장 참여자들이 주문을 보내는 것에 대한 응답으로 거래소에 의해 발송되는 시장 데이터를 기반으로 시장 참여자들에 의해 구축된다는 것이다. 지정가 주문 호가창은 모든 알고리즘 트레이딩의 중심 개념이며, 다른 모든 형태의 트레이딩에서 종종 발견된다. 그 목적은 의미 있는 방식으로 매수 호가와 매도 호가를 수집하고 조정해 특정 시점에 존재하는 시장 참여자들을 파악할 수 있는 방법뿐만 아니라 균형 가격이 무엇인지 파악하는 방법을 얻을 수 있다. 기술적 분석을 더 깊이 파고들 2장에서 이들을 다시 살펴볼 것이다. 거래소가 공공 시장 데이터를 통해 모든 시장 참여자들이 어떤 정보를 이용할 수 있게 하기로 결정하는가에 따라 참여자들이 구축하는 지정가 주문 호가창은 거래소 매칭 엔진의 호가창과 약간 다를 수 있다.

거래소 시장 데이터 프로토콜

거래소 시장 데이터 프로토콜은 이 책의 초점이 아니므로 이 항목은 이 책의 범위를 벗어난다. 시장 데이터 프로토콜은 거래소로부터 모든 시장 참여자에게 전달되는 통신 흐름이며, 신규 참여자가 소프트웨어 응용 프로그램을 작성해 구독, 수신, 오류, 네트워크 손실을 확인할 수 있도록 잘 문서화돼 있다. 이들은 지연 시간, 처리량, 오류 허용도, 중복성, 기타 여러 요구 사항을 염두에 두고 설계된다.

시장 데이터 피드 핸들러

시장 데이터 피드 핸들러는 시장 참여자가 특정 거래소 시장 데이터 프로토콜과 상호 작용하고자 만든 소프트웨어 응용 프로그램이다. 이것들은 구독, 수신, 디코딩할 수 있고, 오류와 네트워크 손실을 체크할 수 있으며, 지연 시간, 처리량, 오류 허용 오차, 중복성, 기타 여러 요구 사항을 염두에 두고 설계된다.

주문 유형

대부분의 거래소는 시장 참여자로부터 수락하는 다양한 주문을 지원한다. '주문 유형' 절에서 가장 일반적인 몇 가지 형식을 설명한다.

IOC - 즉각 체결 또는 취소

이 형태의 주문은 호가창에 추가되지 않는다. 이 주문은 기존에 잔존하는 주문에 최대 IOC^Immediate Or Cancel 주문 크기로 매치하거나 나머지 들어오는 주문은 취소된다. IOC가 매칭할 수 있는 가격의 잔존 주문이 없는 경우 IOC는 전체적으로 취소된다. IOC 주문은 사후적으로 호가창 매칭에 남지 않는 이점이 있으나, 트레이딩 알고리즘의 주문 관리로 인해 추가적인 복잡성을 발생시킬 수 있다.

GTD - 설정일까지 유효

이 형태의 주문[1]은 호가창에 추가된다. 이 주문은 기존의 잔존 주문에 완전히 매치하면 추가되지 않는다. 그렇지 않으면 주문의 나머지 수량은 책에 추가되고 들어오는 공격적 주문과 매치될 수 있는 대기 주문으로 남는다(부분 매칭이 없는 경우 전체 원래 수량이 남을 수 있다). GTD^Good Till Day 주문의 이점은 방금 호가창에 나타난 주문보다 더 나은 우선순위를 가짐으로써 FIFO 매칭 알고리즘을 활용할 수 있다는 것이다. 그러나 더 복잡한 주문 관리가 필요하다.

스톱 주문

스톱 주문^stop order은 특정 가격(스톱 가격이라고 함)이 시장에서 트레이딩될 때까지 호가창에 없는 주문이다. 특정 가격으로 시장에서 트레이딩되는 시점에서 이들은 미리 지정된 GTD 주문이 된다. 이 주문은 출구 주문(손실 포지션을 청산하거나 승자 포지션의 이익을 실현하고자)으로 훌륭하다. 패배 또는 승리 포지션을 갖는 것은 무엇을 의미하고 포지션을 종료하는 것

---

1 고객이 설정한 날까지 주문의 효력이 유지되며, 해당 종목의 매매 정지일 1일 전까지만 설정이 가능하다(CME, EUREX 거래소의 상품에 한함). - 옮긴이

은 무엇을 의미하는지 설명한 후 이 주문을 다시 살펴볼 것이다.

거래소 주문 입력 프로토콜

거래소 주문 입력 프로토콜은 시장 참여자 소프트웨어 응용 프로그램이 주문 요청(신규, 취소, 수정)을 보내는 방법과 거래소가 요청에 회신하는 방식이다.

주문 입력 게이트웨이

주문 입력 게이트웨이는 주문 입력 프로토콜을 통해 거래소 매칭 엔진과 통신하는 시장 참여자 클라이언트 응용 프로그램이다. 이들은 신뢰할 수 있는 방식으로 주문 흐름을 처리하고, 거래소로 주문을 보내고, 주문을 수정 또는 취소하며, 이들 주문이 수락, 취소, 실행될 때 통지를 받는다. 종종 시장 참여자들은 단지 주문 실행 통지를 수신해 주문 입력 게이트웨이의 1차 주문에 대한 일관성을 확인만 하는 변형된 제2의 주문 입력 게이트웨이를 실행한다. 이를 드롭-복사 게이트웨이drop-copy gateway라고 한다.

포지션 및 손익 관리

실행된 주문은 시장 참여자가 실행된 수량, 실행 가격으로 실행된 상품의 포지션을 갖도록 한다(지정가 주문은 입력된 것보다 더 나은 가격으로 매치될 수 있으며, 더 나쁘게는 안 된다). 매수 측 실행을 롱 포지션long position이라고 하는 반면 매도 측 실행은 숏 포지션short position을 갖는다고 한다. 전혀 포지션이 없다면 이것을 플랫flat하다고 한다. 롱 포지션은 시장 가격이 포지션 가격보다 높을 때 돈을 벌고 시장 가격이 포지션 가격보다 낮을 때 돈을 잃는다. 반대로 숏 포지션은 시장 가격이 포지션 가격에서 하락할 때 돈을 벌고, 시장 가격이 포지션 가격에서 상승할 때 돈을 잃는다. 이들이 바로 잘 알려진 개념인 싸게 사서 높을 때 판다(buy low, sell high)와 높을 때 사서 더 높을 때 판다(buy high, sell higher) 등이다.

다른 수량 및 가격에 대한 여러 매수 실행 또는 여러 매도 실행으로 인해 전체 포지션 가격이 실행 가격 및 수량의 평균 가중 평균이 된다. 이를 포지션의 VWAPVolume Weighted Average

Price라고 한다. 열린 포지션open position은 해당 포지션의 미실현 **손익**PnL, Profit and Loss이 무엇인지 파악하고자 시가 평가marked to market된다. 이는 현재 시장 가격이 포지션 가격과 비교된다는 것을 의미한다. 시장 가격이 상승한 롱 포지션은 미실현 이익으로 간주되고, 그 반대는 미실현 손실로 간주된다. 숏 포지션에도 비슷한 용어가 적용된다. 열린 포지션이 마감되면 손익PnL이 실현된다. 즉 롱 포지션을 마감하고자 매도하고 숏 포지션을 마감하고자 매수하는 것을 의미한다. 그 시점에서 PnL에 실현된 PnL이라는 용어가 주어진다. 어느 시점에서든 총 PnL은 지금까지 실현된 PnL과 시장 가격에서 열린 포지션에 대한 미실현 PnL의 총계다.

직관에서 알고리즘 트레이딩까지

여기서는 트레이딩 아이디어가 어떻게 만들어지고 알고리즘 트레이딩 전략으로 어떻게 전환되는지를 논의할 것이다. 기본적으로 모든 트레이딩 아이디어는 인간의 직관에 크게 좌우된다. 시장이 위/아래로 항상 움직였다면 직관적으로 시장이 같은 방향으로 계속 움직일 것이라고 생각할 수 있다. 이것이 추세 추종 전략trend-following strategy의 기본 아이디어다. 반대로 가격이 위/아래로 많이 움직이면 가격이 잘못돼 반대 방향으로 움직일 가능성이 높다는 것을 의미할 수 있는데, 이는 평균 회귀 전략mean reversion strategy의 기본 아이디어다. 직관적으로 서로 매우 유사하거나 느슨하게 의존하는 상품들이 함께 움직일 것이라고 추론할 수 있으며, 이는 상관관계 기반의 트레이딩, 즉 페어 트레이딩pairs trading의 기본 아이디어다. 모든 시장에서의 참여자는 시장에 대한 자신의 견해를 갖고 있으며, 최종 시장 가격은 대다수 시장 참여자의 반영이다. 자신의 견해가 대다수의 시장 참여자와 일치하는 경우 해당 특정 전략은 해당 사례에서 수익성이 있을 것이다. 물론 트레이딩 아이디어가 항상 옳은 것은 아니며, 전략의 수익성 여부는 아이디어가 얼마나 자주 정확하지 않은가 대비 얼마나 자주 정확한가에 달려 있다.

왜 우리는 트레이딩을 자동화해야 하는가?

역사적으로 인간 트레이더는 규칙 기반 트레이딩을 구현해 수동으로 주문을 입력하고 포지션을 취하며 하루 종일 손익을 창출한다. 시간이 지남에 따라 기술이 발전하면서 다른 피트pit의 트레이더에게 주문을 실행시키고자 피트에서 소리를 지르는 것으로부터 브로커를 불러 전화로 주문을 하는 것, GUI 응용 프로그램을 갖고 포인트와 클릭 인터페이스로 주문을 입력하는 것으로 진화했다.

이와 같은 수동 접근 방식에는 단점이 많다. 인간은 시장에 대한 반응이 느리므로 정보를 놓치거나 새로운 정보에 반응하는 것이 느리며, 한 번에 여러 가지 일을 하거나 집중할 수 없으며, 실수하는 경향이 있고, 산만해지고, 돈을 잃는 것에 대한 두려움과 돈을 버는 기쁨을 느낀다. 이 모든 단점으로 인해 계획된 트레이딩 전략에서 벗어나 트레이딩 전략의 수익성이 심각하게 제한된다.

컴퓨터는 규칙 기반 반복 작업에 매우 능숙하다. 올바르게 설계되고 프로그래밍되면 명령과 알고리즘을 매우 빠르게 실행할 수 있으며, 여러 금융 수단에 원활하게 확장 및 적용할 수 있다. 이들은 시장 데이터에 매우 빠르게 반응하며, (잘못 프로그래밍되지 않은 한 컴퓨터 자체의 결함이 아닌 소프트웨어 버그인 경우가 아니라면) 산만하거나 실수하지 않는다. 이들은 감정이 없기 때문에 프로그램된 일을 벗어나지 않는다. 이 모든 장점으로 인해 컴퓨터화된 자동 트레이딩 시스템이 올바르게 운영될 때 매우 수익성이 높으며, 바로 그곳이 알고리즘 트레이딩이 시작되는 곳이다.

알고리즘 트레이딩의 진화 – 규칙 기반 AI로부터

추세 추종 전략의 간단한 예를 들어 수동 접근 방식에서 완전히 자동화된 알고리즘 트레이딩 전략으로 어떻게 발전했는지 살펴보자. 역사적으로 인간 트레이더는 추세가 시작되거나 계속되는 시기를 감지하는 데 사용할 수 있는 간단한 차트 응용 프로그램을 사용하는 데 익숙하다. 주가가 일주일 동안 매일 5%씩 오르는 경우 매수하고 보유하거나 (장기적으로 매수) 또는 주가가 2시간 내에 10% 하락한 경우 매도 숏을 하고, 더 떨어지기를 기다리는 것과 같은 간단한 규칙일 것이다. 이것은 과거의 전통적인 수동 트레이딩 전략일 것이다. 앞에서 설명한 것처럼 컴퓨터는 반복적인 규칙 기반 알고리즘을 매우 잘 수행한다. 규칙이 간단할수록 프로그래밍이 쉽고 개발 시간이 단축되지만, 컴퓨터 소프트웨어 응용 프로그램은 컴퓨터를 프로그래밍하는 소프트웨어 개발자가 처리할 수 있는 복잡성에 의해서만 제한된다. 1장의 끝에서 파이썬으로 작성된 현실적인 트레이딩 전략을 다룰 것이지만, 지금은 그 전에 필요한 모든 아이디어와 개념을 계속해서 소개하고자 한다.

다음은 추세를 따르는 인간 직관 트레이딩 아이디어를 구현하는 의사 코드pseudo code다. 이는 응용 프로그램의 요구에 따라 선택한 언어로 번역할 수 있다.

여기서는 2시간 동안 가격이 10% 변동할 때 매수/매도하는 추세 추종을 사용한다. 이 변수는 시장에서의 현재 포지션을 추적한다.

```
Current_position_ = 0;
```

이것이 포지션에 대한 예상 이익 임계값이다. 포지션이 임계값보다 수익성이 높은 경우 포지션과 미실현 수익을 실현 이익으로 정리한다.

```
PROFIT_EXIT_PRICE_PERCENT = 0.2;
```

이것이 포지션의 최대 손실 임계값이다. 포지션이 임계값 이상을 잃는 경우 포지션을 정리하고 실현되지 않은 손실을 실현된 손실로 전환한다. 돈을 잃으면 왜 포지션을 정리하는가? 그 이유는 단순히 하나의 나쁜 포지션에서 모든 돈을 잃는 것이 아니라 손실을 조기에 줄여서 트레이딩을 계속할 자본을 확보하기 위함이다. 위험 관리 관행을 자세히 설명할 때 이를 더 자세히 알아볼 것이다. 지금은 포지션에 대한 진입 가격과 가격 변동 측면에서 포지션에 대한 최대 허용 손실인 파라미터를 정의한다.

```
LOSS_EXIT_PRICE_PERCENT = -0.1;
```

여기에서 본 임계값에서, 실패 포지션에서 잃을 것으로 예상되는 것보다 승리/수익 가능 포지션에서 더 많은 돈을 벌 것으로 예상한다. 이것은 항상 대칭적인 것은 아니지만 책의 뒷부분에서 트레이딩 전략을 자세히 살펴볼 때 승리와 실패 포지션의 분포를 다룰 것이다. 다음은 시장 가격이 변경될 때마다 호출되는 메소드/콜백이다. 시그널이 입력을 일으키는지와 PnL 이유로 열린 포지션 중 하나를 닫아야 하는지 다음과 같이 확인해야 한다.

```
def OnMarketPriceChange( current_price, current_time ):
```

첫째, 포지션이 없고, 가격이 10% 이상 상승했는지 확인한다. 이것은 진입 시그널이며, 매수 주문을 보내고 포지션을 업데이트할 것이다. 기술적으로 거래소가 주문이 매칭됨을 확인할 때까지 포지션을 업데이트해서는 안 되지만, 이 첫 번째 의사 코드의 단순성을 위해 관련된 복잡성을 무시하고 나중에 해결하기로 하자.

```
If Current_position_ == 0 AND ( current_price - price_two_hours_ago ) /
current_price >; 10%:
  SendBuyOrderAtCurrentPrice();
  Current_position_ = Current_position_ + 1;
```

이제 포지션이 없고, 가격이 10% 이상 하락했는지 확인한다. 이것은 진입 시그널이며, 매도 주문을 보내고 입장을 업데이트할 것이다.

```
Else If Current_position_ == 0 AND ( current_price - price_two_hours_ago )
/ current_price < -10%:
  SendSellOrderAtCurrentPrice();
  Current_position_ = Current_position_ - 1;
```

현재 롱 포지션이고, 시장 가격이 유리한 방향으로 움직였다면 포지션의 수익성이 미리 정해진 임계값을 초과하는지 확인한다. 이 경우 매도 주문을 보내 포지션을 정리하고 미실현 이익을 실현 이익으로 전환한다.

```
If Current_position_ >; 0 AND current_price - position_price >; PROFIT_EXIT_PRICE_
PERCENT:
  SendSellOrderAtCurrentPrice();
  Current_position_ = Current_position_ - 1;
```

현재 롱 포지션이고, 시장 가격이 불리하게 움직였다면 이 포지션 손실이 미리 정해진 임계값을 초과하는지 확인한다. 이 경우 매도 주문을 보내 포지션을 정리하고 미실현 손실을 실현 손실로 전환한다.

```
Else If Current_position_ >; 0 AND current_price - position_price < LOSS_EXIT_PRICE_
PERCENT:
  SendSellOrderAtCurrentPrice();
  Current_position_ = Current_position_ - 1;
```

현재 숏 포지션이고, 시장 가격이 유리한 방향으로 움직였다면 포지션 수익성이 미리 정해진 임계값을 초과하는지 확인한다. 이 경우 매수 주문을 보내 포지션을 정리하고, 미실현 이익을 실현 이익으로 변환한다.

```
Else If Current_position_ < 0 AND position_price - current_price >; PROFIT_EXIT_PRICE_
PERCENT:
  SendBuyOrderAtCurrentPrice();
  Current_position_ = Current_position_ - 1;
```

현재 숏 포지션이고, 시장 가격이 불리한 방향으로 움직였다면 포지션 손실이 미리 정해진 임계값을 초과하는지 확인한다. 이 경우 매수 주문을 보내 포지션을 정리하고 미실현 손실을 실현 손실로 전환한다.

```
Else If Current_position_ < 0 AND position_price - current_price < LOSS_EXIT_PRICE_
PERCENT:
  SendBuyOrderAtCurrentPrice();
  Current_position_ = Current_position_ - 1;
```

알고리즘 트레이딩 시스템의 구성 요소

'알고리즘 트레이딩의 진화 – 규칙 기반 AI로부터' 절에서는 전체 알고리즘 트레이딩 설정과 관련된 여러 가지 구성 요소에 대한 최상위 수준의 뷰를 제공했다. 실제로 완전한 알고리즘 트레이딩 설정은 다음 다이어그램과 같이 두 섹션으로 나뉜다.

- 핵심 인프라는 트레이딩 관련 시장 데이터 프로토콜 통합, 시장 데이터 피드 핸들러, 내부 시장 데이터 형식 정규화, 역사적 데이터 기록, 거래 수단 정의 기록 및 전파, 거래소 주문 입력 프로토콜, 거래소 주문 입력 게이트웨이, 핵심 주변 위험 시스템, 브로커–당면 응용 프로그램, 백 오피스 조정 응용 프로그램, 규정 준수 요구 사항 해결 등을 다룬다.
- 알고리즘 트레이딩 전략 구성 요소는 정규화된 시장 데이터 사용, 주문 호가창 생성, 들어오는 시장 데이터 및 주문 흐름 정보로부터 시그널 생성, 다양한 시그널 집계, 통계적 예측 능력(알파), 포지션 및 PnL 관리를 기반으로 하는 효율적인 실행 로직, 전략 내부의 관리, 전략 내부의 위험 관리, 백테스팅backtesting, 역사적 시그널 및 트레이딩 연구 플랫폼을 다룬다.

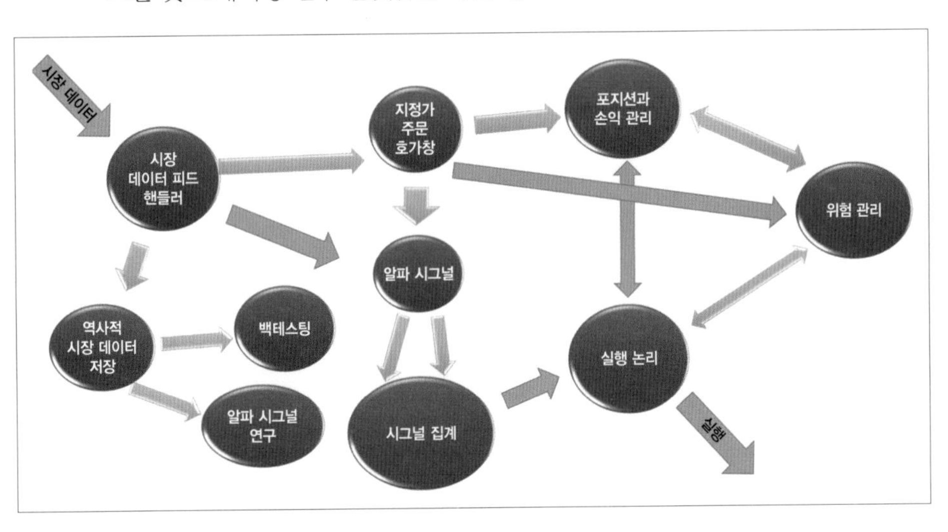

시장 데이터 구독

이 구성 요소는 정규화된 데이터를 공개하는 피드 핸들러 구성 요소와 상호작용해야 한다. 이 데이터는 피드 핸들러의 다양한 **내부 프로세스 통신**IPC, Inter-Process Communication 메커니즘을 사용해 네트워크 또는 로컬로 전달될 수 있다. 낮은 지연 시간latency 전달 및 확장성은 이와 관련된 주요 설계 결정이다.

지정가 주문 호가창

일단 트레이딩 전략이 정규화된 시장 데이터를 얻으면 해당 데이터를 사용해 각 상품에 대한 지정가 주문 호가창limit order book을 작성하고 유지한다. 지정가 주문 호가창의 정교함과 복잡성에 따라 양측에 얼마나 많은 참여자들이 존재하는지를 알려 주는 정도로 간단할 수도 있고, 시장 참여자 우선순위를 추적하고, 지정가 주문 호가창에서 자신의 주문을 추적할 만큼 정교할 수도 있다.

시그널

지정가 주문 호가창이 일단 구축되면 새로운 들어오는 시장 데이터 정보로 인해 이들이 업데이트될 때마다 새로운 정보를 사용해 시그널signal을 생성한다.

시그널은 신호, 지표, 예측 변수, 계산기, 특성, 알파 등의 다양한 이름으로 불리지만 모두 거의 같은 의미를 갖는다.

트레이딩 시그널은 들어오는 시장 데이터 정보, 지정가 주문 호가창 또는 트레이딩 정보로부터 도출된 잘 정의된 정보 조각이며, 다른 시장 참여자에 대한 통계적 우위(이점)를 얻어 수익성을 증가시킬 수 있도록 한다. 트레이딩 시그널은 많은 트레이딩 팀이 그들의 시간과 노력을 기울이는 영역 중 하나다. 핵심은 많은 시그널을 구축해 경쟁에서 우위를 취하고, 기존 시그널을 조정하고, 새로운 시그널을 더해 변화하는 시장 조건과 시장 참여자들을 다루는 것이다. 이는 이 책의 큰 초점이므로 이후의 장에서 다시 다룰 것이다.

시그널 집계기

종종 많은 알고리즘 트레이딩 시스템이 개별 시그널이 제공하는 것보다 더 큰 우위를 얻고자 많은 종류의 시그널을 결합한다. 이 접근법은 본질적으로 서로 다른 시장 상황에서 상이한 예측 능력/이점을 가진 상이한 시그널을 결합하는 것이다. 개별 시그널을 결합하는 방법에는 여러 가지가 있다. 고전적인 통계 학습 방법을 사용해 선형 및 비선형 조합을 생성해 개별 조합을 나타내는 분류 또는 회귀 출력 값을 출력할 수 있다. 머신러닝은 이 책의 초점이 아니므로 이 주제에 너무 깊이 들어가는 것을 피하지만, 이후 절에서 간략하게 다시 살펴볼 것이다.

실행 논리

알고리즘 트레이딩의 또 다른 주요 구성 요소는 경쟁에서 우위를 점하고자 시그널을 기반으로 주문을 빠르고 효율적으로 관리하는 것이다. 변화하는 시장 데이터, 시그널 값을 빠르고 지능적인 방식으로 변화시키는 데 반응하는 것이 중요하다. 종종 속도와 정교함이 두 가지 경쟁 목표이며, 우수한 실행 논리는 두 가지 목표의 균형을 최적의 방식으로 유지하려고 한다. 다른 시장 참여자들로부터 우리의 의도/정보를 위장해 최적의 실행을 얻는 것도 매우 중요하다.

다른 시장 경쟁자들이 거래소에 어떤 주문이 전송되는지 관찰하고 그 잠재적 영향을 평가할 수 있으므로 이 구성 요소는 우리의 트레이딩 전략이 무엇인지 명확하게 알 수 없도록 할 정도로 지능적이어야 한다. 슬리피지slippage와 수수료도 실행 로직 설계에 관한 한 매우 중요한 요소다.

슬리피지는 트레이딩의 예상 가격과 실제로 트레이딩이 실행되는 가격의 차이로 정의된다. 이것은 주로 두 가지 이유로 발생할 수 있다.

- 주문이 예상보다 늦게 거래소에 도달하면 (대기 시간) 주문이 전혀 실행되지 않거나 예상보다 더 나쁜 가격으로 실행될 수 있다.

- 주문이 여러 가격으로 실행될 정도로 매우 큰 경우 전체 실행의 VWAP는 주문이 전송될 때 관찰된 시장 가격과 크게 다를 수 있다.

슬리피지는 포지션 청산에 어려움이 있을 뿐만 아니라 정확하게 고려되지 않은 손실을 초래한다. 트레이딩 알고리즘의 포지션 크기가 커질수록 슬리피지가 더 큰 문제가 된다.

수수료는 주문을 효율적으로 실행하는 또 다른 문제다. 일반적으로 주문의 크기와 총 거래량에 비례하는 거래소 수수료와 중개인 수수료가 존재한다.

다시 한번 말하면 트레이딩 알고리즘의 포지션 크기가 커짐에 따라 거래량이 증가하고 수수료도 증가한다. 종종 좋은 트레이딩 전략은 너무 많이 트레이딩하고 많은 트레이딩 수수료를 축적하기 때문에 수익성이 나쁜 결과를 낳을 수 있다. 결국 좋은 실행 로직은 수수료 지불을 최소화하고자 한다.

포지션 및 PnL 관리

모든 알고리즘 트레이딩 전략은 자신의 포지션과 PnL을 효과적으로 추적하고 관리해야 한다. 실제 트레이딩 전략에 따라 복잡성은 다양할 수 있다.

페어 트레이딩(커브 트레이딩curve trading은 또 하나의 유사한 전략)과 같은 보다 정교한 트레이딩 전략의 경우 여러 상품에서 포지션과 PnL을 추적해야 하며, 종종 포지션과 PnL이 서로 상쇄돼 실제 포지션 및 PnL을 결정하는 데 복잡성/불확실성을 유발한다. 4장, '인간의 직관에 의한 고전적 트레이딩 전략'에서 전략을 자세히 논의할 때 이 문제를 살펴볼 것이다. 그러나 지금은 너무 자세하게 설명하지 않는다.

위험 관리

좋은 리스크 관리는 알고리즘 트레이딩의 초석 중 하나다. 나쁜 위험 관리 관행은 잠재적인 수익성 전략을 수익성이 없는 전략으로 바꿀 수 있다. 거래소에서 규칙과 규정을 위반할 위험이 더 커져 종종 법적 조치와 막대한 처벌을 받을 수 있다. 마지막으로 고속 자동 알고리즘 트레이딩의 가장 큰 위험 중 하나는 잘못 프로그래밍된 컴퓨터 소프트웨어에 버그와 오류가 발생하기 쉽다는 것이다. 미쳐 날뛴 자동화된 고속 알고리즘 트레이딩 시스템으로 전체 회사가 문을 닫는 사례가 많다. 따라서 리스크 관리 시스템은 매우 강력하고 기능이 풍부하며, 여러 계층의 중복성을 갖도록 구축해야 한다. 또한 리스크 시스템 고장 가능성을 최소화하고자 매우 높은 수준의 테스트, 스트레스 테스트, 엄격한 변화 관리가 필요하다. 6장, '알고리즘 전략의 위험 관리'에서 트레이딩 전략의 수익성을 극대화하고 손실이나 파산을 초래하는 일반적인 함정을 피하고자 최고의 위험 관리 관행에 6장 전체를 바친다.

백테스팅

예상되는 행동에 대한 자동 트레이딩 전략을 연구할 때 좋은 알고리즘 트레이딩 연구 시스템의 핵심 구성 요소는 훌륭한 백테스터backtester다. 백테스터는 자동화된 트레이딩 전략 동작을 시뮬레이션하고, 예상 PnL, 예상 위험 노출, 역사적으로 기록된 시장 데이터를 기반으로 하는 기타 성과지표에 대한 통계를 추출하는 데 사용된다. 기본 아이디어는 질문에 답하는 것이다. 과거 데이터를 고려할 때 특정 트레이딩 전략이 어떤 종류의 성과를 보일 것인가? 이는 과거 시장 데이터를 정확하게 기록하고, 이를 재생할 수 있는 프레임워크와 잠재적 트레이딩 전략에서 시뮬레이션된 주문 흐름을 수용할 수 있는 프레임워크를 가지며, 다른 시장 참여자가 있을 때 과거 시장 데이터에 나타난 대로 거래소가 이 전략의 주문 흐름을 어떻게 매칭하는지를 모방해 구축된다. 또한 다양한 트레이딩 전략을 시도해 아이디어를 시장에 배포하기 전에 어떤 아이디어가 효과적인지 알아볼 수 있다.

매우 정확한 백테스터를 구축하고 유지하는 것은 알고리즘 트레이딩 리서치 시스템을 설정하는 데 가장 복잡한 작업 중 하나다. 소프트웨어 지연 시간, 네트워크 지연 시간, 주문에 대한 정확한 FIFO 우선순위, 슬리피지, 수수료 및 경우에 따라 고려 중인 전략의 주문 흐름에 따른 시장 영향(즉 다른 시장 참여자들이 이 전략의 주문 흐름과 트레이딩 활동이 존재할 때 어떻게 반응하는가)과 같은 것들을 정확하게 시뮬레이션해야 한다. 1장의 끝에서 백테스팅을 다시 살펴보고, 책의 뒷부분에서 다시 살펴볼 것이다. 마지막으로 백테스터 설정 및 조정 시 직면하는 실제 문제, 알고리즘 트레이딩 전략에 미치는 영향과 부정확한 백테스팅에 따른 피해를 가장 효과적으로 최소화하는 방법을 설명한다.

왜 파이썬인가?

파이썬Python은 세계에서 가장 널리 사용되는 프로그래밍 언어다(새로운 소프트웨어 개발의 3분의 1이 이 언어를 사용한다).

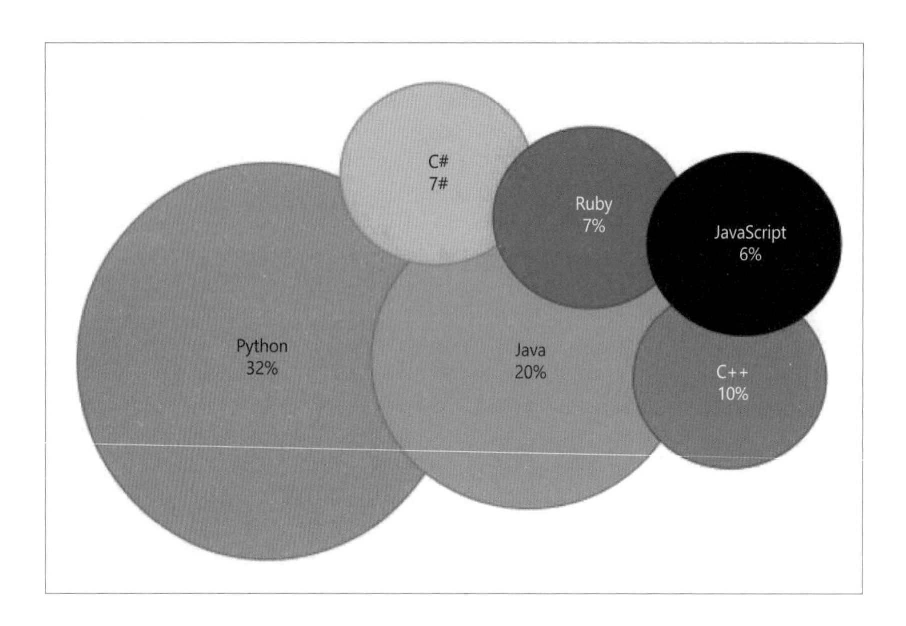

이 언어는 배우기 매우 간단한다. 파이썬은 타입 추론type inference이 포함된 해석형interpreted 하이 레벨high-level 프로그래밍 언어다. 메모리 관리 및 코딩에 사용 중인 시스템의 하드웨어 기능에 중점을 둬야 하는 C/C++와 달리 파이썬은 메모리 관리와 같은 내부 구현을 잘 다룬다. 결과적으로 이 유형의 언어는 트레이딩 알고리즘 코딩에 집중하는 것을 용이하게 한다. 파이썬은 다목적이다. 응용 프로그램 개발을 위해 모든 도메인에서 사용할 수 있다. 파이썬은 수년간 널리 사용돼 왔기 때문에 프로그래머 커뮤니티는 데이터 분석, 머신러닝, 데이터 추출, 런타임에서 커뮤니케이션에 이르기까지 트레이딩 전략에 필요한 많은 중요한 라이브러리를 얻을 수 있을 정도로 규모가 크다. 오픈 소스 라이브러리 목록은 엄청나다. 또한 소프트웨어 엔지니어링 측면에서 파이썬에는 객체 지향, 기능적 및 동적 타입과 같은 다른 언어에서 사용되는 패러다임이 포함된다. 파이썬에 대한 온라인 리소스는 무제한이며, 수많은 책이 파이썬을 사용할 수 있는 모든 도메인을 안내한다. 트레이딩에서 사용하는 언어는 파이썬만이 아니다. 데이터 분석을 하고 트레이딩 모델을 만들고자 파이썬(또는 결국 R)을 사용하는 것이 좋다. 프로덕션 코드를 트레이딩할 때 C, C++ 또는 자바Java를 사용한다. 이 언어는 소스 코드를 실행 가능 또는 바이트 코드로 컴파일한다. 결과적으로 이들 소프트웨어는 파이썬 또는 R보다 100배 빠르다. 이 세 가지 마지막 언어가 파이썬보다 빠르더라도 우리는 모든 언어를 사용해 라이브러리를 만든다. 이 라이브러리들을 함께 묶어서 파이썬(또는 R)과 함께 사용한다.

파이썬을 선택할 때 언어의 버전도 선택해야 한다. 파이썬 2가 가장 일반적으로 사용되는 파이썬 표준이었지만, 파이썬 3이 몇 년 안에 이를 대신할 것이다[2] 파이썬 커뮤니티는 파이썬 3 라이브러리를 개발하고 있다. 기술 회사들은 이 버전으로 마이그레이션을 시작했다. 2020년 이후에는 파이썬 2.X가 더 이상 유지되지 않을 것이며, 따라서 새로운 프로그래머라면 파이썬 2보다 파이썬 3을 배우는 것이 좋을 것이다.

파이썬과 R은 모두 트레이딩 알고리즘을 만들 때 계량 리서처(또는 계량 개발자)들을 지원하는 가장 널리 사용하는 언어다. 데이터 분석 또는 머신러닝을 위한 수많은 지원 라이브러리를 제공한다. 이 두 언어 중에서 선택하는 것은 커뮤니티의 어느 쪽에 있는지에 달려 있다. 파이썬은 항상 이해하기 쉬운 구문과 단순성을 갖춘 범용 언어로 인식되며, 반면 R은 통계학자를 최종 사용자로 데이터 시각화에 중점을 두면서 개발됐다. 파이썬이 동일한 시각화 경험을 제공할 수 있더라도 R은 설계 자체가 이러한 목적을 가졌다.

R은 파이썬보다 훨씬 최신은 아니다. R은 1995년 로스 아이하카Ross Ihaka와 로버트 젠틀맨Robert Gentleman이라는 2명의 창립자에 의해 발표됐으며, 파이썬은 귀도 반 로섬Guido Van Rossum에 의해 1991년에 발표됐다. 오늘날 R은 주로 학계 및 연구 분야에서 사용되고 있다.

2 이미 대신하고 있다. – 옮긴이

다른 많은 언어와 달리 파이썬과 R을 사용하면 몇 줄의 코드로 통계 모델을 작성할 수 있다. 둘 중 하나를 선택할 수 없지만, 둘 다 자신의 장점이 있기 때문에 보완적인 방식으로 쉽게 사용할 수 있다. 개발자들은 어려움 없이 다른 언어와 함께 한 언어를 쉽게 사용할 수 있는 수많은 라이브러리를 만들었다.

IDE의 선택 – PyCharm 또는 Notebook

RStudio는 R의 표준 IDE(Integrated Development Environment)가 됐지만, JetBrains 파이참(PyCharm)과 주피터 노트북(Jupyter Notebook) 중에서 선택하는 것이 훨씬 더 어려워졌다. 먼저 이 두 가지 IDE의 기능을 이야기해야 한다. 파이참은 체코 회사 JetBrains에 의해 개발됐으며, 코드 분석, 그래픽 디버거, 고급 유닛 테스터를 제공하는 텍스트 편집기다. 주피터 노트북은 줄리아(Julia), 파이썬 및 R의 세 가지 언어에 대한 웹 기반 대화형 계산 환경을 만든 비영리 조직이다. 이 소프트웨어는 파이썬 코드를 한 줄씩 실행하는 웹 기반 인터페이스를 제공해 파이썬을 코딩하는 데 도움이 된다.

이 두 IDE의 주요 차이점은 버전 제어 시스템과 디버거가 제품의 중요한 부분이기 때문에 파이참이 프로그래머들 사이에서 참고 IDE가 됐다는 것이다. 또한 파이참은 큰 코드 베이스를 쉽게 처리할 수 있으며, 수많은 플러그인이 있다.

주피터 노트북은 데이터 분석이 유일한 동기일 때 친숙한 선택인 반면, 파이참에는 데이터 분석을 위해 한 줄씩 코드를 실행할 수 있는 사용자 친화적인 인터페이스가 없다. 파이참이 제공하는 기능은 파이썬 프로그래밍 세계에서 가장 자주 사용된다.

첫 번째 알고리즘 트레이딩(가격이 낮을 때 매수하고 가격이 높을 때 매도)

지금 돈을 벌고 싶다고 생각하며, 언제 돈 버는 것을 시작할지 생각하고 있다.

이제까지 이 책에서 다룰 내용을 이야기했다. '첫 번째 알고리즘 트레이딩' 절에서는 '저가 매수, 고가 매도'(buy low, high sell)라는 첫 번째 트레이딩 전략을 세우기 시작한다. 트레이딩 전략을 세우는 데는 시간이 걸리고 여러 단계를 거친다.

1. 독창적인 아이디어가 필요하다. 이 부분은 잘 알려진 돈 버는 전략을 사용할 것이다. 우리는 자산을 팔 때 사용할 가격보다 낮은 가격으로 자산을 구입한다. 이 아이디어를 설명하고자 구글Google 주식을 사용한다.
2. 아이디어를 얻은 후에는 아이디어를 검증할 데이터가 필요하다. 파이썬에는 트레이딩 데이터를 얻는 데 사용할 수 있는 많은 패키지가 있다.
3. 그런 다음 이 규칙을 가정해 트레이딩 전략을 백테스트하려면 많은 양의 과거 데이터를 사용해야 한다. 과거에 효과가 있었던 것은 미래에 효과가 있을 것이다.

작업 공간 설정

이 책에서는 IDE로 파이참을 선택했다. 이 툴을 이용해 모든 예제를 수행할 것이다.

다음 JetBrains 웹사이트에서 비디오를 찾을 수 있다.

https://blog.jetbrains.com/pycharm/2016/01/introducing-getting-started-with-pycharm-video-tutorials/

파이참 101

파이참이 로딩되면 프로젝트를 작성하고 인터프리터interpreter를 선택해야 한다. 이전에 논의했듯이 파이썬 3 버전을 선택해야 한다. 이 책을 작성할 당시 가장 최신 버전은 파이썬 3.7.0이지만 이것보다 더 최신 버전으로 시작해도 좋다. 일단 프로젝트가 열리면 `buylowsellhigh.py`라는 파이썬 파일을 작성해야 한다. 이 파일은 첫 번째 파이썬 구현 코드를 포함한다.

데이터 얻기

많은 라이브러리가 재무 데이터 다운로드를 돕는다. 우리의 선택은 판다스 라이브러리를 사용하는 것이다. 이 소프트웨어 파이썬 라이브러리는 데이터 조작 및 분석으로 유명하다. 우리는 야후, 구글, 기타 여러 금융 뉴스 서버에 연결할 수 있는 `DataReader` 기능을 사용한다. 다음 이 책의 예에 필요한 데이터를 다운로드한다. 이 예에서 DataReader는 네 가지 인수를 사용한다.

1. 첫 번째는 분석에 사용하려는 심벌이다(이 예에서는 구글용 GOOG 사용).
2. 두 번째는 데이터를 검색할 소스를 지정하는데 이 다음에 데이터를 가져오는 날짜 범위를 지정한다.
3. 세 번째는 역사적 데이터를 가져올 시작일을 지정한다.
4. 네 번째이자 마지막 인수는 역사적 데이터 시리즈의 종료일을 지정한다.

```
# pandas_datareader 패키지로부터 클래스 데이터를 로딩한다.
from pandas_datareader import data
# 시작일
start_date = '2014-01-01'
# 종료일
end_date = '2018-01-01'
# 클래스 데이터로부터 DataReader 함수를 호출한다.
goog_data = data.DataReader('GOOG', 'yahoo', start_date, end_date)
```

goog_data 변수는 2014년 1월 1일부터 2018년 1월 1일까지 구글 데이터가 포함된 데이터 프레임이다. goog_data 변수를 인쇄하면 다음이 표시된다.

```
print(goog_data)
  High Low   ... Volume Adj Close
Date                            ...
2010-01-04  312.721039 310.103088     ... 3937800.0  311.349976
2010-01-05  311.891449 308.761810     ... 6048500.0  309.978882
2010-01-06  310.907837 301.220856     ... 8009000.0  302.164703
2010-01-07  303.029083 294.410156     ... 12912000.0 295.130463
```

모든 열을 보려면 4개 이상의 열을 표시하도록 pandas 라이브러리의 옵션을 변경해야 한다.

```
import pandas as pd
pd.set_printoptions(max_colwidth, 1000)
```

```
pd.set_option('display.width', 1000)
                 High Low      Open Close Volume   Adj Close
Date
2010-01-04  312.721039 310.103088  311.449310 311.349976 3937800.0
311.349976
2010-01-05  311.891449 308.761810  311.563568 309.978882 6048500.0
309.978882
2010-01-06  310.907837 301.220856  310.907837 302.164703 8009000.0
302.164703
2010-01-07  303.029083 294.410156  302.731018 295.130463 12912000.0
295.130463
```

위의 출력에 6개의 열이 있다.

- **고가**(High): 해당 거래일에 주식의 최고 가격
- **저가**(Low): 해당 거래일에 주식의 최저 가격
- **종가**(Close): 종장 시 주식의 가격
- **시가**(Open): 거래일 시작 시점의 주식 가격(이전 거래일의 종가)
- **거래량**(Volume): 거래된 주식 수
- **수정 종가**(Adj Close): 주식의 기업 권리 행사corporate actino를 조정하는 주식의 종가. 이 가격은 주식 분할 및 배당을 고려한다.

수정 종가가 이 예에 사용할 가격이다. 실제로 분할 및 배당을 고려하므로 수동으로 가격을 조정할 필요가 없다.

데이터 준비 – 시그널

트레이딩 전략(또는 트레이딩 알고리즘)의 주요 부분은 트레이딩 시점(증권 또는 기타 자산을 매수 또는 매도)을 결정하는 것이다. 주문 전송을 발동시키는 이벤트를 시그널signal이라고 한다. 시그널은 다양한 입력을 사용할 수 있다. 이 정보는 시장 정보, 뉴스 또는 소셜 네트워킹 웹 사이트일 수 있다. 데이터의 어떤 조합도 시그널일 수 있다. 첫 번째 알고리즘 트레이딩(가격이 낮을 때 매수하고 가격이 높을 때 매도) 섹션에서 '저가 매수, 고가 매도' 예제의 경

우 연속 2일 간의 수정 종가 차이를 계산한다. 만약 이 차이 값이 음수이면 전날의 가격이 다음날의 가격보다 높았기 때문에 가격이 낮아지므로 매수할 수 있다. 이 값이 양수이면 가격이 높기 때문에 매도할 수 있다.

파이썬에서 우리는 데이터를 포함하는 데이터 프레임과 동일한 차원을 갖는 판다스 데이터 프레임을 만든다. 이 데이터 프레임을 goog_data_signal이라고 한다.

```
goog_data_signal = pd.DataFrame(index=goog_data.index)
```

이 데이터 프레임을 생성한 후 트레이딩 시그널을 구축하는 데 사용할 데이터를 복사한다. 이 경우 goog_data 데이터 프레임에서 Adj Close 열의 값을 복사한다.

```
goog_data_signal['price'] = goog_data['Adj Close']
```

트레이딩 전략에 따라 연속 2일간의 차이를 저장하려면 daily_difference 열이 있어야 한다. 이 열을 만드는 데 데이터 프레임 객체의 diff 함수를 사용한다.

```
goog_data_signal['daily_difference'] = goog_data_signal['price'].diff()
```

안전 검사sanity check로서 print 함수를 사용해 goog_data_signal에 포함된 내용을 표시할 수 있다.

```
print(goog_data_signal.head())
                 price daily_difference
Date
2014-01-02  552.963501              NaN
2014-01-03  548.929749        -4.033752
2014-01-06  555.049927         6.120178
2014-01-07  565.750366        10.700439
2014-01-08  566.927673         1.177307
```

daily_difference 열은 이 데이터 프레임의 첫 번째 행이므로 1월 2일에 숫자가 아닌 값이 있음을 알 수 있다.

열의 값 daily_difference를 기반으로 시그널을 만든다. 값이 양수이면 값 1을 제공하고, 그렇지 않으면 값은 0으로 유지된다.

```
goog_data_signal['signal'] = 0.0
goog_data_signal['signal'] = np.where(goog_data_signal['daily_difference']
>; 0, 1.0, 0.0)
                price daily_difference  signal
Date
2014-01-02  552.963501              NaN 0.0
2014-01-03  548.929749        -4.033752 0.0
2014-01-06  555.049927         6.120178 1.0
2014-01-07  565.750366        10.700439 1.0
2014-01-08  566.927673         1.177307 1.0
```

시그널 열을 읽으면 매수해야 할 때 0을 갖고, 매도해야 할 때 1을 갖는다.

시장이 계속 하락하면 지속적으로 매수하거나 시장이 상승할 때 지속적으로 매도하기를 원하지 않기 때문에 시장에 대한 포지션 수로 제한함으로써 주문 수를 제한할 것이다. 포지션은 시장에 보유한 주식 또는 자산의 재고다. 예를 들어, 하나의 구글 주식을 매수하는 경우 시장에서 1주를 갖고 있음을 의미한다. 이 주식을 매도하면 시장에서 아무런 포지션도 가지지 않는다.

예를 단순화하고 시장에서의 포지션을 제한하고자 여러 번 연속으로 매수하거나 매도하는 것은 불가능하다고 가정한다. 따라서 시그널 열에 diff()를 적용한다.

```
goog_data_signal['positions'] = goog_data_signal['signal'].diff()
                price daily_difference signal positions
Date
2014-01-02  552.963501              NaN 0.0 NaN
2014-01-03  548.929749        -4.033752 0.0      0.0
2014-01-06  555.049927         6.120178 1.0    1.0
```

```
2014-01-07  565.750366       10.700439 1.0      0.0
2014-01-08  566.927673        1.177307 1.0   0.0
2014-01-09  561.468201       -5.459473 0.0    -1.0
2014-01-10  561.438354       -0.029846 0.0      0.0
2014-01-13  557.861633       -3.576721 0.0      0.0
```

구글은 1월 6일에 555.049927의 가격으로 구글 지분을 매수한 다음 이 주식을 561.468201의 가격으로 매도한다. 이 트레이딩의 이익은 다음과 같다.

```
561.468201-555.049927 = 6.418274.
```

시그널 시각화

시그널 생성은 트레이딩 전략을 수립하는 과정의 시작에 불과하지만, 장기적으로 전략이 어떻게 수행되는지 시각화해야 한다. matplotlib 라이브러리를 사용해 사용한 과거 데이터의 그래프를 그린다. 이 라이브러리는 차트를 쉽게 그릴 수 있는 것으로 파이썬 세계에서 잘 알려져 있다.

1. 먼저 이 라이브러리를 임포트한다.

```
import matplotlib.pyplot as plt
```

2. 다음으로 차트를 포함할 그림figure을 정의한다.

```
fig = plt.figure()
ax1 = fig.add_subplot(111, ylabel='Google price in $')
```

3. 이제 처음 선택한 날짜 범위 내에서 주가를 그린다.

```
goog_data_signal['price'].plot(ax=ax1, color='r', lw=2.)
```

4. 구글 주식 하나를 매수할 때 위쪽 화살표를 그린다.

```
ax1.plot(goog_data_signal.loc[goog_data_signal.positions == 1.0].index,
       goog_data_signal.price[goog_data_signal.positions == 1.0],
       '^', markersize=5, color='m')
```

5. 다음으로 하나의 구글 주식을 매도할 때 아래쪽 화살표를 그린다.

```
ax1.plot(goog_data_signal.loc[goog_data_signal.positions == -1.0].index,
       goog_data_signal.price[goog_data_signal.positions == -1.0],
       'v', markersize=5, color='k')
plt.show()
```

이 코드는 다음 출력을 반환한다. 다음 그래프를 보자.

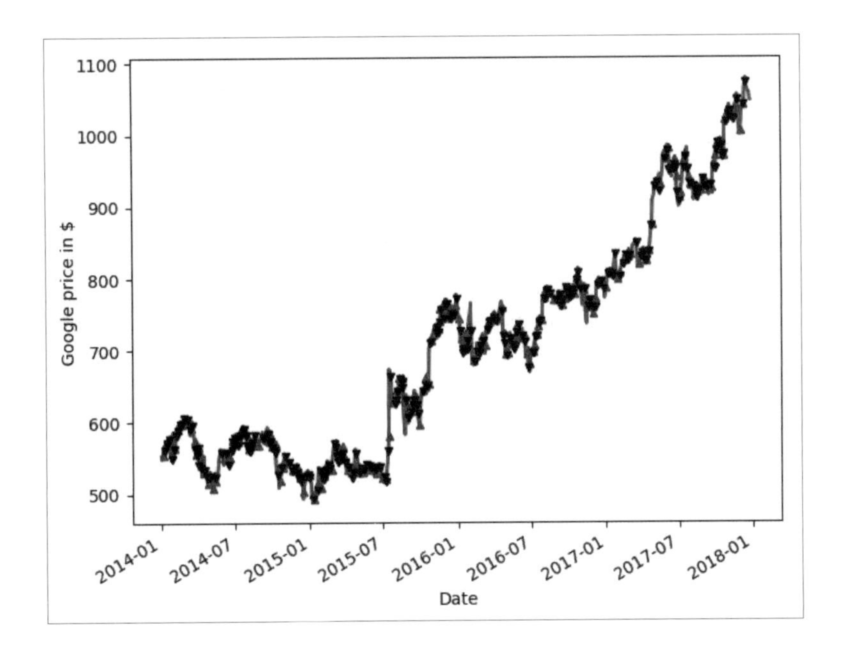

이 시점까지 트레이딩 아이디어를 소개하고, 매매 주문을 유발하는 시그널을 구현했으며, 시장에서 1주로 포지션을 제한함으로써 전략을 제한하는 방법을 이야기했다. 이러한 단계가 만족스러우면 다음 단계는 백테스팅이다.

백테스팅

백테스팅은 트레이딩 전략의 효과를 보여 주는 통계를 얻기 위한 핵심 단계다. 앞에서 배운 것처럼 백테스팅은 과거가 미래를 예측한다는 가정에 의존한다. 이 단계에서는 다음과 같이 당신 또는 회사가 중요하게 생각하는 통계량을 제공한다.

- **손익**(PnL): 거래 수수료 없이 전략으로 번 돈
- **순손익**(순PnL): 거래 수수료가 포함된 전략으로 번 돈
- **노출**(exposure): 투자한 자금
- **트레이딩 수**: 트레이딩 세션 동안 트레이딩의 수
- **연간 수익률**: 1년간의 트레이딩 수익률
- **샤프 비율**: 위험 조정 수익. 이 데이터는 전략의 수익을 무위험 전략과 비교하기 때문에 중요하다.

이 부분은 나중에 자세히 설명하지만, '백테스팅' 절에서는 일정 기간 초기 자본으로 전략을 테스트하는 데 관심을 둔다.

백테스팅을 위해 구글(GOOG)이라는 한 가지 유형의 주식으로 구성된 포트폴리오(채권 및 주식과 같은 금융 자산의 그룹)를 갖게 된다. 이 포트폴리오를 1,000달러로 시작한다.

```
initial_capital = float(1000.0)
```

이제 포지션과 포트폴리오에 대한 데이터 프레임을 만든다.

```
positions = pd.DataFrame(index=goog_data_signal.index).fillna(0.0)
portfolio = pd.DataFrame(index=goog_data_signal.index).fillna(0.0)
```

다음으로 GOOG 포지션을 다음 데이터 프레임에 저장한다.

```
positions['GOOG'] = goog_data_signal['signal']
```

그런 다음 포트폴리오에 대한 GOOG 포지션 금액을 다음에 저장한다.

```
portfolio['positions'] = (positions.multiply(goog_data_signal['price'], axis=0))
```

다음으로 투자되지 않은 돈(현금)을 계산한다.

```
portfolio['cash'] = initial_capital -
(positions.diff().multiply(goog_data_signal['price'], axis=0)).cumsum()
```

총 투자액은 포지션과 현금을 합산해 계산된다.

```
portfolio['total'] = portfolio['positions'] + portfolio['cash']
```

다음 그림을 그리면 전략의 수익성을 쉽게 확인할 수 있다.

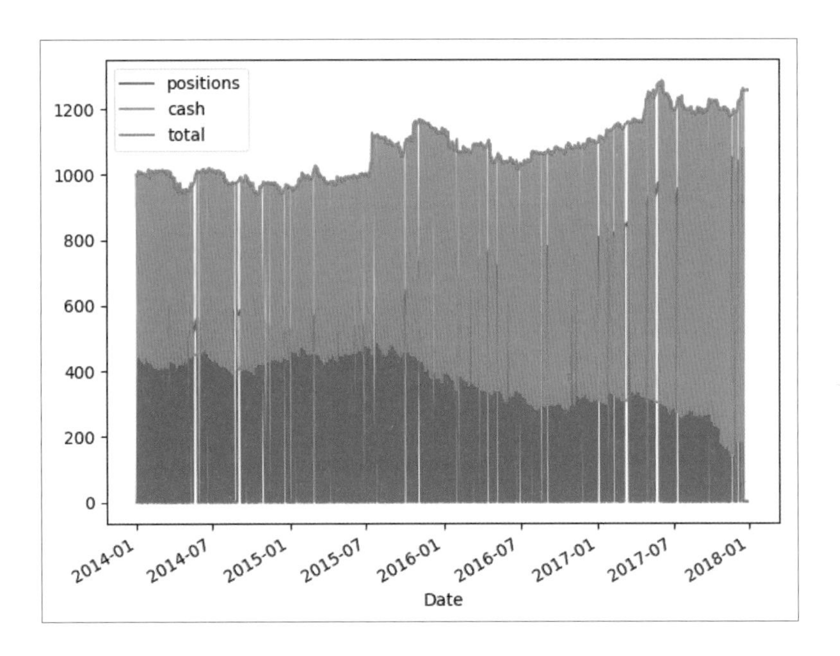

트레이딩 전략을 만들 때 초기 금액(현금)이 있다. 이 돈을 투자할 것이다. 이 보유 가치는 투자의 시장 가치에 근거한다. 우리가 주식을 보유하고 있고, 이 주식의 가격이 상승하면 보유 가치는 증가할 것이다. 매각하기로 결정하면 이 매각에 해당하는 보유 가치가 현금 금액으로 전환된다. 자산의 합계는 현금과 보유의 합계다. 위의 그래프는 현금의 양이 마지막에 증가하기 때문에 전략의 수익성이 있음을 보여 준다. 그래프를 통해 트레이딩 아이디어가 돈을 창출할 수 있는지 확인할 수 있다.

요약

1장에서 당신은 트레이딩 세계에 소개됐다. 사람들이 트레이딩하는 이유를 배웠고, 알고리즘 트레이딩 설계자로 평생 동안 상호 작용할 주요 행위자와 트레이딩 시스템을 설명할 수 있을 것이다. 이 책에서 트레이딩 로봇을 구축하는 데 사용할 도구를 접했다. 마지막으로 '저가 매수, 고가 매도'의 경제 아이디어를 구현하는 첫 번째 트레이딩 전략을 코딩해 알고리즘 트레이딩의 첫 번째 구현을 경험했다. 이 전략이 수익성 있고 안전한 전략과 거리가 멀다는 것을 관찰했다. 2장에서는 파이썬에서 이 전략을 구현하면서 보다 정교한 트레이딩 아이디어와 연계된 전략을 더욱 발전시키는 방법을 다룰 것이다.

2부

거래 시그널 생성 및 전략

2부에서는 양적 거래 시그널 및 거래 전략이 개발되는 방법을 다룬다. 학습은 시장 조사 및 알고리즘 전략 설계에 적용될 수 있다.

2부는 다음 장으로 구성된다.

- 2장: 기술적 분석을 통한 시장 해석
- 3장: 기초 머신러닝을 통한 시장 예측

02

기술적 분석을 통한 시장 해석

2장에서는 몇몇 인기 있는 기술적 분석 방법을 살펴보고, 시장 데이터를 분석할 때 어떻게 적용하는가를 보여 준다. 시장 추세trend, 지지support, 저항resistance을 이용해 기본 알고리즘 트레이딩을 수행한다.

자신만의 전략을 어떻게 개발할 수 있는가를 생각하게 될 것이다. 또한 참고할 만한 과거에 잘 작동했던 단순한 전략들을 알고 싶을 것이다.

1장에서 읽은 바와 같이 인류는 수세기 동안 자산을 거래해 왔다. 이익을 늘리거나 종종 단지 이익을 보존하기 위해서라도 수많은 전략이 개발됐다. 이 제로섬zero-sum 게임에서 경쟁은 상당히 치열하다. 트레이딩 모델 측면 또한 기술적 측면에서의 지속적인 혁신을 요한다. 파이pie의 가장 큰 부분을 제일 먼저 취하려는 이런 경쟁에서 트레이딩 전략을 창출하는 데 기본적 분석의 기초를 습득하는 것이 중요하다. 시장을 예측할 때 주로 과거가 미래에도 똑같이 반복된다고 가정한다. 미래 가격과 거래량을 예측하고자 기술적 분석가는 역사적 시장 데이터를 연구한다. 행동 경제와 계량 분석을 기반으로 시장 데이터는 2개의 주요 영역으로 나뉜다.

첫째는 차트 패턴이다. 기술적 분석은 거래 패턴을 인지하고, 이들이 미래에 다시 나타나리라 기대하는 것을 기반으로 한다. 이는 보통 구현하기 매우 힘들다.

둘째는 기술적 지표다. 이 또 하나의 영역은 수학적 계산을 사용해 금융 시장의 방향을 예측한다. 기술적 지표의 리스트는 충분히 길어서 이 주제 하나만으로도 책 한 권을 채울 수 있다. 하지만 추세, 모멘텀, 거래량, 변동성, 지지와 저항의 몇 가지 상이한 주요 영역으로 구성된다. 여기서는 가장 잘 알려진 기술적 분석 접근법의 하나를 예시하는 예제로서 지지와 저항 전략에 초점을 맞춘다.

2장에서는 다음 주제를 다룬다.

- 추세와 모멘텀 지표 기반의 트레이딩 전략 설계
- 기본적 기술적 분석을 기반으로 트레이딩 시그널 생성
- 트레이딩 수단의 계절성과 같은 고급 개념의 구현

추세와 모멘텀 지표 기반의 트레이딩 전략 설계

추세trend와 모멘텀momentum을 기반으로 하는 트레이딩 전략은 유사하다. 이 차이를 예시하고자 은유를 사용하면 , 추세 전략은 속도를 사용하고, 모멘텀 전략은 가속도를 사용한다. 추세 전략으로 역사적 가격 데이터를 연구한다. 가격이 과거 정해진 기간의 날짜 동안 계속 상승하면 가격이 계속 상승하리라는 가정하에 롱 포지션을 개시한다.

모멘텀 기반의 트레이딩 전략은 과거 행태의 강도를 기반으로 주문을 내는 기법이다. 가격 모멘텀은 가격이 갖고 있는 운동량이다. 기저에 깔린 규칙은 주어진 방향으로 동일한 방향으로 미래에도 지속될 강한 움직임을 가진 자산 가격에 베팅하는 것이다. 시장의 모

멘텀을 표현하는 여러 기술적 지표를 살펴본다. 지지support와 저항resistance은 미래 행태를 예측하는 지표의 예다.

지지와 저항 지표

1장에서 공급과 수요를 기반으로 하는 가격의 진화 원리를 설명했다. 공급의 증가가 있을 때 가격이 하락하며, 수요가 증가하면 가격이 상승한다. 가격의 하락이 있으면 수요가 집중되면서 가격 하락이 멈출 것으로 예상한다. 이 실제적인 한도를 지지선support line이라 부른다. 가격이 낮아지므로 매수자를 찾을 가능성이 더 커진다. 반대로 가격이 상승하기 시작하면 공급이 집중되면서 상승이 멈출 것으로 예상한다. 이는 저항선resistance line이라 한다. 이는 동일한 원리를 기반하는 것으로 높은 가격에서 매도자들이 매도하는 것을 보여준다. 이는 가격이 낮을 때 사고, 가격이 높을 때 파는 투자가들의 시장 심리를 이용한다.

기술적 지표(여기서는 지지와 저항)의 예를 보여 주고자 1장의 구글 데이터를 사용한다. 테스트를 위해 이 데이터를 여러 번 사용할 것이므로 이 데이터 프레임을 디스크에 저장하는 것을 권장한다. 그러면 데이터를 재생할 때 시간을 절약할 것이다. 주식 분할의 복잡성을 피하고자 분할이 없는 데이터만을 취한다. 따라서 단지 620일을 간직한다. 다음 코드를 살펴보자.

```
import pandas as pd
from pandas_datareader import data

start_date = '2014-01-01'
end_date = '2018-01-01'
SRC_DATA_FILENAME='goog_data.pkl'

try:
  goog_data2 = pd.read_pickle(SRC_DATA_FILENAME)
except FileNotFoundError:
  goog_data2 = data.DataReader('GOOG', 'yahoo', start_date, end_date)
  goog_data2.to_pickle(SRC_DATA_FILENAME)
```

```
goog_data=goog_data2.tail(620)
lows=goog_data['Low']
highs=goog_data['High']

import matplotlib.pyplot as plt

fig = plt.figure()
ax1 = fig.add_subplot(111, ylabel='Google price in $')
highs.plot(ax=ax1, color='c', lw=2.)
lows.plot(ax=ax1, color='y', lw=2.)
plt.hlines(highs.head(200).max(),lows.index.values[0],lows.index.values[-1]
,linewidth=2,color='g')
plt.hlines(lows.head(200).min(),lows.index.values[0],lows.index.values[-1],
linewidth=2, color='r')
plt.axvline(linewidth=2,color='b',x=lows.index.values[200],linestyle=':')
plt.show()
```

위의 코드에서 다음이 적용된다.

- 이는 야후 파이낸스Yahoo Finance 웹사이트로부터 2014년 1월 1일부터 2018년 1월 1일까지의 금융 데이터를 추출한다.
- 지지선과 저항선을 생성하고자 다음 그림에서 보이는 바와 같이 최대값과 최소값을 사용했다.

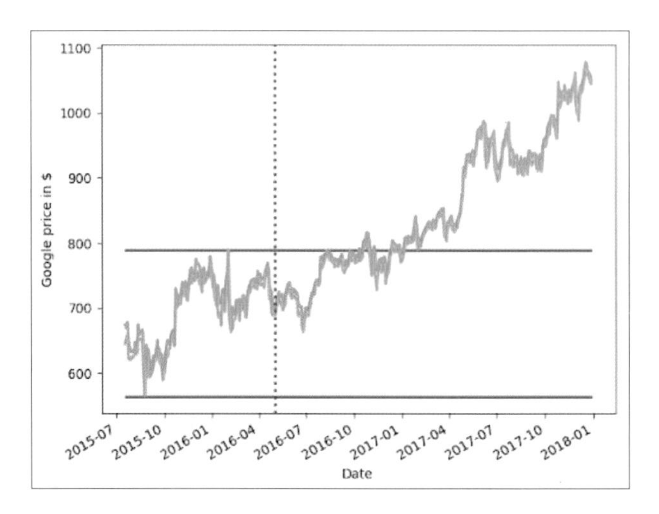

이 그림에서 다음이 적용된다.

- GOOG 가격의 고가high와 저가low를 그린다.
- 녹색선은 저항선을 표현하고, 적색선은 지지선을 표현한다.
- 이들 선을 구축하고자 매일 저장된 GOOG 가격의 최소값과 GOOG의 최대값을 사용했다.
- 200일 이후(점선으로 표시된 수직 청색선) 지지선에 도달하면 매수하고 저항선에 도달하며 매도한다. 이 예제에서 추세를 추정하기 충분한 데이터 포인트를 갖고자 200일을 사용했다.
- GOOG 가격이 2016년 8월 즈음에 저항선에 도달한다. 이는 숏포지션(매도)에 들어가는 시그널을 가진다는 것을 의미한다.
- 일단 거래되면 GOOG 가격이 지지선에 도달할 때까지 이 숏포지션에서 나오는 것을 기다린다.
- 위의 역사적 데이터에서는 이 조건이 일어나지 않는 것을 쉽게 알 수 있다.
- 이것은 상승 시장에서 매도 시그널도 없는데 숏 포지션을 유지하게 해 큰 손실을 초래한다.
- 지지 저항 기반의 트레이딩 아이디어가 경제적 행태 관점에서 강한 근거를 갖고 있어도 실제로는 이 트레이딩 전략이 작동하게 하려면 수정을 요한다.
- 지지/저항선을 시장 진화에 적응하도록 움직이는 것이 효율적 트레이딩 전략의 핵심이다.

다음 차트 가운데에서 3개의 고정된 크기의 윈도우를 보여 준다. 한도(지지와 저항)에 충분히 가깝다고 생각되는 허용 마진tolerance margin을 더한다.

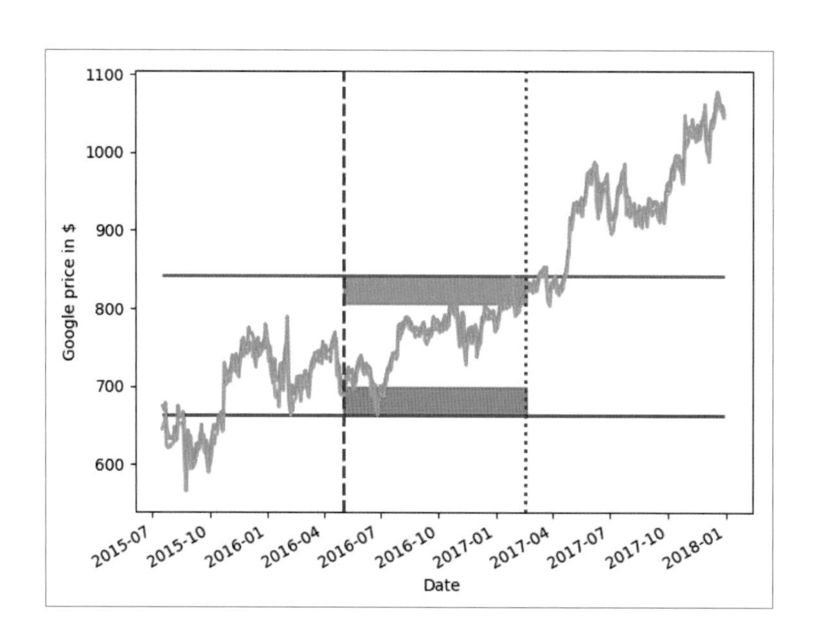

첫 번째 윈도우 이후 새로운 200일 윈도를 취하면 지지/저항 수준이 다시 계산된다. 트레이딩 전략은 (시장은 계속 상승하는데) 가격이 지지 수준으로 되돌아가지 않으므로 GOOG 포지션을 제거하지 않으리라는 것을 관찰한다.

알고리즘이 포지션을 제거할 수 없으므로 포지션에 들어가도록 행태를 변하게 하고자 몇 개의 파라미터를 더해야 한다. 포지션을 변하게 하고자 알고리즘에 다음 파라미터들이 더해질 수 있다.

- 롤링 윈도우를 더 짧게 한다.
- 가격이 지지 또는 저항선에 머무는 횟수를 센다.
- 지지 또는 저항이 특정 퍼센트에 도달하는 것을 고려하도록 허용 마진이 더해진다.

트레이딩 전략을 수행할 때 이 단계가 매우 중요하다. 먼저 역사적 데이터를 사용해 트레이딩 아이디어가 어떤 성과를 가지는지 관찰하고, 다음 더 실제적인 테스트 케이스에 조정될 수 있도록 전략의 파라미터 수를 증가한다.

위의 예제에서 다음 2개 파라미터를 더 도입한다.

- 가격이 지지/저항 수준에 머무는 최소 횟수
- 지지/저항 수준에 근접한다고 간주되는 허용 마진을 정의한다.

이제 코드를 살펴보자.

```
import pandas as pd
import numpy as np
from pandas_datareader import data

start_date = '2014-01-01'
end_date = '2018-01-01'
SRC_DATA_FILENAME='goog_data.pkl'

try:
  goog_data = pd.read_pickle(SRC_DATA_FILENAME)
  print('File data found...reading GOOG data')
except FileNotFoundError:
  print('File not found...downloading the GOOG data')
  goog_data = data.DataReader('GOOG', 'yahoo', start_date, end_date)
  goog_data.to_pickle(SRC_DATA_FILENAME)

goog_data_signal = pd.DataFrame(index=goog_data.index)
goog_data_signal['price'] = goog_data['Adj Close']
```

코드에서 데이터는 pandas_datareader 라이브러리와 클래스를 사용해서 수집한다. 이제 트레이딩 전략을 구현하는 코드의 다른 부분을 살펴보자.

```
def trading_support_resistance(data, bin_width=20):
  data['sup_tolerance'] = pd.Series(np.zeros(len(data)))
  data['res_tolerance'] = pd.Series(np.zeros(len(data)))
  data['sup_count'] = pd.Series(np.zeros(len(data)))
  data['res_count'] = pd.Series(np.zeros(len(data)))
  data['sup'] = pd.Series(np.zeros(len(data)))
  data['res'] = pd.Series(np.zeros(len(data)))
```

```
    data['positions'] = pd.Series(np.zeros(len(data)))
    data['signal'] = pd.Series(np.zeros(len(data)))
    in_support=0
    in_resistance=0
    for x in range((bin_width - 1) + bin_width, len(data)):
      data_section = data[x - bin_width:x + 1]
      support_level=min(data_section['price'])
      resistance_level=max(data_section['price'])
      range_level=resistance_level-support_level
      data['res'][x]=resistance_level
      data['sup'][x]=support_level
      data['sup_tolerance'][x]=support_level + 0.2 * range_level
      data['res_tolerance'][x]=resistance_level - 0.2 * range_level

      if data['price'][x]>=data['res_tolerance'][x] and \
                              data['price'][x] <= data['res'][x]:
         in_resistance+=1
         data['res_count'][x]=in_resistance
      elif data['price'][x] <= data['sup_tolerance'][x] and \
                                  data['price'][x] >= data['sup'][x]:
        in_support += 1
        data['sup_count'][x] = in_support
      else:
        in_support=0
        in_resistance=0
      if in_resistance>2:
        data['signal'][x]=1
      elif in_support>2:
        data['signal'][x]=0
      else:
        data['signal'][x] = data['signal'][x-1]

    data['positions']=data['signal'].diff()

trading_support_resistance(goog_data_signal)
```

위의 코드에서 다음이 적용된다.

- trading_support_resistance 함수는 저항과 지지선을 계산하고자 사용된 가격의 시간 윈도우를 정의한다.
- 저항과 지지선은 최대와 최소 가격에서 20%의 마진을 빼고 더함으로써 계산된다.
- diff를 사용해 주문 시기를 파악한다.
- 가격이 지지/저항의 아래/위에 있을 때 롱/숏 포지션에 진입한다. 이를 위해 롱 포지션에 대해서는 1, 숏 포지션에 대해서는 0을 갖는다.

다음 코드는 주문이 나가는 시간을 표현하는 차트를 출력한다.

```
import matplotlib.pyplot as plt

fig = plt.figure()
ax1 = fig.add_subplot(111, ylabel='Google price in $')
goog_data_signal['sup'].plot(ax=ax1, color='g', lw=2.)
goog_data_signal['res'].plot(ax=ax1, color='b', lw=2.)
goog_data_signal['price'].plot(ax=ax1, color='r', lw=2.)
ax1.plot(goog_data_signal.loc[goog_data_signal.positions == 1.0].index,
       goog_data_signal.price[goog_data_signal.positions == 1.0],
       '^', markersize=7, color='k',label='buy')

ax1.plot(goog_data_signal.loc[goog_data_signal.positions == -1.0].index,
       goog_data_signal.price[goog_data_signal.positions == -1.0],
       'v', markersize=7, color='k',label='sell')
plt.legend()
plt.show()
```

위의 코드는 다음 출력을 반환한다. 그림은 저항과 지지를 계산하는 20일 롤링 윈도우를 보여 준다.

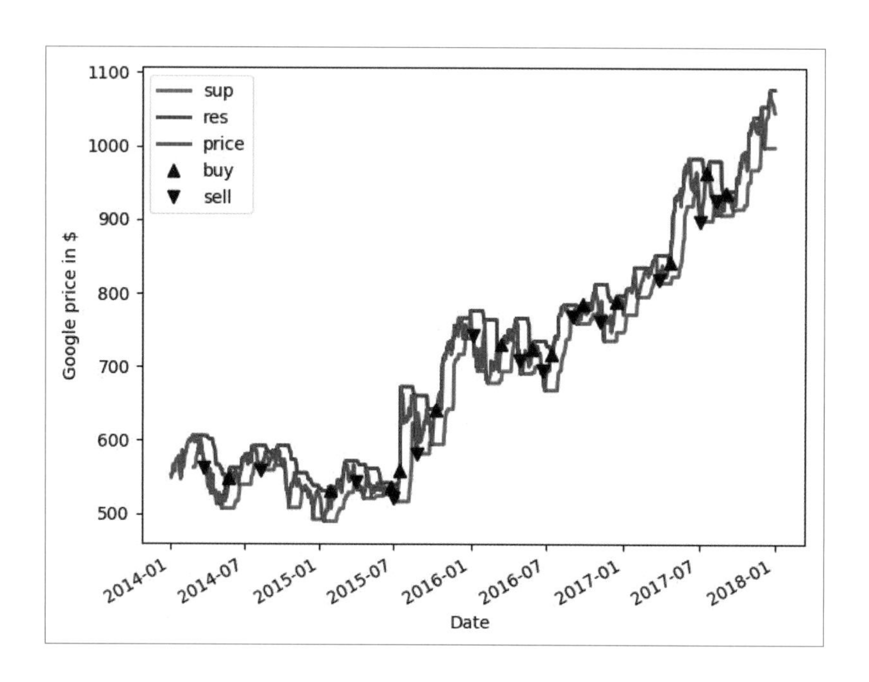

위의 그림으로부터 가격이 2일 연속 저항선의 허용 마진에 머물 때 매수 주문이 나가고, 2일 연속 지지선의 허용 마진에 머물 때 매도 주문이 나가는 것을 알 수 있다.

'추세와 모멘텀 지표 기반의 트레이딩 전략 설계' 절에서 추세와 모멘텀 트레이딩 전략의 차이를 배웠고, 지지와 저항 수준을 기반으로 하는 많이 사용되는 모멘텀 트레이딩 전략을 구현했다. 다음에서 여러 기술적 분석을 사용하는 새로운 트레이딩 전략 개발 아이디어들을 탐구해 보자.

기본적 기술적 분석 기반의 트레이딩 시그널의 생성

'기본적 기술적 분석 기반의 트레이딩 시그널의 생성' 절은 기술적 분석을 사용해 트레이딩 시그널을 생성하는 법을 소개한다. 가장 공통적인 방법 중 하나인 단순이동평균으로 시작하고, 계속해서 더 고급 기법을 논의한다. 다음은 우리가 다룰 시그널 리스트다.

- **단순이동평균**SMA, Simple Moving Average
- **지수이동평균**EMA, Exponential Moving Average
- **절대 가격 오실레이터**APO, Absolute Price Oscillator
- **이동평균 수렴 발산**MACD, Moving Average Convergence Divergence
- **볼린저 밴드**BBANDS, Bollinger Bands
- **상대강도지표**RSI, Relative Strength Indicator
- **표준편차**STDEV, Standard Deviation
- **모멘텀**MOM, Momentum

단순이동평균

SMA로 불리는 **단순이동평균**은 기술적 분석의 기초 지표다. 단순이동평균은 이름에서 추측할 수 있듯이 특정 기간 동안의 금융 자산 가격의 합을 기간 수로 나눈 것이다. 이는 기본적으로 각 가격에 동일한 가중치가 적용된 특정 기간의 가격 평균이다. 평균이 계산되는 기간은 룩백 기간lookback period 또는 히스토리history라고 한다. SMA의 다음 공식을 살펴보자.

$$SimpleMovingAverage = \frac{\sum_{i=1}^{N} Pi}{N}$$

여기서 다음이 적용된다.

P_i: i 기간의 가격

N: 분자의 가격의 수 또는 기간의 수

20일 이동 윈도우의 평균을 계산하는 단순이동평균을 구현하자. SMA 값을 일일 가격과 비교하면 SMA가 평활하다는 것을 쉽게 관찰할 수 있다.

단순이동평균의 구현

'단순이동평균의 구현' 절에서 가격의 이동 윈도우 리스트와 SMA 값 리스트를 이용해 단순이동평균을 구현하는 법을 코드로 예시한다.

```
import statistics as stats

time_period = 20 # 평균을 적용할 일수
history = [] # 가격 히스토리를 추적하고자
sma_values = [] # 단순 이동 평균값을 추적하고자

for close_price in close:
  history.append(close_price)
  if len(history) > time_period: # 최근 기간('time_period')의 가격 평균만 구하므로 오래된 가격들
은 제거한다.
    del (history[0])

  sma_values.append(stats.mean(history))

goog_data = goog_data.assign(ClosePrice=pd.Series(close, index=goog_data.index))
goog_data = goog_data.assign(Simple20DayMovingAverage=pd.Series(sma_values, index=goog_
data.index))
close_price = goog_data['ClosePrice']
sma = goog_data['Simple20DayMovingAverage']

import matplotlib.pyplot as plt

fig = plt.figure()
ax1 = fig.add_subplot(111, ylabel='Google price in $')
close_price.plot(ax=ax1, color='g', lw=2., legend=True)
sma.plot(ax=ax1, color='r', lw=2., legend=True)
plt.show()
```

위의 코드에 다음이 적용된다.

- 파이썬 통계 패키지를 사용해 히스토리의 평균 값을 계산한다.
- 마지막으로 matplotlib으로 실제 가격과 SMA를 그려서 행태를 관찰한다.

코드를 실행하면 다음 그림이 출력된다.

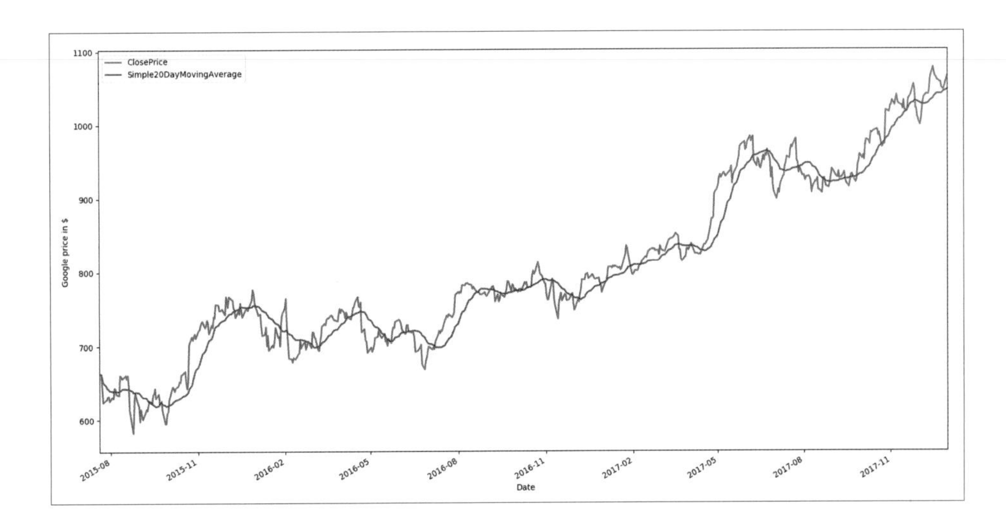

위의 그림에서 쉽게 관찰할 수 있듯이 20일 SMA는 의도한 평활화 효과smoothing effect를 보이고, 실제 주식 가격의 미시 변동성을 없애고, 실제 가격보다 더 안정된 가격 곡선을 나타낸다.

지수이동평균

EMA로 불리는 **지수이동평균**은 무엇보다 잘 알려져 있고 광범위하게 사용되는 시계열 데이터 기술적 분석 지표다.

EMA는 SMA와 유사하다. 그러나 히스토리의 모든 가격에 동일한 가중치를 주지 않고, 가장 최근에 관찰된 가격에 더 많은 가중치를 주고, 오래된 가격 관찰값들에는 작은 가중치를 준다. 이는 새롭게 관찰된 가격이 더 최근의 정보를 가진다는 직관적 아이디어를 포착하고자 하는 것이다. 또한 오래된 가격 관찰값들에 더 많은 가중치를 주고 새로운 가격 관찰값들에 더 작은 가치를 줄 수도 있다. 이것은 장기 추세가 변동성이 심한 단기 가격 움직임보다 더 많은 정보를 갖고 있다는 아이디어를 포착하고자 하는 것이다.

가중치를 주는 방법은 EMA의 선택된 기간에 달려 있다. 기간이 작을수록 EMA는 새로운 가격 관찰에 더욱 반응적이다. 즉 EMA는 새로운 가격 관찰값에 더욱 빨리 수렴하고, 오래된 가격 관찰값들을 더욱 빨리 망각하며, 이를 **빠른 EMA**fast EMA라고 부른다. 기간이 길수록 EMA는 새로운 가격 관찰에 덜 반응적이다. 즉 EMA는 새로운 가격 관찰값에 서서히 수렴하고 오래된 관찰값들을 서서히 망각하며, 이를 **느린 EMA**slow EMA라고 부른다.

위의 EMA 설명을 기반으로 EMA는 새로운 가격 관찰값에 적용되는 가중치 팩터 μ와 새로운 EMA값을 얻고자 현재의 EMA값에 적용되는 가충치로 공식화할 수 있다. EMA 단위를 가격과 동일한 단위, 즉 $로 유지하려면 가중치의 합은 1이 돼야만 하므로 EMA값에 적용되는 가중치 팩터는 $1-\mu$가 돼야 한다. 이에 따라 오래된 EMA값과 새로운 가격 관찰값을 기반으로 하는 새로운 EMA값의 다음 두 공식을 얻는다. 이 두 공식은 같은 정의이고, 단지 다른 형태로 표기된 것이다.

$$EMA = (P - EMA_{old}) \times \mu + EMA_{old}$$

다르게 표현하면 다음과 같다.

$$EMA = P \times \mu + (1 - \mu) \times EMA_{old}$$

여기서 다음 정의가 적용된다.

P: 현재 자산의 가격

EMA_{old}: 현재 가격 관찰값 이전의 EMA값

μ: 평활화 상수, 일반적으로 $\frac{2}{(n+1)}$로 설정

N: 기간의 수(단순이동평균에서 사용한 것과 유사)

지수이동평균의 구현

평균을 계산하는 기간을 20일로 하는 지수이동평균을 구현하자. 평활화 팩터는 디폴트인 $2/(n+1)$을 사용한다. SMA와 유사하게 EMA도 일일 가격들을 평탄하게 한다. EMA는 균등한 가중치를 주는 SMA보다 최근 가격에 더 큰 가중치를 주는 이점을 가진다.

다음 코드로 지수이동평균을 구현한다.

```
num_periods = 20 # 평균을 구하는 날짜수
K = 2 / (num_periods + 1) # 평활화(smoothing) 상수
ema_p = 0
ema_values = [] # 계산된 EMA값 보유

for close_price in close:
  if (ema_p == 0): # 첫 번째 관찰값 EMA = 현재 가격(current-price)
    ema_p = close_price
  else:
    ema_p = (close_price - ema_p) * K + ema_p

  ema_values.append(ema_p)

goog_data = goog_data.assign(ClosePrice=pd.Series(close, index=goog_data.index))
goog_data = goog_data.assign(Exponential20DayMovingAverage=pd.Series(ema_values,
index=goog_data.index))
close_price = goog_data['ClosePrice']
ema = goog_data['Exponential20DayMovingAverage']

import matplotlib.pyplot as plt

fig = plt.figure()
ax1 = fig.add_subplot(111, ylabel='Google price in $')
close_price.plot(ax=ax1, color='g', lw=2., legend=True)
ema.plot(ax=ax1, color='b', lw=2., legend=True)
plt.savefig('ema.png')
plt.show()
```

위의 코드에서 다음을 적용한다.

- 이제까지 계산된 EMA를 추적하고자 `ema_values` 리스트를 사용한다.
- 새로운 종가를 관찰할 때마다 오래된 EMA값과의 차이를 감쇠해 오래된 EMA값을 업데이트해서 새로운 EMA값을 구한다.
- 마지막으로 matplotlib으로 EMA와 종가의 차이를 그린다.

그림을 살펴보자. 이것이 코드의 출력이다.

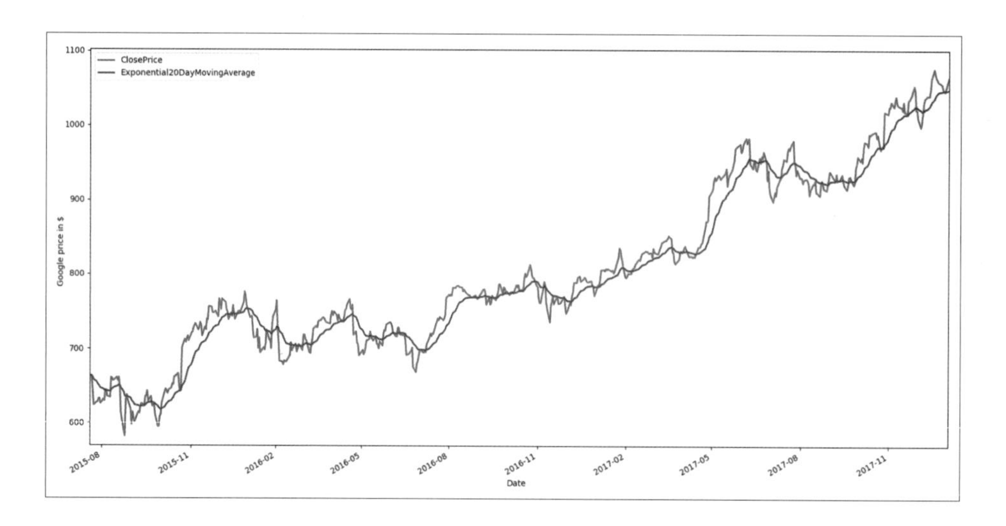

그림에서 예상대로 EMA는 SMA와 매우 유사한 평활화 효과를 갖고, 미가공 가격의 잡음을 줄이는 것을 알 수 있다. 그러나 파라미터 *N* 이외에 EMA에서 추가된 파라미터 μ로 오래된 가격 관찰값들에 대한 새로운 가격 관찰값의 상대적 가중치를 조절할 수 있다. 이는 여러 종류의 EMA를 구축할 수 있게 한다. 즉 파라미터 μ를 변화함으로써 동일한 파라미터 *N*에 대해 빠른 EMA와 느린 EMA를 만들 수 있다. 향후 빠른 EMA와 느린 EMA에 대해 더 알아본다.

APO

절대 가격 오실레이터Absolute Price Oscillator는 APO로 불리며, 가격의 특정 단기 이격을 포착하고자 이동평균을 기반으로 만든 지표다.

APO는 빠른 EMA와 느린 EMA 간의 차이로 계산한다. 직관적으로 이는 더 반응적인 EMA(EMA_{fast})가 더 안정적인 EMA(EMA_{slow})로부터 얼마나 이격돼 있는가를 측정하고자 한다. 더 큰 차이는 보통 다음 둘 중 하나로 해석된다. 자산 가격이 추세 형성 또는 돌파를 시작하거나, 자산 가격이 균형 가격에서 멀어지는 것, 즉 과매수 또는 과매도 상태가 된다.

$$AbsolutePriceOscillator = EMA_{fast} - EMA_{slow}$$

APO의 구현

10일 기간의 빠른 EMA와 40일 기간의 느린 EMA, 평활화 팩터를 2/11과 2/41로 각각 EMA에 대한 디폴트로 설정한 APO를 구현해 보자.

```
num_periods_fast = 10 # fast EMA를 위한 기간
K_fast = 2 / (num_periods_fast + 1) # 빠른 EMA 평활화 팩터
ema_fast = 0

num_periods_slow = 40 # slow EMA를 위한 기간
K_slow = 2 / (num_periods_slow + 1) # 느린 EMA 평활화 팩터
ema_slow = 0

ema_fast_values = [] # 시각화 목적을 위해 빠른 EMA값을 보유한다.
ema_slow_values = [] # 시각화 목적을 위해 느린 EMA값을 보유한다.
apo_values = [] # 계산된 APO값을 추적한다.

for close_price in close:
  if (ema_fast == 0): # 첫째 관찰값
    ema_fast = close_price
    ema_slow = close_price
  else:
    ema_fast = (close_price - ema_fast) * K_fast + ema_fast
```

```
    ema_slow = (close_price - ema_slow) * K_slow + ema_slow

  ema_fast_values.append(ema_fast)
  ema_slow_values.append(ema_slow)
  apo_values.append(ema_fast - ema_slow)
```

위의 코드는 가격이 장기 EMA로부터 매우 빠르게 이격할 때(돌파할 때) 더 높은 양과 음의 APO값을 생성하며, 이는 추세 형성 또는 과매수/과매도로 해석할 수 있다. 이제 빠른 EMA와 느린 EMA를 시각화하고, 이로부터 생성되는 APO값을 시각화한다.

```
goog_data = goog_data.assign(ClosePrice=pd.Series(close, index=goog_data.index))
goog_data =
goog_data.assign(FastExponential10DayMovingAverage=pd.Series(ema_fast_value s,
index=goog_data.index))
goog_data =
goog_data.assign(SlowExponential40DayMovingAverage=pd.Series(ema_slow_value s,
index=goog_data.index))
goog_data = goog_data.assign(AbsolutePriceOscillator=pd.Series(apo_values, index=goog_
data.index))
close_price = goog_data['ClosePrice']
ema_f = goog_data['FastExponential10DayMovingAverage']
ema_s = goog_data['SlowExponential40DayMovingAverage']
apo = goog_data['AbsolutePriceOscillator']

import matplotlib.pyplot as plt

fig = plt.figure()
ax1 = fig.add_subplot(211, ylabel='Google price in $')
close_price.plot(ax=ax1, color='g', lw=2., legend=True)
ema_f.plot(ax=ax1, color='b', lw=2., legend=True)
ema_s.plot(ax=ax1, color='r', lw=2., legend=True)
ax2 = fig.add_subplot(212, ylabel='APO')
apo.plot(ax=ax2, color='black', lw=2., legend=True)
plt.show()
```

위의 코드는 다음 출력을 반환한다. 그림을 살펴보자.

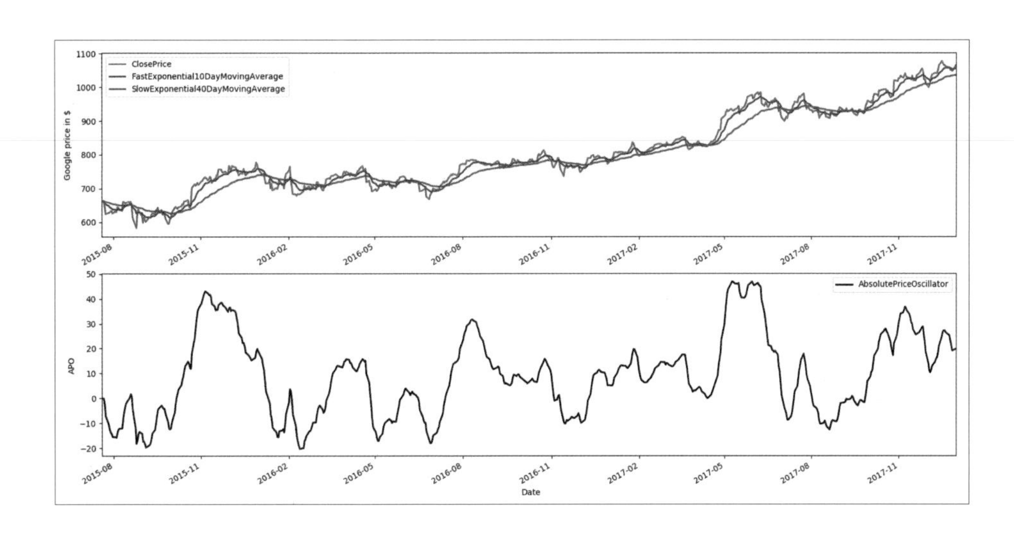

위의 그림에서 빠른 EMA와 느린 EMA의 차이를 볼 수 있다. 빠른 EMA는 새로운 가격에 더 반응적이고, 느린 EMA는 새로운 가격에 덜 반응적이고 더 서서히 감쇠한다. 가격이 위로 돌파할 때 APO값은 양이고, APO값의 크기는 돌파의 크기를 포착한다. APO값은 가격이 아래로 밑으로 돌파할 때 APO값의 크기는 돌파의 크기를 포착한다. 3장에서 실제 트레이딩 전략에서 이 시그널을 사용한다.

MACD

이동평균 수렴 발산MACD, Moving Average Convergence Divergence은 이동평균 가격을 기반으로 구축한 또 하나 클래스의 지표다. 이는 APO보다 하나 더 나간 개념이다.

MACD는 제랄드 애펠Gerald Appel에 의해서 개발됐다. 빠른 EMA와 느린 EMA의 차이를 이용한다는 점에서 APO와 맥을 같이한다. 하지만 MACD의 경우 MACD값 자체에 평활화 지수이동평균smoothing exponential moving average을 적용해 MACD 지표로부터 최종 시그널을 얻는다. 즉 MACD와 MACD값의 EMA(시그널)의 차이를 구하고 이를 히스토그램으로 시각화한다. 적절히 구성된 MACD 시그널은 추세의 방향, 크기, 지속 기간을 성공적으로 포착한다.

$$MACD = EMA_{Fast} - EMA_{Slow}$$

$$MACD_{Signal} = EMA_{MACD}$$

$$MACD_{Histogram} = MACD - MACD_{Signal}$$

MACD의 구현

10일 기간의 빠른 EMA와 40일 기간의 느린 EMA, 평활화 팩터를 2/11과 2/41로 각각 EMA에 대한 디폴트로 설정한 MACD를 구현해 보자.

```
num_periods_fast = 10 # fast EMA time period
K_fast = 2 / (num_periods_fast + 1) # 빠른 EMA 평활화 팩터
ema_fast = 0

num_periods_slow = 40 # 느린 EMA 기간
K_slow = 2 / (num_periods_slow + 1) # 느린 EMA 평활화 팩터
ema_slow = 0

num_periods_macd = 20 # MACD EMA 기간
K_macd = 2 / (num_periods_macd + 1) # MACD EMA 평활화 팩터
ema_macd = 0

ema_fast_values = [] # 시각화 목적을 위해 빠른 EMA값을 추적한다.
ema_slow_values = [] # 시각화 목적을 위해 빠른 EMA값을 추적한다
macd_values = [] # 시각화 목적을 위해 MACD값을 추적한다
macd_signal_values = [] # MACD EMA값 추적한다.

macd_histogram_values = [] # MACD - MACD-EMA

for close_price in close:
  if (ema_fast == 0): # 첫째 관찰값
    ema_fast = close_price
    ema_slow = close_price
  else:
    ema_fast = (close_price - ema_fast) * K_fast + ema_fast
    ema_slow = (close_price - ema_slow) * K_slow + ema_slow
```

```
  ema_fast_values.append(ema_fast)
  ema_slow_values.append(ema_slow)
  macd = ema_fast - ema_slow # MACD는 빠른_MA - 느린 EMA이다.

  if ema_macd == 0:
    ema_macd = macd
  else:
    ema_macd = (macd - ema_macd) * K_slow + ema_macd # 시그널은 MACD값의 EMA이다.

  macd_values.append(macd)
  macd_signal_values.append(ema_macd)
  macd_histogram_values.append(macd - ema_macd)
```

위의 코드에 다음이 적용된다.

- EMA_{MACD}의 기간은 20일이고, 디폴트 평활화 팩터는 2/21이다.
- $MACD_{Historgram}$(MACD$-EMA_{MACD}$)값을 계산한다.

여러 시그널과 시각화하는 코드를 살펴보고 이해해 보자.

```
goog_data = goog_data.assign(ClosePrice=pd.Series(close,
index=goog_data.index))
goog_data =
goog_data.assign(FastExponential10DayMovingAverage=pd.Series(ema_fast_value
s, index=goog_data.index))
goog_data =
goog_data.assign(SlowExponential40DayMovingAverage=pd.Series(ema_slow_value s,
index=goog_data.index))
goog_data =
goog_data.assign(MovingAverageConvergenceDivergence=pd.Series(macd_values,
index=goog_data.index))
goog_data =
goog_data.assign(Exponential20DayMovingAverageOfMACD=pd.Series(macd_signal_ values,
index=goog_data.index))
goog_data =
goog_data.assign(MACDHistorgram=pd.Series(macd_historgram_values, index=goog_data.
index))
close_price = goog_data['ClosePrice']
```

```
ema_f = goog_data['FastExponential10DayMovingAverage']
ema_s = goog_data['SlowExponential40DayMovingAverage']
macd = goog_data['MovingAverageConvergenceDivergence']
ema_macd = goog_data['Exponential20DayMovingAverageOfMACD']
macd_histogram = goog_data['MACDHistorgram']

import matplotlib.pyplot as plt

fig = plt.figure()
ax1 = fig.add_subplot(311, ylabel='Google price in $')
close_price.plot(ax=ax1, color='g', lw=2., legend=True)
ema_f.plot(ax=ax1, color='b', lw=2., legend=True)
ema_s.plot(ax=ax1, color='r', lw=2., legend=True)
ax2 = fig.add_subplot(312, ylabel='MACD')
macd.plot(ax=ax2, color='black', lw=2., legend=True)
ema_macd.plot(ax=ax2, color='g', lw=2., legend=True)s
ax3 = fig.add_subplot(313, ylabel='MACD')
macd_histogram.plot(ax=ax3, color='r', kind='bar', legend=True, use_index=False)
plt.show()
```

위의 코드는 다음 출력을 반환한다. 그림을 살펴보자.

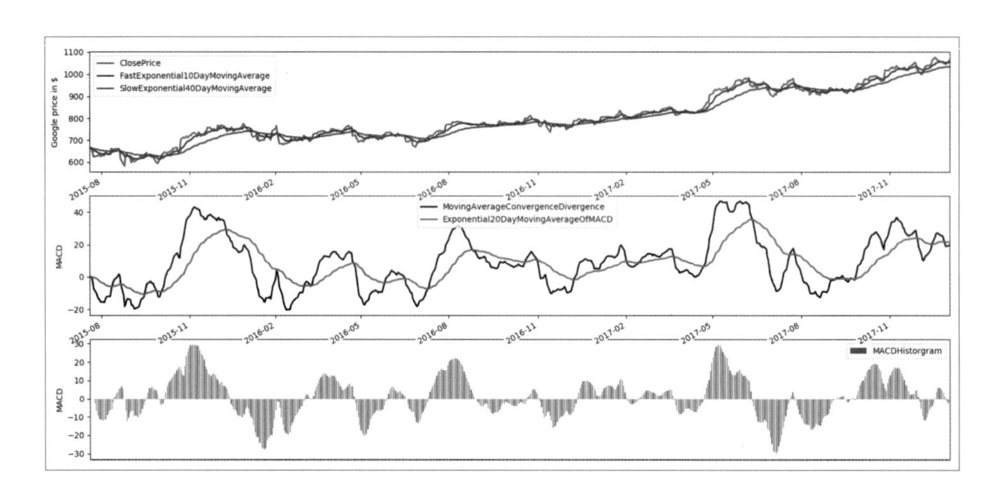

예상한 대로 MACD 시그널은 APO와 매우 유사하다. 그러나 EMA_{MACD}는 추가로 미가공의 MACD값에 평활 팩터를 적용한 것이며, 미가공의 MACD 잡음을 평활화함으로써 추

세 지속 기간을 포착한다. 마지막으로 $MACD_{Historgram}$은 (a) 추세 형성 또는 전환 시기 (b) 부호가 전환된 이후 $MACD_{Histogram}$값이 양 또는 음으로 머물 때 지속되는 추세의 크기를 포착한다.

볼린저 밴드

볼린저 밴드BBANDS, Bollinger Bands도 이동평균을 기반으로 구축되나, 최근 가격 변동성을 반영하므로 시장 조건에 더 적응적인 지표다. 자세히 알아보자.

볼린저 밴드는 존 볼린저John Bollinger에 의해 개발된 잘 알려진 기술적 지표다. 가격의 이동평균을 계산한다(단순이동평균 또는 지수이동평균 또는 이들의 변형된 형태를 사용할 수 있다). 추가로 이동평균을 평균 가격으로 하고, 룩백 기간 동안의 가격 표준편차를 계산한다. 그러고 나서 이동평균에 가격 표준편차의 특정 배수를 더한 것을 위 밴드upper band와 이동평균에 가격 표준편차의 특정 배수를 뺀 것을 아래 밴드lower band로 계산한다. 이 밴드는 가격의 이동평균을 기준 가격으로 삼을 때 가격의 예상 변동성을 나타낸다. 가격이 밴드 바깥으로 벗어날 때 돌파/추세 시그널 또는 과매수/과매도 평균 회귀 시그널로 해석할 수 있다.

위 볼린저 밴드 $BBAND_{Upper}$와 아래 볼린저 밴드 $BBAND_{Lower}$를 계산하는 수식을 살펴보자. 모두 중앙 볼린저 밴드 $BBAND_{Middle}$에 의존하는데 이는 단순히 이전 n기간(이 경우 최근 n일)의 단순이동평균으로 $SMA_{n\text{-}periods}$로 표기한다. 아래 밴드와 위 밴드가 $BBAND_{Middle}$에서 이전에 봤던 표준편차 σ와 특정 표준편차 팩터 β의 곱 $(\beta * \delta)$를 더하거나 빼면 계산된다. 큰 β값을 선택하면 시그널을 위한 볼린저 밴드의 폭도 커진다. 따라서 β는 단지 트레이딩 시그널의 폭을 조절하는 하나의 파라미터다.

$$BBAND_{Middle} = SMA_{n-periods}$$

$$BBAND_{Upper} = BBAND_{Middle} + (\beta * \delta)$$

$$BBAND_{Lower} = BBAND_{Middle} - (\beta * \delta)$$

여기서 다음을 적용한다.

β: (선택한) 표준편차 팩터

표준편차를 계산하려면 먼저 분산을 계산한다.

$$\sigma^2 = \frac{\sum_{i=1}^{n}(Pi - SMA)^2}{n}$$

다음, 표준편차는 단순히 분산의 제곱근이다.

$$\sigma = \sqrt{\sigma^2}$$

볼린저 밴드의 구현

20일 기간의 $SMA(BBAND_{Middle})$에 대한 볼린저 밴드를 구현하고 시각화한다.

```
import statistics as stats
import math as math

time_period = 20 # 중앙 밴드 SMA의 히스토리 기간 길이
stdev_factor = 2 # 위/아래 밴드를 위한 표준편차 스케일 팩터

history = [] # 단순이동평균을 계산하기 위한 가격 히스토리
sma_values = [] # 시각화 목적의 이동평균 가격
upper_band = [] # 위 밴드 값
lower_band = [] # 아래 밴드 값

for close_price in close:
  history.append(close_price)
  if len(history) > time_period: # 'time_period' 개수까지 가격 관찰 수를 유지하고자 한다.
    del (history[0])

  sma = stats.mean(history)
  sma_values.append(sma) # 중앙 밴드의 단순이동평균

  variance = 0 # 분산은 표준편차의 제곱이다.
```

```
  for hist_price in history:
    variance = variance + ((hist_price - sma) ** 2)

  stdev = math.sqrt(variance / len(history)) # 표준편차를 구하고자 제곱근을 사용

  upper_band.append(sma + stdev_factor * stdev)
  lower.band.append(sma ? stdev_factor * stdev)
```

위의 코드에서 stdev 팩터 β를 2로 설정하고, 중심 밴드와 표준편차 σ로부터 위 밴드와 아래 밴드를 계산한다.

이제 볼린저 밴드를 시각화하는 코드를 추가해서 결과를 살펴보자.

```
goog_data = goog_data.assign(ClosePrice=pd.Series(close, index=goog_data.index))
goog_data =
goog_data.assign(MiddleBollingerBand20DaySMA=pd.Series(sma_values, index=goog_data.
index))
goog_data =
goog_data.assign(UpperBollingerBand20DaySMA2StdevFactor=pd.Series(upper_ban d,
index=goog_data.index))
goog_data =
goog_data.assign(LowerBollingerBand20DaySMA2StdevFactor=pd.Series(lower_ban d,
index=goog_data.index))
close_price = goog_data['ClosePrice']
mband = goog_data['MiddleBollingerBand20DaySMA']
uband = goog_data['UpperBollingerBand20DaySMA2StdevFactor']
lband = goog_data['LowerBollingerBand20DaySMA2StdevFactor']

import matplotlib.pyplot as plt

fig = plt.figure()
ax1 = fig.add_subplot(111, ylabel='Google price in $')
close_price.plot(ax=ax1, color='g', lw=2., legend=True)
mband.plot(ax=ax1, color='b', lw=2., legend=True)
uband.plot(ax=ax1, color='g', lw=2., legend=True)
lband.plot(ax=ax1, color='r', lw=2., legend=True)
plt.show()
```

위의 코드는 다음 그림을 출력한다. 그림을 살펴보자.

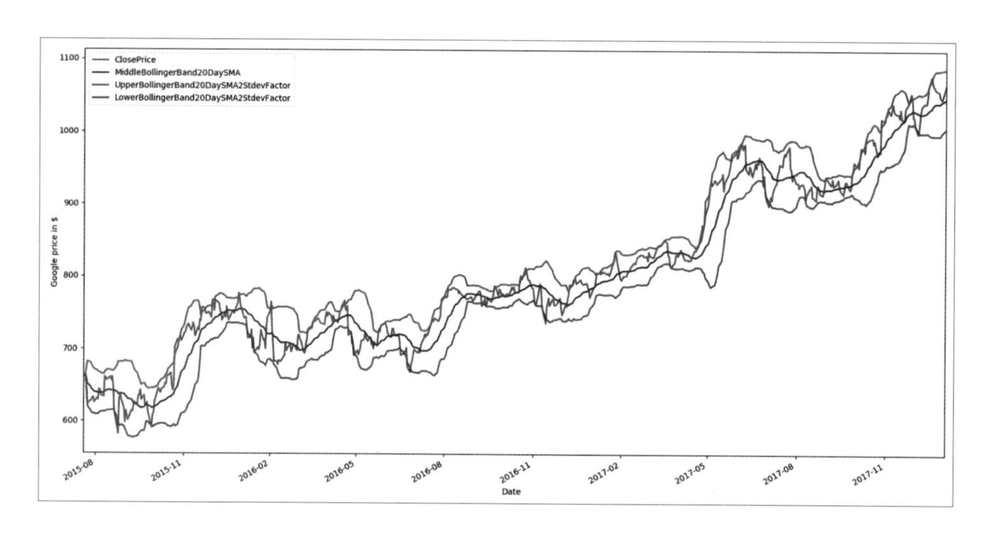

가격이 볼린저 밴드의 위/아래 밴드 내에 있으면 별로 언급할 것이 없으나, 위 밴드를 넘어가면 가격이 위로 돌파하고 계속 상승할 것이라고 해석할 수 있다. 동일한 사건에 대해 트레이딩 자산이 과매수돼서 다시 내려올 거라고 다르게 해석할 수도 있다.

다른 경우로 가격이 아래 밴드를 넘어가면 가격이 아래로 돌파하고 계속 하락할 것이라고 해석할 수 있다. 동일한 사건에 대해 트레이딩 자산이 과매도돼서 다시 올라갈 거라고 다르게 해석할 수도 있다. 양쪽 경우 모두 볼린저 밴드는 이 현상이 일어나는 정확한 시점을 수치화해서 포착할 수 있게 한다.

상대강도지표

상대강도지표RSI, Relative Strength Indicator는 이제까지 살펴본 가격 이동평균을 기반으로 하는 이전의 지표와는 매우 다르다. 이는 가격 움직임의 강도/크기를 포착하고자 기간 동안의 가격 변화를 기반으로 한다.

RSI는 제이 웰즈 와일더J Wells Wilder가 개발했다. 이는 룩백 기간과 동 기간의 평균 손실/가격 하락의 크기과 함께 동 기간의 평균 이익/가격 상승의 크기로 구성된다. 그다음 시그널 값이 0에서 100의 범위에 있도록 정규화하는 RSI값을 계산하는데, 이는 손실에 비해 더 많은 이익이 있었는지 또는 이익 대비 더 많은 손실이 있었는지를 포착한다. 50%를 넘는 RSI값은 상승 추세를 가리키며, 50% 아래의 RSI값은 하락 추세를 가리킨다.

최근 n일에 대해 다음을 적용한다.

$$Price > PreviousPrice => AbsoluteLossOverPeriod = 0$$

위의 경우가 아니면 다음을 적용한다.

$$AbsoluteLossOverPeriod = PreviousPrice - Price$$

$$Price < PreviousPrice => AbsoluteGainOverPeriod = 0$$

위의 경우가 아니면 다음을 적용한다.

$$AbsoluteGainOverPeriod = Price - PreviousPrice$$

$$RelativeStrength(RS) = \frac{\frac{\sum |GainsOverLastNPeriods|}{n}}{\frac{\sum |LossesOverLastNPeriods|}{n}}$$

$$RelativeStrength(RS) = \frac{\sum |GainsOverLastNPeriods|}{\sum |LossesOverLastNPeriods|}$$

$$RelativeStrengthIndicator(RSI) = 100 - \frac{100}{(1 + RS)}$$

상대강도지표의 구현

우리의 데이터셋에 대해 상대강도지표를 구현하고 그려 보자.

```
import statistics as stats

time_period = 20 # 손익을 계산하기 위한 룩백 기간

gain_history = [] # 룩백 기간 동안의 이익 히스토리 (0 if no gain,
magnitude of gain if gain)
loss_history = [] # 룩백 기간 동안의 손실 히스토리 (0 if no loss,
magnitude of loss if loss)

avg_gain_values = [] # 시각화를 위해 평균 이익을 추적
avg_loss_values = [] # 시각화를 위해 평균 손실을 추적

rsi_values = [] # 계산된 RSI 값을 추적

last_price = 0 # 현재 가격 - 최근 가격 > 0 => 이익. 현재 가격 - 최근 가격 < 0 => 손실.

for close_price in close:
  if last_price == 0:
    last_price = close_price

  gain_history.append(max(0, close_price - last_price))
  loss_history.append(max(0, last_price - close_price))
  last_price = close_price

  if len(gain_history) > time_period: # 관찰 수는 룩백 기간과 동일
    del (gain_history[0])
    del (loss_history[0])

avg_gain = stats.mean(gain_history) # 룩백 기간의 평균 이익
avg_loss = stats.mean(loss_history) # 룩백 기간의 평균 손실
avg_gain_values.append(avg_gain)
avg_loss_values.append(avg_loss)

rs = 0
if avg_loss > 0: # 0로 나눠서 정의되지 않는 것을 방지
  rs = avg_gain / avg_loss
rsi = 100 - (100 / (1 + rs))
rsi_values.append(rsi)
```

위의 코드에 다음을 적용한다.

- 20일 기간을 사용해 평균 이익과 평균 손실을 계산하고, *RSI* 공식에 따라 0과 100 사이의 값으로 정규화한다.
- 가격이 지속적으로 상승하는 구글 데이터셋에 대해 *RSI*값이 명백히 계속 50% 이상이다.

이제 최종 시그널과 관련 요소들을 시각화하는 코드를 살펴보자.

```
goog_data = goog_data.assign(ClosePrice=pd.Series(close, index=goog_data.index))
goog_data =
goog_data.assign(RelativeStrengthAvgGainOver20Days=pd.Series(avg_gain_value s,
index=goog_data.index))
goog_data =
goog_data.assign(RelativeStrengthAvgLossOver20Days=pd.Series(avg_loss_value s,
index=goog_data.index))
goog_data =
goog_data.assign(RelativeStrengthIndicatorOver20Days=pd.Series(rsi_values, index=goog_
data.index))
close_price = goog_data['ClosePrice']
rs_gain = goog_data['RelativeStrengthAvgGainOver20Days']
rs_loss = goog_data['RelativeStrengthAvgLossOver20Days']
rsi = goog_data['RelativeStrengthIndicatorOver20Days']

import matplotlib.pyplot as plt

fig = plt.figure()
ax1 = fig.add_subplot(311, ylabel='Google price in $')
close_price.plot(ax=ax1, color='black', lw=2., legend=True)
ax2 = fig.add_subplot(312, ylabel='RS')
rs_gain.plot(ax=ax2, color='g', lw=2., legend=True)
rs_loss.plot(ax=ax2, color='r', lw=2., legend=True)
ax3 = fig.add_subplot(313, ylabel='RSI')
rsi.plot(ax=ax3, color='b', lw=2., legend=True)
plt.show()
```

위의 코드는 다음 그림을 출력한다. 그림을 살펴보자.

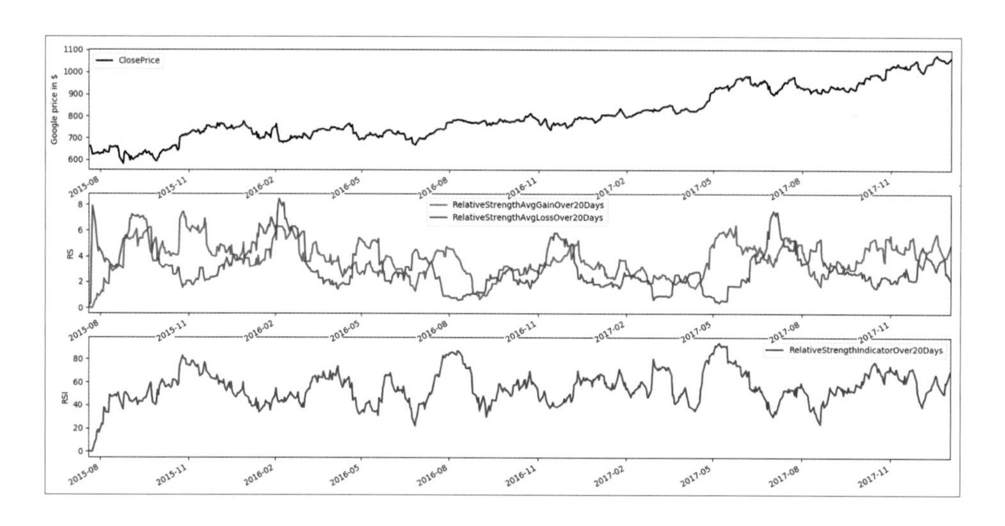

GOOGLE 데이터셋에 적용된 RSI 시그널 분석으로부터의 첫 번째 관찰은 다음과 같다. 20일 기간의 AverageGain은 대부분 동일 기간의 AverageLoss를 초과하고 있다. 왜냐하면 구글은 대부분 지속적으로 가치가 상승한 매우 성공적인 주식이기 때문이다. 동일한 이유로 RSI 지표 역시 주식 생애 대부분에 대해 50%를 초과하고 있으며, 이는 구글 주식 생애 내내 지속된 이익을 반영한다.

표준편차

표준편차STDEV, Standard Deviation는 많은 다른 기술적 지표를 개선하고자 함께 사용되는 가격 변동성의 기본 척도다.

평균 가격으로부터 개별 가격의 편차 제곱을 측정한 후 모든 편차 값의 제곱을 평균하면 **분산**variance을 구할 수 있으며, 표준편차는 이에 제곱근을 취해 얻어지는 기본 척도다. STDV가 클수록 시장 변동성이 크거나 커다란 가격 움직임이 예상되므로 위험 추정과 다른 트레이딩 행태에 증가된 변동성을 고려해서 트레이딩 전략을 구축해야 한다.

표준편차를 계산하려면 먼저 분산을 계산한다.

$$\sigma^2 = \frac{\sum_{i=1}^{n}(Pi - SMA)^2}{n}$$

다음 표준편차는 단순히 분산의 제곱근이다.

$$\sigma = \sqrt{\sigma^2}$$

SMA: n기간 단순이동평균

표준편차의 구현

표준편차의 구현을 예시하는 다음 코드를 살펴보자.

기본 수학 연산을 수행하고자 필요한 통계 및 수학 라이브러리를 불러올 것이다. 룩백 기간을 가변 기간으로 정의하고, 과거 가격을 히스토리 리스트에 저장하는 반면 SMA와 표준편차를 sam_values와 stddev_values에 저장한다. 코드에서 분산을 계산하고 나서 표준편차를 계산한다. 마지막으로 goog_data 데이터 프레임에 순차적으로 추가해 차트를 보이는 데 사용한다.

```
import statistics as stats
import math as math

time_period = 20 # 룩백 기간

history = [] # 가격 히스토리
sma_values = [] # 시각화를 위해 이동평균 값을 추적한다.
stddev_values = [] # 계산된 stdev 값의 히스토리
for close_price in close:
  history.append(close_price)
  if len(history) > time_period: # 'time_period' 개수까지의 가격을 추적한다.
    del (history[0])
```

```
  sma = stats.mean(history)
  sma_values.append(sma)

  variance = 0 # 분산은 표준편차의 제곱이다.
  for hist_price in history:
    variance = variance + ((hist_price - sma) ** 2)

  stdev = math.sqrt(variance / len(history))
  stddev_values.append(stdev)

goog_data = goog_data.assign(ClosePrice=pd.Series(close,
index=goog_data.index))
goog_data =
goog_data.assign(StandardDeviationOver20Days=pd.Series(stddev_values, index=goog_data.
index))
close_price = goog_data['ClosePrice']
stddev = goog_data['StandardDeviationOver20Days']
```

다음 코드는 최종 시각화를 구현한다.

```
import matplotlib.pyplot as plt

fig = plt.figure()
ax1 = fig.add_subplot(211, ylabel='Google price in $')
close_price.plot(ax=ax1, color='g', lw=2., legend=True)
ax2 = fig.add_subplot(212, ylabel='Stddev in $')
stddev.plot(ax=ax2, color='b', lw=2., legend=True)
plt.show()
```

위의 코드는 다음 그림을 출력한다. 그림을 살펴보자.

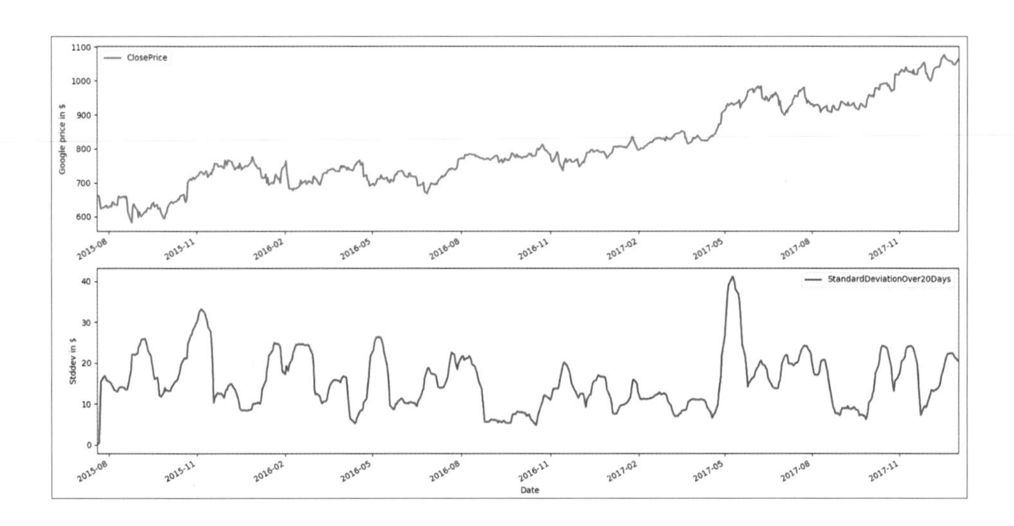

여기서 표준편차는 과거 20일 동안의 가격 움직임의 변동성을 계산한다. 과거 20일간 구글 주가가 급등하거나 급강하거나 큰 변화를 겪을 때 변동성이 급등한다. 이후의 장들에서 표준편차를 중요한 변동성 척도로 다시 다룰 것이다.

모멘텀

모멘텀MOM, Momentum은 가격 움직임의 속도와 크기의 중요한 척도다. 추세/돌파 기반의 트레이딩 알고리즘의 핵심 지표다.

단순한 형태로 모멘텀은 단순히 현재 가격과 과거 특정 시점의 가격 간의 차이다. 연속적인 기간의 양의 모멘텀 값은 상승 추세를 가리킨다. 반대로 만약 모멘텀이 연속적으로 음이면 하락 추세를 나타낸다. 흔히 아래에서 보이는 바와 같이 MOM의 단순/지수이동평균을 사용해 지속 가능한 추세를 탐지한다.

$$MOM = Price_t - Price_{t-n}$$

여기서 다음을 적용한다.

- $Price_t$: 시점 t의 가격
- $Price_{t-n}$: 시점 t에서 n 기간 이전의 가격

모멘텀의 구현

모멘텀 구현을 예시하는 코드를 살펴보자.

```
time_period = 20 # 모멘텀을 계산할 기준 가격을 발견하기 위한 과거 시점 선택

history = [] # 모멘텀 계산에 사용될 관찰된 가격의 히스토리
mom_values = [] # 시각화를 위해 모멘텀 값을 추적

for close_price in close:
  history.append(close_price)
  if len(history) > time_period: # 히스토리는 time_period만큼의 관찰수
    del (history[0])

  mom = close_price - history[0]
  mom_values.append(mom)
```

위 코드는 과거 가격의 히스토리 리스트를 유지하며, 매번 새로운 관찰에 대해 현재와 위의 경우 20일인 `time_predod` 이전의 가격 간의 차이로 모멘텀을 계산한다.

```
goog_data = goog_data.assign(ClosePrice=pd.Series(close, index=goog_data.index))
goog_data =
goog_data.assign(MomentumFromPrice20DaysAgo=pd.Series(mom_values, index=goog_data.
index))
close_price = goog_data['ClosePrice']
mom = goog_data['MomentumFromPrice20DaysAgo']

import matplotlib.pyplot as plt

fig = plt.figure()
```

```
ax1 = fig.add_subplot(211, ylabel='Google price in $')
close_price.plot(ax=ax1, color='g', lw=2., legend=True)
ax2 = fig.add_subplot(212, ylabel='Momentum in $')
mom.plot(ax=ax2, color='b', lw=2., legend=True)
plt.show()
```

위의 코드는 다음 그림을 출력한다. 그림을 살펴보자.

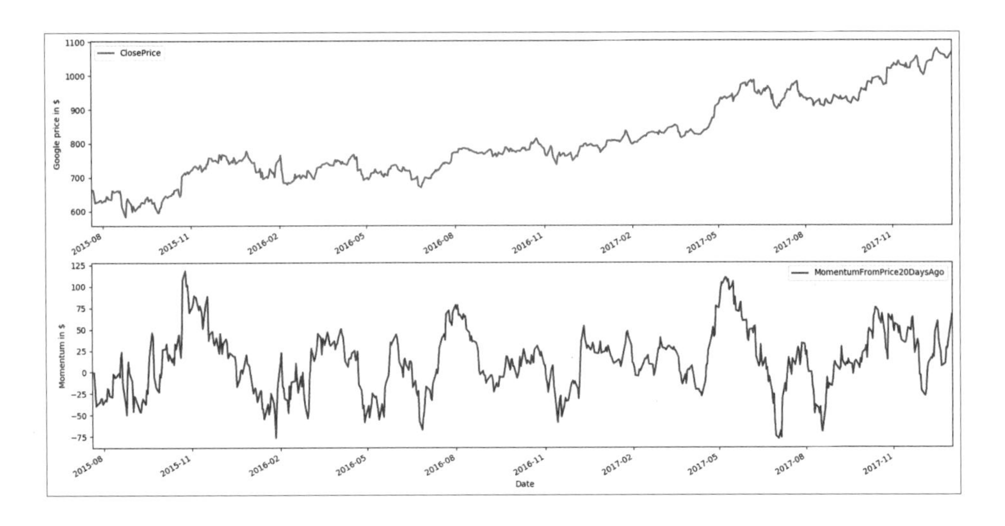

모멘텀 그림은 다음을 보인다.

- 주가가 20일 이전과 비교해 크게 변화할 때 모멘텀 값이 가장 커진다.
- 여기서 대부분의 모멘텀 값이 양인데 이는 앞에서 논의했듯이 주로 구글 주식이 생애 내내 가치가 상승했기 때문이며, 종종 큰 상승 모멘텀을 보여 준다.
- 주가가 하락한 짧은 기간 동안 음의 모멘텀 값을 관찰할 수 있다.

이번 절에서 기술적 지표를 기반으로 하는 트레이딩 시그널을 만드는 법을 배웠다. '트레이딩 자산의 계절성과 같은 고급 개념의 구현' 절에서 트레이딩 자산의 계절성과 같은 고급 개념을 구현하는 법을 배울 것이다.

트레이딩 자산의 계절성과 같은 고급 개념의 구현

트레이딩에서 수집하는 가격은 일정 시간 구간에서의 데이터 포인트 모음이며, 시계열이라 불린다. 이들은 시간 의존적이며, 상승 또는 하락 추세와 계절 추세, 즉 특정 시점에 특수한 변화를 가질 수 있다. 소매 상품과 마찬가지로 금융 상품도 상이한 계절에 관련된 추세trend와 계절성seasonality을 따른다. 주weekly, 월monthly, 휴일holiday과 같은 여러 계절성이 존재한다.

'트레이딩 자산의 계절성과 같은 고급 개념의 구현' 절에서 2001년에서 2018년까지의 GOOG 데이터를 사용해 월 기반의 가격 변화를 살펴보자.

1. 데이터를 월별로 다시 그루핑grouping하는 코드를 작성해서 월간 수익률을 계산한다. 다음 히스토그램으로 수익률을 비교한다. GOOG가 10월에 더 높은 수익률을 가지는 것을 관찰한다.

```
import pandas as pd
import matplotlib.pyplot as plt
from pandas_datareader import data

start_date = '2001-01-01'
end_date = '2018-01-01'
SRC_DATA_FILENAME='goog_data_large.pkl'

try:
  goog_data = pd.read_pickle(SRC_DATA_FILENAME)
  print('File data found...reading GOOG data')
except FileNotFoundError:
  print('File not found...downloading the GOOG data')
  goog_data = data.DataReader('GOOG', 'yahoo', start_date, end_date)
  goog_data.to_pickle(SRC_DATA_FILENAME)

goog_monthly_return = goog_data['Adj Close'].pct_change().groupby(
  [goog_data['Adj Close'].index.year,
  goog_data['Adj Close'].index.month]).mean()
goog_montly_return_list=[]
```

```
for i in range(len(goog_monthly_return)):
  goog_montly_return_list.append\
  ({'month':goog_monthly_return.index[i][1],
    'monthly_return': goog_monthly_return[i]})

goog_montly_return_list=pd.DataFrame(goog_montly_return_list,
columns=('month','monthly_return'))
goog_montly_return_list.boxplot(column='monthly_return', by='month')

ax = plt.gca()
labels = [item.get_text() for item in ax.get_xticklabels()]
labels=['Jan','Feb','Mar','Apr','May','Jun',\
     'Jul','Aug','Sep','Oct','Nov','Dec']
ax.set_ylabel('GOOG return')]
ax.set_xticklabels(labels)
plt.tick_params(axis='both', which='major', labelsize=7)
plt.title("GOOG Monthly return 2001-2018")
plt.suptitle("")
plt.show()
```

위의 코드는 다음 그림을 출력한다. 다음 스크린샷은 GOOG 월간 수익률을 나타낸다.

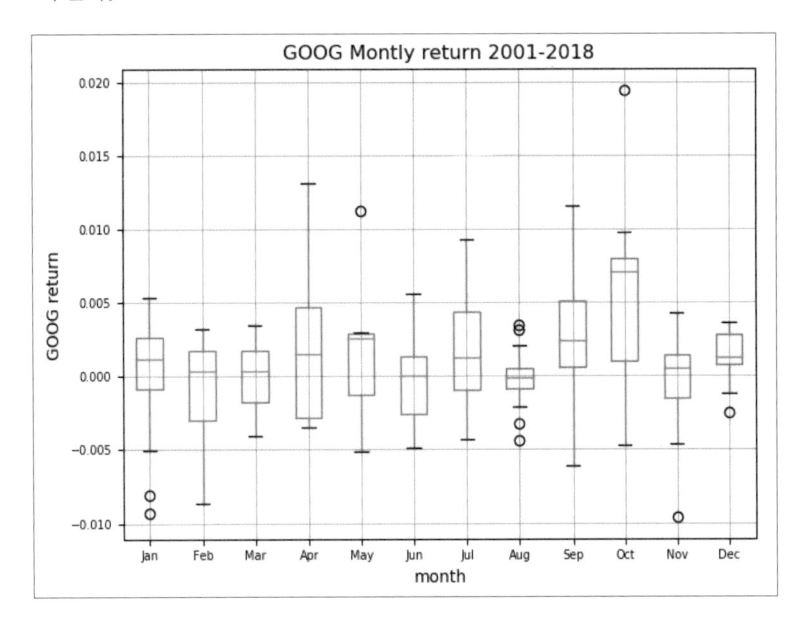

스크린샷에서 반복되는 패턴을 관찰한다. 10월은 수익률이 가장 높은 달이며, 11월은 수익률의 하락이 관찰된다.

2. 이는 시계열이므로 정상성(stationarity, 평균, 분산이 시간에 걸쳐 일정함)을 조사한다. 시계열이 정상적이라는 가정하에 시계열 모델이 작동하므로 다음 코드에서 이 특성을 체크한다.
    - 일정한 평균
    - 일정한 분산
    - 시간 의존적 자기 분산autovariance

```
# 롤링 통계량을 그린다.
def plot_rolling_statistics_ts(ts, titletext,ytext, window_size=12):
  ts.plot(color='red', label='Original', lw=0.5)
  ts.rolling(window_size).mean().plot(color='blue',label='Rolling
Mean')
  ts.rolling(window_size).std().plot(color='black', label='Rolling Std')

  plt.legend(loc='best')
  plt.ylabel(ytext)
  plt.title(titletext)
  plt.show(block=False)

plot_rolling_statistics_ts(goog_monthly_return[1:],'GOOG prices rolling
mean and standard deviation','Monthly return')

plot_rolling_statistics_ts(goog_data['Adj Close'],'GOOG prices rolling
mean and standard deviation','Daily prices',365)
```

위의 코드는 다음 2개의 차트를 출력하는데 여기서 2개의 다른 시계열을 사용해서 차이를 비교한다.

- 하나는 GOOG 일별 가격을 보이며, 다른 하나는 GOOG 월간 수익률을 보인다.
- 일간 수익률 대신 일별 가격을 사용할 때 롤링 평균과 롤링 분산은 일정하지 않다는 것을 관찰한다.

- 이는 일별 가격을 나타내는 첫 번째 시계열이 정상적이 아니라는 것을 의미한다. 따라서 시계열을 정상적으로 만들어야 한다.
- 시계열의 비정상성은 일반적으로 추세와 계절성의 2개 팩터에 기인한다.

다음 그림은 GOOG 일별 가격을 보인다.

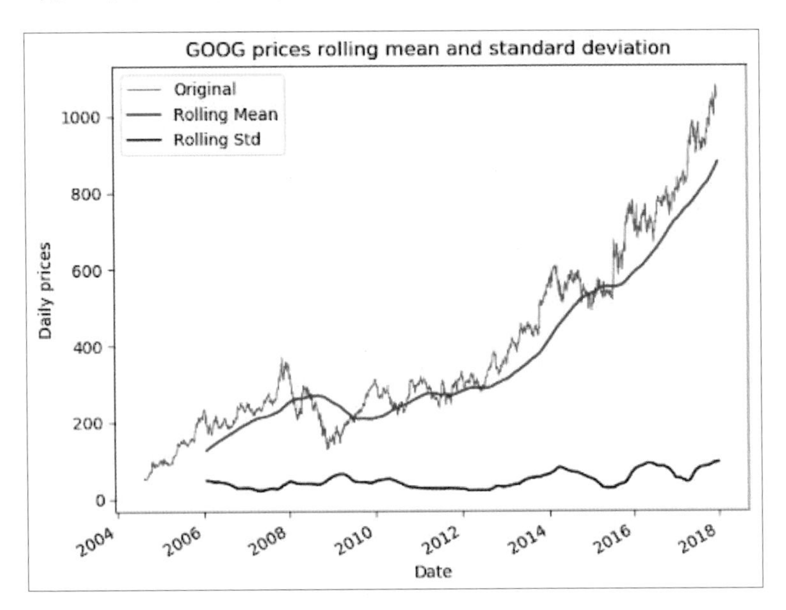

GOOG 일별 가격 그림으로부터 다음이 관찰된다.

- 가격이 시간에 따라 상승하는데 이는 추세다.
- GOOG 일별 가격에서 관찰되는 물결 효과wave effect는 계절성에 기인한다.
- 시계열을 정상적으로 만들 때 원데이터로부터 추세와 계절성을 모델링하고 제거한다.
- 추세와 계절성이 없는 데이터에 대해 미래 값을 예측하는 모델을 발견하면 실제 예측 데이터를 얻고자 추세와 계절성을 복구해야 한다.

다음 그림은 GOOG의 월간 수익률을 보인다.

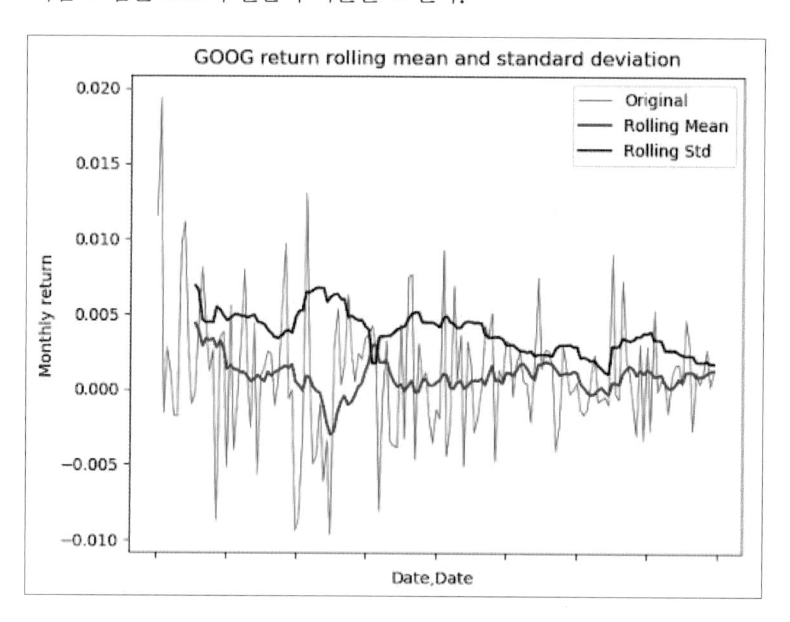

GOOG 일별 가격 데이터로부터 이동평균을 차감해 추세를 제거한다. 다음 스크린샷을 얻는다.

- 추세가 없어졌음을 관찰할 수 있다.
- 추가로 계절성을 제거하고자 하는데 이를 위해 차분differentiation을 적용한다.
- 차분으로 두 연속적인 일간의 차이를 계산한다. 이 차이를 데이터 포인트로 사용한다.

> 시계열 분석을 더 자세하게 탐구하고자 하는 독자들에게 다음의 시계열 책을 추천한다. 『Practical Time Series Analysis: Master Time Series Data Processing, Visulaization, and Modeling Using Python』, Packt edition.

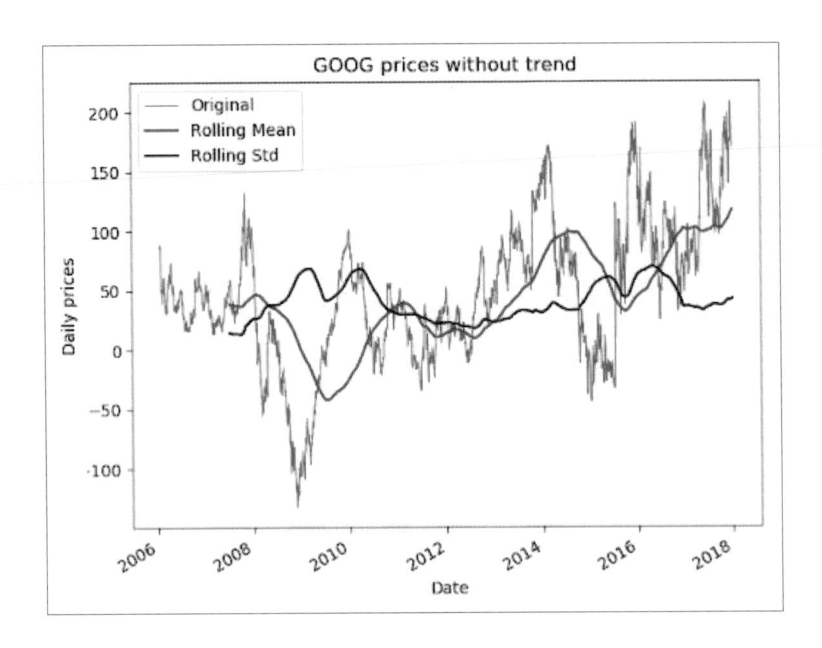

3. 코드로 위의 관찰을 확인하고자 유명한 통계 테스트 확대 디키풀러 테스트 Augmented Dicky-Fuller test를 사용한다.

    ◦ 이 테스트는 시계열의 단위근unit root이 존재함을 결정한다.
    ◦ 만약 단위근이 존재하면 시계열은 정상적이지 않다non-stationary.
    ◦ 테스트의 귀무가설null hypothesis은 "시계열이 단위근을 가진다"다.
    ◦ 귀무가설이 기각되면 단위근을 발견할 수 없다는 것을 의미한다.
    ◦ 귀무가설을 기각하지 못하면 시계열은 비정상적이다.

```
def test_stationarity(timeseries):
  print('Results of Dickey-Fuller Test:')
  dftest = adfuller(timeseries[1:], autolag='AIC')
  dfoutput = pd.Series(dftest[0:4], index=['Test Statistic', 'p-value',
'#시차 사용', '사용된 관찰 수')
  print (dfoutput)

test_stationarity(goog_data['Adj Close'])
```

4. 위의 테스트가 0.99의 p-값을 반환한다. 따라서 시계열은 비정상이다. 다음 테스트를 살펴보자.

```
test_stationarity(goog_monthly_return[1:])
```

이 테스트는 0.05보다 낮은 p-값을 반환한다. 따라서 시계열이 비정상이라고 말할 수 없다. 금융 상품을 연구할 때는 일간 수익률을 사용하도록 권장한다. 정상성의 경우 변환할 필요가 없다.

5. 시계열 분석의 최종 스텝은 시계열을 예측하는 것이다. 두 가지 가능한 시나리오가 있다.
   - 값들 간 의존성이 없는 강한 정상 시계열. 정규 선형회귀를 이용해 값을 예측할 수 있다.
   - 값들 간 의존성이 있는 시계열. 다른 통계 모델을 사용해야 한다. 2장에서 **자기회귀 적분이동평균**ARIMA, Auto-Regression Integrated Moving Average 모델의 사용에 초점을 맞춘다. 이 모델은 3개의 파라미터를 갖는다.
     - 자기회귀(*AR*)항 (*p*) – 종속 변수의 래그. p=3의 경우 $x(t)$에 대한 예측식은 $x(t\text{-}1)+x(t\text{-}2)+x(t\text{-}3)$이다.
     - 이동평균(*MA*)항 (*q*) – 예측 오차의 래그. q=3인 경우 $x(t)$에 대한 예측식은 $e(t\text{-}1)+e(t\text{-}2)+e(t\text{-}4)$이다. 여기서 $e(i)$는 이동평균 값과 실제 값 간의 차이다.
     - 차분(*d*) – 이는 GOOG 일별 가격을 학습할 때 설명했던 값들 사이의 차분을 적용할 때의 *d* 숫자다. 만약 $d=1$이면 두 연속 값 사이의 차분으로 진행한다.

AR(p)과 MA(q)의 파라미터 값은 각각 **자기상관함수**ACF, Autocorrelation function와 **편자기상관함수**PACF, Partial Autocorrelation Function를 사용해 구한다.

```
from statsmodels.graphics.tsaplots import plot_acf
from statsmodels.graphics.tsaplots import plot_pacf
```

```
from matplotlib import pyplot

pyplot.figure()
pyplot.subplot(211)
plot_acf(goog_monthly_return[1:], ax=pyplot.gca(),lags=10)

pyplot.subplot(212)
plot_pacf(goog_monthly_return[1:], ax=pyplot.gca(),lags=10)

pyplot.show()
```

코드의 출력을 살펴보자.

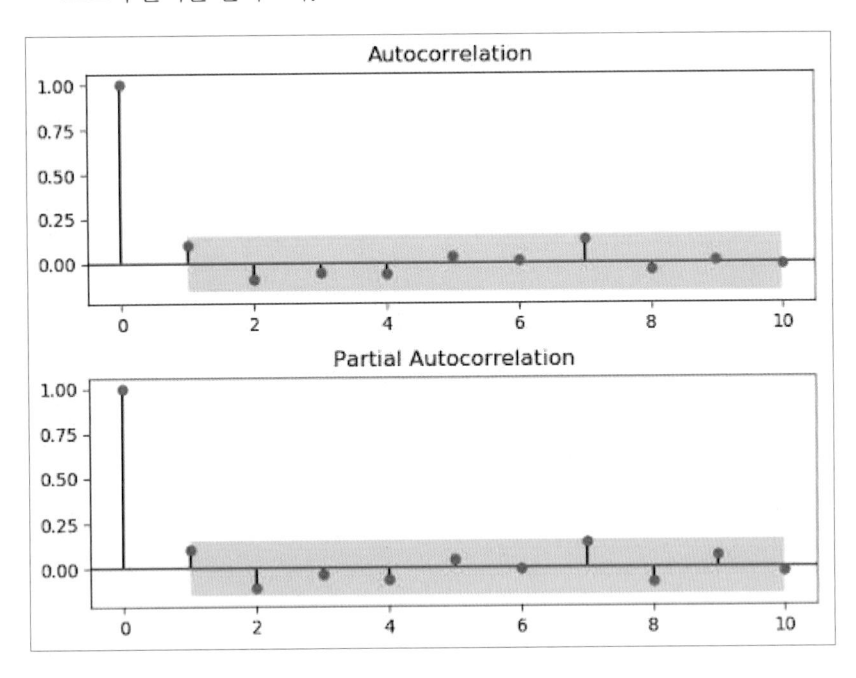

위의 두 그림에서 0의 양쪽으로 신뢰 구간confidence interval을 그릴 수 있다. 이 신뢰 구간을 이용해 AR(p)와 MA(q)의 파라미터 값을 구할 수 있다.

- q: ACF 그림이 첫 번째로 신뢰 구간의 상단을 교차할 때 q=1이다.
- p: PACF 그림이 첫 번째로 신뢰 구간의 상단을 교차할 때 p=1이다.

6. 위의 두 그래프는 q=1과 p=1을 사용하기를 제시한다. 다음 코드와 같이 ARIMA 모델을 적용한다.

```
from statsmodels.tsa.arima_model import ARIMA
model = ARIMA(goog_monthly_return[1:], order=(2, 0, 2))
fitted_results = model.fit()
goog_monthly_return[1:].plot()
fitted_results.fittedvalues.plot(color='red')
plt.show()
```

코드에서 보인 바와 같이 ARIMA 모델을 월간 수익률 시계열에 적용한다.

요약

2장에서 수요와 공급이 시장 가격의 기본적 동인이라는 직관적 아이디어를 기반으로 지지와 저항과 같은 트레이딩 시그널을 생성하는 개념을 알아봤다. 또한 여러 기술적 분석 지표를 살펴보고, 배경 아이디어를 설명하고, 상이한 가격 움직임에 대한 이들의 행태를 구현하고 시각화했다. AR^Autoregressive^, MA^Moving Average^, D^Differentiation^, ACF^AutoCorrelation Function^, PCF^Partial Autocorrelation Function^와 같은 비정상 시계열을 다루는 고급 수학적 접근법의 배경이 되는 아이디어도 소개했다. 마지막으로 계절성과 같은 고급 개념을 간단히 소개하면서 금융 데이터셋에 반복되는 패턴이 어떻게 존재하는지 기본 시계열 분석, 정상 및 비정상 시계열의 개념, 이들 행태를 보이는 금융 데이터를 모델링하는 법을 설명했다.

3장에서 단순회귀와 분류 방법을 살펴보고 구현하며, 통계적 지도학습 방법을 트레이딩에 적용하는 이점을 이해한다.

03

기초 머신러닝을 통한 시장 예측

2장에서 트레이딩 전략의 설계 방법, 트레이딩 시그널의 작성법, 트레이딩 자산의 계절성과 같은 고급 개념의 구현법을 배웠다. 이런 개념들을 더 자세히 이해하기 위해서는 확률과정, 랜덤 워크random walk, 마팅게일martingale, 시계열 분석을 포함하는 광범위한 분야를 알아야 하며, 각자의 수준에 맞춰서 탐구하기를 권장한다.

다음은 어떤 것을 해야 하나? 예측과 전망, 통계 추론과 예측 같은 더욱 고급 방법을 살펴보자. 이는 머신러닝으로 알려져 있으며, 1800년대와 1900년대 초에 개발된 이래로 계속 연구되고 있다. 엄청나게 비용 효과적인 처리 능력과 빅데이터의 용이한 접근성으로 최근 머신러닝 알고리즘의 관심이 다시 급증하고 있다. 머신러닝을 자세히 이해하는 것은 선형대수, 다변수 해석학, 확률이론, 고전적 및 베이지안 통계의 여러 분야에 관련된 것이며, 머신러닝의 깊은 분석은 책 한 권의 범위를 벗어난다. 그러나 머신러닝 방법은 놀라울 정도로 파이썬으로 쉽게 접근할 수 있고, 매우 직관적으로 이해할 수 있으므로 3장에서는 방법 배후의 직관을 설명하고, 알고리즘 트레이딩에의 응용 방법을 발견한다. 그러나 먼저 3장에서 필요한 기본 개념과 표기를 소개한다.

3장에서는 다음 주제를 다룬다.

- 용어와 표기의 이해
- 선형회귀 방법을 이용해 가격 움직임을 예측하는 예측 모델 구축
- 선형분류 방법을 이용해 매수와 매도 시그널을 예측하는 예측 모델 구축

용어와 표기의 이해

아이디어를 빨리 개발하고 공급과 수요에 관한 직관을 구축하고자 서베이로부터 얻은 몇 개의 랜덤 샘플에 대해 키, 몸무게와 인종 변수를 가진 간단하고 완전한 가상의 데이터셋을 사용한다. 데이터셋을 살펴보자.

키(인치)	몸무게(파운드)	인종(아시아/아프리카/백인종)
72	180	아시아
66	150	아시아
70	190	아프리카
75	210	백인종
64	150	아시아
77	220	아프리카
70	200	백인종
65	150	아프리카

개별 필드를 살펴보자.

- 인치의 키와 파운드의 몸무게는 연속형 데이터형이다. 이들은 예를 들어, 65, 65.123과 65.3456667과 같은 어떤 값도 취할 수 있다.
- 반면 인종은 범주형 데이터형이다. 필드에 넣을 수 있는 가능한 값이 유한개다. 이 예제에서 가능한 인종의 값은 아시아, 아프리카, 백인종으로 가정한다.

데이터셋이 주어졌을 때 이제 우리의 과제는 이 데이터로 학습할 수 있는 수학 모델을 구축하는 것이다. 예제에서 학습하고자 하는 과제 또는 목적은 특정인의 몸무게, 그 사람의 키, 인종과의 관계를 발견하는 것이다. 직관적으로, 키가 중요한 역할을 하고(키 큰 사람이 더 몸무게가 나갈 것이다) 인종은 영향이 그다지 없을 거라는 점이 명백하다. 인종은 개인의 키에 영향을 주겠지만, 일단 키를 알면 인종을 아는 것이 그 사람의 몸무게를 추측/예측하는 데 추가적인 정보를 거의 주지 않는다. 이 특정 문제에서는 데이터셋에서 샘플의 키와 인종에 더불어 몸무게를 제공한다는 것을 주목하라.

학습을 통해 예측하고자 하는 변수를 이미 알고 있으므로 이는 **지도학습 문제**supervised learning problem다. 한편 만약 몸무게 변수를 제공받지 못하고, 키와 인종을 기반으로 어떤 사람이 다른 사람보다 몸무게가 더 나가는지를 예측해야 한다면 이는 비지도학습 문제unsupervised learning problem다. 3장에서는 지도학습 문제에만 초점을 맞추는데 지도학습이 알고리즘 트레이딩에서 가장 일반적으로 사용하는 머신러닝이기 때문이다.

예제에서 또 하나 언급하고자 하는 것은 이 경우 몸무게를 키와 인종의 함수로 예측한다는 사실이다. 이와 같은 모델의 출력은 연속 값을 가지므로 회귀 문제regression problem로 알려져 있다. 한편 키와 몸무게의 함수로 인종을 예측하는 것이 목적이라면 범주형 변수를 예측하는 것이고, 이와 같은 모델의 출력은 유한개의 이산값 중 하나의 값이므로 분류 문제classification problem로 알려져 있다.

이 문제를 다룰 때 이미 가능한 데이터셋으로 시작해서 이 데이터셋에 대해 선택된 모델을 학습한다. 이 과정(이미 독자들이 추측했겠지만)은 모델 학습training model으로 알려져 있다. 제공된 데이터를 이용해 선택된 학습 모델의 파라미터를 추정한다(이후에 이것의 의미를 더 자세히 다룰 것이다). 이는 모수 학습 모델parametric learning model의 통계적 추론statistical inference으로 알려져 있다. 비모수 학습 모델non-parametric learning model도 있는데 이는 이제까지 본 데이터를 기억해 내서 새로운 데이터를 추측하는 것이다.

일단 모델을 학습하면 이를 이용해 보지 못한 데이터셋의 가중치를 예측한다. 명백하게 이는 우리의 관심 부분이다. 보지 못한 미래의 데이터를 기반으로 가중치를 예측할 수 있을까? 이는 모델 테스트testing model로 알려져 있으며, 이를 위해 사용하는 데이터는 테스트 데이터test data로 알려져 있다. 통계적 추론에 의해 파라미터가 학습된 모델을 이용해 이전에 보지 못한 데이터에 대해 실제로 예측하는 작업은 통계적 예측 또는 전망statistical prediction or forecasting으로 알려져 있다.

좋은 모델과 나쁜 모델을 구별하기 위한 척도를 이해해야 한다. 상이한 모델에 대해 잘 알려지고 이해된 성과 척도performance metrics가 존재한다. 회귀 예측 문제에 대해서 타깃 변수의 예측값과 실제값의 차이를 최소화하고자 한다. 이 오차는 잔여 오차residual errors로 알려져 있으며, 더 큰 오차는 더 나쁜 모델을 의미한다. 회귀 문제에서 이들 잔여 오차의 합, 즉 잔여 오차 제곱의 합을 최소화하고자 한다(제곱을 하는 것은 큰 이상치에 대해 더 큰 페널티를 부과하기 위한 것이며, 이는 이후에 더 설명한다). 회귀 문제의 가장 일반적인 척도는 R^2이며, 이는 설명되지 못한 분산unexplained variance에 대한 설명된 분산explained variance의 비율이다. 이의 자세한 내용은 더 고급 수준의 책을 참조하기 바란다.

키와 인종을 기반으로 몸무게를 추측하는 단순한 가상의 예측 문제에서 예를 들어 모델이 몸무게가 170이라 예측하고, 실제 몸무게가 160이다. 이 경우 오차는 160−170=−10, 절대 오차는 |−10|=10, 제곱 오차는 (−10)^2=100이다. 분류 문제에서 예측값이 실제값과 동일한 이산값이 돼야 한다. 실제 레이블과 다른 레이블을 예측할 때 이는 분류 오류misclassification 또는 분류 오차classification error다. 분명히 정확한 예측의 개수가 클수록 더 좋은 모델이다. 하지만 그보다 더 복잡하다. 혼동 행렬confusion matrix, ROCReceiver Operating Charateristic, AUCArea Under the Curve와 같은 척도가 존재하지만, 더 고급 수준의 서적을 참조

하기 바란다. 예를 들어, 키와 몸무게를 기반으로 인종을 추측하는 수정된 가상의 문제에서 인종을 백인으로 추측하지만, 정답은 아프리카다. 이것이 오차error로 간주되며, 이와 같은 모든 오차를 합해 예측 전체에 걸친 총합 오차aggregate error를 발견할 수 있다. 하지만 책의 후반부에서 이를 더 논의한다.

이제까지 가상의 예의 관점에서 논의했다. 지금까지 다룬 개념들을 금융 데이터셋에 적용하는 법을 알아보자. 언급한 바와 같이 역사적 금융 데이터로 가격 움직임을 측정할 수 있으므로 금융에서 지도학습법이 가장 일반적인 방법이다. 단지 현재 가격으로부터의 가격 상승 또는 하락을 예측하고자 하면 이는 가격 상승, 가격 하락의 2개의 예측 레이블을 가진 분류 문제다. 가격 상승, 가격 하락, 가격 불변의 경우 3개의 예측 레이블을 가진다. 그러나 만약 가격 움직임의 크기와 방향을 예측하고자 하면 이는 회귀 문제다. 예를 들어, 가격 움직임 $+10.2의 출력, 즉 이는 가격이 $10.2만큼 상승하리라는 예측을 의미한다. 훈련 데이터셋은 역사적 데이터로부터 생성되며, 테스트 데이터셋은 모델 학습에 사용되지 않은 역사적 데이터를 사용하고, 라이브 트레이딩 동안의 사용하는 라이브 시장 데이터가 있다. 위에서 나열한 척도 이외에 트레이딩 전략으로부터 생성된 손익(PnL)으로 모델의 정확도를 측정한다. 이 정도로 소개를 마치고, 회귀 방법을 시작으로 이들 방법을 자세히 알아보자.

금융 자산 탐색

예측 모델을 구축하고자 머신러닝을 적용하기 전에 데이터셋에 대해 여기에 리스트한 스텝으로 탐색적 데이터 분석을 실행해야 한다. 이는 고급 방법을 금융 데이터셋에 적용할 때 결코 과소평가할 수 없는 전제 조건이다.

1. **데이터 수집**: 2장에 사용했던 구글 주식 데이터를 계속 사용한다.

```
import pandas as pd
from pandas_datareader import data
```

```
def load_financial_data(start_date, end_date, output_file):
  try:
  df = pd.read_pickle(output_file)
  print('File data found...reading GOOG data')
except FileNotFoundError:
  print('File not found...downloading the GOOG data')
  df = data.DataReader('GOOG', 'yahoo', start_date, end_date)
  df.to_pickle(output_file)

  return df
```

위의 코드에서 데이터를 다운로드하는 법을 재조명하고, 다음을 위해 사용할 load_financial_data 메서드를 구현한다. 다음 코드에서 보이는 바와 같이 17년의 구글 일별 데이터를 다운로드하고자 사용될 수 있다.

```
goog_data = load_financial_data( start_date='2001-01-01', end_date='2018-01-01', output_file='goog_data_large.pkl')
```

코드는 GOOG 주식 데이터로부터 17년의 기간에 걸친 금융 데이터를 다운로드한다. 다음 스텝으로 이동하자.

2. **예측하고자 하는 목적/트레이딩 조건의 생성**: 이제 데이터를 다운로드하는 법을 알았으니 이를 이용해 예측 모델을 위한 타깃을 추출한다. 타깃은 반응 변수response variable 또는 종속 변수dependent variable로도 알려져 있으며, 실제로 우리가 예측하고자 하는 것이다.
   몸무게를 예측하는 우리의 가상 예제에서 몸무게가 반응 변수다. 알고리즘 트레이딩에서 일반적인 타깃은 미래 가격이 무엇일지를 예측해 미래에 이익을 낼 수 있는 시장 포지션을 당장 취할 수 있게 하는 것이다. 반응 변수를 미래 가격−현재 가격으로 모델링하면 현재 가격 대비 미래 가격의 방향(상승, 하락 또는 불변)과 함께 가격 변화의 크기를 예측하고자 하는 것이다. 따라서 이들 변수는 +10, +3.4, −4 등과 같을 것이다. 이는 회귀 모델에서 사용하는 반응 변수 방법이며, 이후에 더욱 자세하게 다룰 것이다. 반응 변수의 다른 변형은 단순히 방향만을 예측하고, 크기는 무시하는 것이다. 즉 +1은 미래 가격 상승, −1은 미래 가격 하락, 0는 미래 가격 불변(현재 가격과 동일)을 의미한다. 이는 분류 모델에서 사용할 반응 변수 방법이며, 이후 더 알아볼 것이다. 다음 코드로 반응 변수 생성을 구현하자.

```
def create_classification_trading_condition(df):
  df['Open-Close'] = df.Open - df.Close
  df['High-Low'] = df.High - df.Low
  df = df.dropna()
  X = df[['Open-Close', 'High-Low']]
  Y = np.where(df['Close'].shift(-1) > df['Close'], 1, -1)

  return (X, Y)
```

위의 코드에 다음이 적용된다.

- 분류 반응 변수는 내일의 종가가 오늘의 종가보다 높으면 +1, 내일의 종가가 오늘의 종가보다 낮으면 −1이다.
- 이 예제에서 내일의 종가가 오늘의 종가와 같지 않다고 가정한다. 만약 같은 경우를 가정하는 경우는 제3의 범주형 값 0를 설정해 이를 처리한다.

회귀 반응 변수는 '매일매일에 대해 내일의 종가−오늘의 종가'다. 코드를 살펴보자.

```
def create_regression_trading_condition(df):
  df['Open-Close'] = df.Open - df.Close
  df['High-Low'] = df.High - df.Low
  df = df.dropna()
  X = df[['Open-Close', 'High-Low']]
  Y = df['Close'].shift(-1) - df['Close']

  return (X, Y)
```

위의 코드에서 다음이 적용된다.

- 가격이 내일 상승하면 양의 값이고, 가격이 내일 하락하면 음의 값이고, 가격이 변하지 않으면 0이다.

- 값의 부호는 방향을 가리키며, 반응 변수의 크기는 가격 움직임의 크기를 포착한다.

3. **데이터셋의 훈련과 테스트 데이터셋 분리**: 트레이딩 전략에 관련된 핵심 질문 중 하나가 트레이딩 전략이 경험하지 않은 시장 조건 또는 데이터셋에 어떻게 작동하는가다. 예측 모델을 학습할 때 사용하지 않은 데이터셋에 대한 트레이딩 성과는 트레이딩 전략의 표본 외 성과out-sample performance로 부른다. 이 결과는 트레이딩 전략이 라이브 시장에서 실행될 때 기대할 수 있는 것을 대표한다고 간주된다. 일반적으로 모든 가능한 데이터셋을 여러 분할로 나누고, 한 데이터셋으로 학습한 모델을 학습에 사용하지 않은 데이터셋에 대해 모델을 평가한다(추가적으로 다른 데이터셋에 대해 검증할 수도 있다). 우리 모델의 목적을 위해서 데이터셋을 훈련과 테스트의 데이터셋으로 분리한다. 코드를 살펴보자.

```
from sklearn.model_selection import train_test_split

def create_train_split_group(X, Y, split_ratio=0.8):
  return train_test_split(X, Y, shuffle=False, train_size=split_ratio)
```

위의 코드에서 다음이 적용된다.

- 기본 분리 비율을 80%로 설정한다. 따라서 전체 데이터셋의 80%를 훈련에 사용하고, 나머지 20%를 테스트에 사용한다.
- 기초 데이터의 분포를 고려하는 더 고급 분리 방법들(실제 시장 조건을 잘 대표하지 못하는 훈련/테스트 데이터셋을 방지하는 방법들)이 있다.

선형회귀 방법을 이용한 예측 모델 구축

이제 필요한 데이터셋을 얻는 법, 예측하고자 하는 것(목적)을 계량화하는 법, 후학습된 모델을 평가하고자 데이터를 훈련과 테스트 데이터셋으로 분리하는 법을 알았으니 기초 머신러닝 기법을 우리의 데이터셋에 적용해 보자.

- 먼저 회귀 방법으로 시작하는데 이는 선형일 수도 있고, 비선형일 수도 있다.
- **최소제곱법**OLS, Ordinary Least Squares은 가장 기초적인 선형회귀 모델이므로 좋은 출발점이다.
- 그러고 나서 OLS를 확장이지만, 규제화regularization와 축소shrinkage 특성을 가진 라소Lasso와 릿지Ridge 회귀를 살펴본다(이들 측면은 이후에 더욱 자세히 논의한다).
- 탄력망Elastic Net은 라소와 릿지 회귀모델 양자의 결합이다.
- 마지막 회귀 방법은 결정트리 회귀인데 이는 비선형 모델이 가능하다.

최소제곱법

타깃 변수의 관찰이 $m \times 1$이고, 특성값은 $m \times 1$ 행 그리고 각 행이 $1 \times n$의 차원이라고 할 때 OLS는 타깃 변수와 다음과 같은 선형 근사에 의해 예측한 예측 변수 차이의 제곱의 잔여합을 최소화하는 $n \times 1$차원의 가중치를 발견하고자 한다.

- 식 $X \bullet W = y$의 최적 적합도인 $min\|X \bullet W - y\|_2^2$, 여기서 X는 $m \times n$의 특성값 행렬이고, W는 n개의 각 특성값에 할당되는 $n \times 1$의 가중치/계수 행렬/벡터이며, y는 $m \times 1$의 훈련 데이터셋에 대한 타깃 변수의 관찰값 행렬/벡터다.

  다음은 $m = 4$이고 $n = 2$인 경우의 행렬 연산의 예다.

$$min\left\|\begin{bmatrix} x00 & x01 \\ x10 & x11 \\ x20 & x21 \\ x30 & x31 \end{bmatrix} \bullet \begin{bmatrix} w_0 \\ w_1 \end{bmatrix} - \begin{bmatrix} x_0 \\ x_1 \\ x_2 \\ x_3 \end{bmatrix}\right\|_2^2$$

- 하나의 특성 변수와 하나의 타깃 변수의 OLS는 가장 적합한 선을 그리는 시각화가 가능해 직관적으로 이해하기 쉽다.
- m이 수만 개의 관찰이고, n이 몇 천 개의 특성값인 경우에도 OLS는 위의 아이디어를 단지 고차원으로 일반화한다.
- 전형적으로 m은 n보다 훨씬 크게 설정된다(특성값의 개수 대비 관찰 개수가 더 많이 크다). 이렇지 않으면 유일 해가 보장되지 않는다.

- 위의 문제에 대해서 닫힌 해 $w = \frac{A^T \bullet y}{A^T \bullet A}$가 존재한다. 하지만 실무에서는 반복적 해로 구현하는 것을 선호한다. 지금은 이의 세부 사항을 생략한다.
- 오차항 제곱의 합을 최소화하는 것을 선호하는 이유는 이상치에 페널티를 더 크게 줘서 전체적 적합도를 왜곡되게 하지 않기 때문이다.

타깃 변수가 특성값의 선형 결합이라는 가정 외에도 OLS에 대한 여러 기초적 가정이 있다. 예를 들어, 특성값들의 독립성과 정규분포 오차항 등이다. 다음 다이어그램은 2개의 임의의 변수 간의 상대적으로 근접한 선형관계를 보여 주는 매우 간단한 예다. 완전 선형관계, 즉 모든 데이터점들이 선상에 완벽하게 놓여 있지 않다는 것을 주목한다. 여기서 X와 Y의 레이블을 생략했는데 이는 어떤 임의의 변수도 될 수 있기 때문이다. 요점은 선형관계 시각화가 어떻게 보이는지를 예시하는 것이다. 다음 다이어그램을 살펴보자.

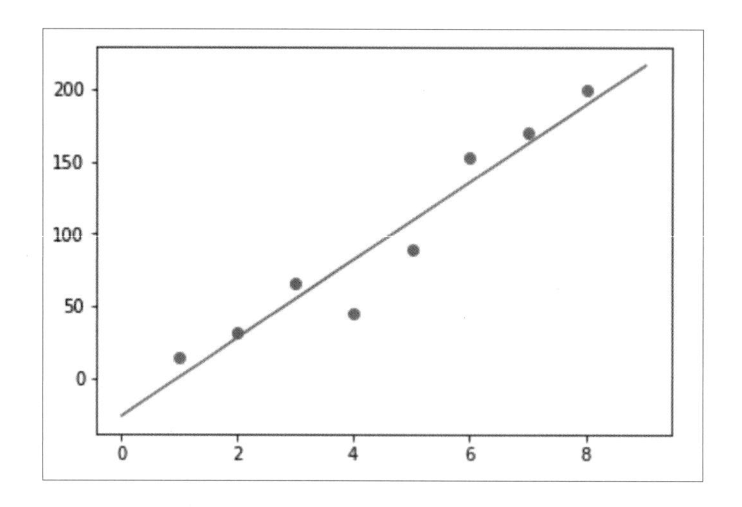

1. 구글 데이터를 로딩하는 코드로 시작한다. '금융 자산 탐색' 절에서 소개한 것과 같은 방법을 사용한다.

```
goog_data = load_financial_data(
    start_date='2001-01-01',
    end_date='2018-01-01',
    output_file='goog_data_large.pkl')
```

2. 이제 다음 코드로 회귀를 위한 타깃 변수 벡터 Y를 생성한다. 회귀에서 예측하고자 하는 것은 일정 일에서 다음날로의 가격 변화의 크기와 방향이라는 것을 기억하자.

```
goog_data, X, Y = create_regression_trading_condition(goog_data)
```

3. 다음 코드를 이용해 우리가 가진 두 특성, '일정 일의 고가–저가'와 '특정 일의 시가–종가'를 '다음날 가격 ? 오늘 가격'(미래 가격 변화)에 대해 산포도를 그린다.

```
pd.plotting.scatter_matrix(goog_data[['Open-Close', 'High-Low', 'Target']],
grid=True, diagonal='kde')
```

코드는 다음을 출력한다. 그림을 살펴보자.

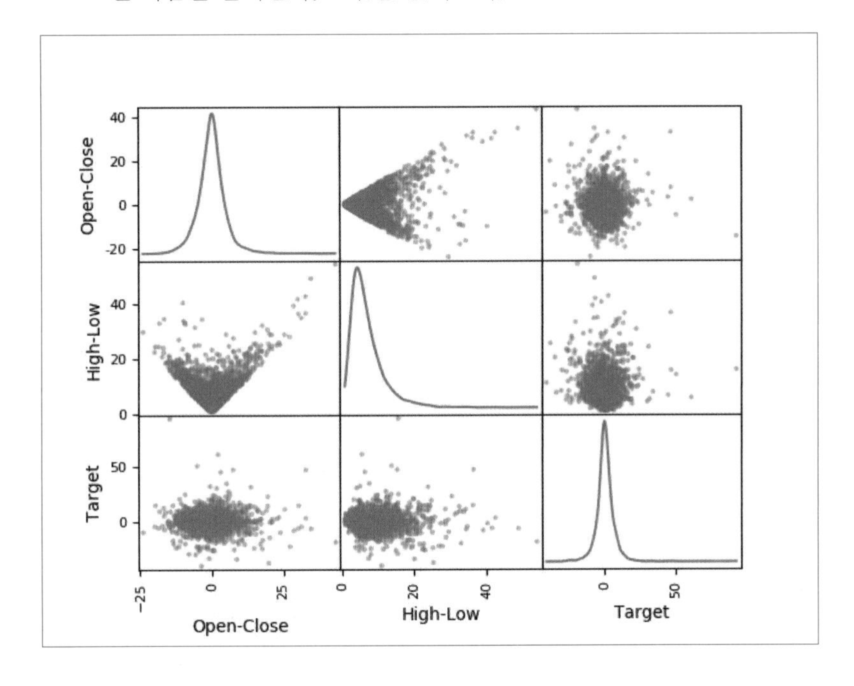

4. 마지막으로 다음 코드에 나타난 바와 같이 가능한 데이터의 80%를 훈련 특성값과 타깃 변수셋(X_train, Y_train)으로 분리하고, 나머지 20%의 데이터셋을 표본외 테스트 특성값과 타깃 변수셋(X_test, Y_test)으로 분리한다.

```
X_train,X_test,Y_train,Y_test=create_train_split_group(X,Y,split_ra tio=0.8)
```

5. 이제 OLS를 다음과 같이 실행하고 결과 모델을 살펴보자.

```
from sklearn import linear_model
ols = linear_model.LinearRegression()
ols.fit(X_train, Y_train)
```

6. 계수는 적합화된 모델에 의해 두 특성에 할당된 최적 가중치다. 아래의 코드로 계수를 프린트한다.

```
print('Coefficients: \n', ols.coef_)
```

이 코드는 다음 출력을 반환한다. 계수를 살펴보자.

```
Coefficients:
[[ 0.02406874 -0.05747032]]
```

7. 다음 코드 블록은 방금 구축한 선형 모델의 적합도goodness of fit를 테스트하는 가장 일반적인 척도 2개를 계량화한다. 적합도는 주어진 모델이 훈련과 테스트 데이터에서 관찰되는 데이터 포인트에 얼마나 잘 적합화되는지를 의미한다. 좋은 모델은 대다수의 데이터 포인트에 근접하게 잘 적합화돼 관찰값과 예측값 간의 오차/편차가 매우 낮다. 선형 모델에 있어 가장 유명한 두 척도는 mean_squared_error와 R제곱(R^2)이다. mean_squared_error $\|X \bullet W - y\|_2^2$는 OLS를 도입할 때 최소화하고자 하는 목적이며, R^2는 예측 출력이 항상 훈련 데이터셋의 타깃 변수의 평균, 즉 $\bar{y} = \frac{\sum_{i=1}^{n} y_i}{n}$인 베이스라인 모델에 비교할 때 적합화된 모델이 타깃 변수를 얼마나 잘 예측하는가를 측정하는 매우 유명한 또 하나의 척도다. R^2를 계산하는 정

확한 공식은 생략하지만, 직관적으로 R^2값이 1에 가까울수록 적합도가 더 좋고, R^2값이 0에 가까울수록 적합도가 더 나쁘다. 음의 R^2값을 가진 모델은 보통 훈련 데이터 또는 과정에 문제가 있다는 것을 나타내며, 사용할 수 없다.

```
from sklearn.metrics import mean_squared_error, r2_score

# 평균제곱오차
print("Mean squared error: %.2f"
     % mean_squared_error(Y_train, ols.predict(X_train)))

# 설명된 분산 점수: 1이면 완벽한 예측이다.
print('Variance score: %.2f'
    % r2_score(Y_train, ols.predict(X_train)))

# 평균제곱오차
print("Mean squared error: %.2f"
    % mean_squared_error(Y_test, ols.predict(X_test)))

# 설명된 분산 점수: 1이면 완벽한 예측이다.
print('Variance score: %.2f'
    % r2_score(Y_test, ols.predict(X_test)))
```

위의 코드는 다음을 출력한다.

```
Mean squared error: 27.36
Variance score: 0.00
Mean squared error: 103.50
Variance score: -0.01
```

8. 마지막으로 다음 코드에서 보듯이 가격을 예측하고 전략의 수익률을 계산한다.

```
goog_data['Predicted_Signal'] = ols.predict(X)
goog_data['GOOG_Returns'] = np.log(goog_data['Close'] / goog_data['Close'].
shift(1))
def calculate_return(df, split_value, symbol):
  cum_goog_return = df[split_value:]['%s_Returns' %
symbol].cumsum() * 100
```

```
  df['Strategy_Returns'] = df['%s_Returns' % symbol] * df['Predicted_Signal'].
shift(1)
  return cum_goog_return

def calculate_strategy_return(df, split_value, symbol):
  cum_strategy_return =
df[split_value:]['Strategy_Returns'].cumsum() * 100
  return cum_strategy_return

cum_goog_return = calculate_return(goog_data, split_value=len(X_train),
symbol='GOOG')
cum_strategy_return = calculate_strategy_return(goog_data,
split_value=len(X_train), symbol='GOOG')

def plot_chart(cum_symbol_return, cum_strategy_return, symbol):
  plt.figure(figsize=(10, 5))
  plt.plot(cum_symbol_return, label='%s Returns' % symbol)
  plt.plot(cum_strategy_return, label='Strategy Returns')
  plt.legend()

plot_chart(cum_goog_return, cum_strategy_return, symbol='GOOG')

def sharpe_ratio(symbol_returns, strategy_returns):
  strategy_std = strategy_returns.std()
  sharpe = (strategy_returns - symbol_returns) / strategy_std return sharpe.
mean()

print(sharpe_ratio(cum_strategy_return, cum_goog_return))
```

위의 코드는 다음을 출력한다.

```
2.083840359081768
```

코드로부터 도출된 그래프를 살펴본다.

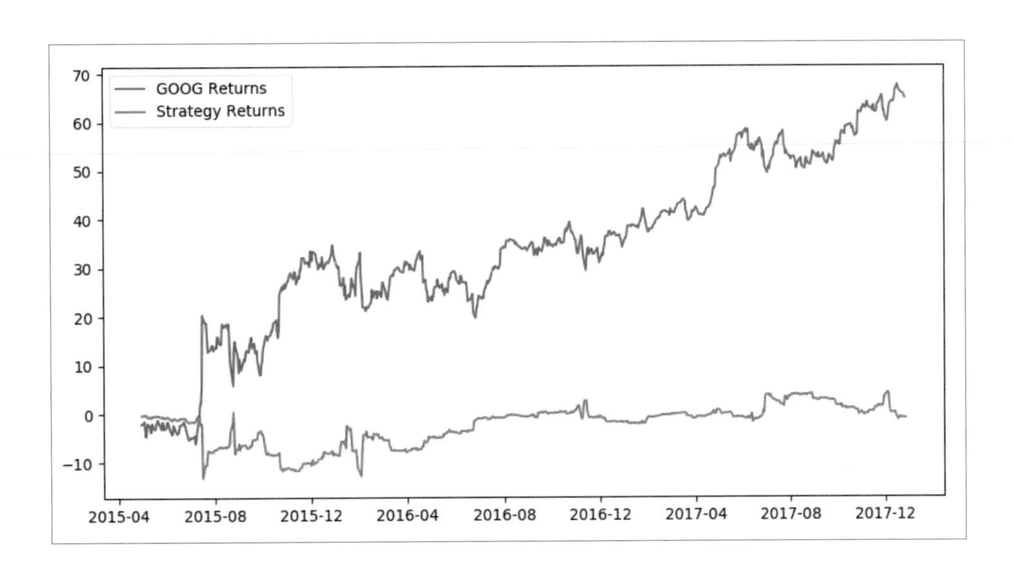

Open−Close와 High−Low의 단 2개의 특성만을 사용한 단순한 선형회귀 모델이 양의 수익률을 거양함을 알 수 있다. 그러나 시초부터 가치가 증가한 구글 주식의 수익률을 초과하지는 못한다. 이것은 선험적으로 알 수 없는 것이므로 주가 상승을 가정하거나 기대하지 않는 선형회귀 모델은 좋은 투자 전략이라 할 수 있다.

규제화와 축소 – 라소와 릿지 회귀

OLS를 다뤘으므로 라소와 릿지 회귀를 사용해 규제화regularization와 계수 축소coefficient shrinkage로 이를 개선하고자 한다. OLS의 문제 하나는 종종 어떤 데이터셋에 대해 예측을 위한 독립 변수에 할당된 계수가 매우 커질 수 있다는 것이다. 또한 OLS에서의 모든 독립 변수에 비영non-zero의 가중치가 할당돼 최종 예측 모델의 독립 변수의 총 개수가 매우 커질 수 있다는 것이다. 규제화는 양 문제, 즉 너무 많은 독립 변수 문제와 매우 큰 계수의 독립 변수 문제를 모두 다루고자 한다. 최종 모델에 있어 너무 많은 독립 변수는 예측하는 데 더 많은 계산을 요구할 뿐 아니라 과적합overfitting이 되므로 좋지 않다. 매우 큰 계수를 가진 독립 변수는 이들 독립 변수가 전체 모델의 예측을 지배해 변수의 조그만 변화도 예측 출력의 큰 변화를 일으키므로 좋지 않다. 규제화와 축소의 개념을 도입함으로써 이들 문제를 다룬다.

규제화는 계수 가중치에 페널티 항을 도입해 이를 회귀 모델이 최소화하고자 하는 평균제곱오차(MSE)의 일부로 삼는 기법이다. 직관적으로 이는 계수값을 크게 만들 것이지만, 만약 MSE 값의 상대적인 감소가 있다면 이는 이들 계수를 축소한다. 추가적 페널티항은 규제화항으로 알려져 있으며, 계수 크기를 감소시키는 것은 축소로 알려져 있다.

계수의 크기에 관련된 페널티항의 유형에 따라 L1 규제화 또는 L2 규제화가 된다. 페널티항이 모든 계수의 절댓값의 합이면 이는 L1 규제화(라소)로 알려져 있으며, 페널티항이 계수의 제곱값의 합이면 이는 L2 규제화(릿지)로 알려져 있다. 또한 L1과 L2 규제화를 결합하는 것도 가능한데 이는 탄력망elastic net 회귀로 알려져 있다. 이들 규제화항으로 얼마만큼의 페널티를 더하는가를 조절하고자 규제화 하이퍼파라미터hyperparmaeter를 조절한다. 탄력망 회귀의 경우 2개의 규제화 하이퍼파라미터가 존재한다. 즉 하나는 L1 페널티, 다른 하나는 L2 페널티에 대해서 존재한다.

다음 코드로 라소 회귀를 우리의 데이터셋에 적용하고 계수를 살펴보자. 규제화 파라미터를 0.1로 할 때 첫번째 독립 변수에 할당된 계수는 OLS에서 할당된 값의 대략 반 정도인 것을 알 수 있다.

```
from sklearn import linear_model

# 모델 적합화
lasso = linear_model.Lasso(alpha=0.1)
lasso.fit(X_train, Y_train)

# 계수 프린트
print('Coefficients: \n', lasso.coef_)
```

위의 코드는 다음을 출력한다.

```
Coefficients:
[ 0.01673918 -0.04803374]
```

만약 규제화 파라미터를 0.6으로 증가시키면 계수는 더욱 축소돼 [0. −0.00540562]가 되며, 첫 번째 독립 변수에 0 가중치가 할당된다. 이는 모델에서 독립 변수가 제거됨을 의미한다. L1 규제화는 계수를 0으로 만드는 추가적 특성을 가지며, 이에 따라 특성 선택에 유용한 장점을 가진다. 즉 독립 변수들을 제거함으로써 모델 크기를 줄일 수 있다.

이제 우리의 데이터셋에 릿지 회귀를 적용하고 계수를 살펴보자.

```
from sklearn import linear_model

# 모델 적합화
ridge = linear_model.Ridge(alpha=10000)
ridge.fit(X_train, Y_train)

# 계수 프린트
print('Coefficients: \n', ridge.coef_)
```

위의 코드는 다음을 출력한다.

```
Coefficients:
[[ 0.01789719 -0.04351513]]
```

결정트리회귀

이제까지 살펴본 회귀 방법들의 단점은 모두 선형 모델이라는 것이다. 즉 독립 변수와 타깃 변수 간의 기본적 관계가 선형인 경우에만 양자의 관계를 포착할 수 있다는 것을 의미한다.

결정트리회귀decision tree regression는 비선형 관계를 포착할 수 있으며, 이에 따라 더 복잡한 모델을 허용한다. 이는 결정 노드decision node, 즉 가지branch와 결과 노드, 즉 리프 노드leaf node 또는 잎leaf을 가진 뒤집어 놓은 트리 같은 구조를 가지므로 결정트리라는 이름을 갖게 됐다. 트리의 뿌리root로부터 시작해서 각 스텝에서 독립 변수의 값을 검사하고, 다음 노드로 따를 가지를 선택한다. 리프 노드에 도달할 때까지 계속 가지를 따라가며, 최종 예측값은 리프 노드의 값이 된다. 결정트리는 분류 또는 회귀에 모두 사용될 수 있으나, 여기서는 회귀에 사용하는 것만 살펴볼 것이다.

선형분류 방법을 이용한 예측 모델 구축

3장의 앞에서 회귀 머신러닝 기반의 트레이딩 전략을 살펴봤다. 이번에는 머신러닝 알고리즘의 분류와 이를 위해 이미 알고 있는 데이터셋을 활용해 예측을 하는 또 다른 지도학습 머신러닝 방법에 초점을 맞춘다. 수치형(또는 연속형) 값인 회귀의 출력 변수 대신 분류의 출력은 범주형(이산형)이다. 회귀분석과 동일한 방법을 사용해 새로운 입력 데이터(x)가 있을 때는 언제나 데이터셋에 대한 출력 변수(y)를 예측할 수 있는 매핑 함수(f)를 발견한다.

다음 하위 절에서 3개의 새로운 분류 머신러닝 방법을 살펴본다.

- k-최근접 이웃KNN, K-Nearest Neighbors
- 서포트 벡터 머신SVM, Support Vector Machine
- 로지스틱 회귀logistic regression

k-최근접 이웃

k-최근접 이웃KNN은 지도학습법이다. 3장에서 본 다른 방법과 동일하게 목적은 미지의 관찰 x로부터 출력 y를 예측하는 함수를 발견하는 것이다(선형회귀와 같은). 다른 방법들과 다른 점은 데이터 분포에 대한 특정한 가정을 하지 않는다는 것이다(비모수 분류기non-parametric classifier라고도 부른다).

KNN 알고리즘은 새로운 관찰을 K의 가장 유사한 인스턴스와 비교하는 것을 기반으로 한다. 두 데이터포인트 간의 거리 척도를 정의한다. 가장 많이 사용되는 것은 다음과 같이 정의되는 유클리디언 거리Euclidean distance다.

$$d(x,y)=(x1-y1)^2+(x2-y2)^2+\ldots+(xn-yn)^2$$

파이썬 함수 `KNeighborClassifier`의 설명서를 보면 여러 유형의 파라미터를 볼 수 있다.

그중 하나가 파라미터 p인데 이는 거리 유형을 설정한다.

- $p=1$이면 맨해튼 거리Manhattan distance가 사용된다. 맨해튼 거리는 두 점 간의 수평과 수직 거리의 합이다.
- $p=2$은 디폴트 값인데 이때 유클리디언 거리가 사용된다.
- $p>2$이면 민코브스키 거리Minkowski distance인데 맨해튼과 유클리디언 거리가 일반화된 것이다.

  $d(x,y)=(|x1-y1|^p+|x2-y2|^p+\ldots+|xn-yn|^p)^1/p$

알고리즘은 새로운 관찰값과 모든 훈련 데이터와의 거리를 계산한다. 새로운 관찰값은 새로운 관찰값과 가장 가까운 K개의 점의 그룹에 속한다. 다음 그룹 내의 K개의 점을 이용해 각 클래스에 대한 조건 확률을 계산한다. 새로운 관찰은 가장 확률이 높은 클래스로 할당된다. 이 방법의 약점은 새로운 관찰이 주어진 그룹과 연관되는 시간이 많이 걸린다는 것이다.

다음 코드로 이 알고리즘을 구현하고자 3장의 앞에서 정의된 함수를 사용할 것이다.

1. 2001년 1월 1일부터 2018년 1월 1일까지의 구글 데이터를 얻는다.

```
goog_data=load_financial_data(start_date='2001-01-01',
                end_date = '2018-01-01',
                output_file='goog_data_large.pkl')
```

2. 전략이 롱 포지션(+1)과 숏 포지션(-1)을 취하는 규칙을 아래 코드로 만든다.

```
X,Y=create_trading_condition(goog_data)
```

3. 다음 코드로 훈련과 테스트 데이터셋을 준비한다.

```
X_train,X_test,Y_train,Y_test=\
   create_train_split_group(X,Y,split_ratio=0.8)
```

4. 이 예제에서는 K=15인 KNN을 선택한다. 다음 코드로 훈련 데이터셋을 사용해 모델을 학습한다.

```
knn=KNeighborsClassifier(n_neighbors=15)
knn.fit(X_train, Y_train)

accuracy_train = accuracy_score(Y_train, knn.predict(X_train))
accuracy_test = accuracy_score(Y_test, knn.predict(X_test))
```

5. 모델이 생성되면 가격이 상승할 것인지 하락할 것인지 예측하고, 원래 데이터프레임에 값을 저장한다.

```
goog_data['Predicted_Signal']=knn.predict(X)
```

6. KNN 알고리즘을 사용하는 전략을 비교하고자 GOOG 심벌의 수익률을 d 없이 사용한다.

```
goog_data['GOOG_Returns']=np.log(goog_data['Close']/
                                 goog_data['Close'].shift(1))

cum_goog_return=calculate_return(goog_data,split_value=len(X_train)
,symbol='GOOG')
cum_strategy_return=
calculate_strategy_return(goog_data,split_value=len(X_train))

plot_chart(cum_goog_return, cum_strategy_return,symbol='GOOG')
```

위의 코드는 다음을 출력한다. 그림을 살펴보자.

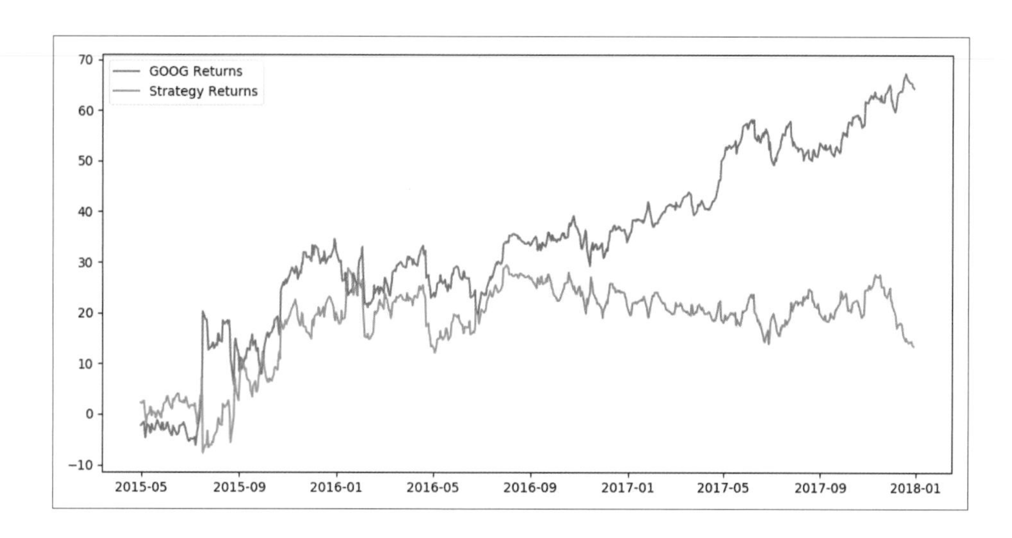

서포트 벡터 머신

서포트 벡터 머신SVM은 지도학습 머신러닝 방법이다. 이전과 같이 이 방법은 회귀에 대해 사용할 수도 있지만, 분류에 대해서 사용할 수 있다. 이 알고리즘의 원리는 데이터를 2개의 클래스로 분리하는 초평면hyperplane을 발견하는 것이다.

이를 구현하는 다음 코드를 살펴보자.

```
# svc=SVC() 모델에 적합화
svc=SVC()
svc.fit(X_train, Y_train)

# 값 예측
goog_data['Predicted_Signal']=svc.predict(X)
goog_data['GOOG_Returns']=np.log(goog_data['Close']/
                                 goog_data['Close'].shift(1))

cum_goog_return=calculate_return(goog_data,split_value=len(X_train),symbol= 'GOOG')
```

```
cum_strategy_return=
calculate_strategy_return(goog_data,split_value=len(X_train))
plot_chart(cum_goog_return, cum_strategy_return,symbol='GOOG')
```

이 예제에 다음을 적용한다.

- KNN 방법을 생성하는 클래스를 인스턴스화하는 대신 SVC 클래스를 사용했다.
- 클래스 구축자class constructor는 방법의 형태를 작업하는 데이터에 맞춰 조정하는 여러 파라미터를 가진다.
- 가장 중요한 것은 커널 파라미터다. 이는 초공간을 구축하는 방법을 정의한다.
- 이 예제에서는 구축자의 기본값들을 사용한다.

이제 코드의 출력을 살펴보자.

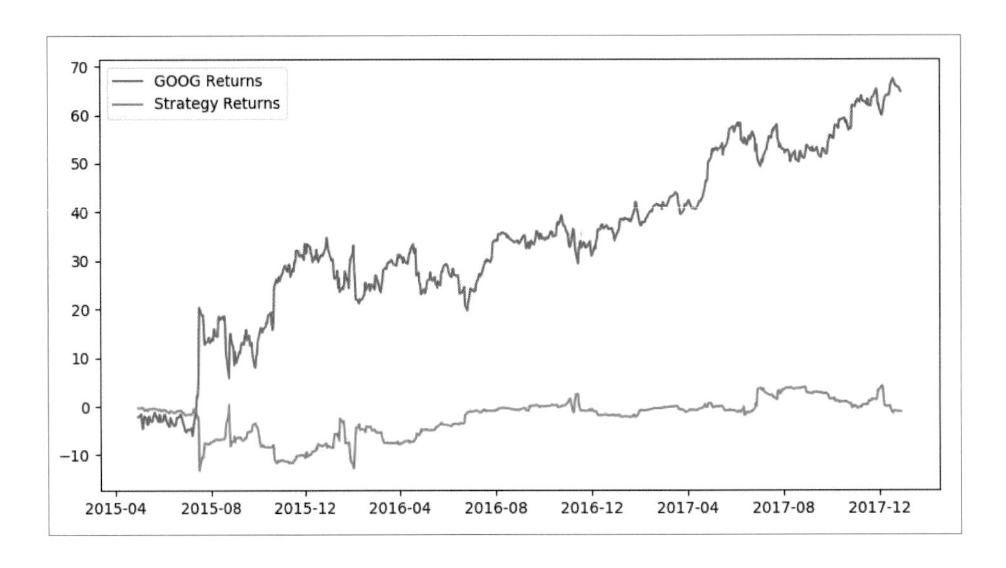

로짓 회귀

로짓 회귀logistic regression는 분류를 위한 지도학습 방법이다. 선형회귀를 기반으로 로짓 회귀는 로짓 시그모이드logistic sigmoid를 이용해 출력을 변환해 상이한 클래스를 매핑하는 확률값을 반환한다.

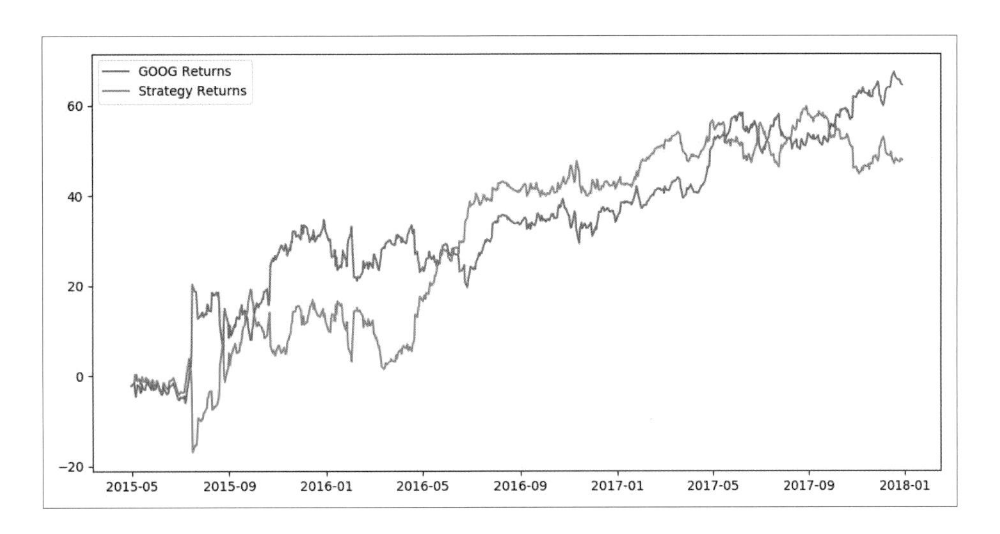

요약

3장에서 트레이딩에 머신러닝을 어떻게 사용하는지 기본적 이해를 얻었다. 먼저 본질적인 용어와 표기를 살펴봤다. 선형회귀법을 사용해 가격 움직임을 예측하는 예측 모델을 구축하는 법을 배웠다. 파이썬 사이킷런 라이브러리를 사용하는 코드들을 작성했다. 선형 분류법을 이용해 매수/매도 시그널을 예측하는 예측 모델의 구축법을 살펴봤다. 이들 머신러닝 방법들을 간단한 트레이딩 전략에 적용하는 법을 예시했다. 트레이딩 전략을 구축하는 데 사용할 수 있는 도구들을 살펴봤다.

4장에서는 트레이딩 전략을 개선하는 트레이딩 규칙을 소개한다.

3부

알고리즘 트레이딩 전략

3부에서는 잘 알려진 일부 트레이딩 전략의 작동 및 구현을 배우고 기본 정보(트렌드, 계절성, 시장에서 기호 간의 상관관계 및 이벤트 간의 상관관계)를 기반으로 거래하는 방법을 배운다.

3부는 다음 장으로 구성된다.

- 4장: 인간의 직관에 의한 고전적 트레이딩 전략
- 5장: 고급 알고리즘 전략
- 6장: 알고리즘 전략의 위험 관리

04

인간의 직관에 의한 고전적 트레이딩 전략

이전의 장들에서는 통계적 방법을 사용해 과거 데이터에서 시장 가격 변동을 예측했다. 데이터 조작 방법을 알고 있다고 생각할 수 있지만, 이 통계 기법을 실제 거래에 어떻게 적용할 수 있을까? 데이터 작업에 많은 시간을 소비한 후 돈을 벌고자 적용할 수 있는 주요 트레이딩 전략을 알고 싶을 수도 있다.

4장에서는 인간의 직관을 따르는 기본 알고리즘 전략을 설명한다. 모멘텀과 추세에 따라 트레이딩 전략을 만드는 방법과 평균 회귀 행태를 가진 시장에 적합한 전략을 배우게 된다. 또한 장단점을 이야기할 것이다. 4장을 마치면 아이디어를 사용해 기본 트레이딩 전략을 만드는 방법을 알게 될 것이다.

4장에서는 다음 주제를 다룬다.

- 모멘텀과 추세에 따라 트레이딩 전략 수립
- 평균 회귀 행태를 가진 시장에 적합한 트레이딩 전략 만들기
- 선형적으로 상호 관련된 거래 상품 그룹에 대해 작동되는 트레이딩 전략 만들기

모멘텀과 추세 추종 트레이딩 전략 구축

모멘텀 전략은 추세를 사용해 가격의 미래를 예측한다. 예를 들어, 지난 20일 동안 자산 가격이 상승한 경우 이 가격이 계속 상승할 가능성이 있다. 이동 평균 전략은 모멘텀 전략의 한 예다.

모멘텀 전략은 미래가 상승 또는 하향 추세(분산 또는 추세 거래)를 따라 과거를 따를 것이라고 가정한다. 모멘텀 투자는 수십 년 동안 사용돼 왔다. 낮은 매수, 높은 매도, 높은 매수 및 높은 매도, 패자 매도 및 승자 계속 보유, 이 모든 기법들은 모멘텀 거래의 근원이다. 모멘텀 투자는 상승하는 금융 상품과 관련해 단기 포지션을 채택하고 하락할 때 매도한다. 모멘텀 전략을 사용할 때 시장을 앞서 가려고 노력한다. 빠르게 거래하고 시장이 같은 결론을 내릴 수 있게 한다. 변화가 있음을 일찍 알수록 더 수익성이 높아진다.

모멘텀 전략에 착수할 때 자산의 거래 위험을 고려하면서 집중할 자산을 선택해야 한다. 적절한 시간에 진입해야 하지만 포지션을 너무 늦게 바꾸지 않아야 한다. 이런 종류의 전략에서 가장 중요한 단점 중 하나는 시간과 수수료다. 거래 시스템이 너무 느리면 경쟁 전에 돈을 벌 수 있는 기회를 잡을 수 없다. 이 문제 외에도 무시할 수 없는 거래 수수료를 추가해야 한다. 모멘텀 전략의 특성상 뉴스가 시장에 영향을 미치는 경우 모델의 정확도는 매우 낮다.

모멘텀 전략의 장점:

- 이 전략 클래스는 이해하기 쉽다.

모멘텀 전략의 단점:

- 이 전략 클래스는 잡음이나 특별한 이벤트를 고려하지 않는다. 이전에 발생한 사건을 완화하는 경향이 있다.
- 주문 수로 인해 거래 수수료가 높아질 수 있다.

모멘텀 전략 예제

다음은 모멘텀 전략의 예다.

- **이동 평균 교차**moving average crossover: 이 모멘텀 전략 원리는 자산 가격에 대한 이동 평균을 계산하고, 가격이 이동 평균의 한쪽에서 다른 쪽으로 이동하는 시기를 감지하는 것이다. 이는 현재 가격이 이동 평균과 교차할 때 모멘텀의 변화가 있다는 것을 의미한다. 그러나 이로 인해 모멘텀이 너무 많이 변화할 수 있다. 이 효과를 제한하고자 이중 이동 평균 크로스오버를 사용할 수 있다.
- **이중 이동 평균 크로스오버**dual moving average crossover: 포지션 수를 제한하고자 추가 이동 평균을 소개한다. 단기 이동 평균과 장기 이동 평균이 있다. 이 구현으로 모멘텀은 단기 이동 평균 방향으로 이동한다. 단기 이동 평균이 장기 이동 평균을 초과하고, 그 값이 장기 이동 평균의 값을 초과하는 경우 모멘텀이 상승해 롱 포지션을 채택할 수 있다. 움직임이 반대 방향인 경우 숏 포지션으로 이어질 수 있다.
- **거북 트레이딩**turtle trading: 다른 두 가지 구현 방식과 달리 이 모멘텀 전략은 이동 평균을 사용하지 않지만, 높고 낮은 특정 일 수에 의존한다.

파이썬 구현

'파이썬 구현' 절의 파이썬 구현을 위해 이중 이동 평균을 구현한다. 이 전략은 이동 평균의 지표를 기반으로 한다. 중요하지 않은 잡음을 필터링해 가격 변동을 완화하는 데 널리 사용된다. 다음 하위 절에서 이의 구현을 살펴본다.

이중 이동 평균 트레이딩 전략 구축

'이중 이동 평균 트레이딩 전략 구축' 절에서는 이중 이동 평균 전략을 구현한다. 이전의 장들과 동일한 코드 패턴을 사용해 GOOG 데이터를 가져온다.

1. 이 코드는 먼저 goog_data_large.pkl 파일이 있는지 확인한다. 파일이 존재하지 않으면 야후 파이낸스에서 GOOG 데이터를 가져온다.

```
          import pandas as pd
           import numpy as np
from pandas_datareader import data

def load_financial_data(start_date, end_date,output_file):
  try:
    df = pd.read_pickle(output_file)
    print('File data found...reading GOOG data')
  except FileNotFoundError:
    print('File not found...downloading the GOOG data')
    df = data.DataReader('GOOG', 'yahoo', start_date,
end_date)
    df.to_pickle(output_file)
    return df

goog_data=load_financial_data(start_date='2001-01-01',
                    end_date = '2018-01-01',
                    output_file='goog_data_large.pkl')
```

2. 다음으로 앞의 코드에서 볼 수 있듯이 데이터 프레임을 반환하는 두 이동 평균의 크기를 지정하는 파라미터를 사용해 double_moving_average 함수를 만든다.

- short_mavg: 단기 이동 평균 값
- long_mavg: 장기 이동 평균 값
- signal: 단기 이동 평균이 장기 이동 평균보다 높으면 참
- orders: 매수 주문의 경우 1, 매도 주문의 경우 -1

```
def double_moving_average(financial_data, short_window, long_window):
  signals = pd.DataFrame(index=financial_data.index)
  signals['signal'] = 0.0
  signals['short_mavg'] = financial_data['Close'].\
      rolling(window=short_window, min_periods=1, center=False).mean()
  signals['long_mavg']=financial_data['Close'].\
      rolling(window=long_window, min_periods=1, center=False).mean()
  signals['signal'][short_window:] =\
      np.where(signals['short_mavg'][short_window:]

signals['long_mavg'][short_window:], 1.0, 0.0) signals['orders'] =
      signals['signal'].diff() return signals

ts=double_moving_average(goog_data,20,100)
```

코드는 데이터 프레임 ts를 구축한다.

- 이 데이터 프레임에는 롱(값 1) 및 숏(값 0)의 시그널을 저장하는 시그널 열이 포함된다.
- orders 열에는 주문 방향이 포함된다(매수 또는 매도).

3. 이제 이중 이동 전략의 주문을 나타내는 그래프을 보여 주는 코드를 작성한다.

```
fig = plt.figure()
ax1 = fig.add_subplot(111, ylabel='Google price in $')
goog_data["Adj Close"].plot(ax=ax1, color='g', lw=.5)
ts["short_mavg"].plot(ax=ax1, color='r', lw=2.)
ts["long_mavg"].plot(ax=ax1, color='b', lw=2.)

ax1.plot(ts.loc[ts.orders== 1.0].index,
         goog_data["Adj Close"][ts.orders == 1.0],
         '^', markersize=7, color='k')
```

```
ax1.plot(ts.loc[ts.orders== -1.0].index,
         goog_data["Adj Close"][ts.orders == -1.0],
         'v', markersize=7, color='k')

plt.legend(["Price","Short mavg","Long mavg","Buy","Sell"])
plt.title("Double Moving Average Trading Strategy")

plt.show()
```

이 코드는 다음 출력을 반환한다. 그래프를 보자.

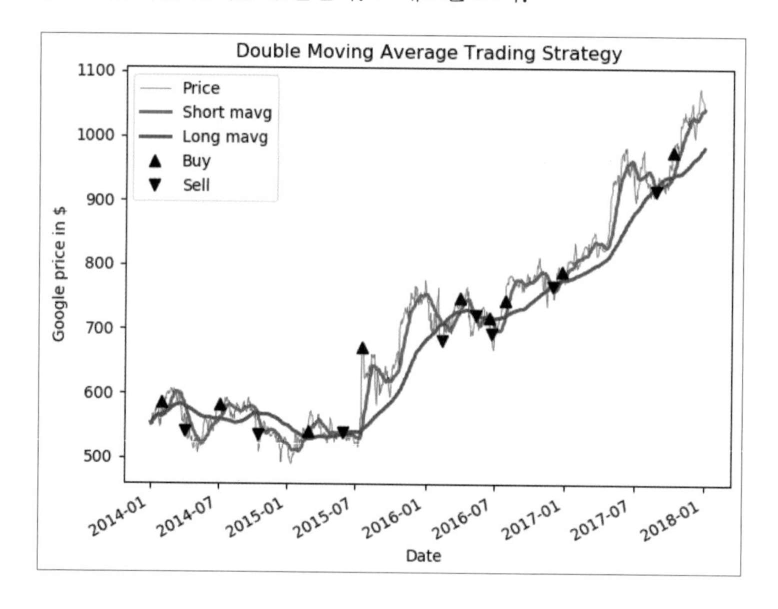

그래프는 GOOG 가격과 이 가격과 관련된 두 이동 평균을 나타낸다. 각 주문은 화살표로 표시된다.

초보적 전략의 예

'초보적 전략의 예' 절에서는 가격이 오르거나 내리는 횟수에 따라 초보적 전략naive strategy을 구현한다. 이 전략은 역사적 가격 모멘텀을 기반으로 한다. 코드를 살펴보자.

```
def naive_momentum_trading(financial_data, nb_conseq_days):
  signals = pd.DataFrame(index=financial_data.index)
  signals['orders'] = 0
  cons_day=0
  prior_price=0
  init=True
  for k in range(len(financial_data['Adj Close'])):
    price=financial_data['Adj Close'][k]
    if init:
      prior_price=price
      init=False
    elif price>prior_price:
      if cons_day<0:
        cons_day=0
      cons_day+=1
     elif price<prior_price:
      if cons_day>0:
        cons_day=0
        cons_day-=1
    if cons_day==nb_conseq_days:
      signals['orders'][k]=1
    elif cons_day == -nb_conseq_days:
      signals['orders'][k]=-1

  return signals
  ts=naive_momentum_trading(goog_data, 5)
```

이 코드에서 다음이 적용된다.

- 가격이 개선된 횟수를 계산한다.
- 숫자가 주어진 임계값과 같으면 가격이 계속 상승한다고 가정한다.
- 가격이 계속 하락할 것이라고 가정하면 매도한다.

다음 코드를 사용해 트레이딩 전략이 어떻게 전개되는가를 보여 준다.

```
fig = plt.figure()
ax1 = fig.add_subplot(111, ylabel='Google price in $')
goog_data["Adj Close"].plot(ax=ax1, color='g', lw=.5)

ax1.plot(ts.loc[ts.orders== 1.0].index,
         goog_data["Adj Close"][ts.orders == 1],
         '^', markersize=7, color='k')

ax1.plot(ts.loc[ts.orders== -1.0].index,
         goog_data["Adj Close"][ts.orders == -1],
         'v', markersize=7, color='k')

plt.legend(["Price","Buy","Sell"])
plt.title("Turtle Trading Strategy")

plt.show()
```

이 코드는 다음 출력을 반환한다. 이 그래프는 초보적 모멘텀 트레이딩 전략의 주문을 나타낸다.

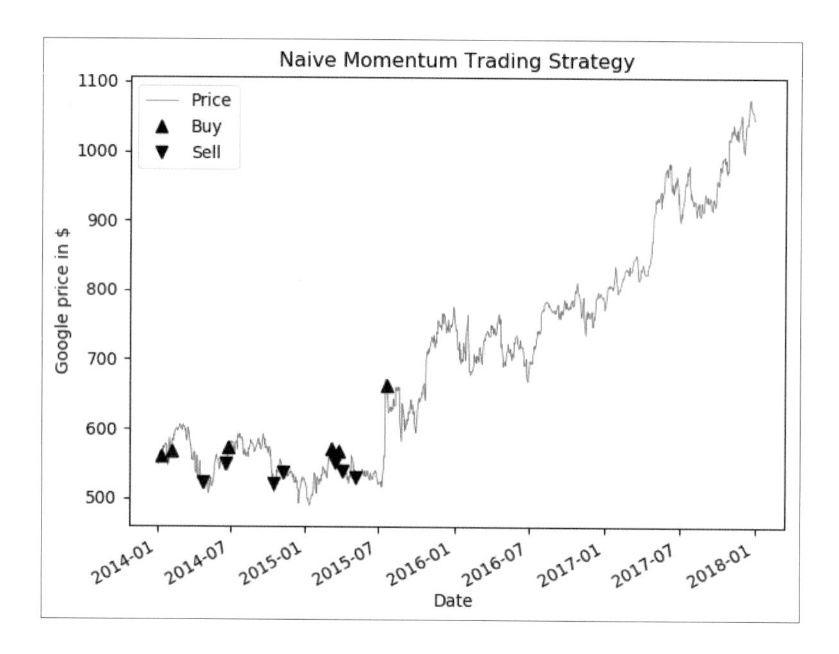

이 그래프에서 다음을 확인할 수 있다.

- 초보적 트레이딩 전략은 많은 주문을 생성하지 않는다.
- 주문이 많을수록 더 높은 수익을 올릴 수 있다. 이를 위해 다음 전략을 사용해 주문 수를 늘릴 것이다.

거북 전략

고급 트레이딩 전략인 거북 전략turtle strategy에서 가격이 마지막 window_size 일 동안 최고 가격에 도달하면 롱 시그널을 만들 것이다(이 예에서는 50을 선택한다).

1. 가격이 최저점에 도달하면 숏 시그널을 생성한다. 가격이 지난 window_size 일의 이동 평균을 넘어서면 포지션을 정리할 것이다. 이 코드는 롤링 윈도우 window_size로 최고값, 최저값, 평균을 저장하는 열을 만들어 turtle_trading 함수를 시작한다.

```
def turtle_trading(financial_data, window_size):
  signals = pd.DataFrame(index=financial_data.index)
  signals['orders'] = 0
  # 고가에 대한 윈도우 크기
  signals['high'] = financial_data['Adj Close'].shift(1).\
     rolling(window=window_size).max()
  # 저가에 대한 윈도우 크기
  signals['low'] = financial_data['Adj Close'].shift(1).\
     rolling(window=window_size).min()
  # 평균에 대한 윈도우 크기
  signals['avg'] = financial_data['Adj Close'].shift(1).\
     rolling(window=window_size).mean()
```

2. 주문 규칙을 지정해 2개의 새로운 열을 생성하는 코드를 작성한다. 입력 규칙은 다음과 같다.
   - 주가 > window_size일에서 가장 높은 값
   - 주가 < window_size일에서의 최저값

```
signals['long_entry'] = financial_data['Adj Close'] > signals.high
signals['short_entry'] = financial_data['Adj Close'] < signals.low
```

3. 청산 규칙exit rule(포지션 정리 주문을 할 때)은 주가가 과거 window_size 일의 평균을 교차할 때다.

```
signals['long_exit'] = financial_data['Adj Close'] < signals.avg
signals['short_exit'] = financial_data['Adj Close'] > signals.avg
```

4. 코드에 표시된 대로 주문을 나타내는 차트를 그리고자 롱 포지션을 입력할 때 값 1을 주고, 숏 포지션을 입력할 때 값 -1을 주며, 아무것도 변경하지 않으면 0을 제공한다.

```
init=True
position=0
for k in range(len(signals)):
  if signals['long_entry'][k] and position==0:
    signals.orders.values[k] = 1
    position=1
  elif signals['short_entry'][k] and position==0:
    signals.orders.values[k] = -1
    position=-1
  elif signals['short_exit'][k] and position>0:
    signals.orders.values[k] = -1
    position = 0
  elif signals['long_exit'][k] and position < 0:
    signals.orders.values[k] = 1
    position = 0
  else:
    signals.orders.values[k] = 0
  return signals
ts=turtle_trading(goog_data, 50)
```

코드의 turtle_trading 함수는 전략의 작동 방식을 설명하는 그래프를 보여 준다.

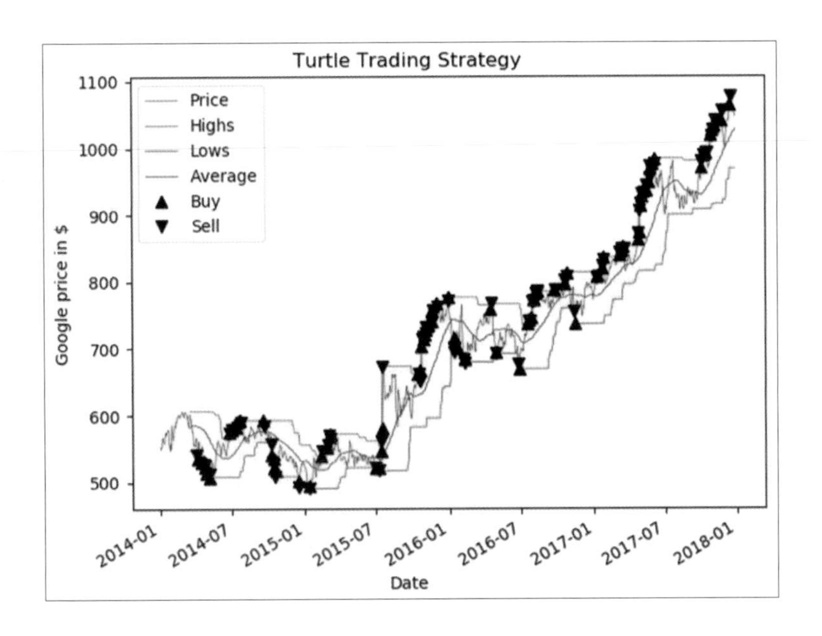

그래프에서 다음을 관찰할 수 있다.

- 초보적 모멘텀 전략과 거북이 트레이딩 전략 간의 주문 수
- 주문 수가 많기 때문에 이 전략은 이전 주문보다 수익 가능성이 더 높다.

회귀 행태가 있는 시장에 적합한 트레이딩 전략 만들기

모멘텀 전략 이후에 또 다른 매우 인기 있는 전략 유형인 평균 회귀 전략mean reversion strategy을 살펴볼 것이다. 근본적인 교훈은 가격이 평균으로 돌아간다는 것이다. 극단적인 이벤트 다음에는 더 정상적인 이벤트가 따른다. 가격이나 수익과 같은 값이 과거 값과 매우 다른 시기를 찾는다. 일단 이런 시기를 찾으면 값이 평균으로 돌아올 것으로 예측해 주문한다.

회귀 전략은 수량 추세가 결국 반전될 것이라는 믿음을 사용한다. 이것은 이전 전략과 반대다. 주식 수익률이 너무 빠르게 상승하면 결국 평균으로 돌아간다. 회귀 전략은 모든 추세가 상승 또는 하강 추세(발산 또는 추세 거래)이던 평균 값으로 돌아간다고 가정한다.

회귀 전략의 장점:

- 이 전략 클래스는 이해하기 쉽다.

회귀 전략의 단점:

- 이 전략 클래스는 잡음이나 특별 이벤트를 고려하지 않는다. 이전 이벤트를 완화하는 경향이 있다.

회귀 전략의 예

회귀 전략의 예는 다음과 같다.

- **평균 회귀 전략**: 이 전략은 가격/수익률 값이 평균 값으로 돌아간다고 가정한다.
- 평균 회귀 전략과 달리 페어 트레이딩pair trading – 평균 회귀는 두 상품 간의 상관 관계를 기반으로 한다. 한 쌍의 주식이 이미 높은 상관관계를 갖고 있고, 어느 시점에서 상관관계가 감소하면 원래 수준(상관계수 평균 값)으로 돌아간다. 가격이 더 낮은 주식이 하락하면 이 주식을 롱하고 이 쌍의 다른 주식을 숏할 수 있다.

선형적으로 상관관계를 갖는 트레이딩 상품 그룹에 대해서 작동하는 트레이딩 전략 만들기

페어 트레이딩 전략의 예를 구현하는 과정을 살펴볼 것이다. 첫 번째 단계는 상관관계가 높은 쌍을 결정하는 것이다. 이는 기저의 경제 관계(예: 유사한 사업 계획을 보유한 회사) 또는 ETF와 같은 다른 무엇인가를 기초자산으로 만든 금융 상품을 기반으로 할 수 있다. 어떤 종목이 상관관계를 갖는지 파악하면 상관계수 값을 기반으로 거래 시그널을 생성한다. 상관계수 값은 피어슨 계수Pearson coefficient 또는 Z-점수Z-score가 될 수 있다.

일시적인 발산이 있는 경우 실적이 우수한 주식(상승한 주식)이 매도되고, 실적이 저조한 주식(하락한 주식)이 매수되었을 것이다. 실적이 우수한 종목으로 다시 하락하거나 실적이 저조한 종목으로 다시 상승함으로써 두 종목이 수렴한다면 수익을 창출할 수 있다. 두 주식의 스프레드가 바뀌지 않고 두 주식이 동시에 상하로 움직일 경우 돈을 벌 수 없다. 페어 트레이딩은 거래자가 변화하는 시장 상황에서 이익을 얻을 수 있기 때문에 시장 중립 트레이딩 전략이다.

1. 다음 코드와 같이 쌍 사이의 공적분을 설정하는 함수를 만들어 본다. 이 함수는 금융 상품 리스트를 입력으로 사용해 이들 상품의 공적분 값을 계산한다. 값은 행렬에 저장된다. 이 행렬을 사용해 히트맵heatmap을 표시한다.

```
def find_cointegrated_pairs(data):
    n = data.shape[1]
    pvalue_matrix = np.ones((n, n))
    keys = data.keys()
    pairs = []
    for i in range(n):
        for j in range(i+1, n):
            result = coint(data[keys[i]], data[keys[j]])
            pvalue_matrix[i, j] = result[1]
            if result[1] < 0.02:
                pairs.append((keys[i], keys[j]))
    return pvalue_matrix, pairs
```

2. 다음으로 코드에 표시된 대로 pandas 데이터 리더data reader를 사용해 재무 데이터를 로딩한다. 이번에는 많은 심벌을 동시에 로딩한다. 이 예에서는 SPY(이 기호는 시장 행태를 나타냄), APPL(기술), ADBE(기술), LUV(항공사), MSFT(기술), SKYW(항공), QCOM(기술), HPQ(기술), JNPR(기술), AMD(기술), IBM(기술)을 사용한다.
이 트레이딩 전략의 목표는 공적분된 심벌(종목)을 찾는 것이므로 산업에 따라 검색 공간을 좁힌다. 이 함수는 데이터가 multi_data_large.pkl 파일에 없는 경우 야후 파이낸스 웹 사이트에서 파일 데이터를 로딩한다.

```
import pandas as pd
  pd.set_option('display.max_rows', 500)
  pd.set_option('display.max_columns', 500)
  pd.set_option('display.width', 1000)
  import numpy as np
  import matplotlib.pyplot as plt
  from statsmodels.tsa.stattools import coint
  import seaborn
  from pandas_datareader import data
  symbolsIds = ['SPY','AAPL','ADBE','LUV','MSFT','SKYW','QCOM',
    'HPQ','JNPR','AMD','IBM']

def load_financial_data(symbols, start_date, end_date,output_file):
  try:
    df = pd.read_pickle(output_file)
    print('File data found...reading symbols data')
  except FileNotFoundError:
    print('File not found...downloading the symbols data')
    df = data.DataReader(symbols, 'yahoo', start_date, end_date)
    df.to_pickle(output_file)
  return df

data=load_financial_data(symbolsIds,start_date='2001-01-01',
                    end_date = '2018-01-01',
                    output_file='multi_data_large.pkl')
```

3. load_financial_data 함수를 호출한 후 다음 코드에 보이는 바와 같이 find_cointegrated_pairs 함수를 호출한다.

```
pvalues, pairs = find_cointegrated_pairs(data['Adj Close'])
```

4. seaborn 패키지를 사용해 히트맵을 그린다. 이 코드는 seaborn 패키지에서 headmap 함수를 호출한다. 히트맵은 x 및 y축 위에 심벌 리스트를 사용한다. 마지막 인수는 0.98보다 높은 p값을 숨긴다.

```
seaborn.heatmap(pvalues, xticklabels=symbolsIds, yticklabels=symbolsIds,
                cmap='RdYlGn_r', mask = (pvalues >= 0.98))
```

이 코드는 다음 맵을 출력으로 반환한다. 이 맵은 수익률의 p값을 보여 준다.

- p값이 0.02보다 작으면 귀무가설이 기각됨을 의미한다.
- 이것은 2개의 서로 다른 심벌에 해당하는 2개의 가격 시계열이 공적분될 수 있음을 의미한다.
- 이것은 두 심벌이 평균적으로 같은 스프레드를 유지한다는 것을 의미한다. 히트맵에서 다음 심벌들의 p-값이 0.02보다 낮다는 것을 알 수 있다.

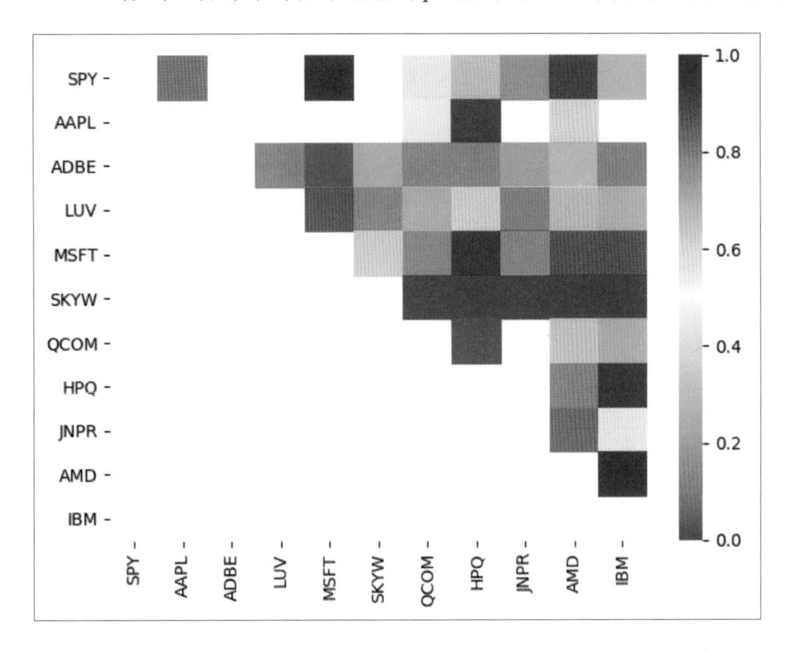

이 스크린샷은 한 쌍의 심벌 간의 공적분을 측정하는 히트맵을 나타냅니다. 빨간색이면 p값이 1임을 의미하므로 귀무가설이 기각되지 않는다. 따라서 한 쌍의 심벌이 공적분됐다는 유의한 증거는 없다. 거래에 사용할 페어pair를 선택한 후 이 쌍의 심벌을 거래하는 방법에 중점을 두기로 한다.

5. 먼저 트레이딩 방법에 대한 아이디어를 얻고자 인위적으로 심벌 쌍을 만들어 보자. 다음과 같은 라이브러리를 사용한다.

```
import numpy as np
 import pandas as pd
 from statsmodels.tsa.stattools import coint
 import matplotlib.pyplot as plt
```

6. 코드에서 보는 바와 같이 Symbol1이라는 심벌의 수익률을 만들어 본다. Symbol1 가격의 값은 10에서 시작하며, 매일 (정규 분포에 따르는) 랜덤 수익률에 따라 달라진다. matplotlib.pyplot 패키지의 함수 그래프를 사용해 가격 값을 그릴 것이다.

```
# 결과를 재현할 수 있도록 시드 값을 설정한다.
 np.random.seed(123)
 # Symbol 1의 일일 수익률을 생성한다.
 Symbol1_returns = np.random.normal(0, 1, 100)
 # 종목의 주가 시리즈를 생성한다.
 Symbol1_prices = pd.Series(np.cumsum(Symbol1_returns),
name='Symbol1') + 10
 Symbol1_prices.plot(figsize=(15,7))
 plt.show()
```

7. 코드에서 보는 바와 같이 Symbol1의 가격 행태를 기반으로 Symbol2 가격을 구축한다. Symbol1의 행태를 복사하는 것 외에도 잡음noise을 추가한다. 잡음은 정규 분포에 따른 랜덤 값이다. 이 잡음의 도입은 시장 변동을 모방하도록 설계된다. 이는 두 심벌 가격 사이의 스프레드 값을 변화한다.

```
# Symbol 2 가격 시리즈를 생성한다.
 # Symbol 1의 행태를 복사한다.
 noise = np.random.normal(0, 1, 100)
 Symbol2_prices = Symbol1_prices + 10 + noise
 Symbol2_prices.name = 'Symbol2'
 plt.title("Symbol 1 and Symbol 2 prices")
 Symbol1_prices.plot()
```

```
Symbol2_prices.plot()
plt.show()
```

이 코드는 다음 출력을 반환한다. 이 그래프는 Symbol 1과 Symbol 2의 가격 변화를 보여 준다.

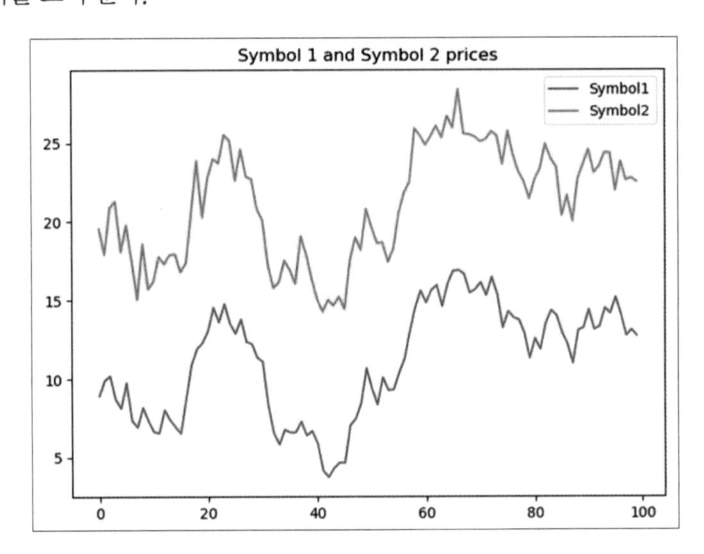

8. 코드에서 coint 함수를 사용해 두 심벌 간의 공적분을 검사한다. 여기에는 2개의 리스트/계열 값이 사용되며, 두 계열이 공적분되는지 확인하는 테스트가 수행된다.

```
score, pvalue, _ = coint(Symbol1_prices, Symbol2_prices)
```

코드에서 pvalue에는 p−점수p-score가 포함된다. 그 값은 10−13이므로 귀무가설을 기각할 수 있다. 따라서 이 두 심벌은 공적분된다.

9. zscore 함수를 정의할 것이다. 이 함수는 데이터가 모집단 평균에서 얼마나 멀리 떨어져 있는지 반환한다. 이것은 거래 방향을 선택하는 데 도움이 된다. 이 함수의 반환 값이 양수이면 종목 가격이 평균 가격 값보다 높음을 의미한다. 따라서 가격이 하락하거나 쌍을 이루는 종목 값이 상승할 것으로 예상된다. 이 경

우 이 종목을 숏하고 다른 종목을 롱하고자 할 것이다. 다음 코드는 zscore 함수를 구현한다.

```
def zscore(series):
    return (series - series.mean()) / np.std(series)
```

10. 두 종목 가격 사이의 비율을 사용한다. 주어진 가격이 평균 가격에서 멀어질 때를 정의하는 임계값을 설정해야 한다. 이를 위해서는 주어진 종목에 특정 값을 사용해야 한다. 거래하고자 하는 많은 종목이 있다면 이것은 모든 종목에 대해 이 분석이 수행됨을 의미한다. 이 지루한 작업을 피하고 싶기 때문에 대신 두 가격의 비율을 분석해 이 연구를 정규화한다. 결과적으로 Symbol 2 가격에 대한 Symbol 1 가격의 비율을 계산한다. 코드를 살펴보자.

```
ratios = Symbol1_prices / Symbol2_prices
ratios.plot()
```

이 코드는 다음 출력을 반환한다. 그래프에서 Symbol 1과 Symbol 2 가격의 비율 변화를 보여 준다.

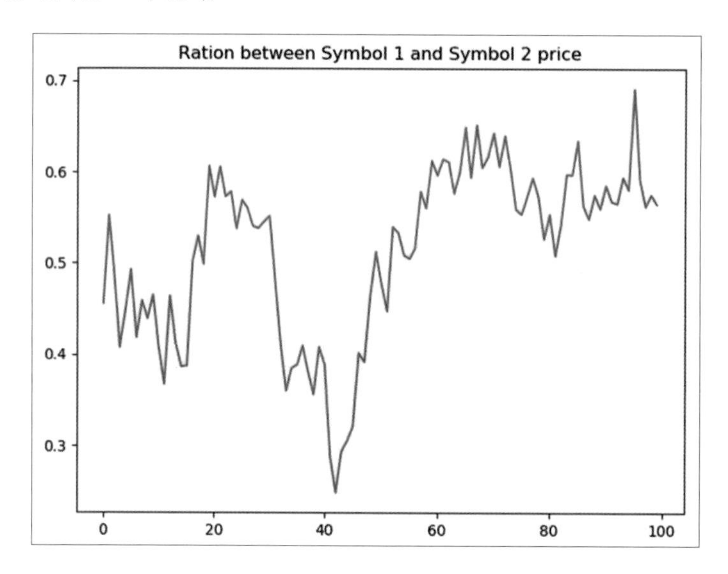

11. 다음 코드를 사용해 주문 시점을 보여 주는 차트를 그린다.

```
train = ratios[:75]
test = ratios[75:]

plt.axhline(ratios.mean())
plt.legend([' Ratio'])
plt.show()

zscore(ratios).plot()
plt.axhline(zscore(ratios).mean(),color="black")
plt.axhline(1.0, color="red")
plt.axhline(-1.0, color="green")
plt.show()
```

이 코드는 다음 출력을 반환한다. 그래프는 다음을 보여 준다.

- −1(녹색), +1(빨간색), 평균 Z−점수(검정색)에 수평선으로 Z−점수를 표시한다.
- Z−점수의 평균은 0이다.
- Z−점수가 −1 또는 +1에 도달하면 이 이벤트를 거래 시그널로 사용한다. 값 +1 및 −1은 임의로 정한 값이다.
- 이 트레이딩 전략을 만들고자 실행할 연구에 따라 설정해야 한다.

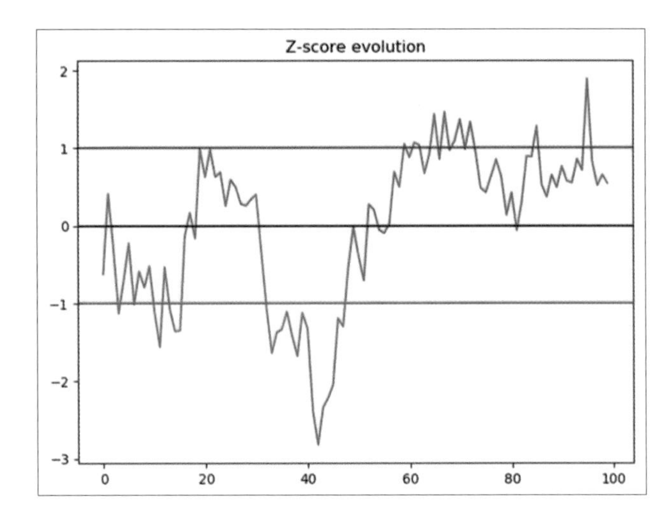

12. Z-점수가 임계값 중 하나에 도달할 때마다 트레이딩 시그널을 갖는다. 코드에서 볼 수 있듯이 Symbol 1에 대해 롱 포지션을 가질 때마다 녹색 마커로 그래프를 표시하고, 숏 포지션을 가질 때마다 빨간색 마커로 그래프를 표시한다.

```
ratios.plot()
buy = ratios.copy()
sell = ratios.copy()
buy[zscore(ratios)>-1] = 0
sell[zscore(ratios)<1] = 0
buy.plot(color="g", linestyle="None", marker="^")
sell.plot(color="r", linestyle="None", marker="v")
x1,x2,y1,y2 = plt.axis()
plt.axis((x1,x2,ratios.min(),ratios.max()))
plt.legend(["Ratio", "Buy Signal", "Sell Signal"])
plt.show()
```

이 코드는 다음 출력을 반환한다. 그래프를 보자.

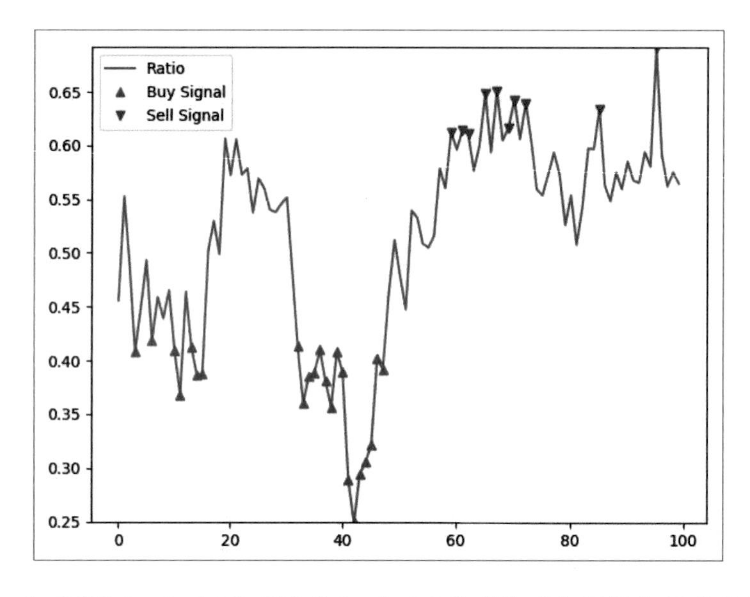

이 예에서 Symbol 1을 롱하면 Symbol 1에 대한 매수 주문을 보내면서 동시에 Symbol 2에 대한 매도 주문을 보낸다.

13. 다음으로 각 종목(심벌)의 매수 및 매도 주문을 나타내는 다음 코드를 작성한다.

```
Symbol1_prices.plot()
 symbol1_buy[zscore(ratios)>-1] = 0
 symbol1_sell[zscore(ratios)<1] = 0
 symbol1_buy.plot(color="g", linestyle="None", marker="^")
 symbol1_sell.plot(color="r", linestyle="None", marker="v")

 Symbol2_prices.plot()
 symbol2_buy[zscore(ratios)<1] = 0
 symbol2_sell[zscore(ratios)>-1] = 0
 symbol2_buy.plot(color="g", linestyle="None", marker="^")
 symbol2_sell.plot(color="r", linestyle="None", marker="v")

 x1,x2,y1,y2 = plt.axis()
 plt.axis((x1,x2,Symbol1_prices.min(),Symbol2_prices.max()))
 plt.legend(["Symbol1", "Buy Signal", "Sell Signal","Symbol2"])
plt.show()
```

다음 차트는 이 전략에 대한 매수 및 매도 주문을 보여 준다. zscore가 +/−1보다 높거나 낮은 경우에만 주문이 이뤄진다.

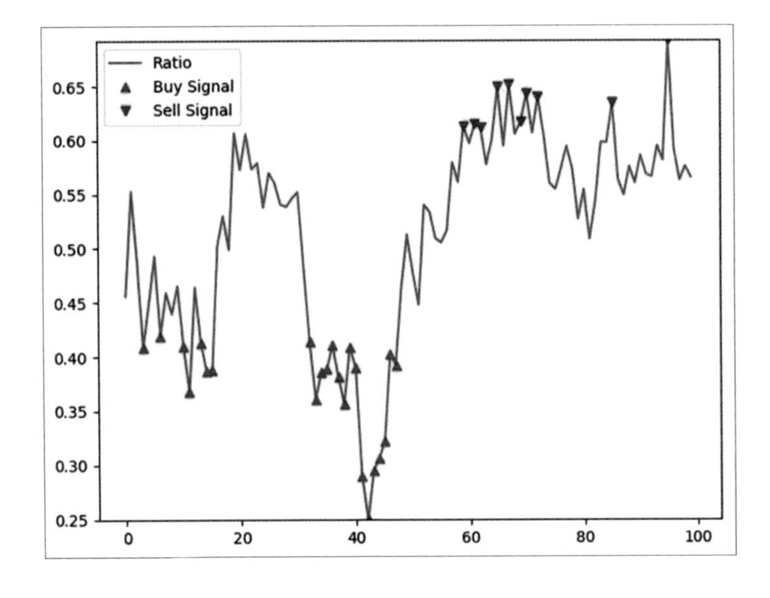

공적분 쌍 분석에 따르면 다음 쌍이 유사한 행태를 나타내는 것으로 관찰됐다.

- ADBE, MSFT
- JNPR, LUV
- JNPR, MSFT
- JNPR, QCOM
- JNPR, SKYW
- JNPR, SPY

14. MSFT와 JNPR을 사용해 실제 종목을 기반으로 전략을 구현한다. Symbol 1과 Symbol 2를 구축하는 코드를 다음 코드로 대체한다. 다음 코드는 MSFT 및 JNPR의 실제 가격을 가져온다.

```
Symbol1_prices = data['Adj Close']['MSFT']
Symbol1_prices.plot(figsize=(15,7))
plt.show()
Symbol2_prices = data['Adj Close']['JNPR']
Symbol2_prices.name = 'JNPR'
plt.title("MSFT and JNPR prices")
Symbol1_prices.plot()
Symbol2_prices.plot()
plt.legend()
plt.show()
```

이 코드는 다음 그래프를 출력으로 반환한다. 그것들을 살펴보자.

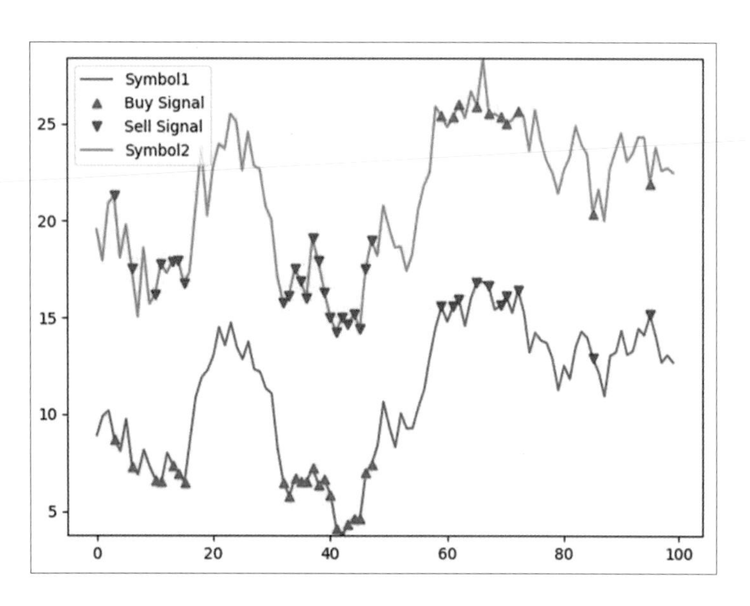

다음 스크린샷은 MSFT 및 JNPR 가격을 보여 준다. 두 종목 간의 움직임의 유사성을 관찰할 수 있다.

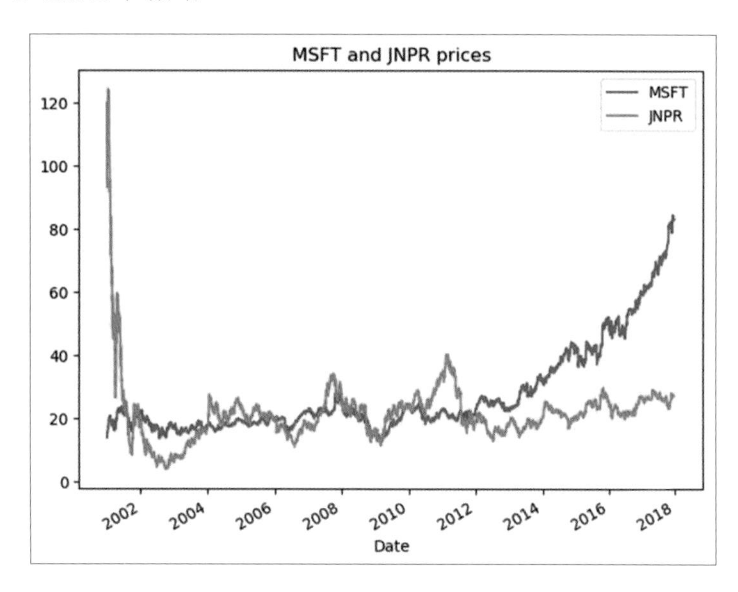

JNPR 및 MSFT에서 실제 가격을 가져와서 Symbol 1 및 Symbol 2에 대해 이전에 실행한 코드를 실행할 때 다음 그래프를 얻을 수 있다.

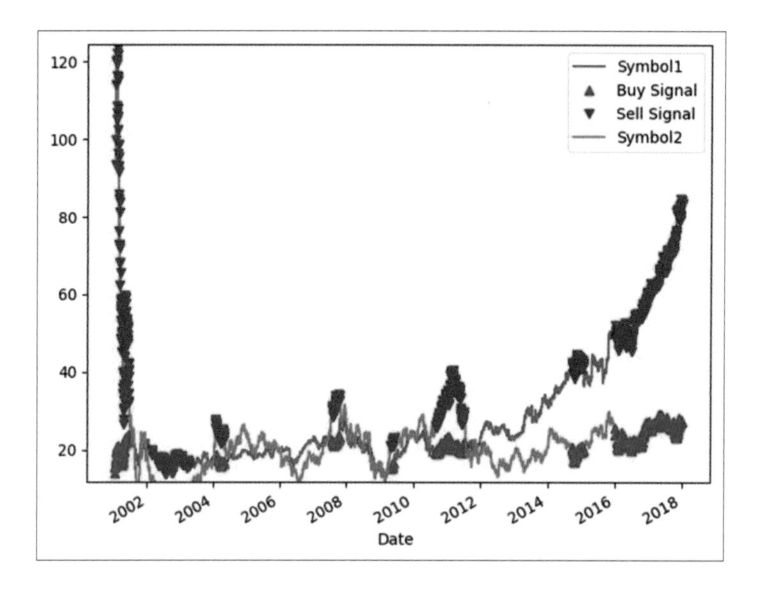

이 차트는 대량 주문을 보여 준다. 제한 없는 페어 상관 전략은 너무 많은 주문을 보낸다. 이전과 같은 방식으로 주문 수를 제한할 수 있다.

- 포지션 제한
- 주문 수 제한
- 더 높은 Z-점수 임계값 설정

여기서는 포지션 입력 시기에 초점을 맞췄지만, 포지션 청산 시점은 다루지 않았다. Z-점수값이 임계값 한도(이 예에서는 −1 또는 +1)보다 높거나 아래에 있는 반면, 임계값 한도 사이의 범위 내에서 Z-점수 값은 두 종목 가격 사이의 스프레드가 변하지 않을 수 있음을 나타낸다. 따라서 이 값이 이 제한 내에 있으면 이 값이 청산 시그널로 간주된다.

다음 다이어그램에서는 포지션을 청산해야 하는 시점을 보여 준다.

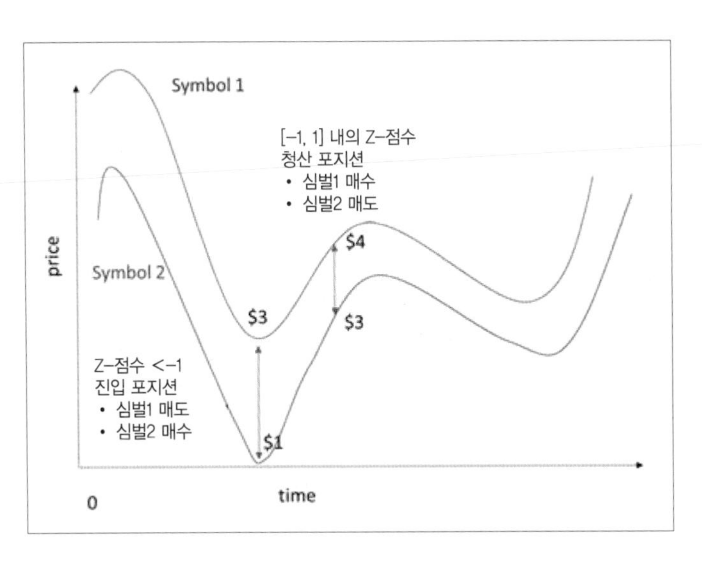

이 예에서는 다음이 적용된다.

- Z 점수가 −1보다 낮으면 Symbol 1을 $3로 매도하고 Symbol 2를 $1로 매수하는 반면 Z 점수가 [−1, +1] 범위에 있으면 Symbol 1를 $4에 매수하고 Symbol 2를 $3에 매도한다.
- 만약 두 종목을 1주씩 거래한다면 이 거래의 이익은 ($3− $4) + ($3− $1) = $1이 될 것이다.

15. 다음 코드에서 데이터 프레임 pair_correlation_trading_strategy를 만든다. 여기에는 주문 및 포지션과 관련된 정보가 포함되며, 이 데이터 프레임을 사용해 이 쌍의 상관관계 트레이딩 전략의 성과를 계산한다.

```
pair_correlation_trading_strategy =
pd.DataFrame(index=Symbol1_prices.index)
pair_correlation_trading_strategy['symbol1_price']=Symbol1_prices
pair_correlation_trading_strategy['symbol1_buy']=np.zeros(len(Symbol1_prices))
pair_correlation_trading_strategy['symbol1_sell']=np.zeros(len(Symbol1_
prices))
pair_correlation_trading_strategy['symbol2_buy']=np.zeros(len(Symbol1_prices))
pair_correlation_trading_strategy['symbol2_sell']=np.zeros(len(Symbol1_
prices))
```

16. 포지션을 1주로 줄여 주문 수를 제한할 것이다. 롱 또는 숏 포지션일 수 있다. 주어진 종목에 대해 롱 포지션을 가질 때 매도 주문만이 허용된다. 숏 포지션을 가질 때 매수 주문만이 허용된다. 포지션이 없을 때 롱으로 (매수함으로써) 가거나 숏으로 (매도함으로써) 갈 수 있다. 주문을 보내는 데 사용하는 가격을 저장한다. 쌍을 이루는 종목의 경우 반대를 수행한다. 즉 Symbol 1을 매도할 때 Symbol 2를 매수하고, 그 반대도 마찬가지다.

```
position=0
for i in range(len(Symbol1_prices)):
  s1price=Symbol1_prices[i]
  s2price=Symbol2_prices[i]
  if not position and symbol1_buy[i]!=0:
    pair_correlation_trading_strategy['symbol1_buy'][i]=s1price
    pair_correlation_trading_strategy['symbol2_sell'][i]=s2price
    position=1
  elif not position and symbol1_sell[i]!=0:
    pair_correlation_trading_strategy['symbol1_sell'][i]=s1price
    pair_correlation_trading_strategy['symbol2_buy'][i]=s2price
    position = -1
  elif position==-1 and (symbol1_sell[i]==0 or i==len(Symbol1_prices)-1):
    pair_correlation_trading_strategy['symbol1_buy'][i]=s1price
    pair_correlation_trading_strategy['symbol2_sell'][i]=s2price
    position = 0
  elif position==1 and (symbol1_buy[i] == 0 or i==len(Symbol1_prices)-1):
    pair_correlation_trading_strategy['symbol1_sell'][i]=s1price
    pair_correlation_trading_strategy['symbol2_buy'][i]=s2price
    position = 0
```

위 코드는 다음 출력을 반환한다. 그래프는 주문 수의 감소를 보여 준다. 이제 이 전략으로 생성된 손익을 계산한다.

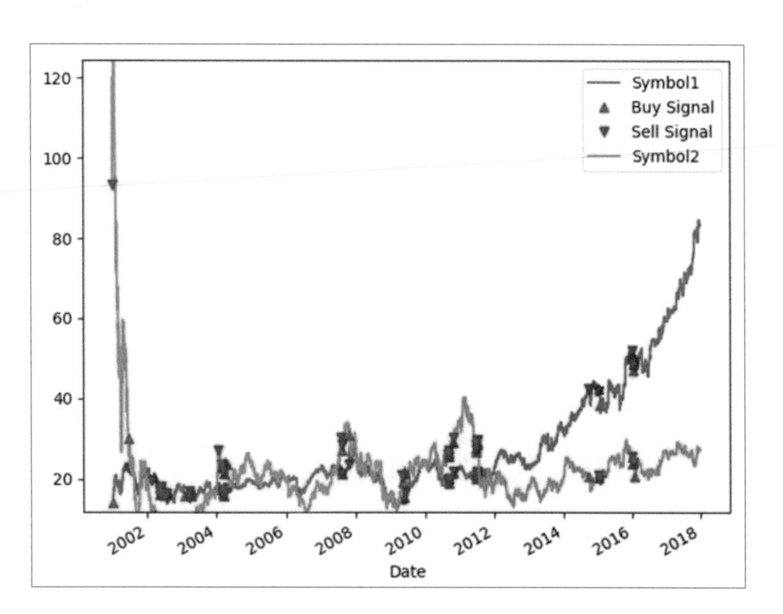

17. 이제 페어 상관관계 전략의 손익을 계산하는 코드를 작성한다. Symbol 1과 Symbol 2 가격이 포함된 벡터 간의 차이를 계산한다. 그런 다음 포지션을 추가해 손익을 나타낸다.

```
pair_correlation_trading_strategy['symbol1_position']=\
 pair_correlation_trading_strategy['symbol1_buy']-pair_correlation_trading_
strategy['symbol1_sell']

 pair_correlation_trading_strategy['symbol2_position']=\
 pair_correlation_trading_strategy['symbol2_buy']-
pair_correlation_trading_strategy['symbol2_sell']

pair_correlation_trading_strategy['symbol1_position'].cumsum().plot
() # Calculate Symbol 1 P&L
pair_correlation_trading_strategy['symbol2_position'].cumsum().plot
() # Calculate Symbol 2 P&L

pair_correlation_trading_strategy['total_position']=\
pair_correlation_trading_strategy['symbol1_position']+
pair_correlation_trading_strategy['symbol2_position'] #Calculate total P&L
pair_correlation_trading_strategy['total_position'].cumsum().plot()
```

위 코드는 다음 출력을 반환한다. 그림에서 파란색 선은 Symbol 1의 손익을 나타내고, 주황색 선은 Symbol 2의 손익을 나타낸다. 녹색 선은 총 손익을 나타낸다.

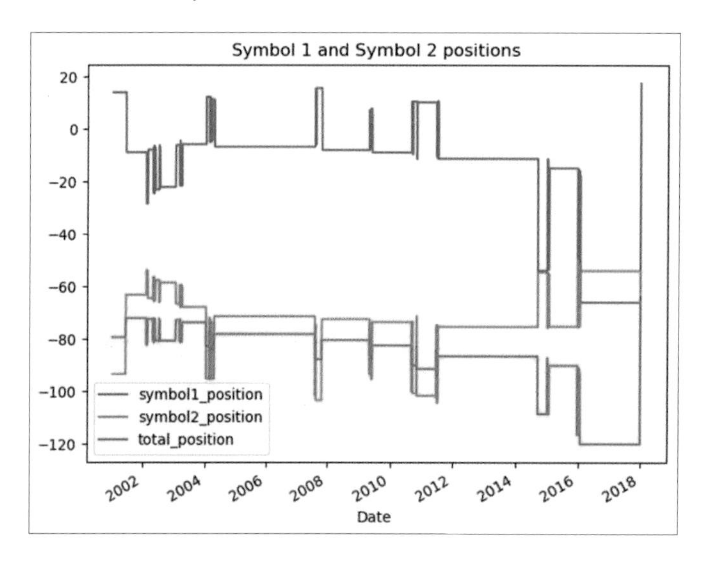

이 부분까지 오직 주식 1주만을 거래했다. 정상적인 거래에서 수백/수천 주를 거래할 것이다. 페어 상관관계 트레이딩 전략을 사용할 때 발생할 수 있는 일을 분석해 보자.

2개의 종목 쌍(Symbol 1과 Symbol 2)이 있다고 가정한다. Symbol 1 가격이 $100이고 Symbol 2 가격이 $10라고 가정한다. Symbol 1과 Symbol 2의 주어진 일정량의 주식을 거래할 수 있는데 100주를 사용한다. Symbol 1에 대한 시그널이 롱이면 Symbol 1을 $100에 구입할 것이다. 명목 포지션은 100×$ 100=$10,000이다. 이것은 Symbol 1에 대해 롱 시그널이므로 Symbol 2에 대해서는 숏 시그널이다. 100×$10=$1,000의 Symbol 2 명목상 포지션을 갖게 된다. 이 두 포지션 사이에 $9,000 델타를 갖게 된다.

가격 차이가 크면 가격이 높은 종목에 더 중점을 두게 된다. 따라서 이는 해당 종목이 수익률을 주도한다는 것을 의미한다. 또한 시장에서 거래하고 돈을 투자할 때 시장 움직임에 대비해 포지션을 헤지hedge해야 한다. 예를 들어, 많은 종목을 매수해 전체적으로 롱 포지션에 투자한다면 이들 종목이 시장을 능가할 것이라고 생각할 것이다. 전체 시장이 하락하고 있다고 가정하지만, 이들 종목은 실제로 다른 종목보다 성과가 뛰어나다. 그들을 팔고 싶다면 시장이 붕괴될 것이므로 확실히 돈을 잃을 것이다. 이를 위해 일반적으로 반대편으로 움직일 무언가에 투자함으로써 포지션을 헤지한다. 페어 트레이딩 상관관계의 예에서 Symbol 1과 Symbol 2에 동일한 명목금액을 투자해 중립적인 입장을 유지하는 것을 목표로 해야 한다. Symbol 1의 가격이 Symbol 2의와 현격하게 다른 예에서 Symbol 1에 투자한 것과 동일한 수의 주식을 투자하면 Symbol 2의 헤지 효과(시장위험 회피 효과)를 사용할 수 없다.

앞에서 설명한 두 가지 상황 어떤 상황에도 있기를 원하지 않기 때문에 Symbol 1과 Symbol 2에 동일한 명목을 투자할 것이다. Symbol 1의 100주를 사고 싶다고 가정해 보자. 100×$100=$10,000다. Symbol 2에 대해 동일한 명목 포지션을 얻으려면 $10,000/$10=1,000주가 필요하다. Symbol 1의 100주와 Symbol 2의 1,000주를 가지면 이 투자에 대해 중립적인 입장을 취하게 되며, 더 이상 Symbol 2보다 Symbol 1을 중요하게 생각하지 않게 된다.

이제 Symbol 2의 가격이 $10 대신 $3라고 가정해 보자. 이것으로 나눌 때 $10,000/$3=3,333+1/3. 이것은 3,333주를 주문한다는 의미다. 즉 Symbol 1 포지션이 $10,000이고 Symbol 2 포지션이 3,333×$3=$9,999가 돼 델타가 $1임을 의미한다. 이제 거래 금액이 $10,000이 아니라 $10,000,000이라고 가정하자. 이것은 $1,000의 델타를 초래할 것이다. 주식을 구입할 때 소수 부분을 제거해야 하므로 이 델타는 모든 종목에 나타난다. 약 200쌍의 종목을 거래하면 헤지되지 않은 $200,000(200×$1,000)의 포지션이 있을 수 있다. 시장 움직임에 노출될 것이다. 따라서 시장이 하락하면 $200,000를 잃을 수 있다. 그렇기 때문에 이 $200,000 포지션과 반대 방향으로 금융 상품을 헤지하는 것이 중요하다. 많은 종목이 있는 포지션을 갖고 있고, 커버되지 않은 롱 포지션의 잔여 잔액이 $200,000인 경우 시장이 움직이는 것과 동일한 방식으로 움직이는 ETF SPY의 숏 포지션을 갖고자 할 것이다.

18. 이 쌍의 거래에 할당하고자 하는 주식의 수를 고려해 이전 코드에서 s1prices를 s1position으로 대체한다.

```
pair_correlation_trading_strategy['symbol1_price']=Symbol1_prices
pair_correlation_trading_strategy['symbol1_buy']=np.zeros(len(Symbol1_prices))
pair_correlation_trading_strategy['symbol1_sell']=np.zeros(len(Symbol1_
prices))
pair_correlation_trading_strategy['symbol2_buy']=np.zeros(len(Symbol1_prices))
pair_correlation_trading_strategy['symbol2_sell']=np.zeros(len(Symbol1_
prices))
pair_correlation_trading_strategy['delta']=np.zeros(len(Symbol1_prices))
 position=0
 s1_shares = 1000000
 for i in range(len(Symbol1_prices)):
     s1positions= Symbol1_prices[i] * s1_shares
     s2positions= Symbol2_prices[i] * int(s1positions/Symbol2_prices[i])
     delta_position=s1positions-s2positions
     if not position and symbol1_buy[i]!=0:
         pair_correlation_trading_strategy['symbol1_buy'][i]=s1positions
         pair_correlation_trading_strategy['symbol2_sell'][i] = s2positions
         pair_correlation_trading_strategy['delta'][i]=delta_position
position=1
     elif not position and symbol1_sell[i]!=0:
         pair_correlation_trading_strategy['symbol1_sell'][i] = s1positions]
         pair_correlation_trading_strategy['symbol2_buy'][i]=s2positions
         pair_correlation_trading_strategy['delta'][i] = delta_position
         position = -1
     elif position==-1 and (symbol1_sell[i]==0 or i==len(Symbol1_prices)-1):
         pair_correlation_trading_strategy['symbol1_buy'][i] = s1positions
         pair_correlation_trading_strategy['symbol2_sell'][i] = s2positions
         position = 0
     elif position==1 and (symbol1_buy[i] == 0 or i==len(Symbol1_prices)-1):
         pair_correlation_trading_strategy['symbol1_sell'][i] = s1positions
         pair_correlation_trading_strategy['symbol2_buy'][i] = s2positions
         position = 0
```

이 코드는 다음 출력을 반환한다. 이 그래프는 이 페어 상관관계 트레이딩 전략의 Symbol 1과 Symbol 2 포지션과 총 손익을 나타낸다.

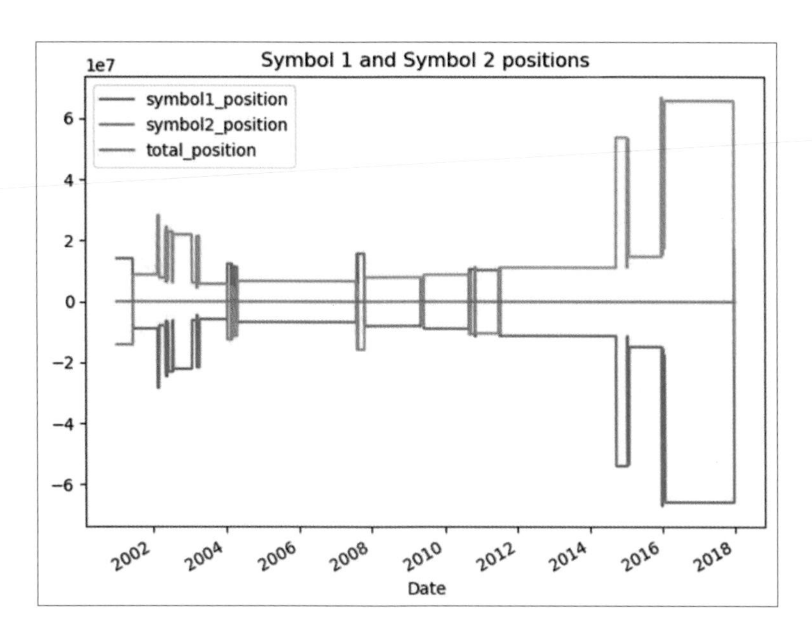

코드는 델타 포지션을 표시한다. 최대 금액은 $25이다. 이 금액은 너무 작아서 델타 포지션을 헤지할 필요가 없다.

```
pair_correlation_trading_strategy['delta'].plot()
 plt.title("Delta Position")
 plt.show()
```

이상으로 상이한 금융 상품과의 상관관계/공적분에 기반한 트레이딩 전략의 구현을 다루는 내용을 마친다.

요약

4장에서는 두 가지 직관적인 트레이딩 전략인 모멘텀 전략과 평균 회귀 전략을 소개했다. 모멘텀과 추세에 따라 트레이딩 전략을 만드는 방법을 배웠다. 또한 회귀 행태가 있는 시장에 적합한 트레이딩 전략을 만드는 법을 배웠다. 이 두 가지 전략은 트레이딩 업계에서 매우 인기가 있으며, 많이 사용된다. 두 전략을 구현하는 방법을 알아보고 장단점과 함께 작동 방식을 배웠다.

5장에서는 기본 알고리즘 전략을 기반으로 하는 더욱 고급 접근 방식(통계적 차익 거래, 페어 상관관계) 및 이들의 장점과 단점을 알아본다.

05

고급 알고리즘 전략

5장에서는 알고리즘 트레이딩 업계의 주요 시장 참여자들이 사용하는 보다 정교한 트레이딩 전략을 살펴볼 것이다. 기본 알고리즘 전략을 바탕으로 통계적 차익 거래statistical arbirage 및 쌍 상관pair correlation과 같은 고급 방법과 그 장점을 배운다. 거래 상품 변동성을 조정하는 트레이딩 전략을 만드는 방법을 배운다. 또한 경제 이벤트에 대한 트레이딩 전략을 만드는 방법을 배우고, 통계적 차익 거래 트레이딩 전략의 기본 사항을 이해하고 구현한다.

5장에서는 다음 주제를 다룬다.

- 거래 상품 변동성을 조정하는 트레이딩 전략 작성
- 경제 이벤트에 대한 트레이딩 전략 수립
- 기본적인 통계 차익 트레이딩 전략 이해 및 구현

거래 상품 변동성 조정 트레이딩 전략 구축

가격 변동성을 직관적으로 생각하는 방법은 특정 금융 상품에 대한 투자자의 신뢰, 즉 투자자가 특정 금융 상품에 얼마나 기꺼이 돈을 투자할 것인가와 해당 금융 상품의 포지션을 얼마나 기꺼이 오래 유지하고자 하는가다. 가격 변동성이 증가함에 따라 가격이 더 빠른 속도로 더 크게 변동하기 때문에 투자자 신뢰도는 떨어진다. 반대로 가격 변동성이 감소함에 따라 투자자들은 더 큰 포지션을 갖고 더 오랫동안 그 포지션을 유지하고자 한다. 몇몇 자산군의 변동성은 종종 다른 자산군으로 유출되기 때문에 모든 경제 분야, 주택 비용, 소비자 비용 등에 변동성을 천천히 확산시킨다. 분명히 정교한 전략은 취한 포지션, 포지션 보유 기간, 이익/손실 기대치에 보다 주의를 기울이면서 유사한 패턴을 따라 거래 상품의 변동성 변화에 동적으로 적응해야 한다.

2장, '기술적 분석을 통한 시장 해석'에서 많은 트레이딩 시그널을 봤다. 3장, '기초 머신러닝을 통한 시장 예측'에서 머신러닝 알고리즘을 트레이딩 시그널에 적용했다. 그리고 4장, '인간의 직관에 의한 고전적 트레이딩 전략'에서 기본적 트레이딩 전략을 탐구했다. 이러한 접근 방식의 대부분은 기초 거래 상품의 변동성 변화를 직접 고려하거나 조정하거나 설명하지 않았다. '거래 상품 변동성 조정 트레이딩 전략 구축' 절에서는 거래 상품의 변동성 변화가 미치는 영향과 이를 처리해 수익성을 개선하고, 위험 노출을 줄이는 방법을 설명한다.

기술적 지표로 거래 상품 변동성 조정

2장, '기술적 분석을 통한 시장 해석'에서는 사전 결정된 파라미터로 트레이딩 시그널을 생성하는 방법을 살펴봤다. 이 방법의 암묵적 가정은 사전에 20일 이동 평균, 즉 사용할 기간과 평활화smoothing 상수를 사전에 결정하고, 이를 분석 전체 기간에 일정하게 유지한다는 것이다. 이러한 시그널은 단순하다는 이점이 있지만, 시간이 지나고 거래 상품의 변동성이 변함에 따라 다르게 수행한다는 단점이 있다.

그러고 나서 거래 변동성을 조정하는 볼린저 밴드와 표준편차와 같은 시그널을 살펴봤다. 즉 변동성이 작은 기간 동안 가격 움직임의 표준편차가 낮을수록 시그널이 더 공격적으로 포지션에 진입하게 하고, 덜 공격적으로 포지션을 청산하도록 한다. 반대로 변동성이 큰 기간 동안, 가격 움직임의 표준편차가 높으면 시그널이 덜 공격적으로 포지션에 진입하게 한다. 이는 이동 평균이 더 변동적이 될수록 표준편차에 의존하는 대역이 이동 평균에서 더 넓어지기 때문이다. 따라서 이러한 시그널은 거래 상품 변동성을 조정하기 위한 측면을 내재적으로 갖고 있다.

일반적으로 지금까지 본 어떠한 기술적 지표도 표준편차 시그널과 결합해 대상 일수, 즉 기간수 또는 평활화 팩터에 대해 동적 값을 취하는 보다 정교한 형태의 기본 기술적 지표를 만들 수 있다. 변동성 척도로서의 표준편차에 의존해 파라미터는 동적이 된다. 따라서 변동성이 높을 때 이동 평균은 더 작은 히스토리 또는 작은 기간 수를 사용해 더 많은 관측치를 포착할 수 있고, 변동성이 낮을 때는 더 큰 히스토리 또는 큰 기간수를 사용해 더 작은 관측치를 포착한다. 유사하게 변동성에 따라 평활화 팩터의 크기를 높이거나 낮출 수 있다. 본질적으로 이는 이전 관측치에 비해 새로운 관측치에 얼마나 많은 가중치가 할당되는지를 제어한다. 여기서는 더 자세히 설명하지 않겠지만, 변동성 지표를 간단한 지표에 적용해 복잡한 지표를 형성한다는 기본 아이디어가 명확해지면 이러한 개념을 기술적 지표에 쉽게 적용할 수 있다.

트레이딩 전략의 변동성 조정

변동성 척도 조정의 동일한 개념을 트레이딩 전략에 적용할 수 있다. 모멘텀 또는 추세 추종 전략은 변동하는 변동성을 사용해 이동 평균에 사용되는 기간 파라미터를 동적으로 변경하거나 진입 시그널로 계산할 상승일수/하락일수의 임계값을 변경할 수 있다. 또 다른 개선 영역은 변동성이 변하는 것을 사용해 추세가 감지돼 포지션을 입력할 때의 임계값을 동적으로 조정하고, 추세 반전이 감지돼 포지션을 청산할 때 임계값을 동적으로 조정하는 것이다.

평균 회귀 기반 전략의 경우도 변동성 척도를 적용하는 것은 매우 비슷하다. 즉 이동 평균에 대해 동적으로 변하는 기간과 초과 매수 및 초과 매도가 감지될 때 동적으로 변하는 포지션 임계값 또는 균형 가격으로의 반전이 감지될 때 동적으로 변하는 청산 포지션 임계값을 사용할 수 있다. 5장의 나머지 부분에서 트레이딩 전략의 변동성 척도를 조정하는 다양한 아이디어를 자세히 살펴보고, 트레이딩 전략 행태에 미치는 영향을 살펴본다.

변동성 조정 평균 회귀 트레이딩 전략

4장, '인간의 직관에 의한 고전적 트레이딩 전략'에서 평균 회귀 트레이딩 전략을 자세히 살펴봤다. 5장의 목적을 위해 먼저 평균 회귀 전략의 매우 간단한 변형 버전을 만든 다음 위험 조정 수익률을 최적화하고 안정화하고자 전략에 변동성 조정을 적용하는 방법을 보여 준다.

APO 트레이딩 시그널 평균 회귀 전략

2장, '기술적 분석을 통한 시장 해석'에서 살펴본 APO[Absolute Price Oscillator] 트레이딩 시그널 지표에 의존하는 평균 회귀 전략을 설명하고, 구현해 보겠다. 빠른 EMA에는 정적 상수[static constant] 10일, 느린 EMA에는 정적 상수 40일을 사용한다. APO 시그널 값이 −10 아래로 떨어지면 매수 거래를 수행하고, APO 시그널 값이 +10을 초과하면 매도 거래를 수행한다. 또한 새로운 거래가 지난 거래 가격과 다른 가격으로 이뤄졌는지 확인해 초과 거래를 방지한다. APO 시그널 값이 부호를 변경하면 포지션이 닫힌다. 즉 APO가 음수이면 숏 포지션을 닫고 APO가 양수이면 롱 포지션을 닫는다.

또한 현재 미결제 포지션이 APO 가치에 관계없이 일정 금액 이상으로 수익성이 있는 경우 포지션은 마감된다. 이는 트레이딩 시그널 값에만 의존하는 대신 이익을 알고리즘적으로 고정하고 더 많은 포지션을 착수하는 데 사용된다. 이제 다음 몇 절에서 구현을 살펴보겠다.

1. 이전과 같은 방식으로 데이터를 가져온다. 4년간 GOOG 데이터를 가져온다. 이 코드는 pandas_datareader 패키지의 DataReader 함수를 사용한다. 이 함수는 2014-01-2014와 2018-01-01 사이의 야후 파이낸스에서 GOOG 가격을 가져온다. 디스크에 데이터를 저장하는 데 사용된 .pkl 파일이 없으면 GOOG_data.pkl 파일이 생성된다. 이렇게 함으로써 생성된 파일을 이용해 GOOG 데이터를 가져와 미래에 사용한다.

```
import pandas as pd
from pandas_datareader import data

# 4개년 일간 데이터를 가져온다.
SYMBOL='GOOG'
start_date = '2014-01-01' end_date = '2018-01-01'
SRC_DATA_FILENAME=SYMBOL + '_data.pkl'

try:
  data = pd.read_pickle(SRC_DATA_FILENAME)
except FileNotFoundError:
  data = data.DataReader(SYMBOL, 'yahoo', start_date, end_date)
  data.to_pickle(SRC_DATA_FILENAME)
```

2. 이제 Fast 및 Slow EMA 계산 및 APO 트레이딩 시그널을 수행하는 네 필요한 상수 및 변수를 정의한다.

```
# EMA 계산을 위한 변수/상수
NUM_PERIODS_FAST = 10 # 빠른 EMA 정적 기간 파라미터
K_FAST = 2 / (NUM_PERIODS_FAST + 1) # 빠른 EMA를 위한 정적 평활화 팩터
ema_fast = 0
ema_fast_values = [] # 시각화 목적을 위해서 빠른 EMA값을 보존한다.

NUM_PERIODS_SLOW = 40 # 느린 EMA 정적 기간 파라미터
K_SLOW = 2 / (NUM_PERIODS_SLOW + 1) # 느린 EMA를 위한 정적 평활화 팩터
ema_slow = 0
ema_slow_values = [] # 시각화 목적을 위해서 느린 EMA값을 보존한다.
apo_values = [] # 계산된 APO값 시그널을 추적한다.
```

3. 또한 전략 트레이딩 전략과 포지션 및 PnL 관리를 정의/통제하는 변수가 필요하다.

```
# 트레이딩 전략 트레이드, 포지션과 pnl 관리를 위한 변수:
orders = [] # 매수/매도 주문을 위한 변수로서 매수 주문에 대해서는 +1, 매도 주문에 대해서는 -1이고, 행동을 취하지 않을 때는 0으로 설정한다.
positions = [] # 포지션을 추적하는 변수로서 롱 포지션은 양, 숏 포지션은 음, 포지션이 없을 때는 0으로 설정한다.
pnls = [] # 총 손익(pnl)을 추적하는 변수로 이는 closed_pnl(이미 고정된 pnl)과 open_pln(시장가격에 연동된 미체결 포지션)의 합이다.

last_buy_price = 0 # 마지막 매수 트레이드의 가격으로 동일한 가격 또는 주변 가격으로 과다 트레이딩하는 것을 방지한다.
last_sell_price = 0 # 마지막 매도 트레이드의 가격으로 동일한 가격 또는 주변 가격으로 과다 트레이딩하는 것을 방지한다.
position = 0 # 트레이딩 전략의 현재 포지션
buy_sum_price_qty = 0 # 마지막으로 포지션이 청산된 이후 수행된 모든 거래에 대한 매수 거래가격과 매수 거래향의 곱의 합
buy_sum_qty = 0 # 마지막으로 포지션이 청산된 이후 수행된 모든 거래에 대한 매수 거래향의 곱의 합
sell_sum_price_qty = 0 # 마지막으로 포지션이 청산된 이후 수행된 모든 거래에 대한 매도 거래가격과 매도 거래향의 곱의 합
sell_sum_qty = 0 # 마지막으로 포지션이 청산된 이후 수행된 모든 거래에 대한 매도 거래향의 곱의 합
open_pnl = 0 # 시장 연동된 미체결/미실현 PnL
closed_pnl = 0 # 이제까지 체결/실현된 PnL
```

4. 마지막으로 진입 임계값, 마지막 거래 이후의 최소 가격 변동, 거래당 예상되는 최소 이익 및 거래당 거래할 주식 수를 명확하게 정의한다.

```
# 전략 행태/임계값을 정의하는 상수들
APO_VALUE_FOR_BUY_ENTRY = -10 # 아래에서 매수 주문/롱 포지션에 들어가는 APO 트레이딩 시그널 값
APO_VALUE_FOR_SELL_ENTRY = 10 # 위에서 매도 주문/숏 포지션에 들어가는 APO 트레이딩 시그널 값
MIN_PRICE_MOVE_FROM_LAST_TRADE = 10 # 트레이딩 재개하기 이전 마지막 거래로부터의 최소 가격 변화이며, 이는 동일한 가격 또는 그 주변 가격에서의 과다 트레이딩을 막기 위한 것이다.
MIN_PROFIT_TO_CLOSE = 10 # 포지션을 청산하고 이익을 고정시키는 최소 미체결/미실현 이익
NUM_SHARES_PER_TRADE = 10 # 모든 트레이드에 있어서 최소 매수/매도 주수
```

5. 이제 다음에 대한 논리가 있는 트레이딩 전략의 주요 섹션을 살펴본다.
    - Fast and Slow EMA 및 APO 트레이딩 시그널에 대한 계산/업데이트
    - 트레이딩 시그널에 반응해 롱 또는 숏 포지션에 진입
    - 매매 시그널, 미결제 포지션, 미결제 PnL, 시장 가격에 반응해 장기 또는 단기 포지션을 청산한다.

```
close=data['Close']
for close_price in close:
  # 이 부분은 빠른/느린 EMA을 업데이트하고, APO 트레이딩 시그널을 계산한다.
  if (ema_fast == 0): # first observation ema_fast = close_price
    ema_slow = close_price
  else:
    ema_fast = (close_price - ema_fast) * K_FAST + ema_fast
    ema_slow = (close_price - ema_slow) * K_SLOW + ema_slow

  ema_fast_values.append(ema_fast)
  ema_slow_values.append(ema_slow)

  apo = ema_fast - ema_slow
  apo_values.append(apo)
```

6. 코드는 거래 파라미터/임계값, 포지션과 비교해 트레이딩 시그널을 확인한다. 다음 조건이 충족되면 close_price로 매도 거래를 수행한다.
    - APO 트레이딩 시그널 값이 매도-진입Sell-Entry 임계값보다 높으며, 마지막 거래 가격과 현재 가격의 차이가 충분히 다르다.
    - 롱(양의 포지션)이고, APO 트레이딩 시그널 값이 0 이상이거나 현재 포지션이 이익을 고정시킬 만큼 충분히 수익성이 있다.

```
if ((apo > APO_VALUE_FOR_SELL_ENTRY and abs(close_price -
last_sell_price) > MIN_PRICE_MOVE_FROM_LAST_TRADE) # APO가 매도 진입 임계
값 이상이면 매도한다.
  or
  (position > 0 and (apo >= 0 or open_pnl > MIN_PROFIT_TO_CLOSE))): #
음의 APO로 롱 포지션인데 APO가 양이 되거나 포지션이 이익이 나면, 매도로 포지션을 청산한다.
```

```
orders.append(-1) # 매도 거래를 표시한다.
  last_sell_price = close_price
  position -= NUM_SHARES_PER_TRADE # 이 트레이드 크기만큼 포지션을 줄인다.
  sell_sum_price_qty += (close_price*NUM_SHARES_PER_TRADE) # vwap 매도
가격을 업데이트한다.
  sell_sum_qty += NUM_SHARES_PER_TRADE
  print( "Sell ", NUM_SHARES_PER_TRADE, " @ ", close_price, "Position: ",
position )
```

7. 다음 조건이 충족되면 close_price에서 매수 거래를 수행한다. APO 트레이딩 시그널 값이 매수-진입Buy-Entry 임계값보다 낮고, 마지막 거래 가격과 현재 가격의 차이가 충분히 다르다. 숏(음의 포지션)이고 APO 트레이딩 시그널 값이 0 이하이거나 현재 포지션이 수익성을 확보할 만큼 수익성이 높다.

```
elif ((apo < APO_VALUE_FOR_BUY_ENTRY and abs(close_price -last_buy_price) >
MIN_PRICE_MOVE_FROM_LAST_TRADE) # APO가 매수 진입 임계값보다 낮으면 매수한다.
  or
  (position < 0 and (apo <= 0 or open_pnl > MIN_PROFIT_TO_CLOSE))): # 양의 APO
로 숏 포지션인데 APO가 음이 되거나 포지션이 이익이 나면, 매수로 포지션을 청산한다.
  orders.append(+1) # 매수 거래를 표시한다.
  last_buy_price = close_price
  position += NUM_SHARES_PER_TRADE # 이 트레이드 크기만큼 포지션을 늘린다.
  buy_sum_price_qty += (close_price*NUM_SHARES_PER_TRADE) # vwap 매수 가격을 업데
이트한다.
  buy_sum_qty += NUM_SHARES_PER_TRADE
  print( "Buy ", NUM_SHARES_PER_TRADE, " @ ", close_price, "Position: ",
position )
else:
  # 매수 또는 매도를 위한 어떤 조건도 만족하지 않으므로 거래를 하지 않는다.
  orders.append(0)
positions.append(position)
```

8. 트레이딩 전략의 코드는 포지션/PnL 관리를 위한 로직을 포함한다. 시장가격이 변하거나 거래가 일어나 포지션이 변경되는 경우 포지션을 업데이트하고 미결제 및 실현 PnL을 계산해야 한다.

```
# 이 부분은 미체결/미실현과 체결/실현 포지션을 업데이트한다.
open_pnl = 0
if position > 0:
  if sell_sum_qty > 0: # 롱 포지션과 이에 대한 매도 거래가 수행되며, 이 롱 포지션에 대해
얼마만큼 매도하는가를 기반으로 그만큼 청산한다.
     open_pnl = abs(sell_sum_qty) *
(sell_sum_price_qty/sell_sum_qty - buy_sum_price_qty/buy_sum_qty)

      # 잔여 포지션을 시장 가격으로 평가한다. 즉 손익(pnl)은 현재 가격에 청산된다면 계산됐을
손익이다.
      open_pnl += abs(sell_sum_qty - position) * (close_price - buy_sum_price_
qty / buy_sum_qty)
    elif position < 0:
      if buy_sum_qty > 0: # 숏 포지션과 이에 대한 매수 거래가 수행되며, 이 숏 포지션에 대
해 얼마만큼 매수하는가를 기반으로 그만큼 청산한다.
        open_pnl = abs(buy_sum_qty) * (sell_sum_price_qty/sell_sum_qty - buy_
sum_price_qty/buy_sum_qty)
      # 잔여 포지션을 시장 가격으로 평가한다. 즉 손익(pnl)은 현재 가격에 청산된다면 계산됐을
손익이다.
      open_pnl += abs(buy_sum_qty - position) * (sell_sum_price_qty/sell_sum_
qty - close_price)
    else:
      # 포지션이 없으면 청산된 손익을 업데이트하고, 포지션과 pnls을 추적하기 위한 변수들을 재설
정한다.
      closed_pnl += (sell_sum_price_qty - buy_sum_price_qty)
      buy_sum_price_qty = 0
      buy_sum_qty = 0
      sell_sum_price_qty = 0
      sell_sum_qty = 0
      last_buy_price = 0
      last_sell_price = 0

    print( "OpenPnL: ", open_pnl, " ClosedPnL: ", closed_pnl )
    pnls.append(closed_pnl + open_pnl)
```

9. 이제 우리는 Python/Matplotlib 코드를 살펴보고 시장 가격, 빠른 EMA와 느린 EMA값, APO값, 매수와 매도 거래, 포지션 및 PnL과 같은 트레이딩 전략의 관련 결과를 수집하는 방법을 살펴본다. 포지션의 생애 동안 전략의 행태에 대한 통찰력을 제공하는 방식으로 구성한다.

```
# 이 부분은 트레이딩 전략 결과를 위한 데이터 프레임을 준비하고, 결과를 시각화한다.
data = data.assign(ClosePrice=pd.Series(close, index=data.index))
data = data.assign(Fast10DayEMA=pd.Series(ema_fast_values, index=data.index))
data = data.assign(Slow40DayEMA=pd.Series(ema_slow_values, index=data.index))
data = data.assign(APO=pd.Series(apo_values, index=data.index))
data = data.assign(Trades=pd.Series(orders, index=data.index))
data = data.assign(Position=pd.Series(positions, index=data.index))
data = data.assign(Pnl=pd.Series(pnls, index=data.index)
```

10. 이제 'APO 트레이딩 시그널 평균 회귀 전략' 절에서 계산한 다른 계열(시장 가격, 그다음에 빠르고 느린 EMA값)로 데이터 프레임에 열을 추가해 그래프를 그린다. 또한 APO 트레이딩 시그널 값에 대한 또 하나의 그래프가 있다. 두 그래프 모두에서 매도와 매수 거래를 오버레이overlay해 전략이 포지션에 들어오고 나갈 때를 이해할 수 있다.

```
import matplotlib.pyplot as plt

data['ClosePrice'].plot(color='blue', lw=3., legend=True)
data['Fast10DayEMA'].plot(color='y', lw=1., legend=True)
data['Slow40DayEMA'].plot(color='m', lw=1., legend=True)
plt.plot(data.loc[ data.Trades == 1 ].index, data.ClosePrice[data.Trades == 1 ],
color='r', lw=0, marker='^', markersize=7, label='buy')
plt.plot(data.loc[ data.Trades == -1 ].index, data.ClosePrice[data.Trades ==
-1 ], color='g', lw=0, marker='v', markersize=7, label='sell')
plt.legend()
plt.show()

data['APO'].plot(color='k', lw=3., legend=True) plt.plot(data.loc[ data.
Trades == 1 ].index, data.APO[data.Trades1 ], color='r', lw=0, marker='^',
markersize=7, label='buy')
```

```
plt.plot(data.loc[ data.Trades == -1 ].index, data.APO[data.Trades==-1 ],
color='g', lw=0, marker='v', markersize=7, label='sell') plt.axhline(y=0,
lw=0.5, color='k')
for i in range( APO_VALUE_FOR_BUY_ENTRY, APO_VALUE_FOR_BUY_ENTRY*5, APO_VALUE_
FOR_BUY_ENTRY ):
  plt.axhline(y=i, lw=0.5, color='r')
for i in range( APO_VALUE_FOR_SELL_ENTRY, APO_VALUE_FOR_SELL_ENTRY*5, APO_
VALUE_FOR_SELL_ENTRY ):
  plt.axhline(y=i, lw=0.5, color='g')
plt.legend()
plt.show()
```

거래가 이뤄질 때 EMA 및 APO 값에 주의를 기울여 거래 행태가 어떻게 보이는지 살펴보겠다. 포지션과 PnL 그래프를 보면 완전히 명확해진다.

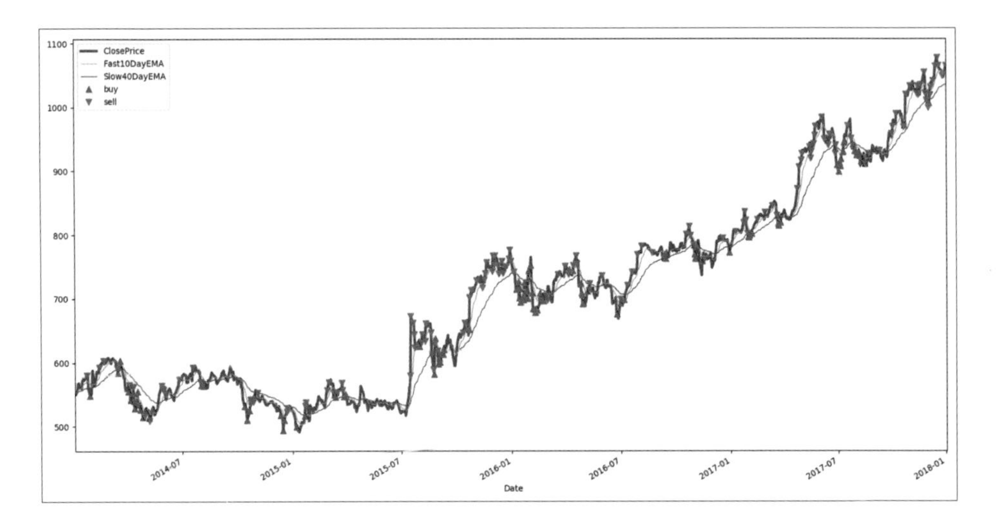

이 그림에서 지난 4년간 구글 주식의 가격이 변동함에 따라 매수 및 매도 거래가 이뤄진 포지션을 확인할 수 있다. 그러나 이제는 매수 및 매도 거래가 이뤄졌을 때의 APO 트레이딩 시그널 값을 살펴보겠다. 트레이딩 전략의 설계에 따르면 APO 가치가 양수일 때 매도 거래를 기대하고, APO 가치가 음수일 때 매수 거래를 기대한다.

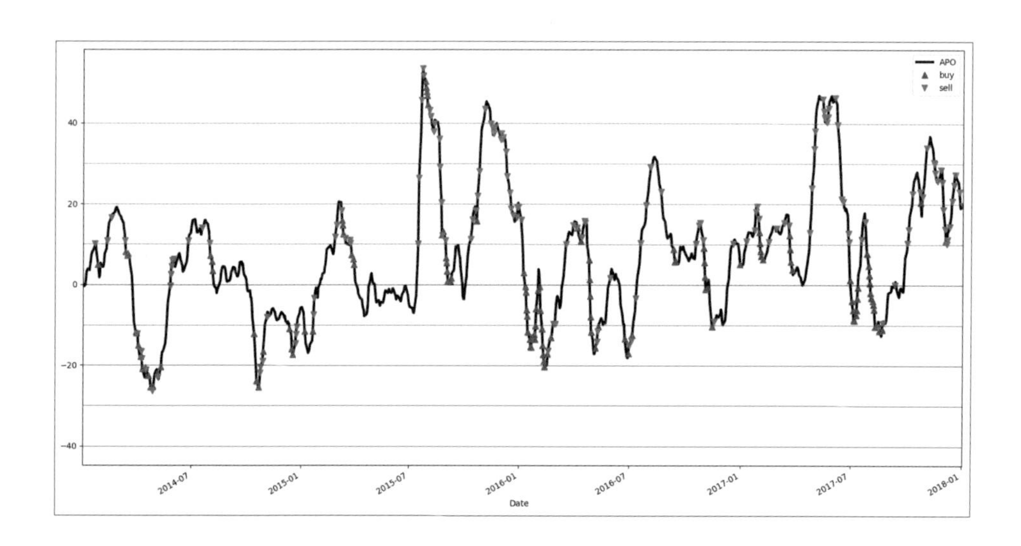

그림에서 APO 트레이딩 시그널 값이 양수이면 많은 매도 거래가 실행되고, APO 트레이딩 시그널 값이 음수이면 많은 매수 거래가 실행되는 것을 볼 수 있다. 또한 APO 트레이딩 시그널 값이 양수일 때 일부 매수 거래가 실행되고, APO 트레이딩 시그널 값이 음수일 때 일부 매도 거래가 실행된 것을 알 수 있다. 그것을 어떻게 설명할까?

11. 다음 코드에서 볼 수 있듯이 이러한 거래는 이익을 청산하고자 실행되는 거래다. 이 전략의 생애 동안 포지션과 PnL의 움직임을 관찰해 보자.

```
data['Position'].plot(color='k', lw=1., legend=True)
plt.plot(data.loc[ data.Position == 0 ].index, data.Position[ data.Position ==
0 ], color='k', lw=0, marker='.', label='flat')
plt.plot(data.loc[ data.Position > 0 ].index, data.Position[ data.Position > 0
], color='r', lw=0, marker='+', label='long')
plt.plot(data.loc[ data.Position < 0 ].index, data.Position[ data.Position < 0
], color='g', lw=0, marker='_', label='short')
plt.axhline(y=0, lw=0.5, color='k')
for i in range( NUM_SHARES_PER_TRADE, NUM_SHARES_PER_TRADE*25, NUM_SHARES_PER_
TRADE*5 ):
  plt.axhline(y=i, lw=0.5, color='r')
for i in range( -NUM_SHARES_PER_TRADE, -NUM_SHARES_PER_TRADE*25, -NUM_SHARES_
```

```
PER_TRADE*5 ):
  plt.axhline(y=i, lw=0.5, color='g')
plt.legend()
plt.show()

data['Pnl'].plot(color='k', lw=1., legend=True)
plt.plot(data.loc[ data.Pnl > 0 ].index, data.Pnl[ data.Pnl > 0 ], color='g',
lw=0, marker='.')
plt.plot(data.loc[ data.Pnl < 0 ].index, data.Pnl[ data.Pnl < 0 ],
color='r', lw=0, marker='.')
plt.legend()
plt.show()
```

코드는 다음 출력을 반환한다. 다음 2개의 차트를 살펴보자.

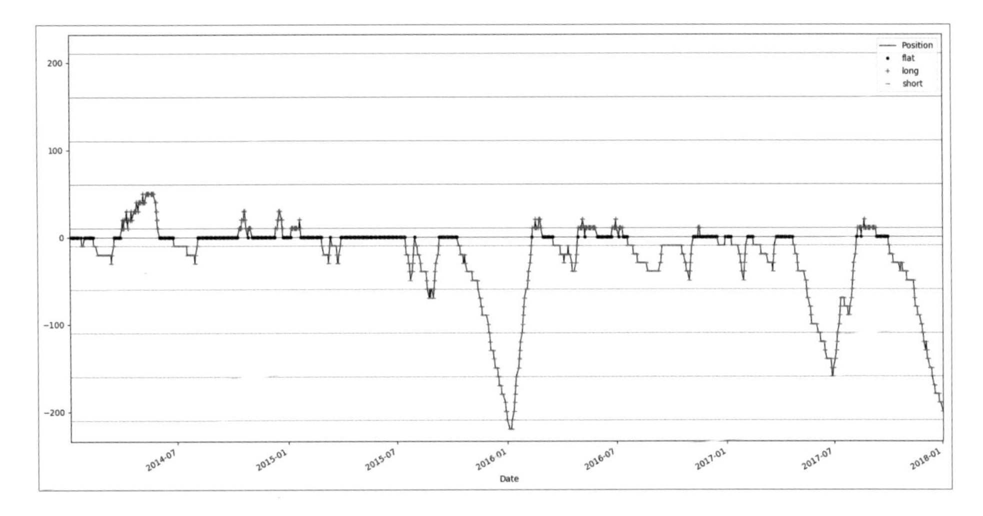

포지션도에서 2016-01경에 큰 숏 포지션을 볼 수 있는데 다시 2017-07에 나타나고, 마지막으로 2018-01에 다시 나타난다. APO 트레이딩 시그널 값으로 돌아가면 APO 값이 큰 양수값 패치를 통과했을 때다. 마지막으로 주식의 생애주기 동안 PnL이 트레이딩 전략에 대해 어떻게 움직이는지 살펴보겠다.

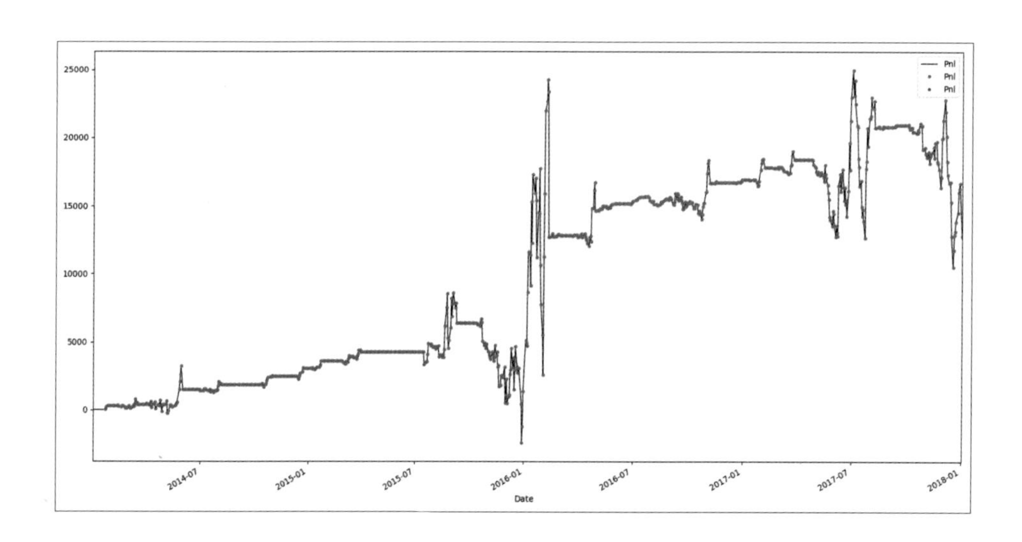

기본 평균 회귀 전략은 큰 포지션에 있는 2016-01 및 2017-07 기간 동안 수익률의 변동이 좀 있긴 하지만, 일정 기간 동안 상당히 일관성 있게 돈을 벌고, 최종적으로 약 $15,000로 끝난다. 이는 최대 달성 PnL에 가깝다.

변동성 변동을 동적으로 조정하는 평균 회귀 전략

이제 빠른 EMA와 느린 EMA에 사용되는 일수를 조정하고자 변동성 척도를 사용하고, 변동성 조정된 APO 입력 시그널을 사용하는 이전에 소개된 개념을 적용해 본다. 변동성 척도로 2장, '기술적 분석을 통한 시장 해석'에서 살펴본 **표준편차**STDEV 지표를 사용할 것이다. 구글 데이터셋을 빨리 포착하고자 해당 지표의 그래프를 살펴본다.

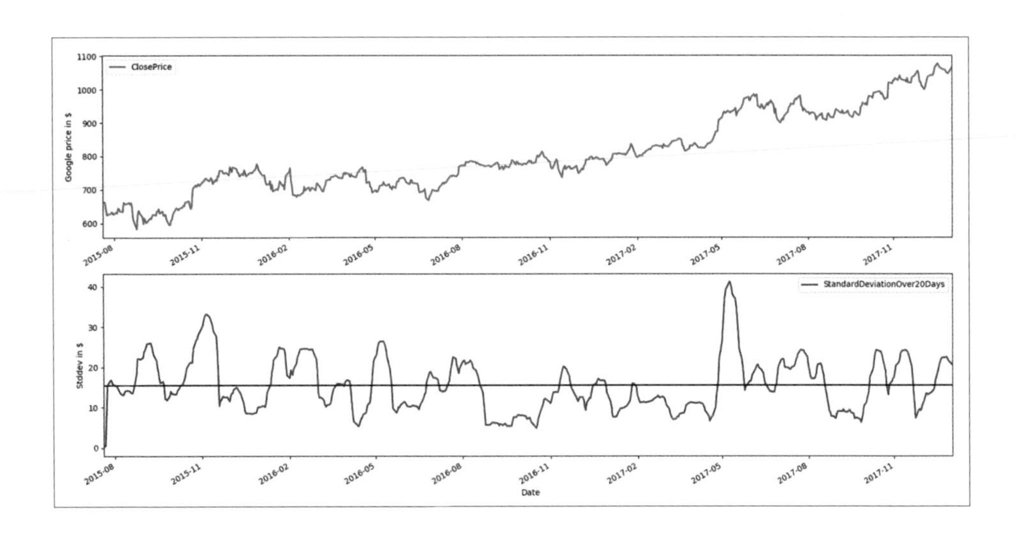

산출 결과, 변동성 척도는 20일 $8에서 20일 $40 사이의 범위에 있고, 20일 $15가 평균인 것 같다. 따라서 $stdev_factor = stdev/15$로 설정해서 0과 1 사이의 변동성 척도를 사용하고자 한다. 여기서 0에 가까운 값은 매우 낮은 변동성을 나타내고, 1 주위의 값은 정상 변동성을 나타내며, 1보다 큰 값은 정상 초과 변동성을 나타낸다. STDEV를 전략에 통합하는 방법은 다음 변화를 통해 이뤄진다.

- 빠르고 느린 EMA에 대해 정적 K_FAST 및 K_SLOW 평활 계수를 사용하는 대신 이들을 변동성의 함수로 만들고, K_FAST*stdev_factor 및 K_SLOW*stdev_factor를 사용해 변동성이 정상보다 높은 기간 동안 최신 관찰값에 대해 더 반응하도록 만든다. 이는 직관적으로 이해될 것이다.
- 기본 트레이딩 시그널 APO를 기반으로 포지션을 입력하고자 정적 APO_VALUE_FOR_BUY_ENTRY 및 APO_VALUE_FOR_SELL_ENTRY 임계값을 사용하는 대신 동적 임계값 APO_VALUE_FOR_BUY_ENTRY*stdev_factor 및 APO_VALUE_FOR_SELL_ENTRY * stdev_factor를 갖도록 변동성을 통합한다. 이는 변동성 비율로 진입 임계값을 증가시킴으로써 변동성이 높은 기간 동안 포지션에 진입하는 것을 덜 공격적으로 만들며, 이는 'APO 트레이딩 시그널 평균 회귀 전략' 절에서 논의한 내용을 기반으로 역시 직관적으로 이해된다.

- 마지막으로 변동성을 하나의 마지막 임계값에 결합할 것이다. 이는 동적 예상 이익 임계값을 설정해 포지션에서 이익을 고정시키는 것이다. 이 경우 정적 IN_PROFIT_TO_CLOSE 임계값을 사용하는 대신 동적 MIN_PROFIT_TO_CLOSE / stdev_factor를 사용한다. 여기서 변동성이 증가한 기간 동안 포지션 청산에 더욱 적극적으로 참여하는 것이다. 이전에 논의한 바와 같이 정상 변동성보다 높은 기간에는 장기적으로 포지션을 유지하는 것이 더 위험하기 때문이다.

이를 달성하고자 기본 평균 회귀 전략에 필요한 수정 사항을 살펴보자. 먼저 변동성 측정(STDEV)을 추적하고 업데이트하기 위한 코드가 필요하다.

```
import statistics as stats
import math as math

# 변동성 척도로 표준편차를 계산하고자 사용하는 상수/변수
SMA_NUM_PERIODS = 20 # 룩백 기간
price_history = [] # 가격 히스토리
```

다음 주요 전략 루프는 단순히 다음과 같으며, 전략의 포지션 및 PnL 관리 섹션은 동일하게 유지된다.

```
close=data['Close']
for close_price in close:
  price_history.append(close_price)
    if len(price_history) > SMA_NUM_PERIODS: # 적어도 설정된 기간의 가격 수만큼은 추적한다.
      del (price_history[0])

    sma = stats.mean(price_history)
    variance = 0 # 분산은 표준편차의 제곱이다.
    for hist_price in price_history:
      variance = variance + ((hist_price - sma) ** 2)

    stdev = math.sqrt(variance / len(price_history))
    stdev_factor = stdev/15
```

```
    if stdev_factor == 0:
      stdev_factor = 1

# 이 부분은 빠른/느린 EMA를 업데이트하고 APO 트레이딩 시그널을 계산한다.
if (ema_fast == 0): # 첫째 관찰값
  ema_fast = close_price
  ema_slow = close_price
else:
  ema_fast = (close_price - ema_fast) * K_FAST*stdev_factor + ema_fast
  ema_slow = (close_price - ema_slow) * K_SLOW*stdev_factor + ema_slow

ema_fast_values.append(ema_fast)
ema_slow_values.append(ema_slow)

apo = ema_fast - ema_slow
apo_values.append(apo)
```

앞서 말했듯이 트레이딩 시그널을 사용해 포지션을 관리하는 것은 이전과 같은 거래 로직을 가진다. 먼저 매도 거래 논리를 살펴보겠다.

```
# 다음 조건을 만족하면, 종가로 매도 거래를 수행한다.
# 1. APO 트레이딩 시그널 값이 매도 진입 임계값을 넘고, 마지막 거래 가격과 현재 가격의 차이가 충분히 다르다.
# 2. 롱(양) 포지션이고, APO 트레이딩 값이 0 이상이거나 현재의 포지션이 고정시킬 만큼의 이익을 내고 있다.
if ((apo > APO_VALUE_FOR_SELL_ENTRY*stdev_factor and abs(close_price - last_sell_price)
> MIN_PRICE_MOVE_FROM_LAST_TRADE*stdev_factor) # APO가 매도 진입 임계값을 넘으면 매도한다.
  or
  (position > 0 and (apo >= 0 or open_pnl > MIN_PROFIT_TO_CLOSE/stdev_factor))): # 롱포지션이고, APO가 음에서 양으로 변화하거나 포지션이 이익이 나면 포지션을 청산하고자 매도한다.
  orders.append(-1) # 매도 거래를 표시한다.
  last_sell_price = close_price
  position -= NUM_SHARES_PER_TRADE # 이 거래만큼 포지션을 줄인다.
  sell_sum_price_qty += (close_price*NUM_SHARES_PER_TRADE) # vwap 매도 가격을 업데이트한다.
  sell_sum_qty += NUM_SHARES_PER_TRADE
  print( "Sell ", NUM_SHARES_PER_TRADE, " @ ", close_price, "Position: ", position )
```

이제 매수 거래에 대한 유사한 논리를 살펴보겠다.

```
# 다음 조건을 만족하면 종가로 매수 거래를 수행한다.
# 1. APO 트레이딩 시그널 값이 매수 진입 임계값을 넘고, 마지막 거래 가격과 현재 가격의 차이가 충분히 다르다.
# 2. 숏(음) 포지션이고, APO 트레이딩 값이 0 이하이거나 현재의 포지션이 고정시킬 만큼의 이익을 내고 있다.
elif ((apo < APO_VALUE_FOR_BUY_ENTRY*stdev_factor and abs(close_price - last_buy_price)
> MIN_PRICE_MOVE_FROM_LAST_TRADE*stdev_factor) # APO가 매수 진입 임계값을 하회하면 매수한다.
  or
(position < 0 and (apo <= 0 or open_pnl > MIN_PROFIT_TO_CLOSE/stdev_factor))):
# 숏 포지션이고, APO가 양에서 음으로 변화하거나 포지션이 이익이 나면 포지션을 청산하고자 매수한다.
  orders.append(+1) # 매수 거래를 표시한다.
  last_buy_price = close_price
  position += NUM_SHARES_PER_TRADE # 이 거래만큼 포지션을 줄인다.
  buy_sum_price_qty += (close_price*NUM_SHARES_PER_TRADE) # vwap 매도 가격을 업데이트한다.
  buy_sum_qty += NUM_SHARES_PER_TRADE
  print( "Buy ", NUM_SHARES_PER_TRADE, " @ ", close_price, "Position: ", position )
else:
# 매수 또는 매도를 위한 어떤 조건도 만족하지 않으므로 거래를 하지 않는다.
  orders.append(0)
```

정적 상수 임계값 평균 회귀 전략과 변동성-조정 평균 회귀 전략의 PnL을 비교해 성과가 향상됐는지 여부를 확인하겠다.

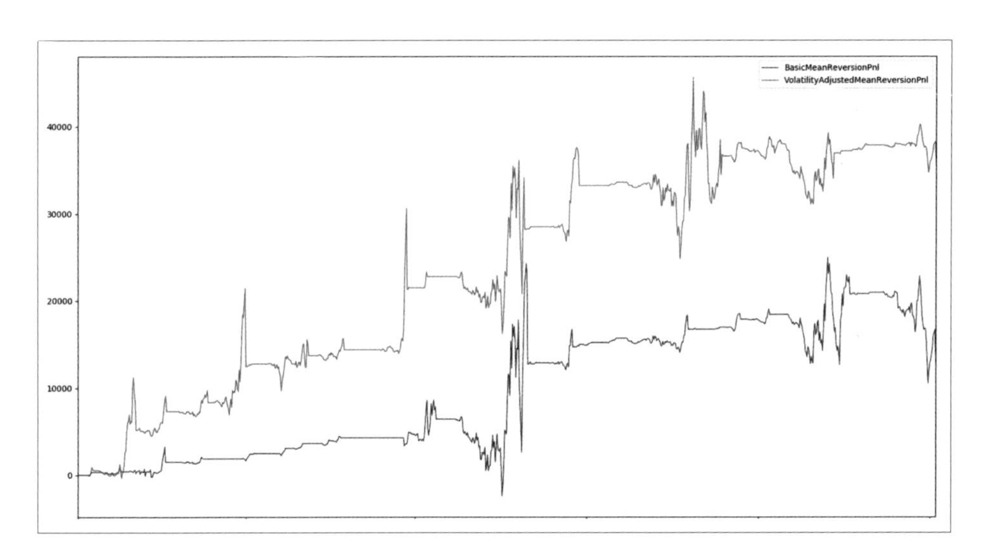

이 경우 변동성에 대한 트레이딩 전략을 조정하면 전략 성과가 200% 증가한다.

APO 트레이딩 시그널 사용한 추세 추종 전략

평균 회귀 전략과 유사하게 APO 트레이딩 시그널을 사용하는 추세 추종 전략을 구축할 수 있다. 여기서 유일한 차이점은 APO가 특정 값을 초과할 때 롱 포지션에 진입한다는 것이다. APO가 특정 값보다 낮은 경우 가격이 계속 하락할 것으로 예상하고, 숏 포지션에 진입한다.

실제로 이것은 포지션 관리에 약간의 차이가 있는 정확히 반대 트레이딩 전략이다. 이 트레이딩 전략이 성과에서 정확히 반대일 것으로 예상할 수 있지만, 볼 수 있듯이 이것은 사실이 아니다. 추세 추종 및 평균 회귀 전략은 동일한 시장 조건에서 수익성이 있을 수 있다.

1. 먼저 롱/숏 포지션을 입력하는 데 사용할 APO 값을 정의한다. 이 경우 매수 입력 APO 임계값은 양수이고, 매도 입력 APO 임계값은 음수다.

```
# 전략 행태/임계값을 정의하는 상수
APO_VALUE_FOR_BUY_ENTRY = 10 # 그 위이면 매수 주문/롱 포지션을 진입하는 APO 트레이딩 시그널 값
APO_VALUE_FOR_SELL_ENTRY = -10 # 그 아래이면 매도 주문/숏 포지션을 진입하는 APO 트레이딩 시그널 값
```

2. 다음으로 포지션을 진입하고 청산하는 핵심 트레이딩 로직을 살펴본다.
   먼저 매도 거래를 이끄는 시그널 및 포지션 관리 코드를 살펴보자.

```
# 이 부분은 거래를 하고자 트레이딩 파라미터/임계값과 포지션에 대한 트레이딩 시그널을 체크한다.
# 다음 조건을 만족하면 종가에 매도 거래를 수행한다
# 1. APO 시그널 값이 매도 진입 임계값 아래이고, 마지막 거래 가격과 현재 가격의 차이가 충분히 다르다.
# 2. 롱(양) 포지션인데 APO 트레이딩 시그널 값이 0 이하이거나 현재 포지션이 고정시킬 만큼 충분히 큰 수익을 낸다.
if ((apo < APO_VALUE_FOR_SELL_ENTRY and abs(close_price - last_sell_price) > MIN_PRICE_MOVE_FROM_LAST_TRADE) # APO가 매도 진입 임계값 이하이면 매도한다.
  or
```

```
  (position > 0 and (apo <= 0 or open_pnl > MIN_PROFIT_TO_CLOSE))): # 롱 포지션
이고, APO가 양에서 음으로 변하거나 포지션이 이익이 나면 매도로 포지션을 청산한다..
  orders.append(-1) # 매도 거래를 표시한다.
  last_sell_price = close_price
  position -= NUM_SHARES_PER_TRADE # 이 거래의 크기만큼 포지션을 줄인다.
  sell_sum_price_qty += (close_price*NUM_SHARES_PER_TRADE) # vwap 매도 가격을 업
데이트한다.
  sell_sum_qty += NUM_SHARES_PER_TRADE
  print( "Sell ", NUM_SHARES_PER_TRADE, " @ ", close_price, "Position: ",
position )
```

이제 매수 거래를 유도하는 시그널 및 포지션 관리 코드를 살펴보겠다.

```
# 다음 조건을 만족하면 종가에 매수 거래를 수행한다
# 1. APO 시그널 값이 매수 진입 임계값 위이고, 마지막 거래 가격과 현재 가격의 차이가 충분히 다르
다.
# 2. 숏(음) 포지션인데 APO 트레이딩 시그널 값이 0 이상이거나 현재 포지션이 고정시킬 만큼 충분히
큰 수익을 낸다.
elif ((apo > APO_VALUE_FOR_BUY_ENTRY and abs(close_price - last_buy_price) >
MIN_PRICE_MOVE_FROM_LAST_TRADE) # APO가 매도 진입 임계값 이상이면 매수한다.
  or
(position < 0 and (apo >= 0 or open_pnl > MIN_PROFIT_TO_CLOSE))): # 숏 포지션이고,
APO가 음에서 양으로 변하거나 포지션이 이익이 나면 매수로 포지션을 청산한다.
  orders.append(+1) # mark the buy trade last_buy_price = close_price
  position += NUM_SHARES_PER_TRADE # 이 거래의 크기만큼 포지션을 늘린다.
  buy_sum_price_qty += (close_price*NUM_SHARES_PER_TRADE) # vwap 매수 가격을 업데
이트한다.
  buy_sum_qty += NUM_SHARES_PER_TRADE
  print( "Buy ", NUM_SHARES_PER_TRADE, " @ ", close_price, "Position: ",
position )
else:
 # 어떤 매수 또는 매도 조건도 성립하지 않으므로 거래를 하지 않는다.
  orders.append(0)
```

시각화 그래프를 생성하는 코드는 동일하게 유지되므로 여기서 생략했다. 추세에 따른 트레이딩 전략 성과를 살펴보겠다.

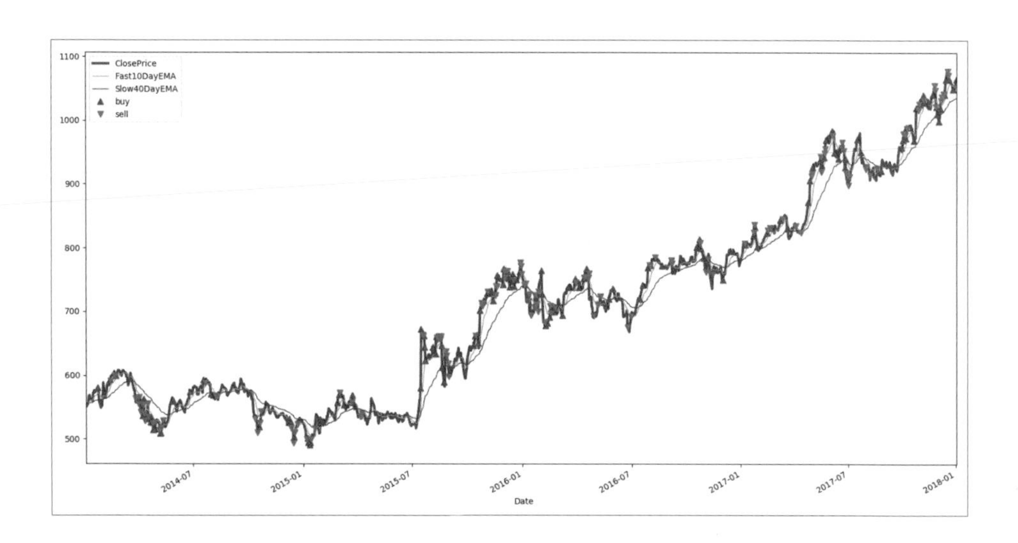

이 그림은 구글 주식 데이터에 적용되는 트레이딩 전략의 수명 기간 동안 매수 및 매도 거래 가격을 보여 준다. 트레이딩 전략 행태는 실제 거래 가격과 함께 APO 시그널 값을 검사할 때 더 의미가 있다. 다음 그래프에서 그것을 보자.

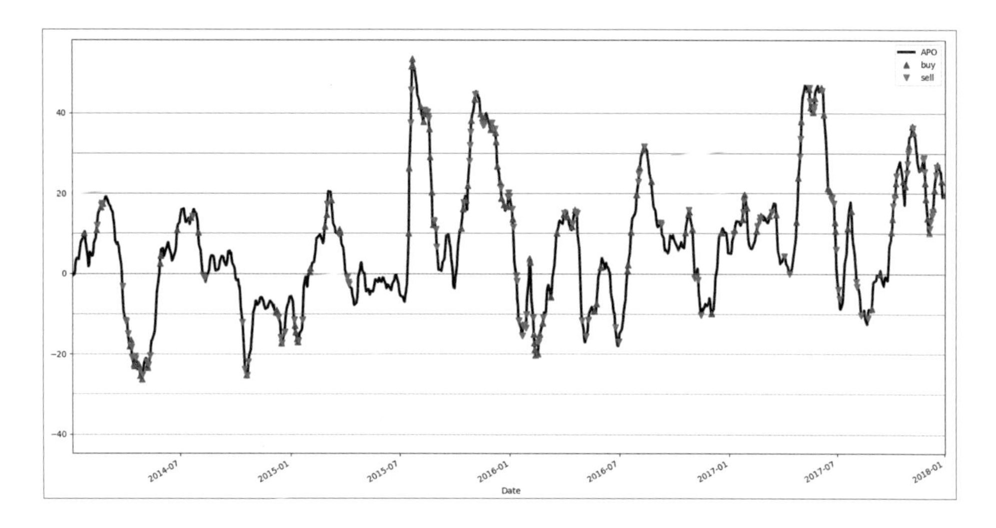

APO 트레이딩 시그널 값을 사용해 추세 추종 전략을 정의하면 APO 시그널 값이 양수일 때 매수 거래를, APO 시그널 값이 음수일 경우 매도 거래를 직관적으로 기대한다. APO 시그널 값이 음수인 경우 일부 매수 거래와 APO 시그널 값이 양수인 경우 일부 매도 거래가 반직관적인 것처럼 보일 수 있지만, 이는 평균 회귀 전략과 유사한 수익성 있는 포지션을 마감하고자 만들어진 거래다. 이제 이 트레이딩 전략의 과정을 통해 포지션의 움직임을 살펴본다.

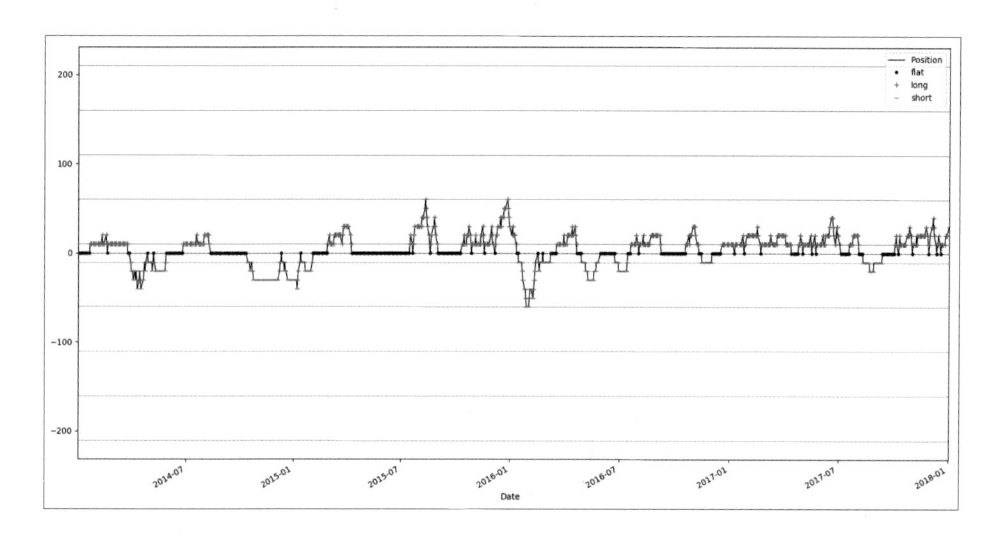

여기서 평균 회귀 트레이딩 전략과 비교할 때 숏 포지션보다 롱 포지션이 많으며, 포지션은 일반적으로 작고 빠르게 청산되고, 곧 새로운 포지션(아마도 롱)이 시작된다. 이러한 관찰은 이것이 구글 주식처럼 강하게 상승하는 거래 상품에 적용되는 추세 추종 전략이라는 사실과 일치한다. 구글 주식은 이 트레이딩 전략 과정 내내 꾸준히 상승 추세를 보이고 있기 때문에 대부분의 포지션은 롱이고, 또한 대부분의 롱 포지션이 수익성이 있고, 거래가 시작된 후 곧 청산되는 것은 합리적이라 할 수 있다. 마지막으로 이 트레이딩 전략에 대한 PnL의 움직임을 관찰하자.

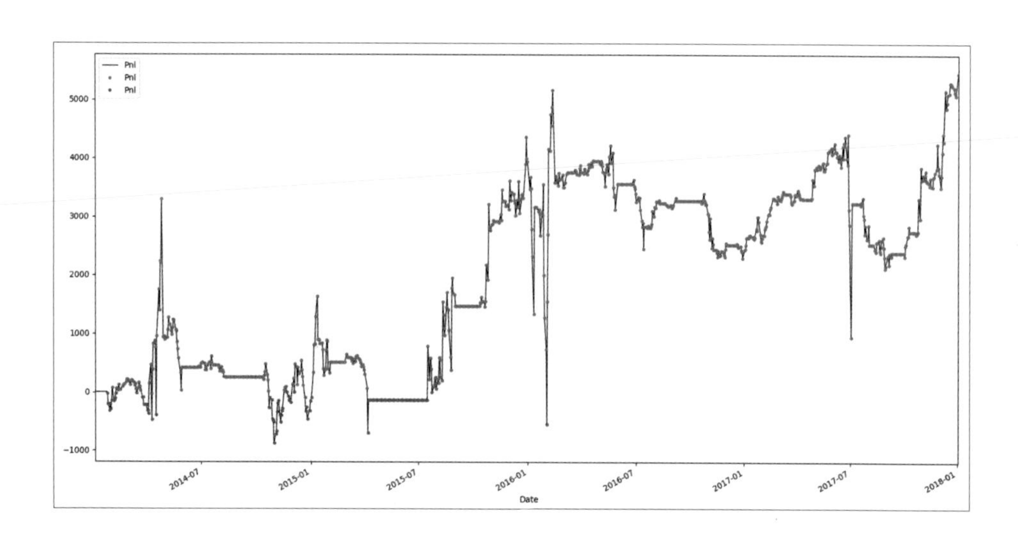

따라서 이 경우 추세 추종 전략은 평균 회귀 전략이 만드는 돈의 3분의 1을 만든다. 그러나 추세 추종 전략은 또한 다른 가격대에서 포지션을 진입하고 청산함으로써 동일한 시장 조건에 대해서 수익을 창출한다.

변동성 변동 동적 조정 추세 추종 전략

변동성의 척도로서 STDEV를 사용하고 변화하는 시장 변동에 적응하고자 추세 추종 전략을 조정한다. 시장 변동성에 대해 평균 회귀 트레이딩 전략을 조정할 때 사용한 것과 동일한 접근 방식을 사용한다.

시장 변동성에 맞게 조정된 추세 추종 전략의 주요 거래 논리는 다음과 같다. 먼저 매도 거래를 제어하는 거래 논리부터 시작하겠다.

```
# 이 부분은 거래를 하고자 트레이딩 파라미터/임계값과 포지션에 대한 트레이딩 시그널을 체크한다.
# 다음 조건을 만족하면 종가에 매도 거래를 수행한다.
# 1. APO 시그널 값이 매도 진입 임계값 아래이고, 마지막 거래 가격과 현재 가격의 차이가 충분히 다르다.
# 2. 롱(양) 포지션인데 APO 트레이딩 시그널 값이 0 이하이거나 현재 포지션이 고정시킬 만큼 충분히 큰 수익을
낸다.
if ((apo < APO_VALUE_FOR_SELL_ENTRY/stdev_factor and abs(close_price - last_sell_price)
> MIN_PRICE_MOVE_FROM_LAST_TRADE*stdev_factor) # APO가 매도 진입 임계값 이하이면 매도한다.
```

```
  or
  (position > 0 and (apo <= 0 or open_pnl >  MIN_PROFIT_TO_CLOSE/stdev_factor))): # 롱
포지션이고, APO가 양에서 음으로 변하거나 포지션이 이익이 나면 매도로 포지션을 청산한다.
  orders.append(-1) # 매도 거래를 표시
  last_sell_price = close_price
  position -= NUM_SHARES_PER_TRADE # 이 거래 크기만큼 포지션 감소
  sell_sum_price_qty += (close_price*NUM_SHARES_PER_TRADE) # vwap 매도 가격 업데이트
  sell_sum_qty += NUM_SHARES_PER_TRADE
  print( "Sell ", NUM_SHARES_PER_TRADE, " @ ", close_price, "Position: ", position )
```

이제 매수 거래를 취급하는 거래 논리 코드를 살펴보겠다.

```
# 다음 조건을 만족하면 종가에 매수 거래를 수행한다
# 1. APO 시그널 값이 매수 진입 임계값 위이고, 마지막 거래 가격과 현재 가격의 차이가 충분히 다르다.
# 2. 숏(음) 포지션인데 APO 트레이딩 시그널 값이 0 이상이거나 현재 포지션이 고정시킬 만큼 충분히 큰 수익을
낸다
elif ((apo > APO_VALUE_FOR_BUY_ENTRY/stdev_factor and abs(close_price - last_buy_price)
> MIN_PRICE_MOVE_FROM_LAST_TRADE*stdev_factor) # APO가 매수 진입 임계값 위이면 매수한다.
  or
  (position < 0 and (apo >= 0 or open_pnl > MIN_PROFIT_TO_CLOSE/stdev_factor))): # 숏
포지션이고 APO가 음에서 양으로 변하거나 포지션이 충분히 이익이 나면 매수를 통해 포지션을 청산한다.
  orders.append(+1) # 매수 거래를 표시한다.
  last_buy_price = close_price
  position += NUM_SHARES_PER_TRADE # 이 거래 크기만큼 포지션 증가
  buy_sum_price_qty += (close_price*NUM_SHARES_PER_TRADE) # vwap 매수 가격 업데이트
  buy_sum_qty += NUM_SHARES_PER_TRADE
  print( "Buy ", NUM_SHARES_PER_TRADE, " @ ", close_price, "Position: ", position )
else:
  # 어떤 매수 또는 매도 조건도 성립하지 않으므로 거래를 하지 않는다.
  orders.append(0
```

마지막으로 변동성 변동을 고려한 경우와 고려하지 않은 경우의 추세 추종 전략 성과를 비교해 보겠다.

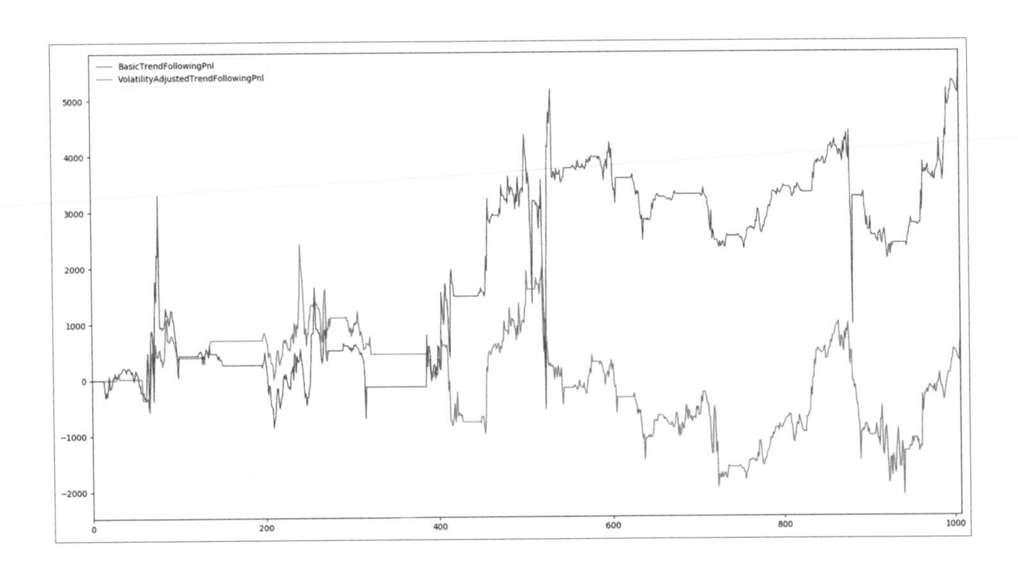

따라서 추세 추종 전략의 경우 동적 거래 임계값을 사용하면 전략 성과가 저하된다. 변동성 척도 적용을 조정해 정적 추세 추종에 비해 실제로 성과를 향상시키는 변형 방법이 있는지 알아볼 수 있다.

경제 이벤트 트레이딩 전략

여기서는 이전에 봤던 것과 다른 새로운 종류의 트레이딩 전략을 살펴볼 것이다. 기술적 지표를 사용하는 대신 경제 지표 발표를 조사하고, 다양한 경제 지표 발표를 사용해 거래 상품에 미치는 영향을 추정/예측하고, 그에 따라 거래할 수 있다. 먼저 경제 지표 발표가 무엇인지, 발표에 의해 자산 가격이 어떻게 영향을 받는지 살펴보겠다.

경제 지표 발표

경제 지표는 특정 국가 또는 지역 또는 자산 등급에 대한 경제 활동의 척도다. 이 지표는 여러 기관에 의해 측정, 연구, 발표된다. 이러한 기관 중 일부는 정부 기관이고, 일부는 민간 연구 기관이다. 이들 중 대부분은 경제 일정으로 알려진 일정에 따라 발표된다. 또한 과거 발표, 예상 발표, 실제 발표에 사용할 수 있는 수많은 데이터가 존재한다. 각 경제 지표는 서로 다른 경제 활동 척도를 포착한다. 일부는 주택 가격에 영향을 미칠 수 있고, 일부는 고용 정보를 보여 줄 수 있으며, 일부는 곡물, 옥수수 및 밀 상품에 영향을 미치고, 다른 일부는 귀금속 및 에너지 상품에 영향을 미친다. 예를 들어, 가장 잘 알려진 경제 지표인 미국 비농업 고용지수Nonfarm Payrolls in America는 미국 노동부에서 발표하는 월별 지표다(https://www.bls.gov/ces/). 이는 모든 비농업 산업에서 창출 된 새로운 일자리의 수를 나타낸다. 이 경제 발표는 거의 모든 자산 군에 큰 영향을 미친다. 또 다른 예로는 EIA 원유 비축 보고서EIA Crude Oil Stockpiles가 있다. 이 보고서는 에너지 정보 관리국이 발표한 주별 지표로 이용 가능한 원유 배럴 수의 변화를 측정한다. 이것은 에너지 제품, 석유, 가스 등에 대한 영향이 큰 발표이지만, 일반적으로 주식 및 금리와 같은 것에 직접적인 영향을 미치지는 않는다.

이제 경제 지표가 무엇인지, 무엇을 경제 발표가 포착하고, 의미하는지에 대한 직관적인 아이디어를 얻었으므로 중요한 미국 경제 발표의 짧은 리스트를 살펴보겠다. 여기서는 이 발표의 자세한 내용은 다루지 않겠지만, 독자는 여기에 언급된 경제 지표와 다른 경제 지표를 보다 자세히 살펴보기 바란다.

ADP 고용, API 원유, 무역 수지, 베이커 휴즈 석유 굴착 장치 수, 비즈니스 낙관론, 비즈니스 재고, 케이스-실러, CB 소비자 신뢰도, CB 선행 지수, 챌린저 해고자 지수, 시카고 PMI, 건설 지출, 소비자 신용, 소비자 인플레이션 기대, 내구재, EIA 원유, EIA 천연 가스, 엠파이어 스테이트 제조업 지수, 고용 비용 지수, 공장 주문, 연주 베이지북, 연방준비제도Fed 금리 결정, Fed 기자 회견, Fed 제조 지수, Fed 국가 활동, 연방공개시장위원회FOMC 경제 계획, FOMC 의사록, GDP, 주택 판매, 주택 시공, 주택 가격 지수, 수입 가격,

산업 생산, 인플레이션율, 공급관리협회ISM 제조, ISM 비제조, ISM 뉴욕 지수, 실업 청구, 구인 이직 보고서JOLT, Job Openings Rate and Labor Turnover Survey, 마킷 종합 구매자관리지수Markit Composite PMI, Markit 제조 PMI, 미시간 소비자 신뢰, 모기지 신청, NAHB 주택 시장 지수, 비농업 급여, 비농업 생산성, PCE, PPI, 개인 지출, 레드 북, 소매 판매, 총 자동차 판매, 세계곡물보고서(WASDE) 및 도매 재고

이 발표의 자세한 내용은 https://tradingeconomics.com/을 참고하기 바란다.

경제 지표 발표 포맷

무료 및 유료 경제 발표 캘린더가 많이 있는데 과거 발표 데이터를 위해 스크레이핑scraping 하거나 독점 API를 통해 접근할 수 있다. '경제 지표 발표 포맷' 절의 초점은 트레이딩에서 경제 발표 데이터를 활용하는 것이므로 과거 데이터에 접근하는 세부 사항은 생략하지만 매우 간단한다. 가장 일반적인 경제 발표 일정calendar은 다음과 같다.

날짜	시각	경제 지표	실제	이전	시장 평균예상 (컨센서스)	예상
2019-05-03	07:30 AM	4월 비농업 취업	263K	189K	185K	178K
2019-06-07	07:30 AM	5월 비농업 취업	75K	224K	185K	190K
2019-07-05	07:30 AM	6월 비농업 취업	224K	72K	160K	171K
2019-08-02	07:30 AM	7월 비농업 취업	164K	193K	164K	160K

앞에서 논의한 것처럼 발표 날짜와 시간은 미리 설정돼 있다. 대부분의 일정은 전년도 발표 또는 때로는 이전 달 발표를 제공한다. 컨센서스 추정치는 다수의 경제학자 또는 기업이 발표될 것으로 예상하는 것이다. 이것은 일반적으로 발표의 예상 가치로 취급되며, 이 기대에 크게 못 미치면 큰 가격 변동성을 초래할 것이다. 또한 많은 경제 일정은 예측 필드를 제공한다. 이 필드는 해당 경제 발표에 대한 경제 일정 공급자의 예상 값이다.

글을 쓰는 시점에서 https://tradingeconomics.com/, https://www.forexfactory.com/과 https://www.fxstreet.com/은 많은 무료 및 유료 경제 캘린더 제공 업체 중 일부다.

전자 경제 발표 서비스

경제 발표 및 가격 변동에 대한 분석을 살펴보기 전에 이해해야 할 마지막 개념 중 하나는 경제 발표를 트레이딩 전략에서 바로 사용할 수 있도록 전자적으로 트레이딩 서버에 바로 전달하는 방법이다. 지연 시간이 낮은 직접 회선을 통해 전자적으로 트레이딩 서버에 직접 경제 발표를 제공하는 서비스 제공 업체가 많이 있다. 대부분의 공급자는 대부분의 주요 경제 지표를 다루며, 일반적으로 기계 구문 분석 가능 피드로 트레이딩 전략에 발표를 제공한다. 이 발표는 공식 발표 후 몇 마이크로초에서 몇 밀리초까지 어느 곳에 있어도 트레이딩 서버에 도달할 수 있다. 오늘날 많은 알고리즘 트레이딩 시장 참여자들이 거래 실적을 향상시키고자 대체 데이터 제공자와 같은 전자 경제 발표 제공자를 사용하는 것이 일반적이다.

트레이딩과 경제 지표 발표

이제 경제 지표가 무엇인지, 경제 발표가 어떻게 스케줄되는지, 그리고 트레이딩 서버에 전자적으로 직접 전달할 수 있는 방법을 잘 파악했으므로 경제 지표 발표에서 얻을 수 있는 우수한 트레이딩 전략을 살펴보겠다. 알고리즘 트레이딩에서 경제 지표 발표를 사용하는 몇 가지 방법이 있지만, 가장 일반적이고 가장 직관적인 접근 방식을 모색할 것이다. 예상 경제 지표 가치와 이전에 봤던 형식과 유사한 실제 발표의 히스토리를 고려할 때 예상값과 실제 값의 차이를 다음 가격 변동과 연관시킬 수 있다. 일반적으로 두 가지 접근 방식이 있다. 예상 및 실제 경제 지표 발표에서 큰 오차에 대해 예상보다 적은 가격 변동을 이용한다. 이 전략은 추세를 따르는 트레이딩 전략과 유사하게 가격이 더 나아갈 것이며, 그러할 때 이익이 있다면 이익을 포착하려고 한다는 견해를 가진다.

다른 접근 방식은 반대의 것으로, 가격 변동에 대한 과잉 반응을 감지하고 반대 방향으로 베팅한다. 즉 평균 회귀 전략과 유사하게 가격이 이전 가격 수준으로 돌아간다. 실제로 이 접근 방식은 3장, '기초 머신러닝을 통한 시장 예측'에서 살펴본 분류 방법을 사용해 개선되는 경우가 많다. 분류 방법을 사용하면 각 발표에 대해 여러 가능한 값 경계를 갖는 것 외에도 동시에 발생하는 여러 경제 발표를 결합하는 프로세스를 개선해 더 세분화되고 더 좋은 임계값을 제공할 수 있다. 예제를 보여 주는 것이 목적이므로 여기서는 경제 발표 트레이딩 전략에 분류 방법을 적용하는 복잡성을 다루지 않을 것이다.

2개의 비농업 고용지수Non Farm Payroll 발표를 살펴보고, S&P 선물에 미치는 영향을 살펴본다. 여기에는 자유롭게 사용할 수 없는 틱tick 데이터가 필요하기 때문에 실제 분석 코드를 생략하지만, 분석을 개념화하고 이를 다른 데이터셋에 적용하는 방법을 이해하는 것은 쉬울 것이다.

	A	B	C	D	E	F	G
1	날짜	시간(중부표준시)	실제	컨센서스	오차	매수 호가 변화	매도 호가 변화
2	2019-03-08	7:30:00	25000	170000	-145000	-17	-16
3	2019-06-07	7:30:00	90000	175000	-85000	-11	-11
4	2018-10-05	7:30:00	121000	180000	-59000	18	18
5	2018-12-07	7:30:00	161000	200000	-39000	15	16
6	2018-08-03	7:30:00	170000	189000	-19000	-1	-1
7	2019-08-02	7:30:00	148000	160000	-12000	-8	-8
8	2019-04-05	7:30:00	182000	170000	12000	22	23
9	2018-07-06	7:30:00	202000	190000	12000	12	12
10	2018-09-07	7:30:00	204000	190000	14000	1	1
11	2019-07-05	7:30:00	191000	153000	38000	-3	-2
12	2019-05-03	7:30:00	236000	180000	56000	10	10
13	2018-11-02	7:30:00	246000	183000	63000	11	11
14	2019-01-04	7:30:00	301000	175000	126000	-6	-6
15	2019-02-01	7:30:00	296000	170000	126000	23	23

경제 가격 변동이 경제 지표 발표 오차miss에 어떻게 반응하는지 쉽게 시각화하고자 산점도를 신속하게 결합해 본다.

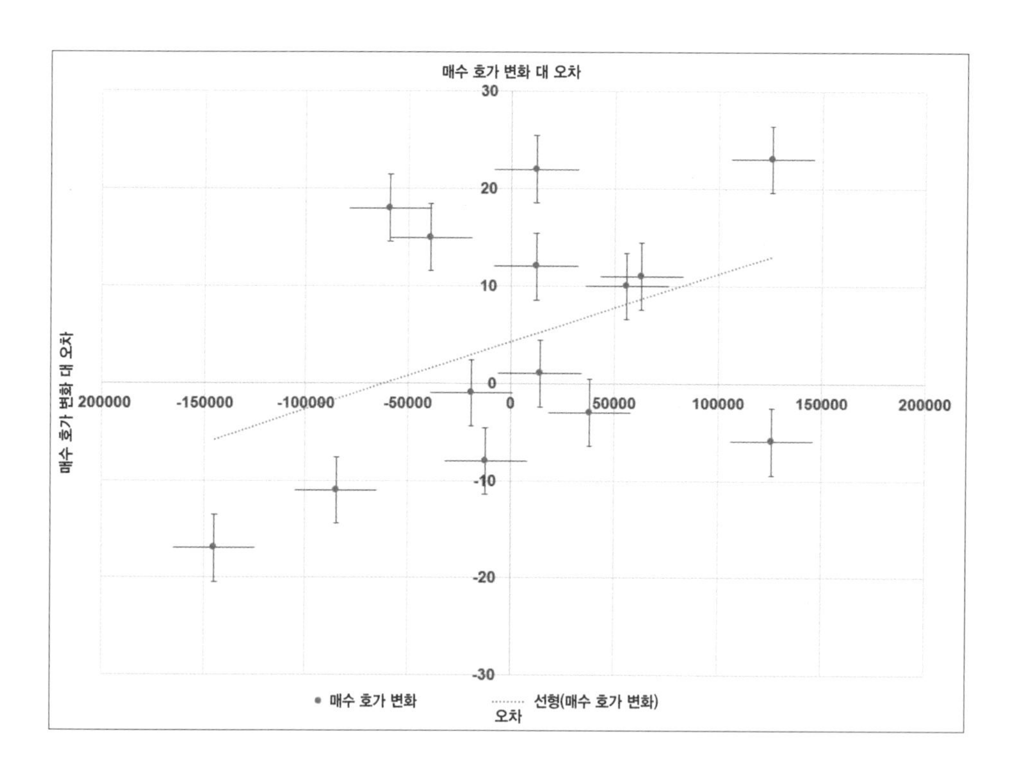

보다시피 긍정적인 미스(실제 지표 값이 컨센서스 지표 값보다 높음)로 인해 가격이 상승한다. 반대로 부정적인 미스(실제 지표 값이 컨센서스 지표 값보다 낮음)로 인해 가격이 하락한다. 일반적으로 비농업 신규 고용수가 높을수록 경제가 건강하다는 점을 의미하는 것으로 간주돼 주요 주식을 추적하는 S&P의 가치가 상승한다. 관찰해야 할 또 다른 흥미로운 점은 일반적으로 미스가 클수록 가격 변동이 크다는 것이다. 따라서 이 간단한 분석을 통해 두 가지 미지수unkownn에 대한 반응을 예상했다. 두 가지 미지수는 미스로 인한 가격 이동 방향과 미스 크기의 함수로 가격 이동의 크기다. 이 정보를 사용하는 방법을 살펴보겠다.

앞에서 논의했듯이 접근 방식 중 하나는 미스 가치와 추세 추종 접근 방식을 사용하는 연구를 사용해 큰 긍정적인 미스에 매수하고, 큰 부정적 미스에 매도하는 것이다. 그런 다음 예상 가격 변동이 실현되면 이 전략은 매수 또는 매도 포지션을 청산한다. 이 전략은 가격 변동과 규모가 연구와 일치할 때 효과적이다. 또 다른 중요한 고려 사항은 발표와 가격 변동 시점 사이의 지연 시간이다. 전략은 다른 모든 참가자가 정보를 사용할 수 있어서 가격 움직임이 완료되기 전에 포지션을 시작할 수 있도록 충분히 빨라야 한다.

다른 접근법은 미스 가치와 가격 변동에 대한 과잉 반응을 감지하는 연구를 사용해 반대 포지션을 취하는 것이다. 긍정적인 미스의 경우 가격이 하락하면 이 움직임이 실수이거나 과잉 반응이라는 견해를 갖고 연구 결과에 따라 가격이 상승할 것이라는 기대로 롱 포지션을 시작할 수 있다. 다른 종류의 과잉 반응은 연구가 가리키는 대로 긍정적인 미스로 인해 가격이 상승하지만, 움직임의 규모가 연구가 나타내는 것보다 훨씬 큰 경우다. 이 경우 전략은 가격이 예상을 크게 벗어날 때까지 기다린 다음 숏 포지션을 시작하는데, 과잉 반응이 중단되고 가격이 약간 되돌아오면 이익을 얻을 수 있다고 예상할 수 있다. 추세 추종 접근법에 비해 경제 발표에 대한 평균 회귀 트레이딩 접근법의 이점은 후자가 경제 지표 발표와 트레이딩 전략이 포지션을 시작해야 하는 시간 윈도우 사이의 지연 시간에 덜 민감하다는 것이다.

통계적 차익 거래의 이해와 구현

통계적 차익 거래 StatArb, Statistical Arbitrage 전략은 1980년대에 처음으로 대중화돼 많은 회사에서 두 자릿수 수익을 제공했다. 많은 상관관계를 갖는 상품에서 단기 가격 변동 사이의 관계를 포착하려는 전략 클래스다. 과거 연구에서 통계적으로 유의한 것으로 밝혀진 관계를 사용해 많은 상관관계가 있는 상품 그룹의 가격 변동에 따라 거래되는 상품을 예측한다.

StatArb 기초

통계 차익 거래 또는 StatArb는 4장, '인간의 직관에 의한 고전적 트레이딩 전략'에서 살펴본 동일 선형 상관관계 상품에서 상쇄 포지션을 취하는 페어 트레이딩과 비슷하다. 그러나 여기서의 차이점은 StatArb 트레이딩 전략에는 선물 상품, 주식, 옵션 또는 통화 등 수백 가지 거래 상품의 바스켓 또는 포트폴리오를 가진다는 점이다. 또한 StatArb 전략에는 평균 회귀 및 추세 추종 전략이 혼합돼 있다. 한 가지 경우로 거래되는 상품의 가격 편차가 상품 포트폴리오의 가격 편차와의 예상 관계에 기초한 예상 가격 편차보다 작을 수 있다. 이 경우 StatArb 전략은 거래 상품의 가격이 포트폴리오를 따라잡을 것이라는 기대로 스스로를 포지션시킨다는 점에서 추세 추종 전략과 유사하다.

다른 경우로는 거래되는 상품의 가격 편차가 상품 포트폴리오의 가격 편차와의 예상 관계를 기반으로 예상 가격 편차보다 큰 경우다. 여기서 StatArb 전략은 거래 상품의 가격이 포트폴리오로 다시 돌아올 것이라는 기대에 스스로를 배치한다는 점에서 평균 회귀 전략과 유사하다. StatArb 트레이딩 전략의 가장 널리 사용되는 애플리케이션은 평균 회귀 전략에 더 의존한다. StatArb 전략은 HFT로 간주될 수 있지만, 전략 포지션이 몇 밀리초 또는 몇 초 이상 지속되는 경우 중간 빈도일 수도 있다.

StatArb 리드-래그

또 다른 중요한 고려 사항은 이 전략은 시장 참여자들의 반응 관점에서 내재적으로 포트폴리오가 선도하고lead, 트레이딩 상품은 뒤처져 있다lagging고 예상하는 것이다. 예를 들어, 거래하려는 거래 상품이 실제로 포트폴리오의 가격 움직임을 주도하는 경우 이것은 맞지 않는다. 거래 상품 가격이 포트폴리오를 따라잡는 대신 포트폴리오 가격이 거래 상품을 따라잡아야 하므로 이 전략은 제대로 수행되지 않는다. 이것이 StatArb의 리드-래그lead-lag 개념이다. 수익성을 유지하고자 주로 뒤처져 있는 거래 상품을 찾고, 대부분의 경우 선도하는 상품 포트폴리오를 구축해야 한다.

많은 경우에 이것이 드러나는 방식은 일부 시장 시간 동안, 일부 상품은 다른 상품을 이끌고 다른 시장 시간 동안 그 관계는 역전된다는 것이다. 예를 들어, 직관적으로 아시아 시장 시간 동안 싱가포르, 인도, 홍콩, 일본과 같은 아시아 전자 거래소에서 거래되는 거래 상품이 글로벌 자산의 주가 변동을 선도하는 것을 이해할 수 있다. 유럽 시장 시간 동안 독일,

런던, 기타 유럽 국가에서 거래되는 거래 상품은 전 세계 자산에서 가격 변동을 주도한다. 마지막으로 미국 시장 시간 동안 미국의 거래 상품이 가격 움직임을 선도한다. 따라서 이상적인 접근 방식은 포트폴리오를 구성하고, 다른 트레이딩 세션에서 상품 간의 리드-래그 관계를 다르게 설정하는 것이다.

포트폴리오 구성과 관계 조정

일관되게 잘 수행되는 StatArb 전략을 구축하는 또 다른 중요한 요소는 변화하는 포트폴리오 구성 및 다양한 거래 상품 간의 관계에 적응하도록 시스템을 이해하고 구축하는 것이다. StatArb 트레이딩 전략의 단점은 주로 다수의 거래 상품 간의 단기 관계에 의존하는 것이다. 포트폴리오를 구성하는 모든 다른 상품의 가격 변동 간의 관계 변경을 이해하고 적응하기가 어렵다. 포트폴리오 비중 자체는 시간이 지남에 따라 변화된다. 차원 축소 기법의 통계 도구인 주성분 분석PCA, Principal Component Analysis을 사용해 시간이 지남에 따라 변화하는 포트폴리오 비중과 중요성을 구축, 조정, 모니터링할 수 있다.

다른 중요한 문제는 거래 상품과 주도 상품 간의 관계, 거래 상품과 주요도 상품 포트폴리오 간의 관계를 다루는 것이다. 때때로 국지적 변동성 및 국가 특수 경제 상황으로 인해 StatArb의 수익성을 향상시키는 데 필요한 기본 관계가 무너진다. 예를 들어, 브라질의 정치 또는 경제 상황이 영향을 미치기 시작하면서 브라질의 실제 통화 가격 변동이 더 이상 전 세계 주요 통화에 의해 주도되지 않는다. 마찬가지로 브렉시트Brexit로 인한 영국의 국지적 경제 침체 기간 동안, 또는 중국과의 무역 전쟁으로 인한 미국의 국지적 경제 침제 동안, 이들 포트폴리오 관계와 리드-래그 관계는 역사적 기대치에서 벗어나 StatArb 트레이딩 전략의 수익성을 떨어뜨린다. 이러한 조건을 처리하려면 StatArb 기법을 뛰어넘는 훨씬 더 많은 통계적 전문성과 정교함이 필요할 수 있다.

StatArb 인프라 비용

StatArb 거래에서 마지막으로 고려해야 할 사항은 StatArb 트레이딩 전략을 비즈니스로 성공시키려면 많은 전자 거래 거래소에 연결해 다른 국가/대륙/시장에 걸친 여러 거래소에서 시장 데이터를 얻는 것이 매우 중요하다. 많은 거래소에 코로케이트co-locate하는 것은 인프라 비용 관점에서 매우 비싸다. 다른 문제는 가능한 한 많은 거래소에 연결해야 할 뿐만 아니라 이들 많은 거래소가 다른 시장 데이터 피드 및 주문 게이트웨이 통신 형식을 사용하기 때문에 시장 데이터를 수신, 디코딩, 저장하고 주문을 보내려면 많은 소프트웨어 개발 투자가 이뤄져야 한다는 것이다.

마지막으로 고려해야 할 사항은 StatArb 전략이 모든 거래소에서 시장 데이터를 수신해야 하기 때문에 이제는 모든 장소에서 다른 모든 장소의 물리적 데이터 링크가 필요하다는 것이며, 모든 거래소가 더해진다면 지수적으로 비싸게 될 것이다. 훨씬 더 비싼 마이크로웨이브 서비스를 사용해 트레이딩 박스에 데이터를 더 빨리 전달하는 것을 고려한다면 이는 더욱 악화된다. 요약하자면 StatArb 트레이딩 전략은 알고리즘 트레이딩 비지니스를 운영할 때 인프라 관점에서 다른 트레이딩 전략보다 훨씬 비쌀 수 있다.

파이썬 StatArb 트레이딩 전략

이제 StatArb 트레이딩 전략과 관련된 원칙과 StatArb 트레이딩 전략을 활용해 알고리즘 트레이딩 사업을 구축하고 운영할 때 고려해야 할 몇 가지 사항을 잘 이해했으므로 현실적인 트레이딩 전략 구현을 살펴보고 그 동작과 성능을 설명하겠다. 실제로 고주파로 운영되는 현대의 알고리즘 트레이딩 사업은 일반적으로 C++과 같은 저수준 프로그래밍 언어를 사용한다.

StatArb 데이터셋

먼저 StatArb 트레이딩 전략을 구현하는 데 필요한 데이터셋을 가져오겠다. 'StatArb 데이터셋' 절에서는 전 세계에서 다음 주요 통화를 사용한다.

- **호주 달러 대 미국 달러(AUD/USD)**
- **영국 파운드 대 미국 달러(GBP/USD)**
- **캐나다 달러 대 미국 달러(CAD/USD)**
- **스위스 프랑 대 미국 달러(CHF/USD)**
- **유로 대 미국 달러(EUR/USD)**
- **일본 엔 대 미국 달러(JPY/USD)**
- **뉴질랜드 키위 대 미국 달러(NZD/USD)**

이 StatArb 트레이딩 전략을 구현하고자 다른 통화 쌍과의 관계를 사용해 CAD/USD를 거래하고자 한다.

1. 이 통화 쌍에 대해 4년 분량의 데이터를 가져와서 데이터 프레임을 설정한다.

```
import pandas as pd
from pandas_datareader import data

# 7개의 주요 통화쌍에 대해 4년간 일간 데이터를 가져온다.
TRADING_INSTRUMENT = 'CADUSD=X'
SYMBOLS = ['AUDUSD=X', 'GBPUSD=X', 'CADUSD=X', 'CHFUSD=X', 'EURUSD=X',
'JPYUSD=X', 'NZDUSD=X']
START_DATE = '2014-01-01' END_DATE = '2018-01-01'

# 각 통화에 대한 DataSeries
symbols_data = {}
for symbol in SYMBOLS:
  SRC_DATA_FILENAME = symbol + '_data.pkl'
  try:
    data = pd.read_pickle(SRC_DATA_FILENAME)
  except FileNotFoundError:
```

```
    data = data.DataReader(symbol, 'yahoo', START_DATE, END_DATE)
    data.to_pickle(SRC_DATA_FILENAME)

  symbols_data[symbol] = data
```

2. 데이터셋 기간 동안 각 통화 쌍의 가격을 신속하게 시각화하고 관찰한 내용을 살펴본다. 시각화 스케일링 목적으로 JPY/USD 쌍을 `100.0`으로 스케일한다.

```
# 통화 쌍 간의 관계를 검사하고자 통화 가격을 시각화한다.
import matplotlib.pyplot as plt
import numpy as np
from itertools import cycle

cycol = cycle('bgrcmky')

price_data = pd.DataFrame()
for symbol in SYMBOLS:
  multiplier = 1.0

  if symbol == 'JPYUSD=X':
    multiplier = 100.0

  label = symbol + ' ClosePrice'
  price_data =
price_data.assign(label=pd.Series(symbols_data[symbol]['Close'] * multiplier,
index=symbols_data[symbol].index))
  ax = price_data['label'].plot(color=next(cycol), lw=2., label=label)
plt.xlabel('Date', fontsize=18)
plt.ylabel('Scaled Price', fontsize=18)
plt.legend(prop={'size': 18})
plt.show()
```

코드는 다음 출력을 반환한다. 그래프를 보자.

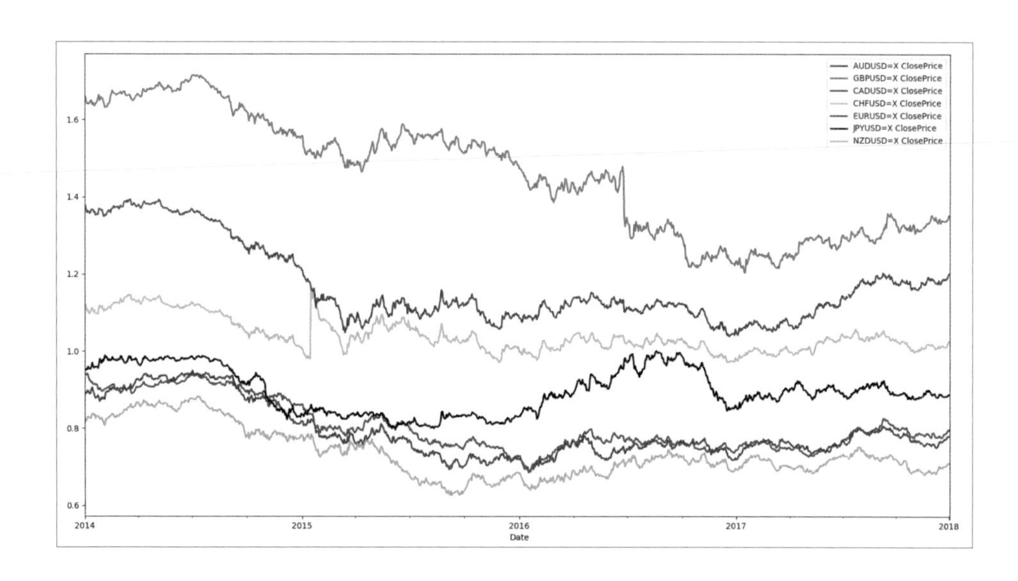

예상하고 관찰할 수 있듯이 통화 쌍의 가격 변동은 다양한 정도로 서로 비슷하다. CAD/USD, AUD/USD, NZD/USD는 상관관계가 가장 높은 것으로 보이며, CHF/USD, JPY/USD, CAD/USD와 상관관계가 가장 낮다. 이 전략의 목적상 거래 모델에서 모든 통화를 사용할 것이다. 왜냐하면 이러한 관계는 미리 알 수 없기 때문이다.

StatArb 시그널 파라미터 정의

이제 이동 평균, 이동 평균과의 가격 편차, 가격 편차 히스토리, 상관관계를 계산하고 추적하는 변수를 정의하는 데 필요한 일부 파라미터를 정의하고 계량화한다.

```
import statistics as stats

# 단순이동평균과 단순이동평균으로부터의 가격 편차를 계산하는 데 사용하는 상수/변수
SMA_NUM_PERIODS = 20 # 룩백 기간
price_history = {} # 가격 히스토리

PRICE_DEV_NUM_PRICES = 200 # SMA로부터의 종가 편차를 수집하는 룩백 기간
price_deviation_from_sma = {} # SMA로부터의 종가 편차의 히스트리
```

```
# 다음을 사용해 수집한 모든 일자의 데이터에 대해 반복 시행한다.
num_days = len(symbols_data[TRADING_INSTRUMENT].index)
correlation_history = {} # 통화 쌍 간의 상관관계 히스토리
delta_projected_actual_history = {} # 예측된 종가 편차와 실제 종가 편차와의 차이의 히스토리

final_delta_projected_history = [] # 거래 상품(TRADING_INSTRUMENT)에 대한 최종 예측 종가 편차
와 실제 종가 편차와의 차이의 히스토리
```

StatArb 트레이딩 파라미터 정의

이제 주요 전략 루프에 들어가기 전에 몇 가지 최종 변수와 임계값을 정의하고 StatArb 트레이딩 전략을 구축한다.

```
# 전략 트레이드, 포지션과 손익(pnl) 관리를 위한 변수:
orders = [] # 매수/매도 주문을 추적하는 변수로 매수 주문은 +1, 매도 주문은 -1, 주문이 없으면 0이다.
positions = [] # 포지션을 추적하는 변수로 롱 포지션은 양, 숏 포지션을 음, 포지션이 청산되거나 없으면 0
이다.
pnls = [] # 총 손익을 추적하는 변수로 이는 결제 포지션(즉 고정된 손익)과 미체결 포지션(즉 시장 가격으로
평가되는 미결제 포지션 손익)의 합이다.

last_buy_price = 0 # 마지막 매수 거래가 수행된 가격으로, 같은 가격이나 그 주변 가격에서의 과다 거래를
막는 데 사용된다.
last_sell_price = 0 # 마지막 매도 거래가 수행된 가격으로, 같은 가격이나 그 주변 가격에서의 과다 거래를
막는 데 사용된다.
position = 0 # 트레이딩 전략의 현재 포지션
buy_sum_price_qty = 0 # 마지막으로 포지션이 청산된 후 수행된 모든 매수 거래에 대한 매수 거래 가격과 매
수 거래량의 곱의 합
buy_sum_qty = 0 # 마지막으로 포지션이 청산된 후 수행된 모든 매수 거래에 대한 매수 거래량의 합
sell_sum_price_qty = 0 # 마지막으로 포지션이 청산된 후 수행된 모든 매도 거래에 대한 매도 거래 가격과
매도 거래량의 곱의 합
sell_sum_qty = 0 # 마지막으로 포지션이 청산된 후 수행된 모든 매도 거래에 대한 매도 거래량의 합
open_pnl = 0 # 시장 가격으로 평가된 미체결/미실현 손익
closed_pnl = 0 # 이제까지 청산/실현 손익

# 전략 행태/임계값을 정의하는 상수
StatArb_VALUE_FOR_BUY_ENTRY = 0.01 # 그 위로 매수 주문/롱 포지션을 진입하는 StatArb 트레이딩 시그
널 값
```

```
StatArb_VALUE_FOR_SELL_ENTRY = -0.01 # 그 위로 매도 주문/숏 포지션을 진입하는 StatArb 트레이딩 시그널 값
MIN_PRICE_MOVE_FROM_LAST_TRADE = 0.01 # 트레이딩을 재개하기 위한 마지막 거래로부터의 최소 가격 변화. 이는 같은 가격 또는 주변의 가격에서의 과다 거래를 방지하기 위한 것이다.
NUM_SHARES_PER_TRADE = 1000000 # 모든 거래에 대해 매수/매도하는 통화 수
MIN_PROFIT_TO_CLOSE = 10 # 포지션을 청산하고 이익을 고정하기 위한 최소 미결제/미실현 이익
```

StatArb 트레이딩 시그널 계량화와 계산

1. 먼저 SimpleMovingAverages의 계산과 롤링 SMA의 가격 편차부터 시작하는데, 하루에 한 번에 이용할 수 있는 가격을 살펴보고, 어떤 계산을 수행해야 하는지 확인한다.

```
for i in range(0, num_days):
  close_prices = {}

# 종가 시리즈를 구축하고, 각 종목(심벌)에 대한 SMA와 각 종목의 SMA로부터의 가격 편차를 계산한다.
for symbol in SYMBOLS:
  close_prices[symbol] = symbols_data[symbol]['Close'].iloc[i]
  if not symbol in price_history.keys():
    price_history[symbol] = []
    price_deviation_from_sma[symbol] = []

  price_history[symbol].append(close_prices[symbol])
  if len(price_history[symbol]) > SMA_NUM_PERIODS: # 적어도 SMA_NUM_PERIODS 수만큼의 가격을 추적한다.
    del (price_history[symbol][0])

  sma = stats.mean(price_history[symbol]) # 롤링 단순이동평균
  price_deviation_from_sma[symbol].append(close_prices[symbol] - sma) # 평균으로부터 가격 편차
  if len(price_deviation_from_sma[symbol]) > PRICE_DEV_NUM_PRICES:
    del (price_deviation_from_sma[symbol][0])
```

2. 다음으로 CAD/USD 통화 쌍 가격 편차와 다른 통화 쌍 가격 편차 간의 관계를 계산해야 한다. 1번에서 계산한 SMA의 일련의 가격 편차 시계열 간의 공분산과 상관관계를 사용한다. 동일한 루프에서 다른 모든 리드 통화 쌍에 의해 예상되는 CAD/USD 가격 편차를 계산하고, 예상 가격 편차와 실제 가격 편차의 차이를 확인한다. 거래에 사용할 최종 델타 값을 얻는 데 예상 가격 편차와 실제 가격 편차 사이의 이들 개별 델타가 필요하다.

   먼저 correlation_history와 delta_projected_actual_history 딕셔너리를 채우는 코드 블록을 살펴본다.

```
# 이제 거래 수단과 모든 다른 선도 심벌과의 공분산과 상관계수를 계산한다.
# 또한 예측된 가격 편차를 계산하고, 예측과 실제 가격 편차 간의 델타를 발견한다.
projected_dev_from_sma_using = {}
for symbol in SYMBOLS:
  if symbol == TRADING_INSTRUMENT: # 거래 수단과 그 자체의 관계를 찾을 필요 없다.
    continue

  correlation_label = TRADING_INSTRUMENT + '<-' + symbol
  if correlation_label not in correlation_history.keys(): # 히스토리 딕셔너리 내의
이 쌍에 대한 첫 번째 원소
    correlation_history[correlation_label] = []
    delta_projected_actual_history[correlation_label] = []

  if len(price_deviation_from_sma[symbol]) < 2: # 공분산/상관계수를 계산하는 데 적어
도 2개의 관찰값이 필요하다.
    correlation_history[correlation_label].append(0)
    delta_projected_actual_history[correlation_label].append(0)
    continue
```

이제 통화 쌍 간의 상관 및 공분산을 계산하는 코드 블록을 살펴본다.

```
  corr =
np.corrcoef(price_deviation_from_sma[TRADING_INSTRUMENT],
price_deviation_from_sma[symbol])
  cov = np.cov(price_deviation_from_sma[TRADING_INSTRUMENT], price_deviation_
from_sma[symbol])
```

```
  corr_trading_instrument_lead_instrument = corr[0, 1] # 2 시리즈 간의 상관계수를 
구한다.
  cov_trading_instrument_lead_instrument = cov[0, 0] / cov[0, 1] # 2 시리즈 간의 
공분산을 구한다.

correlation_history[correlation_label].append(corr_trading_instrume nt_lead_
instrument)
```

마지막으로 예상 가격 변동을 계산하고, 이를 사용해 예상 변동과 실제 변동의 차이를 찾아 통화 쌍당 delta_projected_actual_history 리스트에 저장하는 코드 블록을 살펴본다.

```
  # 예측된 거래 수단의 가격 편차는 공분산 * 선도 심벌의 가격 편차다.
  projected_dev_from_sma_using[symbol] = price_deviation_from_sma[symbol][-1] 
* cov_trading_instrument_lead_instrument

  # 델타가 양이면 시그널은 거래 수단 가격이 오른 것보다 더 오르는 것을 제시한다.
  # 델타가 음이면 시그널은 거래 수단 가격이 내린 것보다 더 하락할 것을 제시한다.
  delta_projected_actual = (projected_dev_from_sma_using[symbol] 
- price_deviation_from_sma[TRADING_INSTRUMENT][-1])
delta_projected_actual_history[correlation_label].append(delta_proj ected_
actual)
```

3. CAD/USD의 예상과 실제 가격 편차 사이의 개별 델타를 결합해 다른 모든 통화 쌍의 예측 조합인 CAD/USD에 대한 하나의 최종 StatArb 시그널 값을 얻는다. 서로 다른 예측을 결합하고자 CAD/USD와 다른 통화 쌍 사이의 상관관계 크기를 사용해 다른 쌍에 의해 예측된 CAD/USD의 예상 및 실제 가격 편차 사이의 델타를 측정한다. 마지막으로 각각의 개별 가중치(상관의 크기)의 합에 의해 최종 델타 값을 정규화할 것이며, 이것을 트레이딩 전략을 구축하기 위한 최종 시그널로 사용할 것이다.

```
# 각 쌍으로부터의 가중치 예측, 가중치는 이들 쌍의 상관계수다.
sum_weights = 0 # 가중치의 합은 각 심벌의 거래 수단과의 상관관계의 합이다.
for symbol in SYMBOLS:
```

```
  if symbol == TRADING_INSTRUMENT: # 거래 수단과 자신과의 관계는 필요 없다.
    continue

  correlation_label = TRADING_INSTRUMENT + '<-' + symbol
  sum_weights += abs(correlation_history[correlation_label][-1])

final_delta_projected = 0 # 다른 모든 심벌로부터의 예측을 가중 평균한 거래 수단의 마지막
가격 편차 예측을 보유한다.
close_price = close_prices[TRADING_INSTRUMENT]
for symbol in SYMBOLS:
  if symbol == TRADING_INSTRUMENT: # 거래 수단과 자신과의 관계는 필요 없다.
    continue

  correlation_label = TRADING_INSTRUMENT + '<-' + symbol

# 상관계수로 심벌의 가중치를 예측한다.
final_delta_projected += (abs(correlation_history[correlation_label][-1]) *
delta_projected_actual_history[correlation_label][-1])

# 모든 쌍에 대한 가중 합으로 나눠 정규화한다.
if sum_weights != 0:
  final_delta_projected /= sum_weights
else:
  final_delta_projected = 0

final_delta_projected_history.append(final_delta_projected)
```

StatArb 실행 논리

이제 다음 단계를 사용해 StatArb 시그널을 분석해 보겠다.

1. 이제 방금 계산한 StatArb 시그널을 사용해 이전에 살펴본 추세 추종 전략과 비슷한 전략을 구축할 수 있다. 먼저 매도 거래를 제어하는 트레이딩 로직을 살펴본다.

```
if ((final_delta_projected < StatArb_VALUE_FOR_SELL_ENTRY and
abs(close_price - last_sell_price) > MIN_PRICE_MOVE_FROM_LAST_TRADE) # StatArb
```

```
가 매도 진입 임계값 위이면 매도한다.
    or
    (position > 0 and (open_pnl > MIN_PROFIT_TO_CLOSE))): # 롱 포지션이고,
StatArb이 음에서 양으로 변하거나 포지션이 이익이 나면 매도해서 포지션을 청산한다.
  orders.append(-1) # 거래를 표시한다.
  last_sell_price = close_price
  position -= NUM_SHARES_PER_TRADE # 이 거래 크기만큼 포지션을 줄인다.
  sell_sum_price_qty += (close_price * NUM_SHARES_PER_TRADE) # vwap 매도 가격을
업데이트한다.
  sell_sum_qty += NUM_SHARES_PER_TRADE
  print("Sell ", NUM_SHARES_PER_TRADE, " @ ", close_price, "Position: ",
position)
  print("OpenPnL: ", open_pnl, " ClosedPnL: ", closed_pnl, "TotalPnL: ", (open_
pnl + closed_pnl))
```

2. 이제 매수 거래 논리를 살펴본다. 이는 매도 거래 논리와 매우 비슷하다.

```
elif ((final_delta_projected > StatArb_VALUE_FOR_BUY_ENTRY and abs(close_price
- last_buy_price) > MIN_PRICE_MOVE_FROM_LAST_TRADE) # StatArb가 매수 진입 임계값
아래이면 매수한다.
    or
    (position < 0 and (open_pnl > MIN_PROFIT_TO_CLOSE))): # 숏 포지션이고,
StatArb이 양에서 음으로 변하거나 포지션이 이익이 나면 매수를 해서 포지션을 청산한다.
  orders.append(+1) # 거래를 표시한다.
  last_buy_price = close_price
  position += NUM_SHARES_PER_TRADE # 이 거래 크기만큼 포지션을 증가한다.
  buy_sum_price_qty += (close_price * NUM_SHARES_PER_TRADE) # update the vwap
buy-price
  buy_sum_qty += NUM_SHARES_PER_TRADE
  print("Buy ", NUM_SHARES_PER_TRADE, " @ ", close_price, "Position: ",
position)
  print("OpenPnL: ", open_pnl, " ClosedPnL: ", closed_pnl, "TotalPnL: ", (open_
pnl + closed_pnl))
else:
 # 매수 또는 매도를 위한 조건이 만족하지 않으므로 거래를 하지 않는다.
  orders.append(0)
positions.append(position)
```

3. 마지막으로 이전의 트레이딩 전략과 매우 비슷한 포지션 관리 및 PnL 업데이트 로직을 살펴보자.

```
# 이 부분은 미결제/미실현과 결제/실현 포지션을 업데이트한다.
open_pnl = 0
if position > 0:
  if sell_sum_qty > 0: # 롱 포지션과 이에 대한 매도 포지션을 수행하면 롱 포지션에 대해 얼마
나 매도했는가를 기반으로 그만큼 청산한다.
    open_pnl = abs(sell_sum_qty) * (sell_sum_price_qty / sell_sum_qty - buy_
sum_price_qty / buy_sum_qty)
  # 나머지 포지션을 시장 가격으로 평가한다. 즉 현재 가격으로 청산하면 얻었을 손익을 표시한다.
  open_pnl += abs(sell_sum_qty - position) * (close_price - buy_sum_price_qty
/ buy_sum_qty)
elif position < 0:
  if buy_sum_qty > 0: # 숏 포지션과 이에 대한 매수 포지션을 수행하면 숏 포지션에 대해 얼마
나 매수했는가를 기반으로 그만큼 청산한다.
    open_pnl = abs(buy_sum_qty) * (sell_sum_price_qty / sell_sum_qty - buy_
sum_price_qty / buy_sum_qty)
  # 나머지 포지션을 시장 가격으로 평가한다. 즉 현재 가격으로 청산하면 얻었을 손익을 표시한다.
  open_pnl += abs(buy_sum_qty - position) * (sell_sum_price_qty / sell_sum_qty
- close_price)
else:
  # 포지션이 청산됐으면 청산된 손익을 업데이트하고, 포지션과 손익을 추적하는 변수를 재설정한다.
  closed_pnl += (sell_sum_price_qty - buy_sum_price_qty)
  buy_sum_price_qty = 0
  buy_sum_qty = 0
  sell_sum_price_qty = 0
  sell_sum_qty = 0
  last_buy_price = 0
  last_sell_price = 0

pnls.append(closed_pnl + open_pnl)
```

StatArb 시그널 및 전략 성능 분석

이제 다음 단계를 사용해 StatArb 시그널을 분석해 보겠다.

1. CAD/USD와 다른 통화 쌍 사이의 상관관계가 시간이 지나면서 변화함에 따라 이 트레이딩 전략의 시그널에 대한 몇 가지 세부 사항을 시각화해 보겠다.

```
# 거래 수단과 다른 통화 쌍과의 상관계수를 그린다.
correlation_data = pd.DataFrame()
for symbol in SYMBOLS:
  if symbol == TRADING_INSTRUMENT:
    continue

  correlation_label = TRADING_INSTRUMENT + '<-' + symbol correlation_data =
  correlation_data.assign(label=pd.Series(correlation_history[correla tion_
label], index=symbols_data[symbol].index))
  ax = correlation_data['label'].plot(color=next(cycol), lw=2.,
label='Correlation ' + correlation_label)

for i in np.arange(-1, 1, 0.25):
  plt.axhline(y=i, lw=0.5, color='k')
plt.legend()
plt.show()
```

이 그래프는 이 트레이딩 전략 과정에서 변화하는 CADUSD와 다른 통화 쌍의 상관관계를 보여 준다. −1 또는 +1에 가까운 상관관계는 강한 상관관계 쌍을 나타내며, 일정하게 유지되는 상관관계는 안정적인 상관관계 쌍이다. 음수 값과 양수 값 사이의 상관관계가 바뀌는 통화 쌍은 매우 관련이 없거나 불안정한 통화 쌍을 나타내며, 장기적으로 좋은 예측을 제공하지 않는다. 그러나 우리는 상관관계가 어떻게 사전에 변화하는지 알지 못하므로 StatArb 트레이딩 전략에서 사용할 수 있는 모든 통화 쌍을 사용할 수밖에 없다.

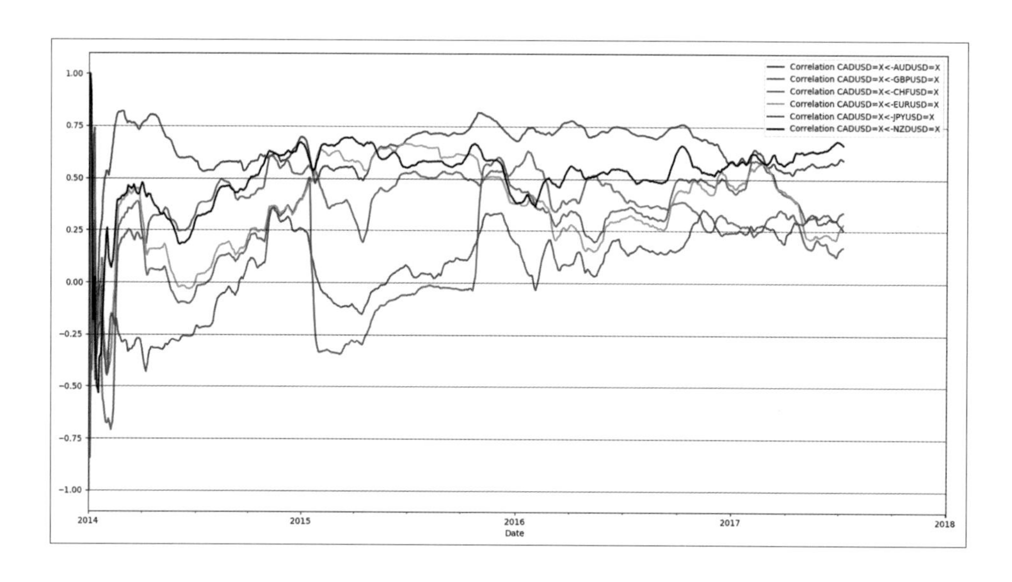

예상대로 CAD/USD 가격 편차와 가장 밀접한 상관관계가 있는 통화 쌍은 AUD/USD, NZD/USD이다. JPY/USD는 CAD/USD 가격 편차와 상관관계가 가장 낮다.

2. 이제 개별 통화 쌍별로 개별적으로 예상되는 CAD/USD의 예상 및 실제 가격 편차 사이의 델타를 검사해 보겠다.

```
# 각 통화 쌍에 의해 제공되는 StatArb 시그널을 그린다.
delta_projected_actual_data = pd.DataFrame()
for symbol in SYMBOLS:
  if symbol == TRADING_INSTRUMENT:
    continue

  projection_label = TRADING_INSTRUMENT + '<-' + symbol
  delta_projected_actual_data =
delta_projected_actual_data.assign(StatArbTradingSignal=
pd.Series(delta_projected_actual_history[projection_label], index=symbols_
data[TRADING_INSTRUMENT].index))
  ax =
delta_projected_actual_data['StatArbTradingSignal'].plot(color=next
(cycol), lw=1., label='StatArbTradingSignal ' + projection_label)
plt.legend()
plt.show()
```

CAD/USD 가격 편차를 예상하고자 통화 쌍을 단독으로 사용한 경우 StatArb 시그널 값은 다음과 같다.

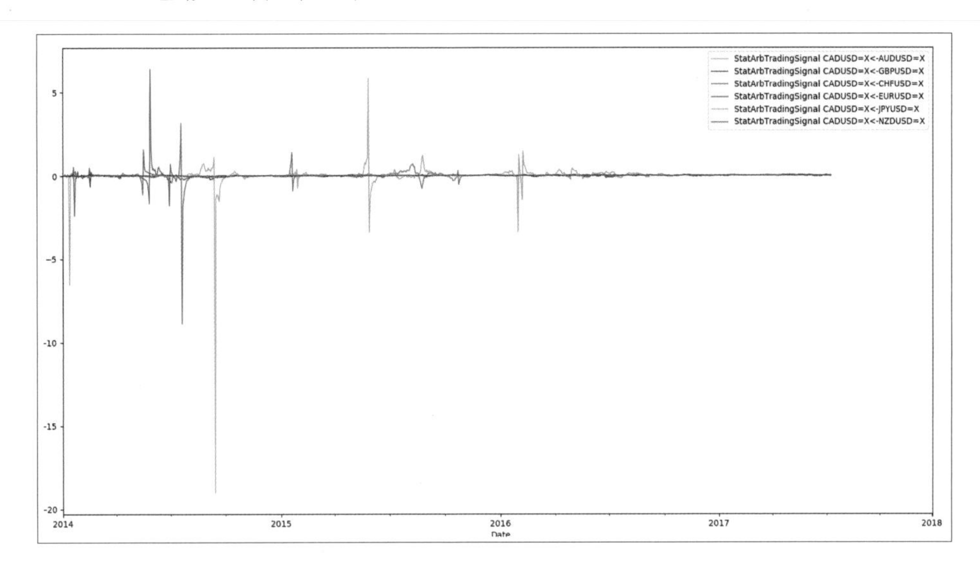

여기서 그래프는 JPYUSD와 CHFUSD가 매우 큰 예측값을 갖고 있음을 시사하는 것으로 보이지만, 전에 봤듯이 그 쌍이 CADUSD와 좋은 상관관계를 갖지 않기 때문에 CADUSD-JPYUSD와 CADUSD-CHFUSD 사이의 좋지 않은 예측 관계로 인해 예측이 좋지 않을 수 있다. 이를 극복하기 위한 한 가지 교훈은 특정 쌍 사이의 관계가 붕괴될 때 다른 강한 상관관계 쌍이 나쁜 예측을 상쇄하는 데 도움이 될 수 있기 때문에 StatArb는 여러 주요 거래 상품을 보유함으로써 이익을 얻는다는 것이다.

3. 이제 관찰할 종가, 거래, 포지션, PnL을 그래프로 나타내고자 데이터 프레임을 설정한다.

```
delta_projected_actual_data =
delta_projected_actual_data.assign(ClosePrice=pd.Series(symbols_dat
a[TRADING_INSTRUMENT]['Close'],
index=symbols_data[TRADING_INSTRUMENT].index))
delta_projected_actual_data =
delta_projected_actual_data.assign(FinalStatArbTradingSignal=pd.Ser
ies(final_delta_projected_history,
index=symbols_data[TRADING_INSTRUMENT].index))
```

```
delta_projected_actual_data =
delta_projected_actual_data.assign(Trades=pd.Series(orders,
index=symbols_data[TRADING_INSTRUMENT].index))
delta_projected_actual_data =
delta_projected_actual_data.assign(Position=pd.Series(positions,
index=symbols_data[TRADING_INSTRUMENT].index))
delta_projected_actual_data =
delta_projected_actual_data.assign(Pnl=pd.Series(pnls,
index=symbols_data[TRADING_INSTRUMENT].index))

plt.plot(delta_projected_actual_data.index, delta_projected_actual_data.
ClosePrice, color='k', lw=1.,label='ClosePrice')
plt.plot(delta_projected_actual_data.loc[delta_projected_actual_data.Trades ==
1].index,delta_projected_actual_data.ClosePrice[delta_projected_actual_data.
Trades == 1], color='r', lw=0, marker='^', markersize=7,label='buy')
plt.plot(delta_projected_actual_data.loc[delta_projected_actual_data.Trades ==
-1].index,delta_projected_actual_data.ClosePrice[delta_projected_actual_data.
Trades == -1], color='g', lw=0, marker='v', markersize=7, label='sell')
plt.legend()
plt.show()
```

다음 그림은 CADUSD에 대해 수행한 매수 및 매도 거래 가격을 알려 준다. 이 StatArb 시그널 및 전략의 행태를 완전히 이해하려면 이 그래프와 함께 최종 트레이딩 시그널을 검사해야 한다.

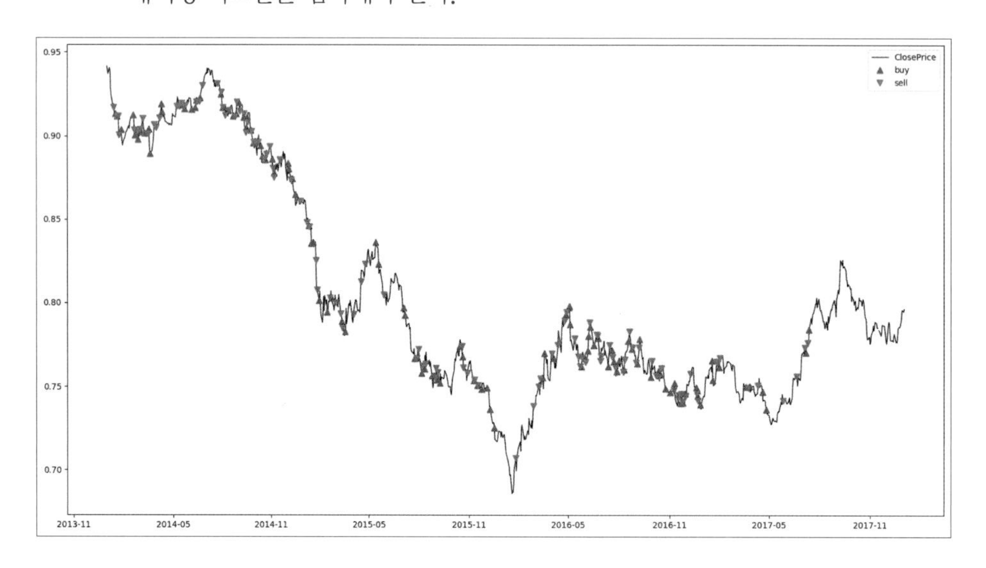

이제 최종 StatArb 트레이딩 시그널에 대한 시각화를 구축하고 시그널 생성 기간 동안 거래 매매를 오버레이하는 실제 코드를 살펴본다. 이것은 매매가 이뤄진 시그널 값이 무엇인지, 시그널 값이 우리의 기대치와 일치하는지 이해하는 데 도움이 될 것이다.

```
plt.plot(delta_projected_actual_data.index,
delta_projected_actual_data.FinalStatArbTradingSignal, color='k',
lw=1., label='FinalStatArbTradingSignal')
plt.plot(delta_projected_actual_data.loc[delta_projected_actual_data.Trades ==
1].index,
delta_projected_actual_data.FinalStatArbTradingSignal[delta_projected_actual_
data.Trades == 1], color='r', lw=0, marker='^',
markersize=7, label='buy')
plt.plot(delta_projected_actual_data.loc[delta_projected_actual_data.Trades ==
-1].index,
delta_projected_actual_data.FinalStatArbTradingSignal[delta_projected_actual_
data.Trades == -1], color='g', lw=0, marker='v',
markersize=7, label='sell')
plt.axhline(y=0, lw=0.5, color='k')
for i in np.arange(StatArb_VALUE_FOR_BUY_ENTRY,
StatArb_VALUE_FOR_BUY_ENTRY * 10, StatArb_VALUE_FOR_BUY_ENTRY * 2):
  plt.axhline(y=i, lw=0.5, color='r')
for i in np.arange(StatArb_VALUE_FOR_SELL_ENTRY,
StatArb_VALUE_FOR_SELL_ENTRY * 10, StatArb_VALUE_FOR_SELL_ENTRY * 2):
  plt.axhline(y=i, lw=0.5, color='g')
plt.legend()
plt.show()
```

StatArb 트레이딩 전략에서 추세 추종 접근 방식을 채택했으므로 시그널 값이 양수이면 매수하고, 시그널 값이 음수이면 매도할 것으로 예상한다. 그것이 그래프에 잘 반영됐는지 살펴보자.

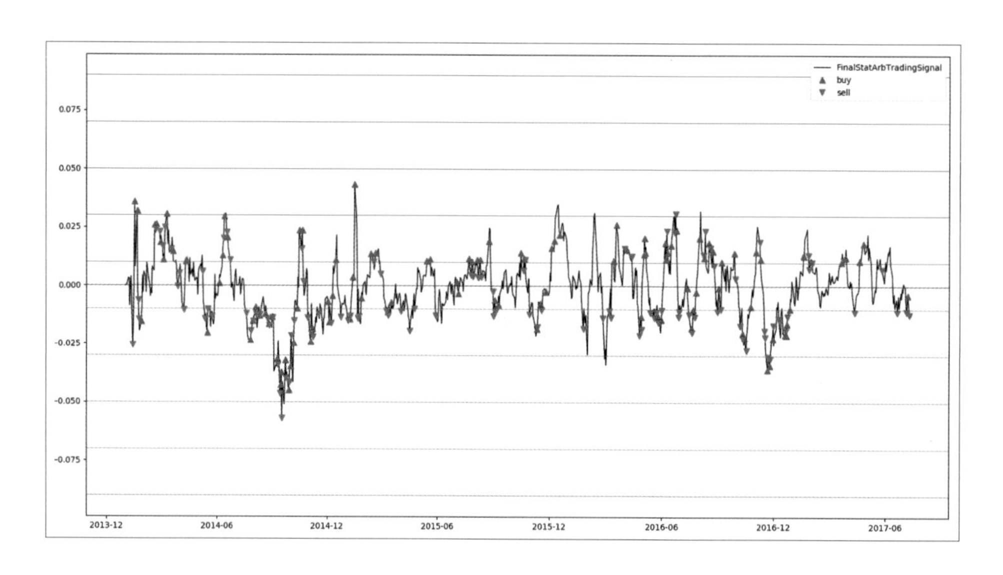

구축한 StatArb 시그널 외에도 이 그래프와 추세 추종 전략에 대한 이해를 바탕으로, 실제로 시그널 값이 양수일 때 많은 매수 거래를 하고, 시그널 값이 음수일 때 매도 거래를 하는 것을 알 수 있다. 시그널 값이 음수일 때 이뤄진 매수 거래와 시그널 값이 양수인 경우의 매도 거래는 이전의 평균 회귀 및 추세 추종 트레이딩 전략에서 볼 수 있듯이 수익성 있는 포지션을 청산하는 거래에 기인할 수 있다.

4. 포지션과 PnL을 시각화해 StatArb 트레이딩 전략에 대한 분석을 마무리하겠다.

```
plt.plot(delta_projected_actual_data.index,
delta_projected_actual_data.Position, color='k', lw=1.,label='Position')
plt.plot(delta_projected_actual_data.loc[delta_projected_actual_data.Position
== 0].index,
delta_projected_actual_data.Position[delta_projected_actual_data.Position ==
0], color='k', lw=0, marker='.', label='flat')
plt.plot(delta_projected_actual_data.loc[delta_projected_actual_data.Position
> 0].index,
delta_projected_actual_data.Position[delta_projected_actual_data.Position >
0], color='r', lw=0, marker='+', label='long')
plt.plot(delta_projected_actual_data.loc[delta_projected_actual_data.Position
< 0].index,
delta_projected_actual_data.Position[delta_projected_actual_data.Position <
0], color='g', lw=0, marker='_', label='short')
```

```
plt.axhline(y=0, lw=0.5, color='k')
for i in range(NUM_SHARES_PER_TRADE, NUM_SHARES_PER_TRADE * 5, NUM_SHARES_PER_
TRADE):
  plt.axhline(y=i, lw=0.5, color='r')
for i in range(-NUM_SHARES_PER_TRADE, -NUM_SHARES_PER_TRADE * 5, -NUM_SHARES_
PER_TRADE):
  plt.axhline(y=i, lw=0.5, color='g')
plt.legend()
plt.show()
```

포지션 그래프는 StatArb 트레이딩 전략의 수명주기 동안의 변화를 보여 준다. 이 포지션은 달러로 표기된 용어이므로 100K 포지션은 대략 1건의 미래 계약과 동일하다. 100K 포지션이 100K 계약 포지션을 의미하지 않는다.

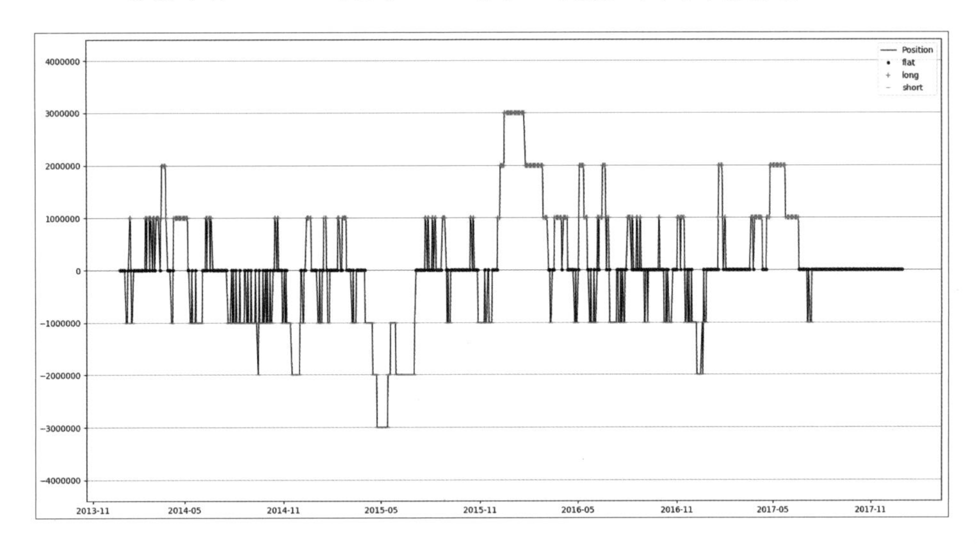

5. 마지막으로 이전에 사용했던 것과 동일한 PnL 그래프를 위한 코드를 살펴본다.

```
plt.plot(delta_projected_actual_data.index,
delta_projected_actual_data.Pnl, color='k', lw=1., label='Pnl')
plt.plot(delta_projected_actual_data.loc[delta_projected_actual_dat
a.Pnl > 0].index,
delta_projected_actual_data.Pnl[delta_projected_actual_data.Pnl>0], color='g',
lw=0, marker='.')
```

```
plt.plot(delta_projected_actual_data.loc[delta_projected_actual_dat
a.Pnl < 0].index,
delta_projected_actual_data.Pnl[delta_projected_actual_data.Pnl <
0], color='r', lw=0, marker='.')
plt.legend()
plt.show()
```

상이한 통화 쌍 사이의 근본적인 관계에 의존하기 때문에 이전에 구축된 트레이딩 전략보다 더 나은 성능을 기대하며, 여러 거래 쌍을 주요 거래 상품으로 사용하기 때문에 상이한 시장 조건에서 더 잘 수행할 수 있을 것이다.

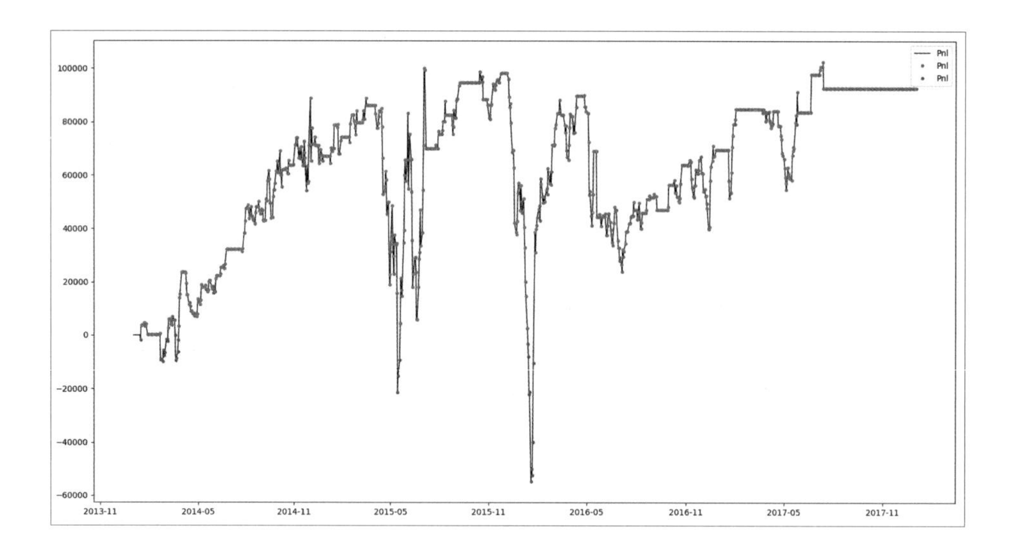

이제 끝났다. 이제 수익성 있는 통계적 차익 거래 전략의 실제 사례를 갖게 됐으며, 이를 개선하고, 다른 거래 상품에 대해서 확장할 수 있어야 한다.

요약

5장에서는 이전의 장들에서 본 일부 트레이딩 시그널을 사용해 현실적이고 강력한 추세 추종 및 회귀 전략을 구축했다. 또한 한 걸음 더 나아가 기본 전략을 보다 정교하게 만들었다. 변동성 척도 트레이딩 시그널을 추가해 상이한 시장 조건에 보다 역동적이고 적응력 있게 만든다. 또한 경제 발표를 다루는 트레이딩 전략의 형태로 완전히 새로운 형태의 트레이딩 전략과 샘플 비농업 고용지수 데이터에 대한 새로운 형태의 트레이딩 전략을 분석하는 법을 살펴봤다. 마지막으로 지금까지 가장 정교하고 복잡한 트레이딩 전략인 통계적 차익 거래 전략을 살펴보고, 주요 통화 쌍을 선도 트레이딩 시그널로 하고, 이를 CAD/USD에 적용했다. StatArb 트레이딩 시그널 및 트레이딩 전략을 수량화하고 파라미터화하는 방법을 자세히 조사하고, 해당 프로세스의 모든 단계를 시각화했으며, 트레이딩 전략이 데이터셋에 대해 우수한 결과를 제공한다고 결론을 내렸다.

6장에서는 알고리즘 전략의 위험(시장 위험, 운영 위험, 소프트웨어 구현 버그)을 측정하고 관리하는 방법을 배운다.

06

알고리즘 전략의 위험 관리

지금까지 알고리즘 트레이딩의 작동 방식과 시장 데이터에서 거래 시그널을 작성하는 방법을 잘 이해했다. 또한 좀 더 정교한 트레이딩 전략뿐만 아니라 몇 가지 기본 트레이딩 전략을 살펴봤다. 이제 거래를 시작해도 좋을까? 아직 아니다. 알고리즘 트레이딩에서 성공하기 위한 또 다른 매우 중요한 요구 사항은 위험 관리를 이해하고 올바른 위험 관리 방법을 사용하는 것이다.

나쁜 위험 관리 관행은 좋은 알고리즘 트레이딩 전략을 비수익성 전략으로 바꿀 수 있다. 반면에 좋은 리스크 관리 관행은 열등한 트레이딩 전략을 실제로 수익성이 높은 전략으로 바꿀 수 있다. 6장에서는 알고리즘 트레이딩에서의 다양한 종류의 위험을 조사하고, 이러한 위험을 정량적으로 측정 및 비교하는 방법을 살펴보고, 위험 관리 관행을 준수하고자 우수한 위험 관리 시스템을 구축하는 방법을 살펴본다.

6장에서는 다음 주제를 다룬다.

- 위험 유형과 위험 요인의 구별
- 위험 계량화
- 위험 척도의 차별화
- 위험 관리 알고리즘 만들기

위험 유형과 위험 요인의 구별

알고리즘 트레이딩 전략의 위험은 기본적으로 자금 손실을 유발하는 위험과 규제 조치를 일으키는 시장에서의 불법/금지 행동을 유발하는 위험의 두 가지가 될 수 있다. 알고리즘 트레이딩 비즈니스에서 위험을 증가/감소시키는 요인이 무엇인지 살펴보기 전에 관련된 위험을 살펴보겠다.

트레이딩 손실 리스크

이것은 가장 분명하고 직관적인 것이다. 돈을 벌고자 거래하고 싶지만, 다른 시장 참여자들에게 돈을 잃을 위험이 있다. 거래는 제로섬 게임이다. 일부 참여자는 돈을 벌고 일부는 돈을 잃을 것이다. 패배한 참여자가 잃는 금액은 승리한 참여자가 얻는 금액이다. 이 간단한 사실은 또한 거래를 상당히 어렵게 만든다. 일반적으로 정보가 적은 참여자는 정보가 많은 참여자informed에게 돈을 잃게 된다. 여기서 정보가 많은 참여자라는 것은 느슨한 용어다. 이는 다른 사람이 갖고 있지 않은 정보에 접근할 수 있는 참여자를 의미할 수 있다. 여기에는 비밀 또는 비싸거나 불법적인 정보 소스에 대한 접근성, 다른 참여자가 보유하지 않은 정보를 전송 및 소비하는 능력 등이 포함될 수 있다. 이용할 수 있는 정보에서 정보를 수집하는 뛰어난 능력을 가진 참여자는 정보 우월성을 얻을 수 있다. 즉 일부 참여자에게는 정보가 부족한 참여자보다 우위를 점할 수 있는 더 나은 시그널, 분석 능력 및 예측 능력이 있다. 명백히 더 정교한 참여자는 덜 정교한 참여자를 이길 것이다.

보다 빠른 반응의 트레이딩 전략과 같은 기술적 우위를 통해 정교함을 얻을 수 있다. C/C++와 같은 저수준 언어를 사용하면 소프트웨어를 개발하기 어렵지만, 한 자리 마이크로초 처리 시간 내에 반응하는 거래 소프트웨어 시스템을 구축할 수 있다. FPGA^Field Programmable Gate Arrays^를 사용해 시장 데이터 업데이트에 1마이크로초 미만의 반응 시간을 달성하는 참여자에게는 최고 속도 이점이 있다. 정교함을 얻는 또 다른 방법은 가능한 한 많은 우월성을 짜내는 복잡한 논리를 가진 더 복잡한 거래 알고리즘을 사용하는 것이다. 알고리즘 트레이딩은 매우 복잡하고 경쟁이 치열한 비즈니스이며, 모든 참여자가 더 많은 정보를 갖고, 더 정교해짐으로써 가능한 모든 이익을 누리고자 최선을 다한다.

https://news.financialcareers.com/us-en/291459/xr-trading-2016은 시장 참여자들 간의 경쟁으로 발생하는 수익성 감소에 따른 거래 손실의 예를 논의한다.

규제 위반 리스크

모든 사람이 우선 고려하지 않는 또 하나의 위험은 알고리즘 트레이딩 전략이 규제 규칙을 위반하지 않게 하는 것과 관련이 있다. 그렇게 하지 않으면 종종 천문학적 벌금과 막대한 법적 비용이 발생하고, 참여자가 특정 또는 모든 거래소에서 거래가 금지될 수 있다. 성공적인 알고리즘 트레이딩 비즈니스를 시작하는 것은 수년 동안 수백만 달러에 달하는 벤처 사업이기 때문에 규제로 인해 폐쇄되는 것은 끔찍한 일이다. SEC(https://www.sec.gov/), FINRA(https://www.finra.org/) 및 CFTC(https://www.cftc.gov/)는 주식, 통화, 선물, 옵션 시장에서 알고리즘 트레이딩 활동을 감시하는 많은 규제 기관 중 일부에 불과하다.

이러한 규제 기관은 전 세계 및 지역 규정을 시행한다. 또한 전자 거래소는 자체적으로 규정과 법률을 시행하며, 위반 시 심각한 처벌을 받을 수 있다. 금지된 많은 시장 참여자 또는 알고리즘 트레이딩 전략 행동이 있다. 어떤 사람들은 경고나 점검을, 어떤 사람들은 처벌을 받는다. 내부자 거래insider trading 보고서는 알고리즘 트레이딩 업계 내부 및 외부의 사람들에게 잘 알려져 있다. 내부자 거래는 실제로 알고리즘 트레이딩 또는 고빈도 거래에는 적용되지 않는다. 여기에서는 알고리즘 트레이딩의 일반적인 문제를 소개한다.

이 리스트는 거의 완성되지 않았지만, 알고리즘 트레이딩 또는 고빈도 거래에서 가장 큰 규제 문제다.

스푸핑

스푸핑spoofing은 일반적으로 진실bonafide로 간주되지 않는 주문을 시장에 입력하는 관행을 말한다. **진실**bonafide 주문은 거래 의도로 입력되는 주문이다. 스푸핑 주문은 다른 시장 참여자를 오도하는 의도로 시장에 진입한 것이며, 이러한 주문은 실행 의도로 입력되지 않는다. 이 주문의 목적은 다른 참여자가 실제로 매수하거나 매도할 의사가 있는 실제 시장 참여자가 더 많다고 믿게 하는 것이다. 매수 호가 측에서 스푸핑을 함으로써 시장 참여자들은 매수에 많은 관심이 있다고 오인하게 된다. 이는 일반적으로 다른 시장 참여자가 매수 호가 측에 더 많은 주문을 추가하고, 가격이 상승할 것으로 예상하면서 매도 호가 측에서의 주문을 이동 또는 제거하게 한다. 가격이 상승하면 스푸퍼spoofer는 스푸핑 주문이 없었을 때보다 높은 가격으로 매도한다. 이 시점에서 스푸퍼는 숏 포지션을 시작하고, 모든 스푸핑 매수 주문을 취소해 다른 시장 참여자들도 동일하게 행동하게 만든다. 이는 가격이 인위적으로 상승한 가격보다 낮아지도록 한다. 가격이 충분히 하락하면 스푸퍼는 더 낮은 가격으로 매수 포지션을 커버하고 이익을 고정시킨다.

스푸핑 알고리즘은 대부분 알고리즘적으로 거래되고 많은 돈을 버는 시장에서 이 과정을 반복할 수 있다. 그러나 이는 시장 가격 불안정을 유발하고, 참여자에게 가용 시장 유동성에 대한 잘못된 정보를 제공하며, 비알고리즘 트레이딩 투자자/전략에 악영향을 미치기 때문에 대부분의 시장에서 불법이다. 요약하면 그러한 행동이 불법이 아닌 경우 전체로 파급되는 불안정이 발생하고, 대부분의 시장 참여자가 유동성 제공을 중단하게 된다. 스푸핑은 대부분의 전자 거래소에서 심각한 위반으로 취급되며, 거래소는 그러한 행동을 감지하고, 스푸핑 중인 시장 참여자를 신고하는 정교한 알고리즘/모니터링 시스템을 갖추고 있다.

스푸핑의 첫 번째 사례는 많은 홍보를 얻었으며, 관심 있는 사람들은 https://www.justice.gov/usao-ndil/pr/high-freqency-trader-sentenced-three-years-prison-distrupting-futures-market-first에서 더 많은 정보를 얻을 수 있다.

호가 스터핑

호가 스터핑quote stuffing[1]은 고빈도 거래 참여자가 사용하는 조작 전술이다. 요즘 대부분의 거래소에는 호가 스터핑을 수익성이 있는 트레이딩 전략으로 사용할 수 없게 만드는 많은 규칙이 있다. 호가 스터핑은 하나 이상의 거래 상품에서 대량 주문을 입력, 수정, 취소하고자 매우 빠른 거래 알고리즘과 하드웨어를 사용하는 관행이다. 시장 참여자의 각 주문 행동으로 인해 공개 시장 데이터가 생성되므로 매우 빠른 참여자가 대량의 시장 데이터를 생성하고, 더 이상 시간 내에 반응할 수 없는 느린 참여자를 크게 느리게 할 수 있으며, 이는 고빈도 거래 알고리즘에 대한 이익을 초래한다.

현대 전자 트레이딩 시장에서는 이것이 가능하지 않다. 주된 이유는 거래소가 개별 시장 참여자의 메시지 한도에 대한 규칙을 정했기 때문이다. 거래소는 단기적인 허수non-bonifide 주문 흐름과 최신 매칭을 분석하고, 플래그를 지정할 수 있다. 현대의 매칭 엔진은 시장 데이터 피드를 주문 흐름 피드와 더 잘 동기화할 수 있다.

https://www.businessinsider.com/huge-first-high-frequency-trading-firm-is-charged-with-quote-stuffing-and-manipulation-2010-9는 규제 조치의 원인이 된 최근 호가 스터핑 시장 조작 사건을 논의한다.

---

1 대규모의 주식 매매 주문을 냈다가 바로 취소해 가격상의 일시적인 괴리에서 발생하는 차익을 추구하는 거래 기법으로 초단타 매매, 극초단타 매매라고도 한다. – 옮긴이

종가 뱅잉

종가 뱅잉banging the close은 의도적으로 또는 실수로 트레이딩 알고리즘에 의해 전자 거래 시장에서 정기적으로 발생하는 파괴적이고 조작적인 거래 관행이다. 이 관행은 결제 가격settlement price이라고도 하는 파생 상품의 종가를 불법적으로 조작하는 것과 관련이 있다. 선물과 같은 파생 상품 시장의 포지션은 하루가 끝나는 시점에 결제 가격으로 표시되므로 이 전략은 마지막 몇 분 또는 몇 초 동안 대량 주문을 사용하는데, 많은 시장 참여자들이 이미 시장에서 벗어나서 유동성이 부족한 시장 가격을 불법적이고 파괴적인 방식으로 낮춘다.

이는 어떤 의미에서 스푸핑과 비슷하지만, 이 경우 종가 뱅잉에 참여한 참여자는 종장 기간 동안 체결을 하지 않고, 단지 기존 가격을 더 수익성 있게 만들고자 시장 가격을 움직이려고 할 수 있다. 현금 결제 파생 상품 계약의 경우 유리한 정산 가격은 더 많은 이익을 가져온다. 그렇기 때문에 전자 거래 파생 상품 거래소에서 거래 종가를 면밀히 모니터링해 이러한 파괴적인 관행을 감지하고 표시한다.

https://www.cftc.gov/PressRoom/PressReleases/pr5815-10은 관심 있는 사람들을 위해 종가 뱅잉 사건을 논의한다.

리스크 원천

이제 알고리즘 트레이딩에서 다양한 종류의 위험을 잘 이해했으니 알고리즘 트레이딩 전략 개발, 최적화, 유지 관리, 운영의 요인을 유발하는 요소를 살펴보겠다.

소프트웨어 구현 리스크

현대 알고리즘 트레이딩 사업은 본질적으로 기술 사업이므로 금융과 기술의 교차점을 의미하는 새로운 **핀테크**FinTech라는 용어를 탄생시킨다. 컴퓨터 소프트웨어는 오류가 발생하기 쉬운 인간이 설계, 개발, 테스트했으며, 때로는 오류가 거래 시스템 및 알고리즘 트레이딩 전략에 영향을 미친다. 소프트웨어 구현 버그는 종종 알고리즘 트레이딩에서 가장 간과되는 위험의 원천이다. 운영 위험과 시장 위험이 매우 중요하지만, 소프트웨어 구현 버그로 인해 수백만 달러의 손실이 발생할 가능성이 있으며, 소프트웨어 구현 버그로 인해 몇 분 안에 파산하는 회사가 많이 있다.

최근에 악명 높은 나이트 캐피털Knight Capital 사건이 있었는데, 여기에는 소프트웨어 구현 버그와 운영 위험 문제가 결합돼 45분 내에 4억 4,500만 달러의 손실이 발생해 셧다운shut down됐다. 소프트웨어 엔지니어링은 매우 복잡한 프로세스이기 때문에 매우 까다롭고 복잡하고 복잡한 알고리즘 트레이딩 전략 및 논리를 갖는 복잡성을 추가하면 트레이딩 전략 및 시스템의 구현이 버그로부터 안전한지 보장하기가 어렵다. 자세한 내용은 https://dealbook.nytimes.com/2012/08/02/knight-capital-says-traiding-mishap-cost-it-440-million/을 참고하자.

현대의 알고리즘 트레이딩 회사는 소프트웨어 버그로부터 자신을 보호하고자 엄격한 소프트웨어 개발 관행을 갖고 있다. 여기에는 엄격한 유닛 테스트가 포함된다. 이 테스트는 기존 구성 요소에 대한 소프트웨어 개발/유지보수가 수행될 때 해당 동작이 잘못된 동작으로 변경되지 않는지 확인하려는 개별 소프트웨어 구성 요소에 대한 소규모 테스트다. 회귀 테스트도 있다. 이 테스트는 전체적으로 작은 구성 요소로 구성된 큰 구성 요소를 테스트해 하이 레벨의 행태가 일관되게 유지하게 하는 테스트다. 또한 모든 전자 거래소는 시장 참여자가 실제 시장에서 거래하기 전에 시장 참여자가 구성 요소를 구축, 테스트, 인증해야 하는 테스트 시장 데이터 피드 및 테스트 주문 입력 인터페이스를 갖춘 테스트 시장 환경을 제공한다.

또한 가장 정교한 알고리즘 트레이딩 참여자는 백테스팅 소프트웨어를 갖고, 과거에 기록된 데이터에 대해 트레이딩 전략을 시뮬레이션해 전략 행태가 예상과 일치하도록 보장한다. 9장, '파이썬 백테스트 시스템 구축'에서 백테스팅을 더 살펴볼 것이다. 마지막으로 코드 검토 및 변경 관리와 같은 다른 소프트웨어 관리 방법도 매일 수행돼 알고리즘 트레이딩 시스템 및 전략의 무결성을 매일 확인한다. 모든 예방책에도 불구하고 소프트웨어 구현 버그는 실제 거래 시장으로 유입되므로 항상 주의를 기울여야 한다. 소프트웨어는 완벽하지 않으며, 실수/버그 비용은 알고리즘 트레이딩 사업에서는 매우 높고 고빈도 사업에서는 훨씬 높다.

DevOps 위험

DevOps 위험 DevOps risk은 알고리즘 트레이딩 전략이 실제 시장에 배포될 때 잠재적 위험을 설명하는 데 사용되는 용어다. 여기에는 올바른 트레이딩 전략의 수립, 배포, 구성, 시그널 파라미터, 거래 파라미터, 시작, 중지, 모니터링 구성이 포함된다. 대부분의 현대 트레이딩 회사는 하루에 거의 23시간 동안 전자적으로 시장을 거래하며, 실제 시장에 배포된 자동 알고리즘 트레이딩 전략을 주시해 실제 트레이딩 전략이 예상대로 작동하는지 또한 잘못된 행태가 조사되지 않고 지나가는지 확인하는 것이 유일한 임무인 많은 직원이 있다. 이들은 트레이딩 데스크trading desk 또는 TradeOps 또는 DevOps라고 알려져 있다.

이 직원들은 소프트웨어 개발, 트레이딩 규칙, 제공된 위험 모니터링 인터페이스와의 교환을 잘 알고 있다. 종종 소프트웨어 구현 버그가 실제 시장에 나타날 때 최종 방어선이 되고, 시스템을 모니터링하고, 문제를 감지하고, 알고리즘을 안전하게 일시 중지 또는 중지하고, 발생한 문제를 문의하고 해결하는 것이 이들의 임무다. 이는 어디서 운영 위험이 나타날 수 있는가에 대한 가장 일반적인 이해다. 운영 위험의 또 다른 원인은 100% 블랙 박스가 아닌 알고리즘 트레이딩 전략이다. 블랙 박스 트레이딩 전략은 사람의 의견이나 상호작용이 필요 없는 트레이딩 전략이다. 이들은 특정 시간에 시작된 다음 특정 시간에 중지되며, 알고리즘 자체가 모든 결정을 내린다.

회색 상자 트레이딩 전략gray box trading strategy은 100% 자율적이 아닌 트레이딩 전략이다. 이러한 전략에는 여전히 자동화된 의사결정이 많이 포함돼 있지만, 트레이더 또는 TradeOps 엔지니어가 전략을 모니터링하고, 파라미터 및 트레이딩 전략 행태를 조정하고, 심지어 수동 주문을 보낼 수도 있는 외부 컨트롤을 갖는다. 수동적인 인간의 개입 중에 또 다른 위험의 원천이 있는데, 이것은 기본적으로 인간이 이러한 전략에 보내는 명령/조정에서 실수를 하는 위험이다. 잘못된 파라미터를 보내면 알고리즘이 제대로 작동하지 않아 손실을 초래할 수 있다.

잘못된 명령을 보내는 경우도 있는데, 이는 시장에 예기치 못한 의도적이지 않은 큰 영향을 미쳐서 규제 벌금을 추가하는 거래 손실과 시장 혼란을 야기할 수 있다. 일반적인 오류 중 하나는 팻 핑거 오류fat finger error로, 이는 두꺼운 손가락으로 인해 가격, 크기, 매수/매도 방향이 잘못 전송되는 경우다. 일부 예는 https://www.bloomberg.com/news/articles/2019-01-24/oops-a-briefhistory-of-some-of-the-market-s-worst-fat-fingers에서 찾을 수 있다.

시장 위험

마지막으로 시장 위험인데 이는 알고리즘 트레이딩에서 위험을 생각할 때 일반적으로 생각되는 것이다. 이것은 더 많은 정보를 얻은 참여자들과 거래하고 돈을 잃을 위험이다. 어느 시점에서든 어떤 거래에서든 모든 시장 참여자는 보다 많은 정보를 얻은 참여자에게 돈을 잃게 된다. 'DevOps 위험' 절에서 정보를 얻은 참여자가 정보를 얻지 못한 참여자보다 우수한 점을 논의했다. 분명히 시장 위험을 피할 수 있는 유일한 방법은 더 많은 정보에 접근하고, 거래 우위를 개선하며, 정교함을 개선하고, 기술 이점을 개선하는 것이다. 그러나 시장 위험은 모든 알고리즘 트레이딩 전략의 진실이므로 알고리즘 트레이딩 전략을 실제 시장에 배포하기 전에 행태를 이해하는 것이 매우 중요하다.

여기에는 정상적인 행태가 어떤 모습일지를 기대하는 것이 무엇보다 중요하다. 더 중요한 것은 특정 전략이 언제 돈을 벌고 잃는지 이해하고, 손실 측정치를 계량화해 기대치를 설정하는 것이다. 그런 다음 트레이딩 전략의 알고리즘 트레이딩 파이프 라인, 중앙 리스크 모니터링 시스템, 주문 게이트웨이, 때로는 청산소, 때로는 심지어 거래소 수준의 여러 곳에 위험 한도가 설정된다. 위험 체크의 각 계층의 추가는 빠르게 변화하는 시장에 대응하는 시장 참여자의 능력을 느리게 할 수 있지만, 폭주runaway 트레이딩 알고리즘이 많은 피해를 입히는 것을 방지하고자 이를 필요로 한다.

트레이딩 전략이 할당된 최대 거래 위험 한도를 위반하면 위험 검증이 설정된 하나 이상의 장소에서 종료된다. 잘못된 위험 추정치는 거래 손실, 손실 포지션, 손실이 나는 일day, 손실이 나는 주week 또는 월month의 빈도와 규모를 늘림으로써 수익성 있는 트레이딩 전략을 없앨 수 있기 때문에 시장 리스크를 올바르게 이해하고 구현하고 구성하는 것이 매우 중요하다. 트레이딩 전략이 수익성 우월성을 잃는다면, 그리고 변화하는 시장에 적응하지 않고 너무 오래 운영하면, 전략이 과거에 창출했을 수 있는 모든 이익을 잠식할 수 있기 때문이다. 때로는 시장 상황이 예상과 매우 다르고, 전략이 정상 손실보다 더 큰 기간을 거치게 될 수 있다. 이 경우 대형 손실을 감지하고 트레이딩 파라미터를 조정하거나 트레이딩을 중지하고자 위험 한도를 설정하는 것이 중요하다.

알고리즘 트레이딩에서 어떤 위험 측정이 일반적인지 과거 데이터를 사용해 이를 측정하고 조사하는 방법, 알고리즘 전략을 실제 시장에 배포하기 전에 구성하고 보정하는 방법을 살펴보겠다. 다시 요약하자면 시장 위험은 알고리즘 트레이딩의 일반적인 부분이지만, 이해하지 못하고 준비하지 않으면 많은 좋은 트레이딩 전략을 파괴할 수 있다.

리스크 계량화

이제 현실적인 위험 제약 조건이 어떻게 나타나는지 이해하고 이를 계량화하는 방법을 시작하겠다. 오늘날 현대 알고리즘 트레이딩 업계에서 가장 일반적으로 사용되는 위험 한도를 나열, 정의, 구현할 것이다. 5장, '고급 알고리즘 전략'에서 구축한 변동성 조정 평균 회귀 전략을 현실적인 트레이딩 전략으로 사용해 위험 측정을 정의하고 계량화한다.

리스크 위반의 심각성

모든 다른 위험 측정에 뛰어들기 전에 이해해야 할 한 가지는 위험 위반의 심각성이 무엇을 의미하는지 정의하는 것이다. 지금까지 위험 위반을 최대 위험 한도 위반으로 논의했다. 그러나 실제로는 모든 위험 한도에 대해 여러 수준이 있다. 위험 한도 위반의 각 수준은 알고리즘 트레이딩 전략에 동일하게 치명적이지 않다. 심각도가 가장 낮은 위험 위반은 경고 위험 위반으로 간주되며, 이 위험 위반은 정기적으로 발생할 것으로 예상되지는 않지만 트레이딩 전략 운영 중에 정상적으로 발생할 수 있다. 직관적으로 이런 예를 들 수 있다. 대부분의 날에 트레이딩 전략은 하루에 5,000건 이상의 주문을 보내지 않지만, 특정 변동이 심한 날에는 트레이딩 전략이 그날에 2만 건의 주문을 보내는 것이 가능하고 수용 가능하다. 이는 경고 위험 위반의 한 예로 간주될 수 있다. 이는 가능성은 있지만 문제의 징후는 아니다. 이 위험 위반의 목적은 거래자에게 시장이나 트레이딩 전략에 가능하지 않은 무엇인가 일어날 수 있음을 경고하는 것이다.

다음 단계의 위험 위반은 전략이 여전히 올바르게 작동하지만 전략이 허용된 한계에 도달한 것으로 간주돼 안전하게 청산 및 종료해야 하는 것이다. 여기서 전략은 주문을 보내고 거래를 수행해 포지션을 청산할 수 있고, 새로운 입력 주문이 있는 경우 이를 취소하는 거래를 할 수 있다. 기본적으로 전략은 거래를 완료했지만, 트레이더가 어떤 일이 발생했는지 확인하고 재시작 및 트레이딩 전략에 대한 더 높은 위험 한도 할당을 결정할 때까지 자동으로 위반 처리하고 거래를 종료할 수 있다

위험 위반의 최종 수준은 가능한 최대 위험 위반으로 간주되며, 이는 절대로 발생하지 않아야 하는 위반이다. 트레이딩 전략이 위험 위반을 유발한다면 무언가 잘못됐다는 시그널이다. 이 위험 위반은 해당 전략이 더 이상 실시간 시장에 주문 흐름을 더 이상 보낼 수 없음을 뜻한다. 이 위험 위반은 플래시 크래시flash crash 시장 상황과 같이 예상치 못한 사건이 발생하는 동안에만 발생한다. 이 위험 위반의 심각성은 기본적으로 알고리즘 트레이딩 전략이 예상치 못한 이벤트를 자동으로 처리하도록 설계되지 않았으며, 거래를 동결한 다음 외부 운영자에게 의지해 미결제 포지션 및 실시간 주문을 관리해야 한다는 것을 뜻한다.

리스크 척도의 구분

다양한 위험 측정 방법을 살펴보겠다. 5장, '고급 알고리즘 전략'에서 본 변동성 조정 평균 회귀 전략의 거래 성과를 트레이딩 전략의 예로 사용해 이들 뒤의 위험을 이해하고, 계량화하고 수정할 것이다.

5장, '고급 알고리즘 전략'에서는 평균 회귀, 변동성 조정 평균 회귀, 추세 추종, 변동성 조정 추세 추종 전략을 구축했다. 그들의 성과를 분석하는 동안 우리는 결과를 해당 CSV 파일에 저장했다. 이것들은 이 책의 깃허브 저장소 https://github.com/PacktPublishing/Learn-Algorithmic-Trading에서 발견할 수 있다. 또는 5장, '고급 알고리즘 전략'의 동적 변동성 변동 조정 평균 회귀 전략의 변동성 조정 평균 회귀 전략(volatility_mean_reversion.py)을 실행하면 된다. 다음 코드 블록에 표시된 대로 거래 성과 .csv 파일을 로딩하고, 사용할 수 있는 필드를 빠르게 살펴보겠다.

```
import pandas as pd
import matplotlib.pyplot as plt

results = pd.read_csv('volatility_adjusted_mean_reversion.csv')
print(results.head(1))
```

코드는 다음과 같은 출력을 반환한다.

```
     Date        Open High        Low Close Adj Close  \
0  2014-01-02  555.647278 556.788025  552.06073 554.481689 554.481689
    Volume  ClosePrice  Fast10DayEMA  Slow40DayEMA APO  Trades Position PnL
0  3656400  554.481689    554.481689 554.481689  0.0 0 0 0.0
```

위험 측정을 구현하고 계량화하기 위한 관심 분야는 날짜Date, 고가High, 저가Low, 종가ClosePrice, 거래량Trades, 포지션Position, 손익PnL이다. 현재 관심 있는 위험 측정에 다른 필드가 필요하지 않으므로 다른 필드는 무시한다. 이제 위험 측정 방법을 이해하고 구현해 본다.

손절

첫 번째 위험 한도는 매우 직관적이며, 손절stop-loss 또는 최대 손실max-loss이라고 한다. 이 한도는 전략이 잃을 수 있는 최대 금액, 즉 허용되는 최소 PnL이다. 이것은 종종 그 손실에 대한 시간 틀의 개념을 갖고 있는데 이는 손절이 하루, 일주일, 한 달 동안 또는 전략의 전체 수명 동안 발생할 수 있음을 뜻한다. 하루의 시간 범위를 가진 손절은 전략이 하루에 손절 금액을 잃으면 그날 더 이상 거래할 수 없지만, 다음날 다시 시작할 수 있음을 뜻한다. 마찬가지로 일주일 손절 금액에 대해서는 더 이상 해당 주에 거래할 수 없지만, 다음 주에 재개할 수 있다.

이제 다음 코드와 같이 변동성 조정 평균 회귀 전략에 대한 주 및 월의 손절 수준을 계산해 보겠다.

```
num_days = len(results.index)

pnl = results['PnL']

weekly_losses = []
monthly_losses = []

for i in range(0, num_days):
  if i >= 5 and pnl[i - 5] > pnl[i]:
    weekly_losses.append(pnl[i] - pnl[i - 5])

  if i >= 20 and pnl[i - 20] > pnl[i]:
    monthly_losses.append(pnl[i] - pnl[i - 20])

plt.hist(weekly_losses, 50)
plt.gca().set(title='Weekly Loss Distribution', xlabel='$', ylabel='Frequency')
plt.show()

plt.hist(monthly_losses, 50)
plt.gca().set(title='Monthly Loss Distribution', xlabel='$', ylabel='Frequency')
plt.show()
```

코드는 다음 그래프를 출력으로 반환한다. 여기에 표시된 주간 손실 분포 그림을 살펴보겠다.

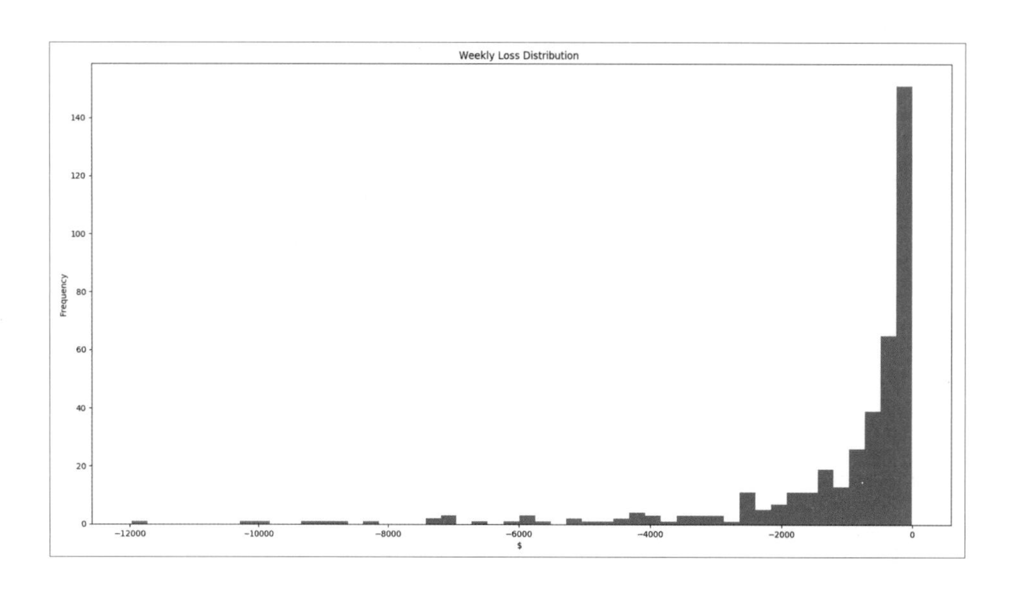

이제 다음과 같은 월별 손실 분포도를 살펴보겠다.

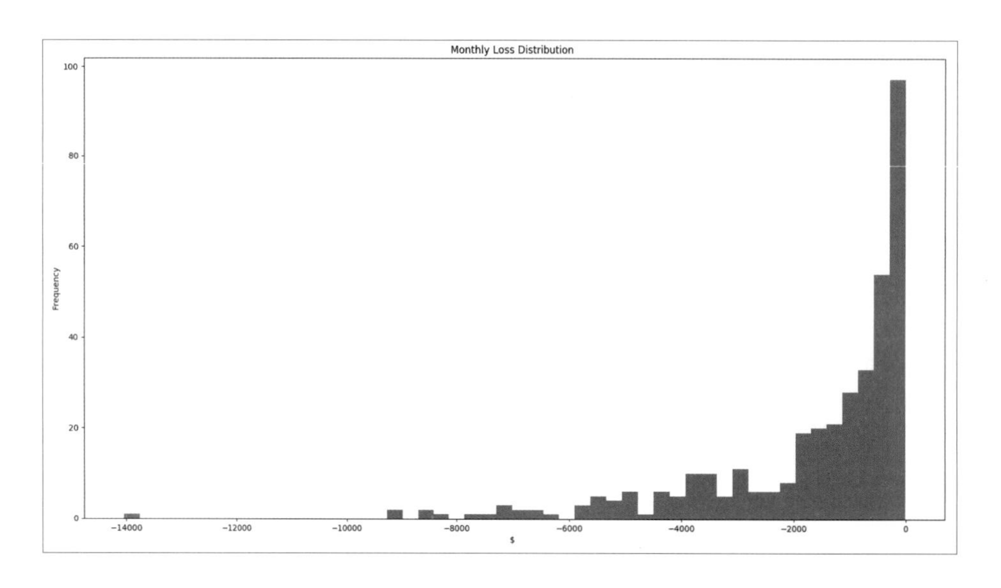

그래프는 주간 및 월간 손실 분포를 보여 준다. 이들로부터 다음을 관찰할 수 있다.

- 주간 $4K 이상의 손실과 월간 $6K 이상의 손실은 많이 발생하지 않으리라 예상된다.
- 주간 $12K 이상의 손실과 월간 $14K의 손실은 발생하지 않았으므로 전례 없는 사건으로 간주될 수 있다. 이는 나중에 다시 논의할 것이다.

최대 낙폭

최대 낙폭max drawdown은 PnL 척도이지만, 전략이 특정 기간에 걸쳐 겪을 수 있는 최대 손실을 측정한다. 이것은 트레이딩 전략 계정 가치의 정점에서 바닥까지의 낙폭으로 정의된다. 이것은 계정 가치의 역사적 최대 감소가 얼마나 될 수 있을지에 대한 아이디어를 얻을 수 있게 하는 위험 척도로 중요하다. 트레이딩 전략을 전개하는 동안 운이 나빠지고 하락세가 시작될 때 바로 실제 시장에서 실행할 수 있기 때문에 중요하다.

최대 손실이 무엇인지 예상하면 전략 손실이 여전히 예상치에 도달했는지 또는 전례 없는 일이 발생하고 있는지 이해하는 데 도움이 될 수 있다. 그것을 계산하는 방법을 살펴보자.

```
max_pnl = 0
max_drawdown = 0
drawdown_max_pnl = 0
drawdown_min_pnl = 0

for i in range(0, num_days):
  max_pnl = max(max_pnl, pnl[i])
  drawdown = max_pnl - pnl[i]

  if drawdown > max_drawdown:
    max_drawdown = drawdown
    drawdown_max_pnl = max_pnl
    drawdown_min_pnl = pnl[i]
```

```
print('Max Drawdown:', max_drawdown)

results['PnL'].plot(x='Date', legend=True)
plt.axhline(y=drawdown_max_pnl, color='g')
plt.axhline(y=drawdown_min_pnl, color='r')
plt.show()
```

코드는 다음과 같은 출력을 반환한다.

```
Max Drawdown: 15340.41716347829
```

다음 그래프는 앞 코드의 결과다. 살펴보자.

그래프에서 최대 낙폭은 이 PnL 시리즈의 중간에서 대략 발생하며, 최대 PnL은 37K이고, 그 이후의 최소 PnL은 22K이므로 최대 낙폭은 대략 15K다.

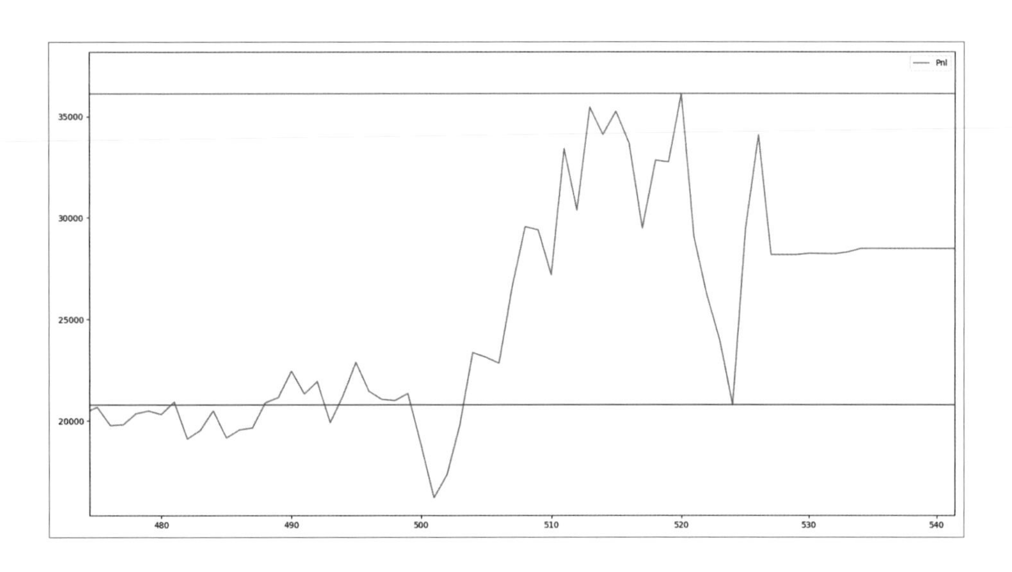

위의 그림은 단순히 이전과 동일한 그래프이지만, 낙폭이 일어난 정확한 부분을 확대한 것이다. 방금 앞에서 언급한 바와 같이 손익은 약 37K의 고점을 달성한 후 반등하기 전에 15K의 큰 낙폭을 갖고 22K 정도로 떨어진다.

포지션 한도

포지션 한도position limit는 이해하기 쉽고 직관적이다. 전략이 거래 수명의 어느 시점에서 롱이건 숏이건 반드시 가져야 하는 단순한 최대 포지션이다. 예를 들어, 주식을 숏하는 것이 주식을 롱하는 것과는 다른 규칙/위험을 갖는 경우에 하나는 최대 롱 포지션과 다른 하나는 최대 숏 포지션의 2개의 서로 다른 포지션 한도를 갖는 것이 가능하다. 모든 미결제 포지션 단위에는 이와 관련된 위험이 있다. 일반적으로 전략의 포지션이 클수록 전략과 관련된 위험이 커진다. 따라서 최선의 전략은 가능한 한 작은 포지션에 들어가면서 돈을 벌 수 있는 전략이다. 두 경우 모두 전략을 프로덕션에 배포하기 전에 과거 성과를 기반으로 전략이 얻을 수 있는 최대 포지션을 계량화하고 추정해 전략이 정상적인 행동 파라미터 내에 있을 때와 역사적인 기준을 벗어난 시기를 아는 것이 중요하다.

최대 포지션을 찾는 것은 간단한다. 다음 코드를 사용해 포지션의 분포를 빨리 찾아본다.

```
position = results['Position']
plt.hist(position, 20)
plt.gca().set(title='Position Distribution', xlabel='Shares', ylabel='Frequency')
plt.show()
```

앞의 코드는 다음과 같은 출력을 생성한다. 포지션 분포 차트를 살펴보겠다.

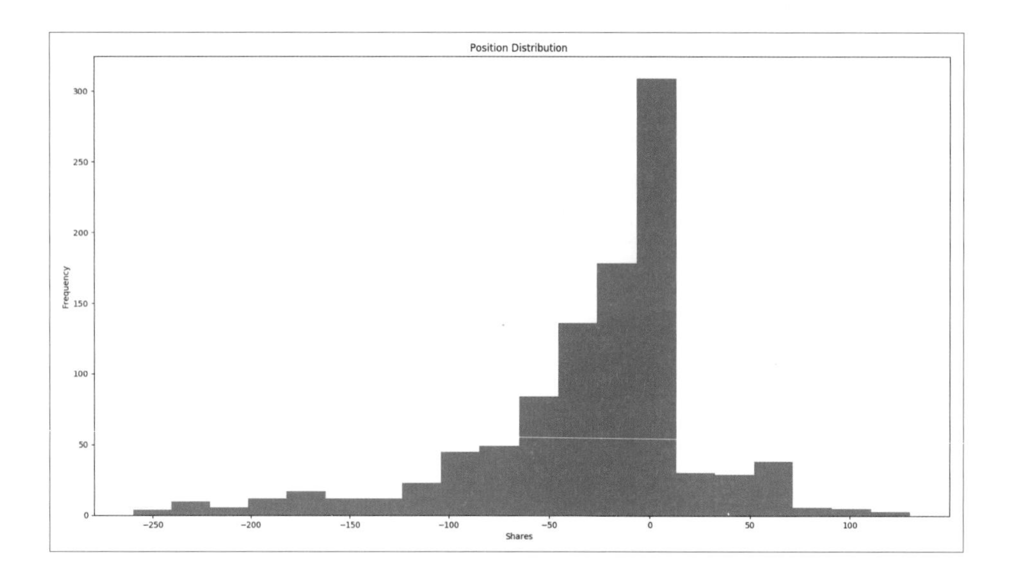

앞의 차트에서 다음을 알 수 있다.

- 구글 주식 데이터에 적용된 이 트레이딩 전략의 경우 이 전략은 200주를 초과하는 포지션을 가질 가능성이 작고 250주를 초과한 포지션은 없다.
- 250을 초과하는 포지션 레벨에 도달하면 트레이딩 전략이 여전히 예상대로 수행되고 있는지 주의해야 한다.

포지션 보유 기간

트레이딩 전략이 진입하는 포지션을 분석하면서, 포지션이 청산돼 플랫 포지션 또는 반대 포지션으로 돌아올 때까지 포지션이 얼마나 오래 열려 있는지 측정하는 것도 중요하다. 시장이 잠재적으로 열린 포지션을 불리하게 만들 수 있는 커다란 움직임이 일어날 시간이 더 많기 때문에 포지션을 열린 상태로 더 오래 보유할수록 포지션은 더 많은 위험을 감수할 수 있다. 롱 포지션은 포지션이 숏이거나 플랫flat에서 롱으로 갈 때 일어나고, 플랫 또는 숏으로 돌아갈 때 포지션은 닫힌다. 마찬가지로 숏 포지션은 포지션이 롱이나 플랫에서 숏을 갈 때 시작되고, 포지션이 플랫이나 롱으로 돌아갈 때 다시 닫힌다.

이제 다음 코드를 사용해 열린 포지션 지속 시간open position duration의 분포를 알아본다.

```
position_holding_times = []
current_pos = 0
current_pos_start = 0
for i in range(0, num_days):
  pos = results['Position'].iloc[i]

# 포지션을 청산하고 새로운 포지션을 시작한다.
if current_pos == 0:
  if pos != 0:
    current_pos = pos
    current_pos_start = i
  continue

# 롱 포지션에서 청산 포지션 또는 숏 포지션으로 가거나
# 숏 포지션에서 청산 포지션 또는 롱 포지션으로 간다.
if current_pos * pos <= 0:
  current_pos = pos
  position_holding_times.append(i - current_pos_start)
  current_pos_start = i

print(position_holding_times)
plt.hist(position_holding_times, 100)
plt.gca().set(title='Position Holding Time Distribution', xlabel='Holding
time days', ylabel='Frequency')
plt.show()
```

앞의 코드는 다음 출력을 반환한다. 포지션 보유 기간 분포도를 살펴보자.

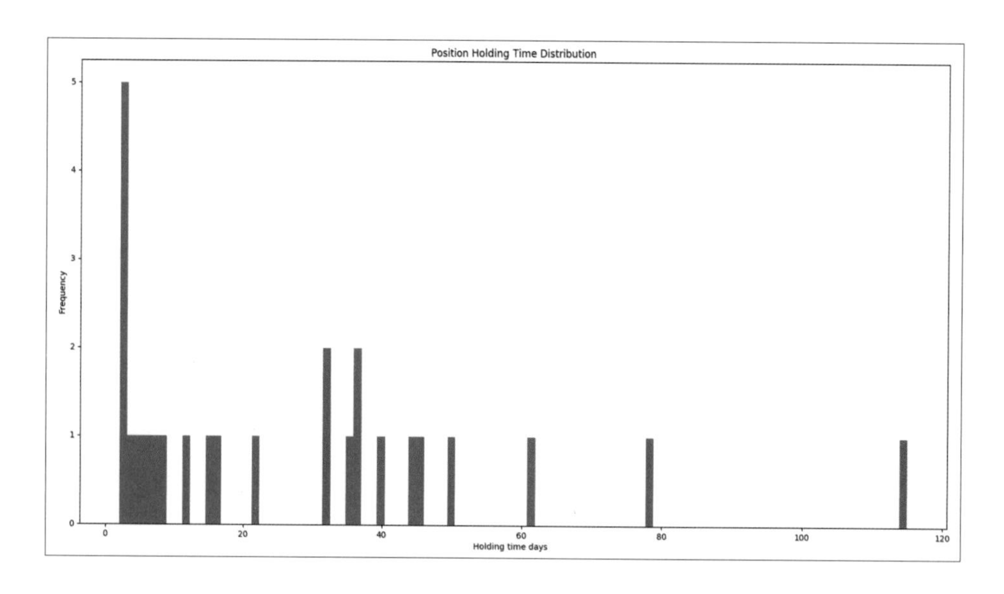

따라서 이 전략의 경우 보유 기간이 꽤 분산돼 있으며, 가장 긴 시간은 약 115일 지속되고, 가장 짧은 시간은 약 3일 지속된다.

PnL 분산

PnL이 매일 또는 매주 얼마나 변할 수 있는지 측정해야 한다. 트레이딩 전략에 PnL이 크게 변동하면 계정 가치가 매우 변동적이며, 그러한 프로파일로 트레이딩 전략을 실행하기가 어렵기 때문에 위험의 중요한 척도다. 종종 투자 기간으로 사용하기로 선택한 일 또는 주 또는 기타 기간에 대한 수익률 표준편차standard deviation of returns를 계산한다. 대부분의 최적화 방법은 PnL과 수익률 표준편차 간의 균형으로 최적의 트레이딩 성과를 찾으려고 한다.

표준편차를 계산하는 것은 쉽다. 다음 코드에서 보인 바와 같이 주간 수익률의 표준편차를 계산해 본다.

```
last_week = 0
weekly_pnls = []

for i in range(0, num_days):
  if i - last_week >= 5:
    weekly_pnls.append(pnl[i] - pnl[last_week])
    last_week = i

from statistics import stdev
print('Weekly PnL Standard Deviation:', stdev(weekly_pnls))

plt.hist(weekly_pnls, 50)
plt.gca().set(title='Weekly PnL Distribution', xlabel='$', ylabel='Frequency')
plt.show()
```

앞의 코드는 다음 출력을 반환한다.

```
Weekly PnL Standard Deviation: 1995.1834727008127
```

다음 다음 그래프는 이전 코드에서 생성된 주간 PnL 분포를 보여 준다.

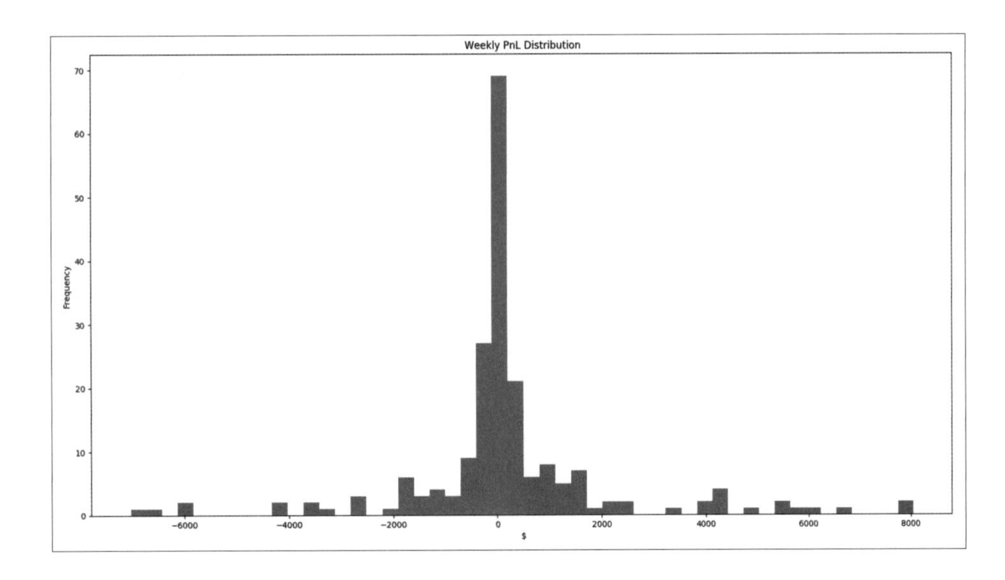

주간 PnL이 평균 $0 주변의 정규분포에 가깝다는 것을 알 수 있다. 이는 직관적으로 의미가 있다. 분포가 오른쪽으로 치우쳐 있어skew 이 트레이딩 전략에 대해 양의 누적 PnL을 산출한다. 몇 주 동안 매우 큰 이익과 손실이 있지만, 매우 드물기 때문에 예상되는 분포의 모습에 부합한다.

샤프 비율

샤프 비율 Sharpe ratio은 업계에서 알고리즘 트레이딩 전략의 성과를 측정하고 비교하는 데 매우 일반적으로 사용되는 성과 및 위험 지표다. 샤프 비율은 일정 기간 동안 평균 PnL과 같은 기간 동안 PnL 표준편차의 비율로 정의된다. 샤프 비율의 이점은 트레이딩 전략의 수익성을 파악하면서 수익의 변동성을 사용해 위험을 설명한다는 것이다. 수학적 표현을 살펴보자.

$$\text{샤프 비율} = \frac{\text{일평균 손익}}{\text{일별 손익의 표준편차}}$$

$$\text{일평균 손익} = \frac{\sum_{i=1}^{N} i\text{일의 손익(일별 손익)}}{\text{대상 기간 일수}}$$

$$\text{손익의 표준편차} = \frac{\sum_{i=1}^{N} (i\text{일의 손익(일별 손익)} - \text{일평균 손익})^2}{\text{대상 기간 일수}}$$

여기에서 다음과 같다.

- Pnl_i: i^{th}번째 거래일의 손익(PnL)
- N: 이 샤프가 계산되는 거래 일수

샤프 비율과 유사한 또 다른 성능 및 위험 척도는 소르티노 비율Sortino ratio로 알려져 있는 것이다. 이 비율은 트레이딩 전략이 돈을 잃는 경우에만 관측하고, 트레이딩 전략이 돈을 버는 것은 무시한다. 간단한 아이디어로 트레이딩 전략의 경우 PnL의 샤프 상승 움직임이 좋은 것이므로 표준편차를 계산할 때 고려해서는 안 된다는 것이다. 같은 얘기로, 하락 움직임 또는 손실만이 실제 위험을 관찰하는 것이라고 할 수 있다.

트레이딩 전략에 대한 샤프 비율 및 소르티노 비율을 계산해 보자. 트레이딩 전략의 기간으로 1주일을 사용할 것이다.

```
last_week = 0
weekly_pnls = []
weekly_losses = []

for i in range(0, num_days):
  if i - last_week >= 5:
    pnl_change = pnl[i] - pnl[last_week]
    weekly_pnls.append(pnl_change)
    if pnl_change < 0:
      weekly_losses.append(pnl_change)
    last_week = i

from statistics import stdev, mean

sharpe_ratio = mean(weekly_pnls) / stdev(weekly_pnls)
sortino_ratio = mean(weekly_pnls) / stdev(weekly_losses)

print('Sharpe ratio:', sharpe_ratio)
print('Sortino ratio:', sortino_ratio)
```

앞의 코드는 다음 출력을 반환한다.

```
Sharpe ratio: 0.09494748065583607
Sortino ratio: 0.11925614548156238
```

여기에서 샤프 비율과 소르티노 비율이 서로 가깝다는 것을 알 수 있다. 두 가지 모두 위험 조정 수익률 지표이기 때문이다. 소르티노 비율은 샤프 비율보다 약간 높은데, 이는 소르티노 비율은 정의대로 PnL의 큰 증가를 트레이딩 전략의 하락/위험에 기여한 것으로 간주하지 않기 때문에 의미가 있다. 이는 샤프 비율이 실제로 PnL의 양의 큰 점프를 불이익으로 가하고 있음을 나타낸다.

기간별 최대 체결수

이 위험 측정은 구간 기반 위험 검사interval-based risk check다. 구간 기반 위험은 고정된 기간 후에 재설정된 카운터이며, 해당 기간 조각 내에 위험 검사가 적용된다. 따라서 최종 한도는 없지만, 초과 거래를 감지하고 피하기 위한 시간 구간 내에서의 한도를 초과하지 않는 것이 중요하다. 검사할 구간 기반 위험 척도는 기간당 최대 체결수다. 이것은 주어진 기간 동안 허용된 최대 거래 수를 측정한다. 그러고 나서 그 타임프레임timeframe이 끝나면 카운터가 재설정되고 다시 시작된다. 이것은 매우 빠른 속도로 사고 파는 폭주 전략을 감지하고 방지한다.

다음에서 1주일을 기간으로 사용하는 전략에 대한 기간별 체결 분포를 살펴보겠다.

```
executions_this_week = 0
executions_per_week = []
last_week = 0
for i in range(0, num_days):
  if results['Trades'].iloc[i] != 0:
    executions_this_week += 1

  if i - last_week >= 5:
    executions_per_week.append(executions_this_week)
    executions_this_week = 0
    last_week = i

plt.hist(executions_per_week, 10)
plt.gca().set(title='Weekly number of executions Distribution',
xlabel='Number of executions', ylabel='Frequency')
plt.show()
```

코드는 다음 출력을 반환한다. 그래프를 보자.

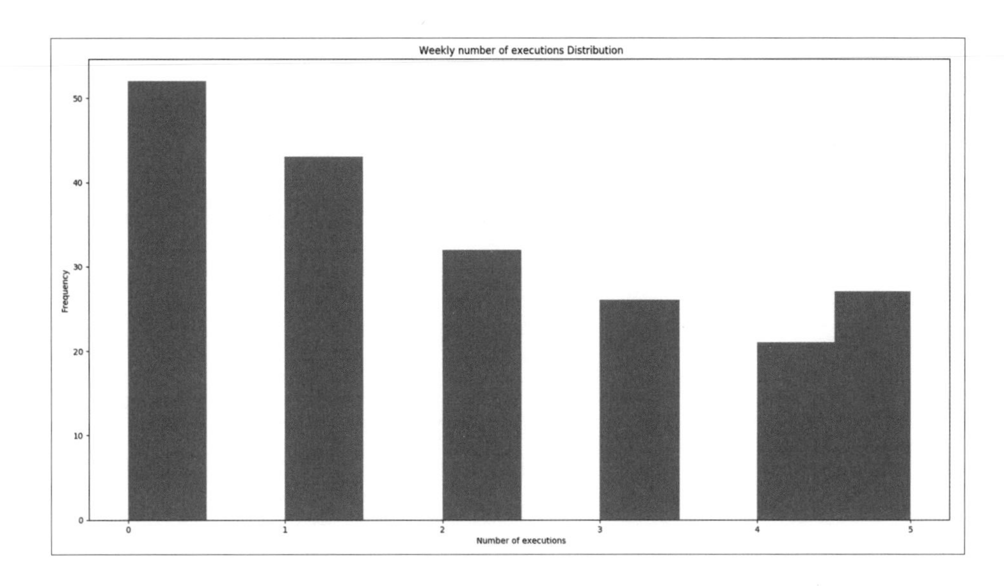

이 트레이딩 전략에 대해서는 과거에 일주일에 5번 이상 거래된 적이 없다. 이는 매일 거래되는 것이므로 많은 도움이 되지 않는다. 이제 매월 최대 체결 수를 살펴보겠다.

```
executions_this_month = 0
executions_per_month = []
last_month = 0
for i in range(0, num_days):
  if results['Trades'].iloc[i] != 0:
    executions_this_month += 1

  if i - last_month >= 20:
    executions_per_month.append(executions_this_month)
    executions_this_month = 0
    last_month = i

plt.hist(executions_per_month, 20)
plt.gca().set(title='Monthly number of executions Distribution', xlabel='Number of
executions', ylabel='Frequency')
plt.show()
```

앞의 코드는 다음 출력을 반환한다. 그래프를 보자.

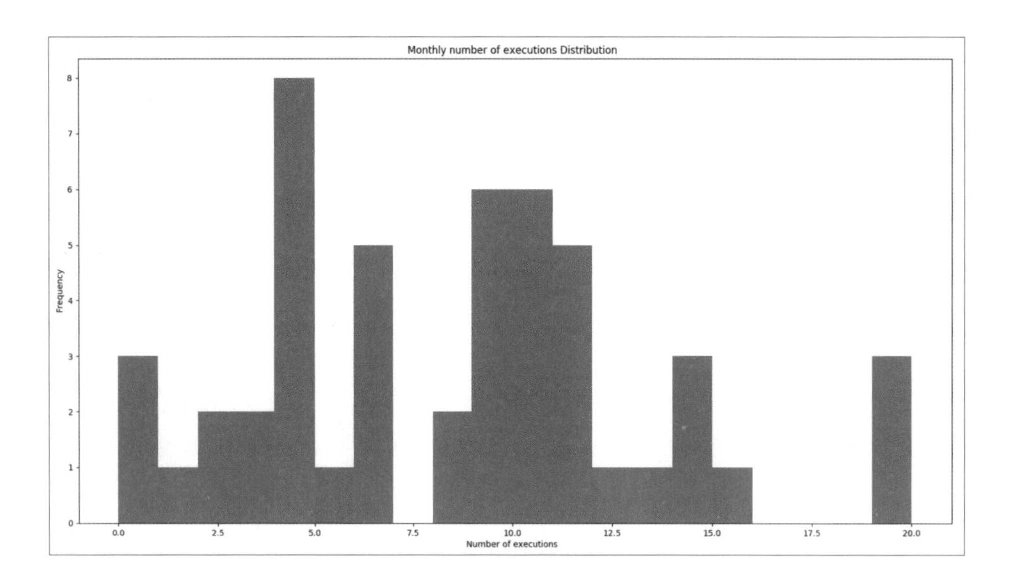

위의 그래프에서 다음을 관찰할 수 있다.

- 전략이 한 달에 매일 거래될 수 있으므로 이 위험 측정을 이 전략에 실제로 사용할 수는 없다.
- 그러나 이것은 여전히 자주 거래되는 알고리즘 트레이딩 전략, 특히 HFT 전략을 이해하고 보정하기 위한 중요한 위험 측정 방법이다.

최대 거래 규모

이 위험 지표는 트레이딩 전략에 대한 단일 거래의 가능한 최대 거래 규모를 측정한다. 이전 예에서 정적 거래 규모를 사용하지만, 거래 시그널이 강할 때 더 큰 주문을 보내고, 거래 시그널이 약할 때 더 작은 주문을 보내는 트레이딩 전략을 구축하는 것은 그리 어렵지 않다. 또는 전략이 수익성이 있는 경우 한 거래에서 정상보다 큰 포지션을 청산하도록 선택할 수 있으며, 이 경우 꽤 큰 주문이 발송된다. 이 위험 측정은 무엇보다도 팻 핑거 오류를 방지하기 때문에 트레이딩 전략이 회색 상자 트레이딩 전략일 때 매우 도움이 된다. 여기서는 이 위험 측정 구현을 생략하지만, 이는 단지 거래 규모별 분포를 찾는 것뿐이므로 이전 위험 측정 구현을 기반으로 간단하게 구현할 수 있어야 한다.

거래량 한도

이 위험 지표는 거래량을 측정하며, 기간별 수량을 측정하는 구간 기반 변이형도 가질 수 있다. 이것은 초과 거래를 감지하고 방지하기 위한 또 다른 위험 측정이다. 예를 들어, 6장에서 논의한 치명적인 소프트웨어 구현 버그 중 일부는 운영자에게 위험 위반에 대해 경고하는 엄격한 거래량 한도와 트레이딩 전략을 종료시키는 거래량 한도가 있을 경우 예방할 수 있었다. 다음 코드로 전략의 거래량을 살펴보자.

```
traded_volume = 0
for i in range(0, num_days):
  if results['Trades'].iloc[i] != 0:
    traded_volume +=abs(results['Position'].iloc[i] ?
results['Position'].iloc[i-1])

print('Tot*-l traded volume:', traded_volume)
```

앞의 코드는 다음 출력을 반환한다.

```
Total traded volume: 4050
```

이 경우 전략 행태는 예상대로이며, 즉 초과 거래가 감지되지 않는다. 이를 사용해 실제 시장에 배포할 때 이 전략에서 예상되는 총 거래량을 교정할 수 있다. 예상보다 훨씬 더 많이 거래되는 경우 그 거래가 초과 거래 상태임을 감지할 수 있다.

리스크 관리 알고리즘 구축

이제까지 트레이딩 전략의 위험 및 알고리즘 트레이딩 전략에 대한 가장 일반적인 위험 척도를 포함해 다양한 유형의 위험과 요인을 알아봤다. 이제 위험 척도를 변동성 조정 평균 회귀 트레이딩 전략에 통합하는 방법을 살펴보고, 실제 거래 시장에 배포하기 전에 이를 더 안전한 트레이딩 전략으로 만들고자 한다. 위험 한도를 역사적으로 달성한 최대값의 150%로 설정한다. 미래에 역사적으로 본 것과는 매우 다른 날이 있을 가능성이 있기 때문에 이렇게 한다. 이제 시작하자.

1. 위반할 수 없는 위험 한도를 정의한다. 앞에서 논의했듯이 역사적으로 관찰된 최대값의 150 %로 설정한다.

```
# 위험 한도
RISK_LIMIT_WEEKLY_STOP_LOSS = -12000 * 1.5
RISK_LIMIT_MONTHLY_STOP_LOSS = -14000 * 1.5
RISK_LIMIT_MAX_POSITION = 250 * 1.5
RISK_LIMIT_MAX_POSITION_HOLDING_TIME_DAYS = 120 * 1.5
RISK_LIMIT_MAX_TRADE_SIZE = 10 * 1.5
RISK_LIMIT_MAX_TRADED_VOLUME = 4000 * 1.5
```

2. 다음 코드를 사용해 위험 위반을 추적하고 확인하기 위한 일부 변수를 유지한다.

```
risk_violated = False

traded_volume = 0
current_pos = 0
current_pos_start = 0
```

3. 보다시피 변동성 조정을 위해 단순이동평균 및 표준편차를 계산하기 위한 코드를 가진다. 빠르고 느린 EMA와 APO 값을 계산해 평균 회귀 거래 시그널로 사용할 수 있다.

```
close = data['Close']
for close_price in close:
  price_history.append(close_price)
  if len(price_history) > SMA_NUM_PERIODS: # 적어도 설정된 기간의 가격 수만큼을 추적한다.
    del (price_history[0])

  sma = stats.mean(price_history)
  variance = 0 # 분산은 표준편차의 제곱이다.
  for hist_price in price_history:
    variance = variance + ((hist_price - sma) ** 2)
    stdev = math.sqrt(variance / len(price_history))
    stdev_factor = stdev / 15
    if stdev_factor == 0:
      stdev_factor = 1

    # 이 부분은 빠른/느린 EMA를 업데이트하고, APO 트레이딩 시그널을 계산한다.
    if (ema_fast == 0): # 첫째 관찰값
      ema_fast = close_price
      ema_slow = close_price
    else:
      ema_fast = (close_price - ema_fast) * K_FAST * stdev_factor + ema_fast
      ema_slow = (close_price - ema_slow) * K_SLOW * stdev_factor + ema_slow

    ema_fast_values.append(ema_fast)
    ema_slow_values.append(ema_slow)

    apo = ema_fast - ema_slow
    apo_values.append(apo)
```

4. 이제 시그널을 평가하고 주문을 보낼 수 있는지 확인하기 전에 시도할 거래 규모가 MAX_TRADE_SIZE 한도 내에 있는지 확인하고자 위험 검사를 수행해야 한다.

```
if NUM_SHARES_PER_TRADE > RISK_LIMIT_MAX_TRADE_SIZE:
  print('RiskViolation NUM_SHARES_PER_TRADE',
NUM_SHARES_PER_TRADE, ' > RISK_LIMIT_MAX_TRADE_SIZE', RISK_LIMIT_MAX_TRADE_
SIZE )
  risk_violated = True
```

5. 다음 절에서는 거래 시그널을 확인해 평소와 같이 주문을 보내야 하는지 확인한다. 그러나 추가 점검에서 위험 한도를 위반한 경우 주문이 진행되지 않는다. 매도 거래하는 데 필요한 변경 사항을 살펴보겠다.

```
# 다음 조건을 만족하면 종가로 매도 거래를 수행한다.
# 1. APO 트레이딩 시그널 값이 매수 진입 임계값을 넘고, 마지막 거래 가격과 현재 가격의 차이가 충분히 다르다.
# 2. 롱(양) 포지션이고, APO 트레이딩 값이 0 이상이거나, 현재의 포지션이 고정시킬 만큼의 이익을 내고 있다.
if (not risk_violated and
  ((apo > APO_VALUE_FOR_SELL_ENTRY * stdev_factor and
abs(close_price - last_sell_price) > MIN_PRICE_MOVE_FROM_LAST_TRADE
stdev_factor) # APO가 매수 진입 임계값을 상회하면 매수한다.
  or
  (position > 0 and (apo >= 0 or open_pnl > MIN_PROFIT_TO_CLOSE / stdev_
factor)))): # 롱 포지션이고, APO가 음에서 양으로 변화하거나 포지션이 이익이 나면, 포지션을 청산하고자 매도한다.
  orders.append(-1) # 매도 거래를 표시한다.
  last_sell_price = close_price
  position -= NUM_SHARES_PER_TRADE # 이 거래 크기만큼 포지션을 줄인다.
  sell_sum_price_qty += (close_price * NUM_SHARES_PER_TRADE) # vwap 매도 가격을 업데이트한다.
  sell_sum_qty += NUM_SHARES_PER_TRADE
  traded_volume += NUM_SHARES_PER_TRADE
  print("Sell ", NUM_SHARES_PER_TRADE, " @ ", close_price, "Position: ",
position)
```

마찬가지로 매수 거래 논리를 살펴보겠다.

```
# 다음 조건을 만족하면, 종가로 매수 거래를 수행한다.
# 1. APO 트레이딩 시그널 값이 매수 진입 임계값을 하회하고, 마지막 거래 가격과 현재 가격의 차이가 충분히 다르다.
# 2. 숏(음) 포지션이고, APO 트레이딩 값이 0 이하이거나 현재의 포지션이 고정시킬 만큼의 이익을 내고 있다.
  elif (not risk_violated and
        ((apo < APO_VALUE_FOR_BUY_ENTRY * stdev_factor and
abs(close_price - last_buy_price) > MIN_PRICE_MOVE_FROM_LAST_TRADE * stdev_
factor) # APO가 매수 진입 임계값을 하회하면 매수한다.
```

```
      or
      (position < 0 and (apo <= 0 or open_pnl > MIN_PROFIT_TO_CLOSE / stdev_
factor)))): # 숏 포지션이고, APO가 양에서 음으로 변화하거나 포지션이 이익이 나면 포지션을 청
산하고자 매수한다
  orders.append(+1) # 매수 거래로 표시한다.
  last_buy_price = close_price
  position += NUM_SHARES_PER_TRADE # 이 거래의 크기만큼 포지션을 증가시킨다.
  buy_sum_price_qty += (close_price * NUM_SHARES_PER_TRADE) # vwap 매수 가격을 업
데이트한다.
  buy_sum_qty += NUM_SHARES_PER_TRADE
  traded_volume += NUM_SHARES_PER_TRADE
  print("Buy ", NUM_SHARES_PER_TRADE, " @ ", close_price, "Position: ",
position)
else:
  #  매수 또는 매도를 위한 어떤 조건도 만족하지 않으므로 거래를 하지 않는다.
  orders.append(0)

positions.append(position)
```

6. 이제 잠재적 주문이 발송되고 이번 라운드에서 거래가 완료된 후 최대 포지션 보유 기간 위험 한도Maximum Position Holding Time Risk Limit부터 시작해 위험 한도를 위반하지 않았는지 확인한다. 다음 코드를 살펴보자.

```
# 기존 포지션을 청산하고 새로운 포지션을 시작한다.
if current_pos == 0:
  if position != 0:
    current_pos = position
    current_pos_start = len(positions)
  continue

# 롱 포지션에서 청산 또는 숏 포지션으로 가거나
# 숏 포지션에서 청산 또는 롱 포지션으로 간다.
if current_pos * position <= 0:
  current_pos = position
  position_holding_time = len(positions) - current_pos_start
  current_pos_start = len(positions)

  if position_holding_time > RISK_LIMIT_MAX_POSITION_HOLDING_TIME_DAYS:
    print('RiskViolation position_holding_time', position_holding_time, ' >
```

```
RISK_LIMIT_MAX_POSITION_HOLDING_TIME_DAYS', RISK_LIMIT_MAX_POSITION_HOLDING_
TIME_DAYS)
    risk_violated = True
```

7. 다음 코드에 표시된 대로 신규 롱/숏 포지션이 최대 포지션 위험 한도Maximum Position risk limit 내에 있는지 확인한다.

```
if abs(position) > RISK_LIMIT_MAX_POSITION:
  print('RiskViolation position', position, ' > RISK_LIMIT_MAX_POSITION',
RISK_LIMIT_MAX_POSITION)
  risk_violated = True
```

8. 업데이트된 거래량이 할당된 최대 거래량 위험 한도Maximum Trade Volume risk limit를 위반하지 않는지 확인한다.

```
if traded_volume > RISK_LIMIT_MAX_TRADED_VOLUME:
  print('RiskViolation traded_volume', traded_volume, ' > RISK_LIMIT_MAX_
TRADED_VOLUME', RISK_LIMIT_MAX_TRADED_VOLUME)
  risk_violated = True
```

9. 다음으로 이전과 동일하게 PnL을 업데이트하는 코드를 작성한다.

```
open_pnl = 0
if position > 0:
  if sell_sum_qty > 0:
    open_pnl = abs(sell_sum_qty) * (sell_sum_price_qty / sell_sum_qty - buy_
sum_price_qty / buy_sum_qty)
  open_pnl += abs(sell_sum_qty - position) * (close_price - buy_sum_price_qty
/ buy_sum_qty)
elif position < 0:
  if buy_sum_qty > 0:
    open_pnl = abs(buy_sum_qty) * (sell_sum_price_qty / sell_sum_qty - buy_
sum_price_qty / buy_sum_qty)
  open_pnl += abs(buy_sum_qty - position) * (sell_sum_price_qty / sell_sum_qty
- close_price)
else:
  closed_pnl += (sell_sum_price_qty - buy_sum_price_qty)
```

```
    buy_sum_price_qty = 0
    buy_sum_qty = 0
    sell_sum_price_qty = 0
    sell_sum_qty = 0
    last_buy_price = 0
    last_sell_price = 0

  print("OpenPnL: ", open_pnl, " ClosedPnL: ", closed_pnl, "TotalPnL: ", (open_
pnl + closed_pnl))
  pnls.append(closed_pnl + open_pnl)
```

10. 이제 실현 및 미실현 PnL의 합인 새로운 총 PnL이 최대 허용 주간 손절 한도Maximum allowed Weekly Stop Loss limit 또는 최대 허용 월간 손절 한도Maximum allowed Monthly Stop Loss limit를 위반하지 않는지 체크하는 다음 코드를 작성해야 한다.

```
  if len(pnls) > 5:
    weekly_loss = pnls[-1] - pnls[-6]

    if weekly_loss < RISK_LIMIT_WEEKLY_STOP_LOSS:
      print('RiskViolation weekly_loss', weekly_loss, ' <
RISK_LIMIT_WEEKLY_STOP_LOSS', RISK_LIMIT_WEEKLY_STOP_LOSS)
      risk_violated = True

  if len(pnls) > 20:
    monthly_loss = pnls[-1] - pnls[-21]

    if monthly_loss < RISK_LIMIT_MONTHLY_STOP_LOSS:
      print('RiskViolation monthly_loss', monthly_loss, ' <
RISK_LIMIT_MONTHLY_STOP_LOSS', RISK_LIMIT_MONTHLY_STOP_LOSS)
      risk_violated = True
```

여기에서 기존 트레이딩 전략에 강건한 위험 관리 시스템을 추가하고, 이를 향후 실제 거래 시장에 배포하려는 다른 모든 트레이딩 전략에 확대한다. 이는 실제 트레이딩 전략이 프로덕션에서 악의적으로 진행되거나 예상 파라미터를 벗어나 행동하는 것을 방지해 트레이딩 전략에 대한 큰 위험 제어 기능을 제공한다.

현실적으로 위험 조정

'리스크 관리 알고리즘 구축' 절에서 구한 위험 관리 시스템에서는 전략 수명 기간 동안 사용한 정적 위험 한도를 사용했다. 그러나 실제로는 그렇지 않다. 새로운 알고리즘 트레이딩 전략이 구축되고 배포될 때 처음에는 낮은 위험 수준으로 보통 가능한 한 가장 낮은 위험 양으로 배포된다. 이것은 여러 가지 이유가 있는데 첫 번째는 테스트를 수행하고 소프트웨어 구현 버그가 있는 경우 이를 해결하기 위해서다. 실제 시장에 배포되는 새로운 코드의 양이 많을수록 위험이 커진다. 다른 이유는 전략의 행태가 과거 성과 분석에 기초해 예상되는 것과 일치하는지 확인하기 위해서다. 일반적으로 예기치 않은 상황이 발생하지 않도록 여러 사람이 매우 면밀히 모니터링한다. 그런 다음 며칠 또는 몇 주 후에 초기 버그가 해결되고 전략 성과가 시뮬레이션 성과와 일치하면 더 많은 수익을 창출하고자 더 많은 위험을 감수하도록 서서히 확장한다.

반대로 전략이 일련의 나쁜 손실을 겪은 후에 종종 트레이딩 전략의 성과가 역사적 기대치에서 떨어졌는지 여부와 더 이상 실제 시장에 동 전략을 배포하는 것이 수익성이 없는지를 확인하고자 줄인 위험 한도에서 전략을 재평가한다. 확실한 목표는 가능한 한 많은 돈을 버는 것이지만, 이를 달성하려면 좋은 위험 점검 시스템뿐만 아니라 전략의 수명 기간 동안의 다양한 PnL 프로파일을 통해 위험을 조정할 수 있는 좋은 시스템이 필요하다.

거래에서 위험을 조정하는 간단한 직관적인 접근 방법은 위험이 낮은 것으로 시작하고, 성능이 좋은 후에는 위험을 약간 증가시키고, 성능이 좋지 않은 경우에는 위험을 약간 줄이는 것이다. 이는 일반적으로 대부분의 참여자가 따르는 접근법이다. 과제는 위험을 증가/감소시키고자 좋은/나쁜 성과를 계량화하고, 얼마나 위험을 증가/감소시켜야 하는지 그 양을 계량화하는 것이다.

위험 점검과 함께 이전의 변동성 조정 평균 회귀 전략을 사용한 실제적인 구현을 살펴보겠다. 좋은 달 후에 거래 규모와 위험을 증가시키고, 나쁜 달 후에 거래 규모와 위험을 조금씩 줄인다. 이제 시작하자.

1. 먼저 전략의 수명 동안 최소 가능 거래 규모와 최대 허용 거래 규모의 한도를 정의한다. 이러한 구현을 위해 거래당 1주 이상과 거래당 50주 이하를 허용한다. 좋은/나쁜 달을 가질 때마다 거래 규모를 2주씩 늘리거나 줄인다. 앞에서 논의한 것처럼 아주 작은 규모로 시작하고 계속 잘하면 천천히 증가할 것이다. 코드를 살펴보자.

```
MIN_NUM_SHARES_PER_TRADE = 1
MAX_NUM_SHARES_PER_TRADE = 50
INCREMENT_NUM_SHARES_PER_TRADE = 2
num_shares_per_trade = MIN_NUM_SHARES_PER_TRADE # 모든 거래의 최소 매수/매도 주수
num_shares_history = [] # 거래 주수의 히스토리
abs_position_history = [] # 절대 포지션 히스토리
```

2. 다음으로 다양한 위험 한도에 대해 유사한 최소, 최대, 증분 값을 정의한다. 전략 거래 규모가 시간이 지남에 따라 변화함에 따라, 증가된 거래 규모를 수용하고자 위험 한도도 역시 조정돼야 한다.

```
# 성과가 좋거나 나쁜 달의 위험 한도와 위험 한도의 증가분
risk_limit_weekly_stop_loss = -6000
INCREMENT_RISK_LIMIT_WEEKLY_STOP_LOSS = -12000
risk_limit_monthly_stop_loss = -15000
INCREMENT_RISK_LIMIT_MONTHLY_STOP_LOSS = -30000
risk_limit_max_position = 5
INCREMENT_RISK_LIMIT_MAX_POSITION = 3
max_position_history = [] # 최대 포지션의 히스토리
RISK_LIMIT_MAX_POSITION_HOLDING_TIME_DAYS = 120 * 5
risk_limit_max_trade_size = 5
INCREMENT_RISK_LIMIT_MAX_TRADE_SIZE = 2
max_trade_size_history = [] # 최대 거래 크기의 히스토리

last_risk_change_index = 0
```

3. 이제 메인 루프 거래 섹션을 보자. 위험 점검과 함께 이전 전략과 다른 섹션만 살펴볼 것이다. 이제 청산하는 최소 이익은 더 이상 일정하지 않지만, 거래당 주식 수의 함수이며, 시간이 지남에 따라 변화한다.

```
MIN_PROFIT_TO_CLOSE = num_shares_per_trade * 10
```

4. 주요 거래 섹션을 보자. 변화하는 거래 규모에 맞게 약간의 변경이 필요하다. 먼저 매도 거래 논리를 살펴보겠다.

```
if (not risk_violated and
    ((apo > APO_VALUE_FOR_SELL_ENTRY * stdev_factor and
abs(close_price - last_sell_price) > MIN_PRICE_MOVE_FROM_LAST_TRADE
* stdev_factor) # APO가 매도 진입 임계값을 넘으면 매도한다.
     or
     (position > 0 and (apo >= 0 or open_pnl > MIN_PROFIT_TO_CLOSE / stdev_
factor)))): # 롱 포지션인데, APO값이 음에서 양으로 변하거나 포지션이 이익이 나면 매도를 수행
해 포지션을 청산한다.
  orders.append(-1) # 매도 거래로 표시한다.
  last_sell_price = close_price
  if position == 0: # 새로운 포지션을 연다.
    position -= num_shares_per_trade # 이 거래 크기만큼 포지션을 감소한다.
    sell_sum_price_qty += (close_price * num_shares_per_trade) # vwap 매도 가격
을 업데이트한다.
    sell_sum_qty += num_shares_per_trade
    traded_volume += num_shares_per_trade
    print("Sell ", num_shares_per_trade, " @ ", close_price, "Position: ",
position)
  else: # 기존 포지션을 청산한다.
    sell_sum_price_qty += (close_price * abs(position)) # update vwap sell-
price
    sell_sum_qty += abs(position)
    traded_volume += abs(position)
    print("Sell ", abs(position), " @ ", close_price, "Position: ", position)
    position = 0 # 이 거래 크기만큼 포지션을 감소한다.
```

마지막으로 매수 거래 논리를 살펴보겠다.

```
elif (not risk_violated and
    ((apo < APO_VALUE_FOR_BUY_ENTRY * stdev_factor and abs(close_price - last_
buy_price) > MIN_PRICE_MOVE_FROM_LAST_TRADE * stdev_factor) # APO가 매수 진입 임
계값 아래이면 매수한다.
```

```
    or
    (position < 0 and (apo <= 0 or open_pnl > MIN_PROFIT_TO_CLOSE / stdev_
factor)))): # 숏 포지션이고, APO값이 양에서 음으로 변하거나 포지션이 이익을 내면 매수를 통해
포지션을 청산한다.
  orders.append(+1) # 매수 거래로 표시한다.
  last_buy_price = close_price
  if position == 0: # 새로운 진입 포지션을 연다.
    position += num_shares_per_trade # 이 거래 크기만큼 포지션을 증가시킨다.
    buy_sum_price_qty += (close_price * num_shares_per_trade) # vwap 매수 가격을
업데이트한다.
    buy_sum_qty += num_shares_per_trade
    traded_volume += num_shares_per_trade
    print("Buy ", num_shares_per_trade, " @ ", close_price, "Position: ",
position)
  else: # 기존 포지션을 청산한다.
    buy_sum_price_qty += (close_price * abs(position)) # vwap 매수 가격을 업데이트
한다.
    buy_sum_qty += abs(position)
    traded_volume += abs(position)
    print("Buy ", abs(position), " @ ", close_price, "Position: ", position)
    position = 0 # 이 거래 크기만큼 포지션을 증가시킨다.
  else:
    # 매수 또는 매도를 위한 조건을 만족하지 못하므로 거래를 하지 않는다.
    orders.append(0)

positions.append(position)
```

5. PnL을 조정 한 후 앞의 코드에 표시된 대로 월 실적이 좋으면 월별 실적을 분석하고 거래 규모와 위험 한도를 늘리고, 월이 나쁜 경우 거래 규모와 위험 한도를 줄이는 구현을 추가한다. 먼저 한 달 동안 실적이 좋은 후 거래 위험을 증가시키는 논리를 살펴보겠다.

```
if len(pnls) > 20:
  monthly_pnls = pnls[-1] - pnls[-20]

  if len(pnls) - last_risk_change_index > 20:
    if monthly_pnls > 0:
      num_shares_per_trade += INCREMENT_NUM_SHARES_PER_TRADE
```

```
    if num_shares_per_trade <= MAX_NUM_SHARES_PER_TRADE:
      print('Increasing trade-size and risk')
      risk_limit_weekly_stop_loss += INCREMENT_RISK_LIMIT_WEEKLY_STOP_LOSS
      risk_limit_monthly_stop_loss +=INCREMENT_RISK_LIMIT_MONTHLY_STOP_LOSS
      risk_limit_max_position += INCREMENT_RISK_LIMIT_MAX_POSITION
      risk_limit_max_trade_size += INCREMENT_RISK_LIMIT_MAX_TRADE_SIZE
  else:
    num_shares_per_trade = MAX_NUM_SHARES_PER_TRADE
```

6. 이제 유사한 논리를 살펴본다. 하지만 한 달 동안 성과가 저하되면 위험을 줄인다.

```
elif monthly_pnls < 0:
  num_shares_per_trade -= INCREMENT_NUM_SHARES_PER_TRADE
  if num_shares_per_trade >= MIN_NUM_SHARES_PER_TRADE:
    print('Decreasing trade-size and risk')
    risk_limit_weekly_stop_loss -= INCREMENT_RISK_LIMIT_WEEKLY_STOP_LOSS
    risk_limit_monthly_stop_loss -= INCREMENT_RISK_LIMIT_MONTHLY_STOP_LOSS
    risk_limit_max_position -= INCREMENT_RISK_LIMIT_MAX_POSITION
    risk_limit_max_trade_size -= INCREMENT_RISK_LIMIT_MAX_TRADE_SIZE
  else:
    num_shares_per_trade = MIN_NUM_SHARES_PER_TRADE

last_risk_change_index = len(pnls)
```

7. 이제 시간이 지남에 따른 위험 노출 변화를 추적하고자 코드를 살펴본다.

```
# 시간 흐름에 따른 거래 크기/포지션과 이들에 대한 위험 한도를 추적한다.
num_shares_history.append(num_shares_per_trade)
abs_position_history.append(abs(position))
max_trade_size_history.append(risk_limit_max_trade_size)
max_position_history.append(risk_limit_max_position)
```

8. 마지막으로 시간에 따른 거래 규모 및 위험 한도의 성과와 변화를 시각화해 보겠다.

```
data = data.assign(NumShares=pd.Series(num_shares_history, index=data.index))
data = data.assign(MaxTradeSize=pd.Series(max_trade_size_history, index=data.
```

```
index))
data = data.assign(AbsPosition=pd.Series(abs_position_history, index=data.
index))
data = data.assign(MaxPosition=pd.Series(max_position_history, index=data.
index))

data['NumShares'].plot(color='b', lw=3., legend=True)
data['MaxTradeSize'].plot(color='g', lw=1., legend=True)
plt.legend()
plt.show()

data['AbsPosition'].plot(color='b', lw=1., legend=True)
data['MaxPosition'].plot(color='g', lw=1., legend=True)
plt.legend()
plt.show()
```

다음 그림은 이전 코드의 출력이다. 이미 익숙한 시각화를 살펴보겠다.

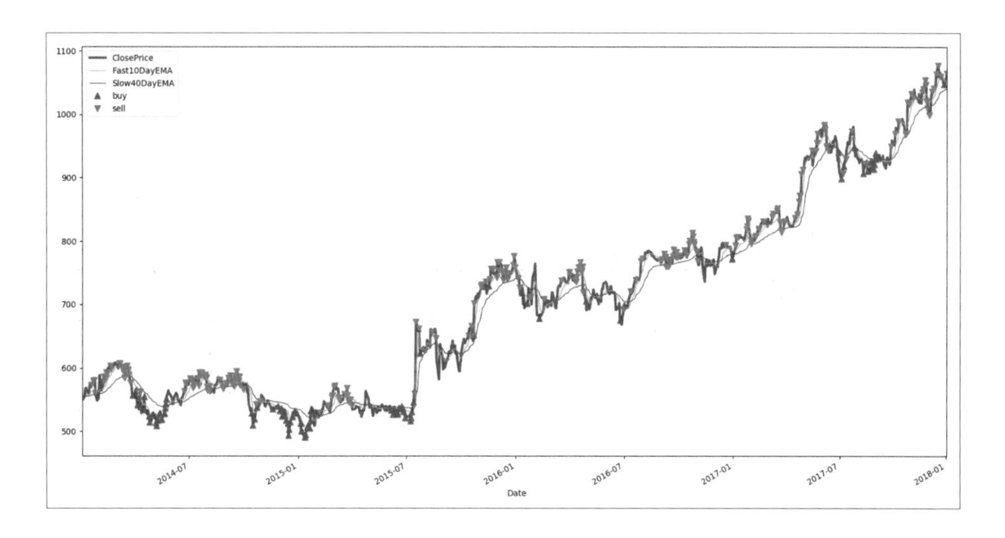

구글 주가에 오버레이된 매수 및 매도 거래를 보여 주는 그래프는 여전히 과거에 관찰한 것과 일관성을 유지하고, 위험 증가 및 감소 단계를 거치면서 전략 행태가 거의 변하지 않음을 보여 준다.

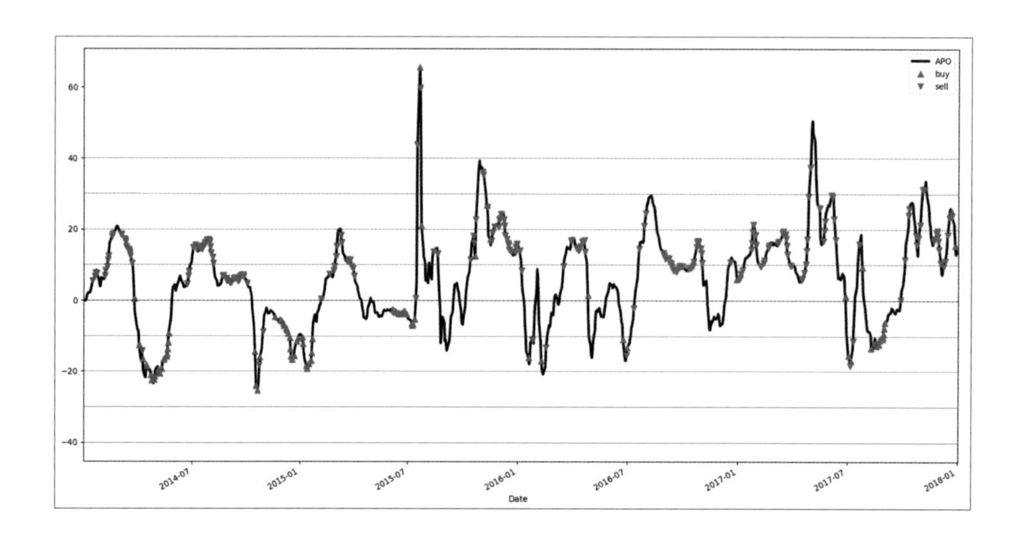

APO 시그널 값 변화에 중첩된 매수 및 매도 거래는 이전의 평균 회귀 트레이딩 전략 분석에서 사용했던 예상 전략 행태와 일관성을 유지한다.

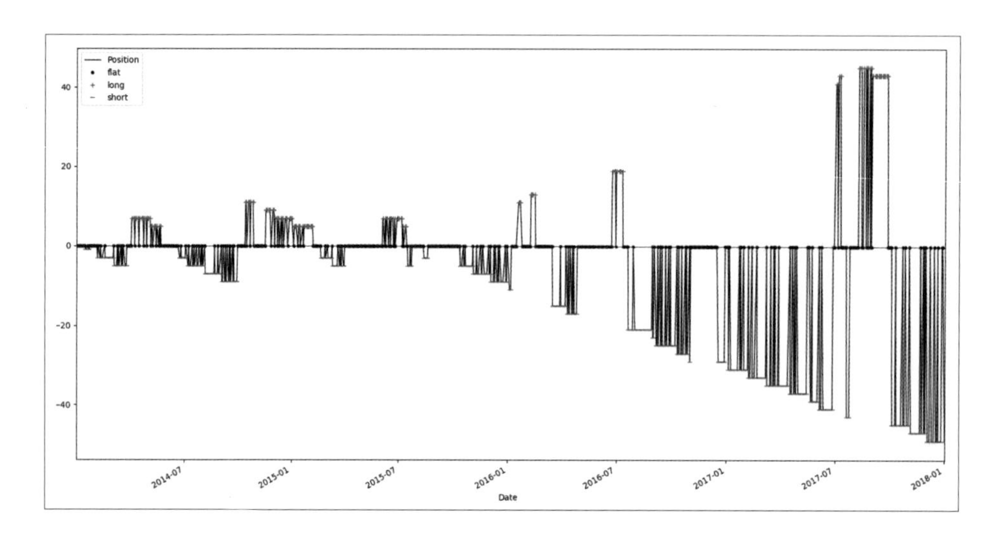

앞의 그림에서 볼 수 있듯이 포지션 그림은 시간이 지남에 따라 포지션의 크기가 어떻게 증가하는지 보여 주기 때문에 특히 흥미롭다. 처음에는 10주 미만으로 매우 작으나, 전

략 성과가 지속적으로 양호함에 따라, 시간이 지나면서 천천히 증가해 40주 이상으로 매우 커진다.

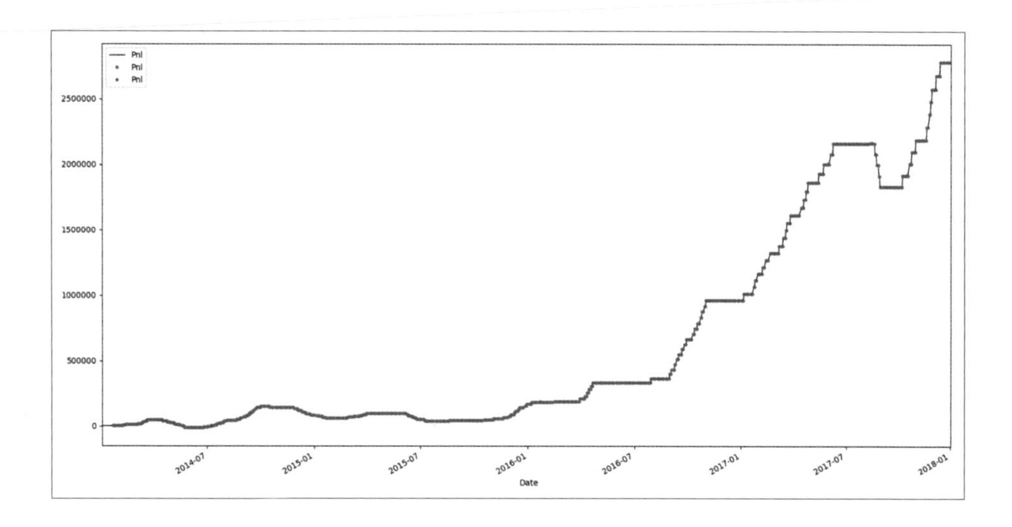

앞의 그림에서 볼 수 있듯이 PnL 그림은 매우 흥미롭고, 보여 줄 것으로 기대하는 것을 반영한다. 처음에는 거래 규모가 작으나, 시간이 지남에 따라 거래 규모가 커지고, 거래 규모와 위험 한도가 커질수록 PnL이 훨씬 빠르게 증가한다.

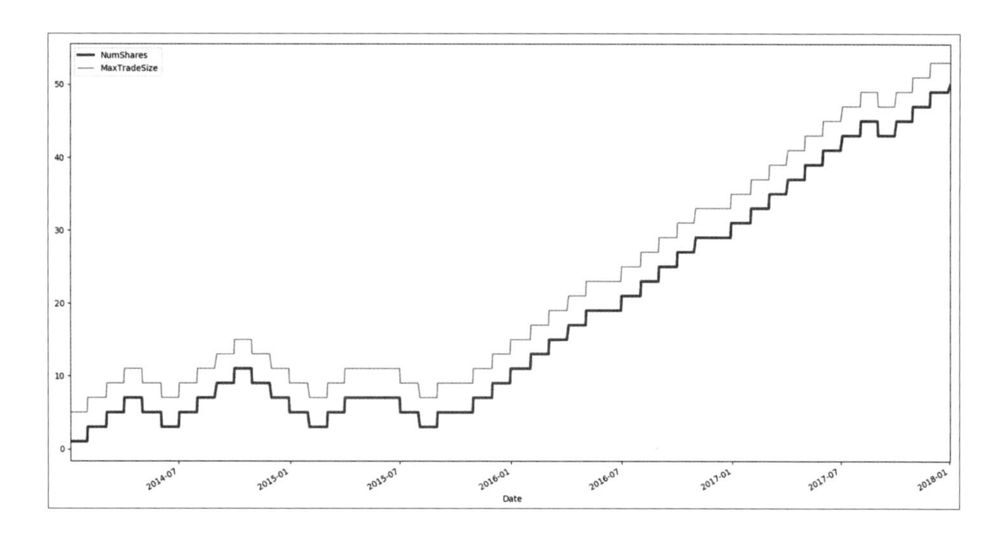

앞의 그림에서 볼 수 있듯이 거래 규모 및 최대 거래 규모 위험 한도 변화는 초기에 거래당 1주로 시작한 다음 수익이 양인 달의 경우는 천천히 증가하고, 음인 달의 경우는 천천히 감소한다. 2016년 무렵 이 전략은 연속적으로 수익성 있는 달로 이어지고, 매월 거래 규모가 증가한다.

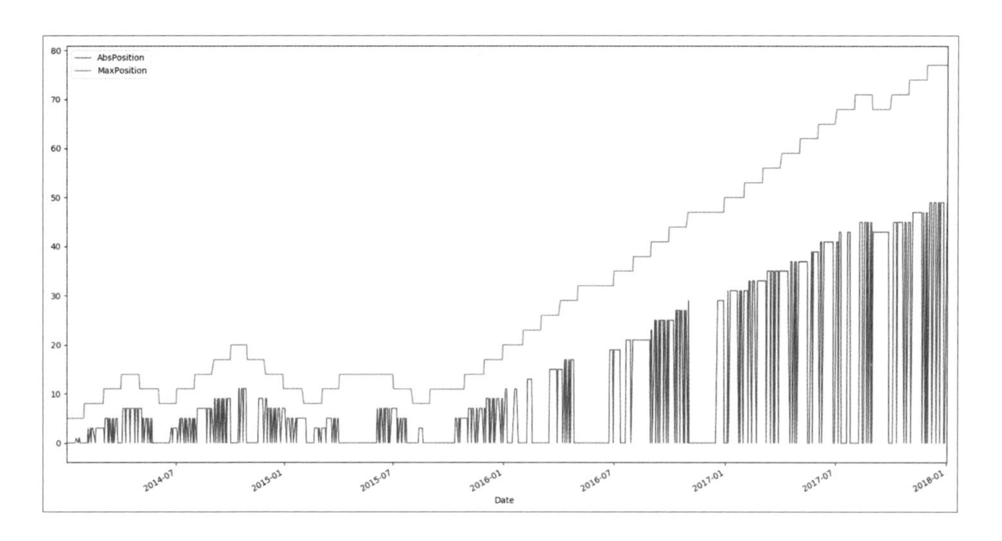

앞의 그림에서 볼 수 있듯이 전략이 취하는 절대 포지션과 최대 포지션 위험 한도 변화는 예상과 일관되게 처음에는 낮게, 그리고 나서 연속적으로 좋은 달을 가진 후 증가한다.

요약

6장에서는 다양한 유형의 위험 및 위험 요소를 배웠다. 그런 다음 위험의 원인을 살펴보고 위험의 계량화를 배웠다. 또한 알고리즘 전략의 위험(시장 위험, 운영 위험, 소프트웨어 구현 버그)을 측정하고 관리하는 방법도 배웠다. 프로덕션 준비가 완료된 위험 관리 시스템을 이전에 구축된 트레이딩 전략에 통합해 실제 거래 시장에 안전하게 배포할 수 있도록 했다. 마지막으로 매우 낮은 수준의 노출로 시작하고 전략 성과가 변화함에 따라 시간에 따른 위험 노출을 동적으로 관리하는 실용적인 위험 조정 시스템을 논의하고 구축했다.

7장에서는 알고리즘적 트레이딩이 트레이딩 분야의 여러 요소와 어떻게 상호작용하는지 살펴볼 것이다. 트레이딩 봇을 처음부터 구축하는 방법을 배운다. 앞에서 구축한 알고리즘을 사용해 이의 구현 방법, 연결 방법, 취급 방법을 알게 된다.

4부

트레이딩 시스템 구축

4부에서는 구축하는 트레이딩 알고리즘이 트레이딩 분야의 다른 행위자와 어떻게 상호작용하는지 배운다. 트레이딩 봇을 처음부터 구축하는 방법을 배운다. 앞에서 구성된 알고리즘을 사용해 구현 방법, 연결 방법, 처리 방법을 알아본다.

4부는 다음 장으로 구성된다.

- 7장: 파이썬 트레이딩 시스템 구축
- 8장: 트레이딩 거래소 연결
- 9장: 파이썬 백테스트 시스템 구축

07

파이썬 트레이딩 시스템 구축

이전의 장들에서 과거 데이터를 분석해 트레이딩 전략을 만드는 방법을 배웠다. 7장에서는 데이터 분석을 실제 거래소에 연결되는 실시간 소프트웨어로 변환해 이전에 배운 이론을 실제로 적용하는 방법을 연구한다.

이전의 장들에서 작성한 알고리즘을 기반으로 트레이딩 전략을 지원하는 기능적 구성 요소를 설명한다. 작은 트레이딩 시스템을 구축하고자 파이썬을 사용한다. 알고리즘을 사용해 거래할 수 있는 트레이딩 시스템을 구축할 것이다.

7장에서는 다음 주제를 다룬다.

- 트레이딩 시스템 이해
- 파이썬으로 트레이딩 시스템 구축
- 지정가 호가창 설계

트레이딩 시스템 이해

트레이딩 시스템은 트레이딩 전략을 자동화하는 데 도움이 된다. 이러한 종류의 소프트웨어를 구축하고자 할 때는 다음 사항을 고려해야 한다.

- **자산 클래스**: 코드를 작성할 때 트레이딩 시스템에서 어떤 자산 클래스가 사용될지에 따라 소프트웨어의 데이터 구조가 수정된다. 각 자산 클래스는 고유하며 고유한 특성셋을 갖고 있다. 미국 주식은 주로 2개의 거래소(뉴욕증권거래소와 나스닥)에서 거래된다 이 두 거래소에는 약 6,000개의 회사(심벌)가 있다. 주식과 달리 **외환**FX에는 6개의 주요 통화 쌍, 6개의 부통화 쌍, 6개의 이국적인 통화 쌍이 있다. 더 많은 통화 쌍을 추가할 수 있지만 통화 쌍이 100개를 초과하지는 않을 것이다. 그러나 수백 명의 마켓 플레이어(은행, 중개인)가 있다.
- **트레이딩 전략 유형**(고빈도, 장기 포지션): 전략 유형에 따라 소프트웨어 아키텍처의 설계에 영향을 미친다. 고빈도 트레이딩 전략은 주문을 매우 빠르게 보내야 한다. 미국 주식에 대한 정규 트레이딩 시스템은 마이크로초 이내에 주문을 보내기로 선택한다. 시카고상품거래소CME, Chicago Mercantile Exchange에서 거래되는 시스템은 나노초 안에 작동할 수 있다. 이러한 관찰을 바탕으로 할 때 소프트웨어 설계 선택에 있어 기술이 중요한다. 단지 프로그래밍 언어를 언급한다면 파이썬은 속도에 적합하지 않으며, C++ 또는 자바Java를 선택하는 것이 좋다. 며칠과 같은 장기적인 포지션을 원한다면 트레이더가 다른 사람보다 유동성을 빠르게 얻는 속도는 중요하지 않다. 파이썬과 같은 프로그래밍 언어는 이러한 목표를 달성할 만큼 충분히 빠르다.
- **사용자 수**(트레이딩 전략 수): 트레이더 수가 증가하면 트레이딩 전략 수가 증가한다. 이는 주문 수가 더 많다는 것을 뜻한다. 거래소에 주문을 보내기 전에 보내려는 주문의 유효성을 확인해야 한다. 주어진 상품의 전체 포지션이 달성됐는지 확인해야 한다. 트레이딩 세계에서는 트레이딩 전략을 중재하는 규제가 점점 더 많아지고 있다. 트레이딩 전략이 규정을 준수한다는 것을 파악하고자, 보내려는

주문의 규정 준수 여부를 테스트한다. 이 모든 검사는 약간의 계산 시간을 추가한다. 주문이 너무 많으면 주어진 상품마다 모든 검증을 순차적으로 수행해야 한다. 소프트웨어가 충분히 빠르지 않으면 주문 속도가 느려진다. 따라서 사용자가 많을수록 더 빠른 트레이딩 시스템이 필요하다.

이 파라미터들은 구축하려는 트레이딩 시스템의 개념을 수정한다. 트레이딩 시스템을 구축할 때 요구 사항을 명확히 설명하는 것은 필수적이다.

트레이딩 시스템의 목표는 트레이딩 아이디어를 지원하는 것이다. 트레이딩 시스템은 트레이딩 전략에 필요한 정보를 수집하고, 이 주문과 관련해 주문을 보내고, 시장으로부터 응답을 받는 일을 담당한다. 주요 기능은 데이터를 수집하는 것이다(대부분의 경우 이는 가격 업데이트다). 트레이딩 전략이 이익, Fed 발표(일반적으로 뉴스)와 관련된 일부 계량적 데이터를 가져와야 하는 경우 이러한 뉴스는 또한 주문을 유발한다. 트레이딩 전략이 포지션의 방향을 결정하면 트레이딩 시스템은 그에 따라 주문을 보낸다. 트레이딩 시스템은 또한 요청된 가격과 요청된 수량에 대해 주문을 처리하기에 가장 적합한 특정 거래소를 결정한다.

게이트웨이

트레이딩 시스템은 가격 업데이트를 수집하고 당신을 대신해 주문을 보낸다. 이를 위해서는 트레이딩 시스템 없이 거래할 때 수행했을 모든 단계를 코딩해야 한다. 낮은 매수와 높은 매도로 돈을 벌고 싶다면 거래에 사용할 상품을 선택해야 한다. 일단 상품을 선택하면 다른 트레이더로부터 주문을 받고자 한다. 다른 트레이더는 거래 방향, 가격, 수량을 표시해 금융 자산을 거래하려는 의도(주문)를 제시한다. 거래하려는 상품에 대해 충분한 주문을 받자마자 거래하고자 하는 트레이더를 선택할 수 있다. 아마도 자산 가격을 기준으로 결정을 내릴 것이다. 나중에 자산을 재매도하려면 저렴한 가격으로 매수하는 것이 중요하다. 가격에 동의하면 공시된 가격으로 매수할 거래 상대방 트레이더를 지정할 것이다. 거래가 완료되면 이 상품을 소유하게 된다. 더 높은 가격에 팔고 싶을 때도 같은 방식으로 진행한다. 기능 단위functional unit를 사용해 이러한 거래 방식을 공식화한다.

- **데이터 처리**: 거래하기로 선택한 베뉴venue(거래소, ECN, 다크 풀)에서 가격 업데이트를 수집한다. 이 구성 요소(다음 다이어그램에서 **게이트웨이**라고 함)는 트레이딩 시스템에서 가장 중요한 요소 중 하나다. 이 구성 요소의 역할은 거래에서 트레이딩 시스템으로 주어진 상품에 대한 호가창book을 얻는 것이다. 이 구성 요소는 네트워크에 연결되며, 통신을 위해 정보 흐름을 수신 및 전송하는 거래소에 연결된다.

다음 다이어그램은 트레이딩 시스템에서 게이트웨이의 위치를 나타낸다. 이들은 트레이딩 시스템의 입력과 출력이다.

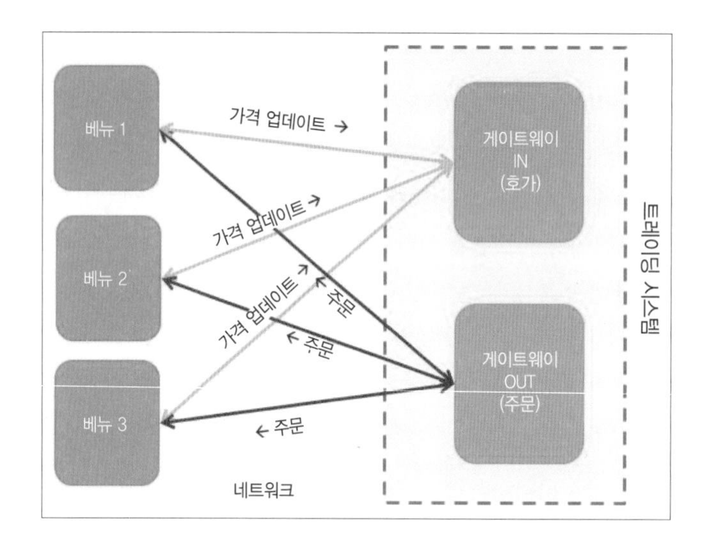

다이어그램은 다음을 보여 준다.

- 베뉴는 트레이더, 거래소, ECN 및 다크 풀dark pool을 나타낸다.
- 게이트웨이와 베뉴는 다른 방법으로 연결될 수 있다(화살표로 표시).
- 유선, 무선 네트워크, 인터넷, 마이크로웨이브 또는 광섬유를 사용할 수 있다. 이러한 모든 네트워크 미디어는 속도, 데이터 손실, 대역폭 측면에서 서로 다른 특성을 갖는다.
- 가격 업데이트 및 주문에 대해 화살표가 양방향임을 알 수 있다. 가격 업데이트를 요청하는 프로토콜이 있다.

- 게이트웨이는 베뉴와의 네트워크 연결을 시작하고, 자체 인증하며, 지정된 장비에 가입해 가격 업데이트를 받기 시작한다(이 부분은 나중에 자세히 설명한다).
- 주문을 처리하는 게이트웨이도 메시지를 수신 및 전송한다. 주문이 생성되면 네트워크를 통해 베뉴로 전송된다.
- 베뉴가 주문을 받으면 주문에 대한 승인이 전송된다. 주문이 매칭하는 주문을 만족하면 거래가 트레이딩 시스템으로 전송된다.

주문 호가창 관리

데이터 처리의 주요 작업은 지정가 주문 호가창order book을 베뉴에서 트레이딩 시스템으로 복제하는 것이다. 받는 모든 다른 호가창들을 합치고자 **호가창 빌더**book builder는 가격을 모으고 전략에 따라 그것들을 분류하는 것을 담당한다.

다음 다이어그램에서 가격 업데이트는 게이트웨이에 의해 변환된 후 호가창 빌더로 전송된다. 호가창 빌더는 베뉴에서 게이트웨이가 수신한 호가창을 사용하고 모든 가격 업데이트를 수집하고 정렬한다.

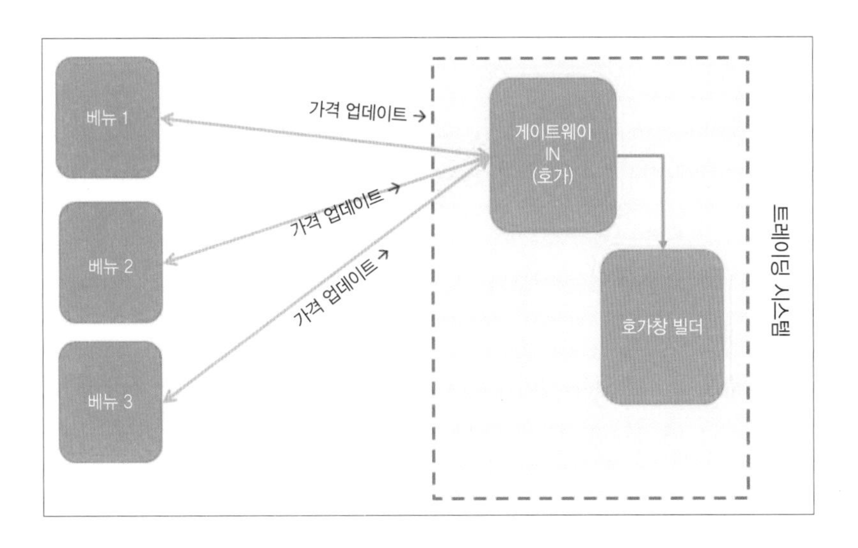

다음 다이어그램에서는 특정 금융 상품에 대한 **주문 호가창** 예제를 사용한다. 3개의 베뉴가 있기 때문에 3개의 다른 호가창을 살펴본다.

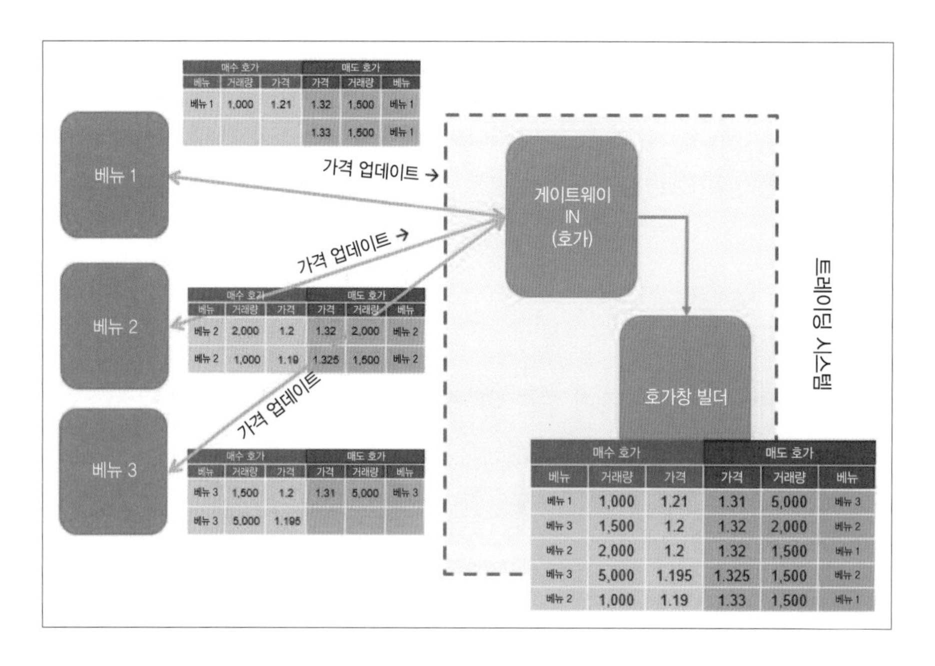

위의 다이어그램은 다음을 보여 준다.

- 이 호가창들에서 각 행마다 주문이 있는 것을 볼 수 있다.
- 예를 들어, 베뉴 1의 매수 호가(bid) 리스트에는 $1.21에 1,000주를 기꺼이 매수하려는 트레이더가 있다. 다른 쪽에는 매도하고자 하는 사람들의 리스트가 있다.
- 매도 호가(offer price, ask price)는 항상 매수 호가보다 높을 것으로 예상된다.
- 실제로 매도할 수 있는 것보다 적은 양으로 매수할 수 있다면 돈을 버는 것이 너무 쉬울 것이다.
- 호가창 빌더의 역할은 게이트웨이가 수집한 3개의 베뉴에서 3개의 호가창을 얻는 것이다. 호가창 빌더는 3개의 호가창을 다시 그룹화하고 주문을 정렬한다.

전략

트레이딩 전략은 시스템의 두뇌다. 트레이딩 아이디어를 나타내는 알고리즘이 구현되는 곳이다. 다이어그램을 보자.

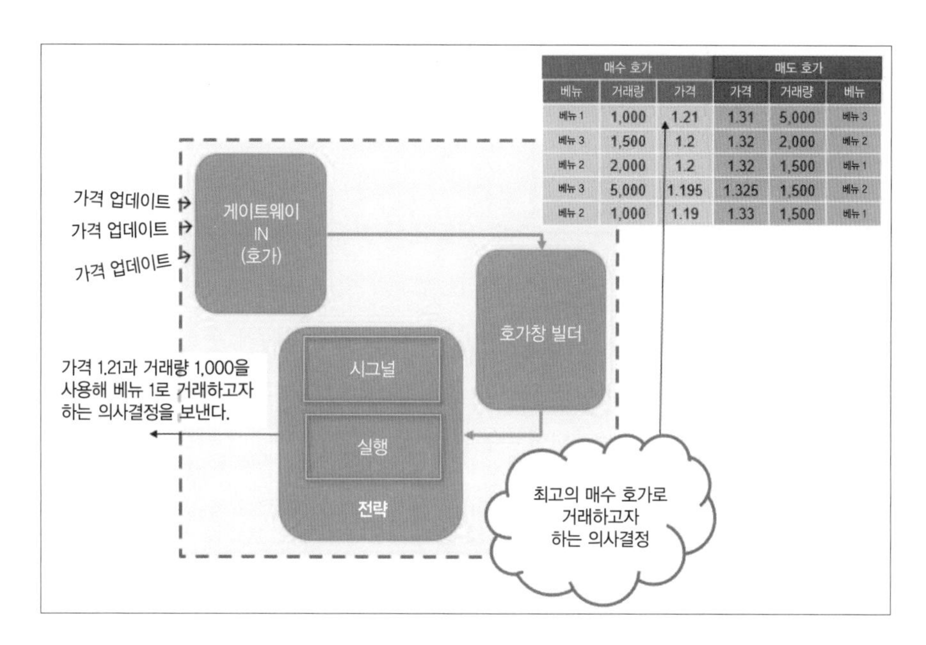

다이어그램은 다음을 보여 준다.

- 트레이딩 전략은 **시그널**signal과 **체결**execution의 두 가지 주요 구성 요소로 나뉜다. 이 책에서 처음 봤던 수많은 전략을 시그널이라고 부를 수 있다.
- 시그널은 롱 또는 숏 포지션을 취하는 시그널을 나타낸다. 예를 들어, 이중 이동 평균 크로스오버 모멘텀 전략에서 2개의 평균 선이 교차할 때 롱 또는 숏으로 포지션을 취하는 시그널이 생성됐다.
- 이 전략의 시그널 구성 요소는 시그널 생성에만 중점을 둔다. 그러나 의도(시그널)가 있다고 해서 관심 있는 유동성을 확보할 수 있는 것은 아니다. 예를 들어, 고빈도 거래의 경우 트레이딩 시스템의 속도로 인해 주문이 기각될 가능성이 높다.

- 전략의 체결 부분은 시장 반응의 처리를 담당한다. 이 부분은 시장의 반응에 대한 조치를 결정한다. 예를 들어, 주문이 거부되면 어떤 일이 일어날까? 동등한 유동성, 다른 가격을 얻으려고 계속 노력해야 한다. 구현 방법에 초점을 맞추는 데 필요한 중요한 부분이다.

주문 관리 시스템

주문 관리 시스템OMS, Order Management System은 전략에서 전송된 주문을 수집하는 구성 요소다. OMS는 주문 수명주기(생성, 실행, 수정, 취소 및 거부)를 추적한다. 트레이딩 전략 주문은 OMS에서 수집된다. 주문이 잘못되었거나 유효하지 않은 경우(너무 많은 수량, 잘못된 방향, 잘못된 가격, 과도한 미결 포지션 또는 거래소가 취급하지 않는 주문 유형) OMS는 주문을 거부할 수 있다. OMS에서 오류가 감지되면 주문이 트레이딩 시스템에서 나오지 않는다. 거부는 더 일찍 발생한다. 결과적으로 트레이딩 전략은 주문이 거래소에 의해 거부되는 경우보다 더 빠르게 반응할 수 있다. OMS의 기능을 보여 주는 다음 다이어그램을 살펴본다.

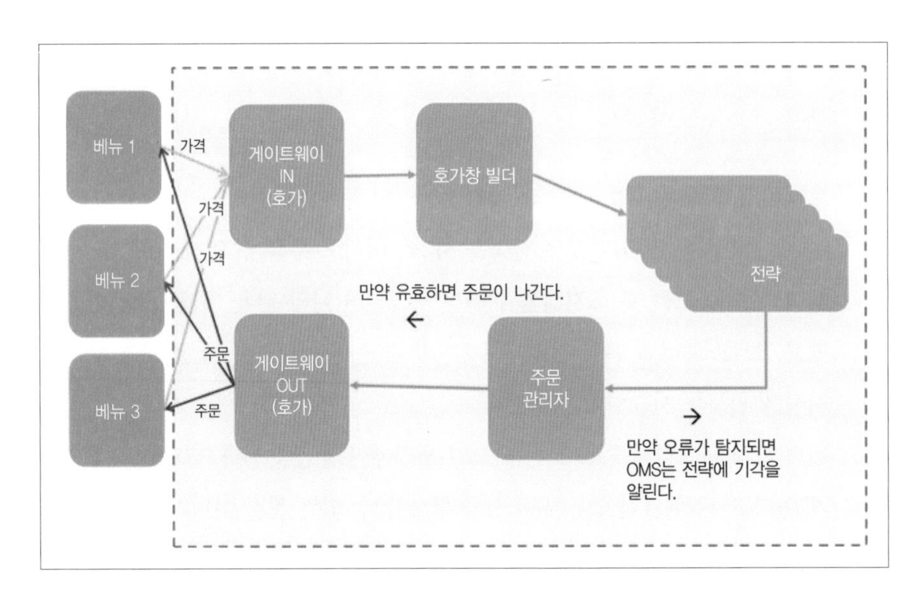

핵심 구성 요소

게이트웨이, 호가창 빌더, 전략, OMS는 모든 트레이딩 시스템의 핵심 구성 요소다. 이들은 거래를 시작하는 데 필요한 필수 기능을 모은다. 모든 핵심 구성 요소의 처리 시간을 추가해 트레이딩 시스템의 성능을 속도로 측정해야 한다. 가격 업데이트가 트레이딩 시스템에 들어가면 타이머를 시작하고, 이 가격 업데이트에 의해 트리거된 주문이 시스템에서 나올 때 타이머를 중지한다. 이 시간을 **틱-투-트레이드**tick-to-trade 또는 **틱-투-오더**tick-to-order 라고 한다.

가장 최근 시스템에서 이 시간은 마이크로초(약 10마이크로초) 수준이다. 특수 하드웨어 및 소프트웨어 프로그래밍으로 최적화하면 이 시간을 나노초(약 300나노초)까지 줄일 수 있다. 우리는 트레이딩 시스템을 구현하고자 파이썬을 사용하기로 선택했기 때문에 이 파이썬 시스템의 틱-투-트레이드는 밀리초 단위다.

주변 구성 요소

핵심이 아닌 구성 요소는 주문 전송 결정과 직접 연결되지 않은 구성 요소다. 파라미터를 수정하고 데이터를 보고하며 데이터를 수집한다. 예를 들어, 전략을 설계할 때 실시간으로 조정해야 하는 파라미터 세트가 있다. 트레이딩 전략 구성 요소에 정보를 전달할 수 있는 구성 요소가 필요하다. 이를 위해 **명령 및 제어**command and control라는 구성 요소를 가진다.

명령 및 제어

명령 및 제어는 트레이더와 트레이딩 시스템 간의 인터페이스다. 트레이더로부터 명령을 수신하고 메시지를 적절한 구성 요소로 보내는 명령줄 시스템command line system 또는 사용자 인터페이스user interface일 수 있다. 다음 다이어그램을 보자.

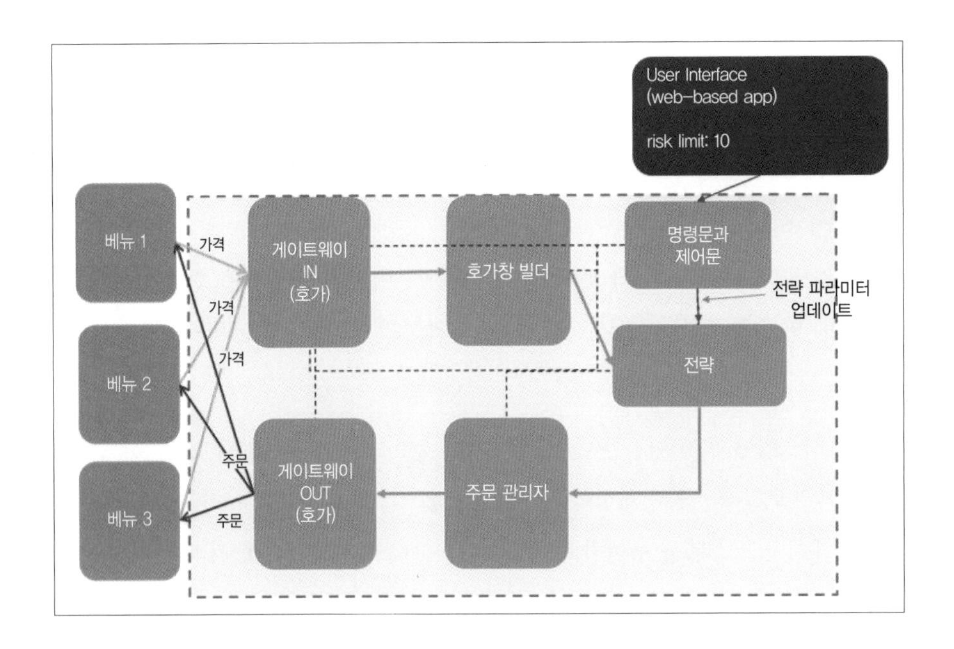

다이어그램에 표시된 대로 트레이딩 전략 파라미터를 업데이트해야 하는 경우 트레이더는 웹 기반 응용 프로그램web-based application의 텍스트 필드를 사용해 트레이딩 전략이 취할 수 있는 위험 허용치를 지정할 수 있다. 허용 한도에 해당하는 숫자가 적절한 트레이딩 전략으로 전송된다.

서비스

추가 구성 요소가 트레이딩 시스템에 추가될 수 있다. 다음 구성 요소에 대해 살펴본다(완전한 리스트는 아니다).

- **포지션 서버**position server: 모든 거래 내역을 추적한다. 거래된 모든 금융 자산의 포지션을 업데이트한다. 예를 들어, $1.2의 가격으로 100,000 EUR/USD를 거래하면 명목 포지션은 $120,000가 된다. 트레이딩 시스템 구성 요소가 EUR/USD의 포지션 금액을 필요로 하는 경우 포지션 업데이트를 위해 포지션 서버를 구독한다. 주문 관리자 또는 트레이딩 전략은 주문이 종료되기 전에 이 정보를 알고 싶

어 할 수 있다. 특정 자산에 대해 포지션을 $200,000로 제한하려는 경우 100,000 EUR/USD를 얻기 위한 다른 주문은 거부된다.

- **로깅 시스템**logging system: 구성 요소에서 모든 로그를 수집하고 파일을 쓰거나 데이터베이스를 수정한다. 로깅 시스템은 디버깅을 도와 문제의 원인을 파악하고 보고할 뿐이다.
- **뷰어**viewer(읽기 전용 사용자 인터페이스 뷰): 트레이딩에 대한 뷰(포지션, 주문, 거래, 작업 모니터링 등)를 표시한다.
- **제어 뷰어**control viewer(대화식 사용자 인터페이스): 트레이딩 시스템의 파라미터를 수정하고 구성 요소를 시작/중지하는 방법을 제공한다.
- **뉴스 서버**news server: 많은 뉴스 회사(Bloomberg, Reuters, Ravenpack)의 뉴스를 수집해 실시간 또는 주문형 트레이딩 시스템에 이 뉴스를 제공한다.

파이썬 트레이딩 시스템 구축

'파이썬 트레이딩 시스템 구축' 절에서는 트레이딩 시스템을 처음부터 새로 만드는 방법을 설명한다. 파이썬을 사용해 이 트레이딩 시스템을 코딩할 것이다. 그러나 접근 방식은 다른 언어로 옮겨질 정도로 일반적이다. 설계와 최고의 소프트웨어 엔지니어링 실습을 이야기하겠다. 우리가 만들 시스템은 거래하기 위한 최소한의 구성 요소만을 가질 것이며, 첫 번째 초기 구현 후에 확장할 수 있다.

파이썬은 객체 지향 언어다. 트레이딩 시스템의 주요 기능을 파이썬 객체로 캡슐화한다. 구성 요소가 채널을 통해 통신하도록 한다. 다섯 가지 주요 구성 요소의 첫 번째 구현을 제한해 기능 구성 요소를 단순화한다. 이 다섯 가지 구성 요소를 5개의 다른 파일로 코딩한다. 다음과 같은 모든 구성 요소에 단위 테스트unit test를 적용한다.

- 1-py: 유동성 공급자의 행동을 재현한다. 이 예에서는 가격 업데이트(주문)를 보낸다.

- 2-py: 설계를 단순화하고자 게이트웨이를 제거하고 유동성 공급자를 주문 호가창 관리자에 직접 연결한다. 이 구성 요소는 호가창 빌드를 담당한다.
- 3-py: 이 파일에는 트레이딩 전략 코드가 포함돼 있다.
- 4-py: 주문 관리자 코드가 포함돼 있다.
- 5-py: 이것은 시장의 행태를 복제한다.

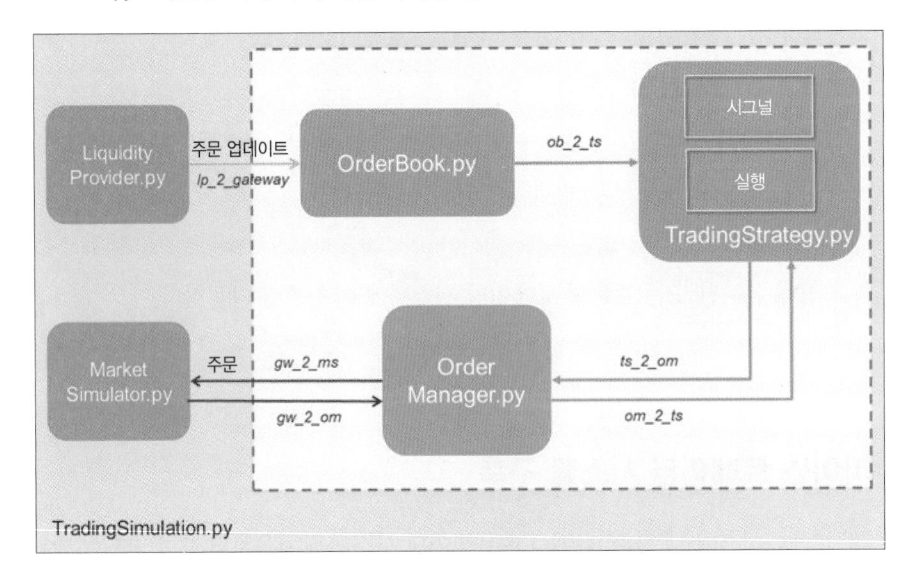

앞의 다이어그램에서 모든 구성 요소 사이에 링크가 있음을 관찰한다. 모든 링크는 단방향 통신 채널이다. 파이썬에서 우리가 선택한 데이터 구조는 컬렉션 패키지collection package의 deque다.

deque 데이터 구조의 두 가지 방법을 사용한다.

- -push: 원소를 채널에 삽입한다.
- -popleft: 채널에서 원소를 제거한다.

먼저 모든 구성 요소의 구현을 하나씩 설명한다. 그것들을 사용하는 데 사용될 공개적 방법을 설명할 것이다. 클래스 설계를 시작할 때 먼저 이 클래스가 무엇을 해야 하는지를 알아야 한다. 구성 요소 행태를 확인할 수 있는 테스트 환경을 설계한다.

주문 및 주문 업데이트는 다음과 같은 간단한 파이썬 딕셔너리로 표시된다. 코드를 살펴보자.

```
ord = {
    'id': self.order_id,
    'price': price,
    'quantity': quantity,
    'side': side,
    'action': action
}
```

LiquidityProvider 클래스

`LiquidityProvider` 클래스는 다른 것 중에서 가장 단순하다. 이 구성 요소의 목표는 유동성을 생성하는 것이다. 유동성을 무작위로 생성하기 때문에 `LiquidityProvider` 클래스가 보낸 첫 번째 유동성이 제대로 형성되었는지 테스트하기만 하면 된다. `generate_random_order` 함수를 생성할 것인데 이 함수는 주문 방향, 가격, 수량, 이 주문과 관련된 작업을 임의로 선택한다. 새로운 주문 생성, 주문 수정, 주문 취소의 세 가지 작업이 있다. 전체 트레이딩 시스템을 만들 예정이므로 주문을 수동으로 삽입해 전체 시스템을 테스트하려고 한다. 따라서 이 `LiquidityProvider` 구성 요소는 시스템에 수동 주문을 삽입할 수 있는 방법을 가질 것이다.

다음 코드는 `LiquidityProvider` 클래스를 설명한다. 시드[seed]로 초기화된 의사 랜덤 생성기[pseudo random generator]를 사용한다. 코드를 여러 번 실행할 때 시드를 사용하면 난수를 결정적으로 지정할 수 있다.

`generate_random_order` 함수는 `lookup_orders` 함수를 사용해 생성될 다음 주문이 이미 존재하는지 판별한다.

1. 다음 코드에서 LiquidityProvider 클래스를 만든다. 이 클래스의 목표는 유동성 공급자 또는 거래소 역할을 하는 것이다. 트레이딩 시스템에 가격 업데이트를 보낸다. lp_2_gateway 채널을 사용해 가격 업데이트를 보낸다.

```
from random import randrange
from random import sample, seed

class LiquidityProvider:
  def __init__(self, lp_2_gateway=None):
    self.orders = []
    self.order_id = 0
    seed(0)
    self.lp_2_gateway = lp_2_gateway
```

2. 주문 리스트에서 주문을 조회하는 유틸리티 기능을 작성한다.

```
def lookup_orders(self,id):
  count=0
  for o in self.orders:
    if o['id'] == id:
      return o, count
    count+=1
  return None, None
```

3. insert_manual_order 함수는 주문을 트레이딩 시스템에 수동으로 삽입한다. 아래에 보인 대로 이 기능은 일부 구성 요소를 단위 테스트하는 데 사용된다.

```
def insert_manual_order(self,order):
  if self.lp_2_gateway is None:
    print('simulation mode')
    return order
  self.lp_2_gateway.append(order.copy())
```

generate_random_order 함수는 주문을 무작위로 생성한다. 세 가지 유형의 주문이 있다.

- 신규(새로운 order ID를 생성)
- 수정(생성된 주문의 order ID를 사용하고 수량을 변경)
- 삭제(order ID를 사용하고 주문을 삭제)

4. 새로운 주문을 만들 때마다 order ID를 증가시켜야 한다. 다음 코드와 같이 lookup_orders 함수를 사용해 주문이 이미 생성되었는지 확인한다.

```
def generate_random_order(self):
  price=randrange(8,12)
  quantity=randrange(1,10)*100
  side=sample(['buy','sell'],1)[0]
  order_id=randrange(0,self.order_id+1)
  o=self.lookup_orders(order_id)

  new_order=False
  if o is None:
    action='new'
    new_order=True
  else:
    action=sample(['modify','delete'],1)[0]

ord = {
    'id': self.order_id,
    'price': price,
    'quantity': quantity,
    'side': side,
    'action': action
}

if not new_order:
  self.order_id+=1
  self.orders.append(ord)

if not self.lp_2_gateway:
  print('simulation mode')
  return ord
self.lp_2_gateway.append(ord.copy())
```

5. 단위 테스트를 사용해 LiquidityProvider 클래스가 올바르게 작동하는지 테스트한다. 파이썬에는 unittest 모듈이 있다. 그림과 같이 TestCase에서 상속한 TestMarketSimulator 클래스를 만듭니다.

```
import unittest
from chapter7.LiquidityProvider import LiquidityProvider

class TestMarketSimulator(unittest.TestCase):
  def setUp(self):
    self.liquidity_provider = LiquidityProvider()

  def test_add_liquidity(self):
    self.liquidity_provider.generate_random_order()
self.assertEqual(self.liquidity_provider.orders[0]['id'],0)
self.assertEqual(self.liquidity_provider.orders[0]['side'], 'buy')
self.assertEqual(self.liquidity_provider.orders[0]['quantity'],700)
self.assertEqual(self.liquidity_provider.orders[0]['price'], 11)
OrderBook class
```

위와 같이 test_add_liquidity 함수를 코딩했다.

- 이 함수에서 생성된 값을 예상 값과 비교해 유동성의 임의 생성 기능을 테스트한다.
- 이 TestCase 클래스에 속하는 함수를 사용해 반환된 값이 예상한 값이 아닌 경우 테스트가 실패하도록 만든다.
- 이 코드는 주문을 생성하고 주문 특성을 테스트한다. 필드 값이 예상된 값이 아닌 경우 단위 테스트가 실패한다.

전략 클래스

이 클래스는 호가창 변경 사항을 기반으로 한 트레이딩 전략을 나타낸다. 이 트레이딩 전략은 호가창의 상단이 교차cross될 때 주문을 생성한다. 이는 잠재적 차익 거래 상황이 발생했을 때를 의미한다. 매수 호가 값이 매도 호가 값보다 높으면 동시에 매수 및 매도 주문을 보내고, 이 두 거래에서 수익을 창출할 수 있다.

이 클래스는 두 부분으로 나뉜다.

- **시그널 부분**: 이 부분은 트레이딩 시그널을 처리한다. 이 예에서는 호가창의 상단이 교차될 때 시그널이 트리거된다.
- **체결 부분**: 이 부분은 주문 체결을 처리한다. 주문 수명주기order life cycle 관리를 담당한다.

전략 클래스의 단계는 다음과 같다.

1. 다음 코드와 같이 TradingStrategy 클래스를 만든다. 이 클래스에는 세 가지 파라미터가 있다. 이들은 세 가지 통신 채널에 대해 참조하는 것이다. 하나는 주문 호가창에서 호가창 이벤트를 가져오는 것이고, 다른 둘은 주문을 보내고 시장에서 주문 업데이트를 받고자 만들어진 것이다.

```
class TradingStrategy:
  def __init__(self, ob_2_ts, ts_2_om, om_2_ts):
    self.orders = []
    self.order_id = 0
    self.position = 0
    self.pnl = 0
    self.cash = 10000
    self.current_bid = 0
    self.current_offer = 0
    self.ob_2_ts = ob_2_ts
    self.ts_2_om = ts_2_om
    self.om_2_ts = om_2_ts
```

2. 코드에 표시된 대로 주문 호가창의 호가창 이벤트를 처리하는 두 가지 기능을 코딩한다. handle_input_from_bb는 deque ob_2_ts에 호가창 이벤트가 있는지 확인하고, handle_book_event 함수를 호출한다.

```
def handle_input_from_bb(self,book_event=None):
  if self.ob_2_ts is None:
    print('simulation mode')
    self.handle_book_event(book_event)
  else:
    if len(self.ob_2_ts)>0:
      be=self.handle_book_event(self.ob_2_ts.popleft())
      self.handle_book_event(be)

def handle_book_event(self,book_event):
  if book_event is not None:
    self.current_bid = book_event['bid_price']
    self.current_offer = book_event['offer_price']

  if self.signal(book_event):
    self.create_orders(book_event
                       ,min(book_event['bid_quantity'],
                           book_event['offer_quantity']))
  self.execution()
```

handle_book_event 함수는 함수 signal을 호출해 주문을 보낼 시그널이 있는지 확인한다.

3. 이 경우 시그널은 매수 호가가 매도 호가보다 높은지 확인한다. 이 조건이 확인되면 이 함수는 True를 반환한다. 코드의 handle_book_event 함수는 create_orders 함수를 호출해 주문을 생성한다.

```
def signal(self, book_event):
  if book_event is not None:
    if book_event["bid_price"]>\
      book_event["offer_price"]:
      if book_event["bid_price"]>0 and\
       book_event["offer_price"]>0:
        return True
      else:
        return False
    else:
      return False
```

4. 코드에서 create_orders 함수는 2개의 주문을 만든다. 차익 거래 상황에 당면하면 빠르게 거래해야 한다. 따라서 두 주문을 동시에 작성해야 한다. 이 기능은 생성된 주문의 order ID를 증가시킨다. 이 order ID는 트레이딩 전략에 따라 다르다.

```
def create_orders(self,book_event,quantity):
  self.order_id+=1
  ord = {
    'id': self.order_id,
    'price': book_event['bid_price'],
    'quantity': quantity,
    'side': 'sell',
    'action': 'to_be_sent'
  }
  self.orders.append(ord.copy())

  price=book_event['offer_price']
  side='buy'
  self.order_id+=1
  ord = {
    'id': self.order_id,
    'price': book_event['offer_price'],
    'quantity': quantity,
    'side': 'buy',
    'action': 'to_be_sent'
  }
  self.orders.append(ord.copy())
```

함수 실행은 전체 주문 수명주기에서의 주문 처리를 담당한다. 예를 들어, 주문이 생성되면 상태는 새로운 것[new]이다. 주문이 시장으로 전송되면 시장은 주문을 승인하거나 주문을 거부해 반응한다. 주문이 거부되면 이 기능은 미체결 주문 리스트에서 주문을 제거한다.

5. 주문이 완료되면 이 주문이 실행되었음을 의미한다. 주문이 완료되면 전략은 코드의 도움으로 포지션과 PnL을 업데이트해야 한다.

```
def execution(self):
  orders_to_be_removed=[]
```

```
    for index, order in enumerate(self.orders):
      if order['action'] == 'to_be_sent':
        # 주문 실행
        order['status'] = 'new'
        order['action'] = 'no_action'
        if self.ts_2_om is None:
          print('Simulation mode')
        else:
          self.ts_2_om.append(order.copy())
      if order['status'] == 'rejected':
        orders_to_be_removed.append(index)
      if order['status'] == 'filled':
        orders_to_be_removed.append(index)
        pos = order['quantity'] if order['side'] == 'buy' else -order['quantity']
        self.position+=pos
        self.pnl-=pos * order['price']
        self.cash -= pos * order['price']
    for order_index in sorted(orders_to_be_removed,reverse=True):
      del (self.orders[order_index])
```

6. handle_response_from_om 및 handle_market_response 함수는 다음 코드와 같이 주문 관리자(시장에서 정보 수집)로부터 정보를 수집한다.

```
  def handle_response_from_om(self):
    if self.om_2_ts is not None:
      self.handle_market_response(self.om_2_ts.popleft())
    else:
      print('simulation mode')

  def handle_market_response(self, order_execution):
    order,_=self.lookup_orders(order_execution['id'])
    if order is None:
      print('error not found')
      return
    order['status']=order_execution['status']
    self.execution()
```

7. 다음 코드의 lookup_orders 함수는 모든 주문을 수집하는 데이터 구조에 주문이 있는지 확인하고, 이 주문을 반환한다.

```
def lookup_orders(self,id):
  count=0
  for o in self.orders:
    if o['id'] ==  id:
      return o, count
    count+=1
  return None, None
```

트레이딩 전략을 테스트하는 것이 중요하다. 트레이딩 전략이 올바른 주문을 하는지 확인해야 한다. test_receive_top_of_book 테스트 케이스는 호가창 이벤트가 트레이딩 전략에 의해 올바르게 처리되는지 검증한다. test_rejected_order 및 test_filled_order 테스트 사례는 시장의 반응이 올바르게 처리되는지 확인한다.

8. 코드는 테스트를 실행할 때마다 호출되는 setUP 함수를 생성한다. 테스트를 호출할 때마다 TradingStrategy를 만든다. 이를 수행하면 동일한 코드의 재사용을 늘린다.

```
import unittest
from chapter7.TradingStrategy import TradingStrategy

class TestMarketSimulator(unittest.TestCase):
  def setUp(self):
    self.trading_strategy= TradingStrategy()
```

호가창에 의해 트레이딩 전략에 대해 수행하는 첫 번째 단위 테스트는 호가창에 의해 보내진 호가창 이벤트가 정확하게 수신됐는지 검증하는 것이다.

9. 호가창 이벤트를 수동으로 작성하고, handle_book_event 함수를 사용한다. 트레이딩 전략이 생성된 주문이 예상됐는지 확인해 예상대로 작동한다는 사실을 검증할 것이다. 코드를 살펴보자.

```
def test_receive_top_of_book(self):
  book_event = {
    "bid_price" : 12,
    "bid_quantity" : 100,
    "offer_price" : 11,
    "offer_quantity" : 150
  }
  self.trading_strategy.handle_book_event(book_event)
  self.assertEqual(len(self.trading_strategy.orders), 2)
  self.assertEqual(self.trading_strategy.orders[0]['side'],'sell')
  self.assertEqual(self.trading_strategy.orders[1]['side'],'buy')
  self.assertEqual(self.trading_strategy.orders[0]['price'],12)
  self.assertEqual(self.trading_strategy.orders[1]['price'],11)
self.assertEqual(self.trading_strategy.orders[0]['quantity'], 100)
self.assertEqual(self.trading_strategy.orders[1]['quantity'], 100)
self.assertEqual(self.trading_strategy.orders[0]['action'], 'no_action')
self.assertEqual(self.trading_strategy.orders[1]['action'], 'no_action')
```

두 번째 테스트는 트레이딩 전략이 주문 관리자로부터 오는 시장 반응을 수신하는지 확인하는 것이다.

10. 주어진 주문의 거부를 나타내는 시장 반응을 만들 것이다. 또한 트레이딩 전략이 트레이딩 전략에 속하는 주문 리스트에서 이 주문을 제거하는지 확인한다.

```
def test_rejected_order(self):
  self.test_receive_top_of_book()
  order_execution = {
    'id': 1,
    'price': 12,
    'quantity': 100,
    'side': 'sell',
    'status' : 'rejected'
  }
  self.trading_strategy.handle_market_response(order_execution)
  self.assertEqual(self.trading_strategy.orders[0]['side'], 'buy')
  self.assertEqual(self.trading_strategy.orders[0]['price'], 11)
  self.assertEqual(self.trading_strategy.orders[0]['quantity'], 100)
  self.assertEqual(self.trading_strategy.orders[0]['status'], 'new')
```

11. 마지막으로, 주문이 채워질 때 트레이딩 전략의 행태를 테스트해야 한다. 다음 코드와 같이 포지션, pnl, 투자해야 할 현금을 업데이트해야 한다.

```
def test_filled_order(self):
  self.test_receive_top_of_book()
  order_execution = {
    'id': 1,
    'price': 11,
    'quantity': 100,
    'side': 'sell',
    'status' : 'filled'
  }
  self.trading_strategy.handle_market_response(order_execution)
  self.assertEqual(len(self.trading_strategy.orders),1)

  order_execution = {
    'id': 2,
    'price': 12,
    'quantity': 100,
    'side': 'buy',
    'status' : 'filled'
  }
  self.trading_strategy.handle_market_response(order_execution)
  self.assertEqual(self.trading_strategy.position, 0)
  self.assertEqual(self.trading_strategy.cash, 10100)
  self.assertEqual(self.trading_strategy.pnl, 100)
```

다음으로 `OrderManager` 클래스 작업을 살펴본다.

OrderManager 클래스

주문 관리자order manager의 목적은 모든 트레이딩 전략에서 주문을 수집하고, 이 주문을 시장에 알리는 것이다. 주문의 유효성을 검사하고 전체 포지션 및 PnL을 추적할 수도 있다. 트레이딩 전략에서 나타나는 실수로부터 보호할 수 있다.

이 구성 요소는 트레이딩 전략과 시장 간의 인터페이스다. 2개의 입력과 2개의 출력을 사용하는 유일한 구성 요소다. 이 클래스의 생성자는 다음 채널을 나타내는 4개의 인수를 취한다.

```
class OrderManager:
  def __init__(self,ts_2_om = None, om_2_ts = None, om_2_gw=None,gw_2_om=None):
    self.orders=[]
    self.order_id=0
    self.ts_2_om = ts_2_om
    self.om_2_gw = om_2_gw
    self.gw_2_om = gw_2_om
    self.om_2_ts = om_2_ts
```

다음 4개 함수는 채널에서 데이터를 읽는 데 도움이 되며, 적절한 함수를 호출한다.

handle_input_from_ts 함수는 ts_2_om 채널이 생성됐는지 확인한다. 채널이 생성되지 않았다면 이 클래스를 유닛 테스트를 위해서만 사용한다는 의미다. OrderManager 시스템으로 새로운 주문을 받고자 ts_2_om 채널의 크기가 0보다 큰지 확인한다. 채널에 주문이 있으면 이 주문을 제거하고 handle_order_from_tradinig_strategy 함수를 호출한다.

```
def handle_input_from_ts(self):
  if self.ts_2_om is not None:
    if len(self.ts_2_om)>0:
self.handle_order_from_trading_strategy(self.ts_2_om.popleft())
    else:
      print('simulation mode')
```

handle_order_from_trading_strategy 함수는 트레이딩 전략에서 오는 새로운 주문을 처리한다. 지금은 OrderManager 클래스는 주문의 사본만을 가져와서 이 주문을 주문 리스트에 저장한다.

```
def handle_order_from_trading_strategy(self,order):
  if self.check_order_valid(order):
    order=self.create_new_order(order).copy()
    self.orders.append(order)
    if self.om_2_gw is None:
      print('simulation mode')
    else:
      self.om_2_gw.append(order.copy())
```

일단 주문 측면을 처리한 후에는 시장 반응을 처리할 것이다. 이를 위해 두 가지 이전 함수에 사용한 것과 동일한 방법을 사용한다. handle_input_from_market 함수는 gw_2_om 채널이 존재하는지 확인한다. 확인되면 함수는 시장에서 오는 시장 반응 오브젝트를 읽고, handle_order_from_gateway 함수를 호출한다.

```
def handle_input_from_market(self):
  if self.gw_2_om is not None:
    if len(self.gw_2_om)>0:
      self.handle_order_from_gateway(self.gw_2_om.popleft())
    else:
      print('simulation mode')
```

handle_order_from_gateway 함수는 handle_order_from_trading_strategy 함수에 의해 작성된 주문 리스트를 조회한다. 시장 반응이 리스트의 주문과 일치하면 이 시장 반응이 유효함을 뜻한다. 이 주문의 상태를 변경할 수 있다. 시장 반응이 특정 주문을 찾지 못하면 트레이딩 시스템과 시장 간의 거래에 문제가 있음을 뜻한다. 오류를 제기해야 한다.

```
def handle_order_from_gateway(self,order_update):
  order=self.lookup_order_by_id(order_update['id'])
  if order is not None:
    order['status']=order_update['status']
    if self.om_2_ts is not None:
      self.om_2_ts.append(order.copy())
    else:
```

```
        print('simulation mode')
        self.clean_traded_orders()
    else:
      print('order not found')
```

check_order_valid 함수는 주문을 정기적으로 점검한다. 이 예에서는 수량과 가격이 음수가 아닌지 확인한다. 더 많은 코드를 추가해서 포지션, PnL 또는 트레이딩 전략에 중요하다고 생각하는 사항을 확인하는 것이 좋다.

```
def check_order_valid(self,order):
  if order['quantity'] < 0:
    return False
  if order['price'] < 0:
    return False
  return True
```

create_new_order, lookup_order_by_id, clean_traded_orders 함수는 고유한 order ID를 가진 트레이딩 전략에 의해 전송된 주문을 기반으로 주문을 작성한다. 실제로 각 트레이딩 전략에는 자체 국지적 order ID가 있을 수 있다. 중요한 것은 시장에 보내는 주문에는 고유한 order ID가 있어야 한다는 것이다. 두 번째 기능은 미체결 주문 리스트에서 주문을 조회하는 데 도움이 된다. 마지막 함수는 거부, 체결, 취소된 주문을 정리한다.

create_new_order 함수는 주문 특성을 저장할 딕셔너리를 만든다.

```
def create_new_order(self,order):
  self.order_id += 1
  neworder = {
    'id': self.order_id,
    'price': order['price'],
    'quantity': order['quantity'],
    'side': order['side'],
    'status': 'new',
    'action': 'New'
```

```python
  }
  return neworder
```

lookup_order_by_id 함수는 order ID로 조회해 주문에 대한 참조를 반환한다.

```python
def lookup_order_by_id(self,id):
  for i in range(len(self.orders)):
    if self.orders[i]['id']==id:
    return self.orders[i]
  return None
```

clean_traded_orders 함수는 체결된 모든 주문을 주문 리스트에서 제거한다.

```python
def clean_traded_orders(self):
  order_offsets=[]
  for k in range(len(self.orders)):
    if self.orders[k]['status'] == 'filled':
      order_offsets.append(k)
  if len(order_offsets)
    for k in sorted(order_offsets,reverse=True):
      del (self.orders[k])
```

OrderManager 구성 요소는 거래의 안전을 위해 매우 중요하므로 전략에 따라 이익이 손상되지 않고 손실이 발생하지 않도록 단위 테스트를 철저히 해야 한다.

```python
import unittest
from chapter7.OrderManager import OrderManager

class TestOrderBook(unittest.TestCase):

  def setUp(self):
    self.order_manager = OrderManager()
```

test_receive_order_from_trading_strategy 테스트는 주문 관리자가 주문을 올바르게 수신했는지 검증한다. 먼저 주문 order1을 생성하고 handle_order_from_trading_strategy 함수를 호출한다. 트레이딩 전략이 2개의 주문(채널 ts_2_om에 저장 됨)을 생성하므로 test_receive_order_from_trading_strategy 함수를 두 번 호출한다. 주문 관리자는 2개의 주문을 생성한다. 이 예에서는 하나의 전략만 있으므로 주문 관리자가 주문을 작성할 때 작성된 주문은 트레이딩 전략과 동일한 order ID를 갖는다.

```
def test_receive_order_from_trading_strategy(self):
  order1 = {
    'id': 10,
    'price': 219,
    'quantity': 10,
    'side': 'bid',
  }
  self.order_manager.handle_order_from_trading_strategy(order1)
  self.assertEqual(len(self.order_manager.orders),1)
  self.order_manager.handle_order_from_trading_strategy(order1)
  self.assertEqual(len(self.order_manager.orders),2)
  self.assertEqual(self.order_manager.orders[0]['id'],1)
  self.assertEqual(self.order_manager.orders[1]['id'],2)
```

잘못된 주문이 시장으로 전송되는 것을 방지하고자 test_receive_order_from_trading_strategy_error 테스트는 음수 가격으로 작성된 주문이 거부되는지 확인한다.

```
def test_receive_order_from_trading_strategy_error(self):
  order1 = {
    'id': 10,
    'price': -219,
    'quantity': 10,
    'side': 'bid',
  }
  self.order_manager.handle_order_from_trading_strategy(order1)
  self.assertEqual(len(self.order_manager.orders),0)
```

다음의 test_receive_from_gateway_filled 테스트는 주문 관리자가 시장 반응을 전파했는지 확인한다.

```
def test_receive_from_gateway_filled(self):
  self.test_receive_order_from_trading_strategy()
  orderexecution1 = {
    'id': 2,
    'price': 13,
    'quantity': 10,
    'side': 'bid',
    'status' : 'filled'
  }
  self.order_manager.handle_order_from_gateway(orderexecution1)
  self.assertEqual(len(self.order_manager.orders), 1)

def test_receive_from_gateway_acked(self):
  self.test_receive_order_from_trading_strategy()
  orderexecution1 = {
    'id': 2,
    'price': 13,
    'quantity': 10,
    'side': 'bid',
    'status' : 'acked'
  }
  self.order_manager.handle_order_from_gateway(orderexecution1)
  self.assertEqual(len(self.order_manager.orders), 2)
  self.assertEqual(self.order_manager.orders[1]['status'], 'acked')
```

MarketSimulator 클래스

MarketSimulator 클래스는 트레이딩 전략을 검증하는 데 있어 핵심이다. 이 클래스를 사용해 시장 가정을 수정한다. 예를 들어, 거부율과 수락할 수 있는 주문 유형을 지정할 수 있으며, 목표로 하는 거래소에 속하는 트레이딩 규칙을 설정할 수 있다. 이 예에서 시장 시뮬레이터는 모든 새로운 주문을 승인하고 체결한다.

이 클래스를 만들 때 생성자에는 2개의 채널이 있다. 하나는 주문 관리자로부터 입력을 받고, 다른 하나는 주문 관리자에게 반응을 제공한다.

```
class MarketSimulator:
  def __init__(self, om_2_gw=None,gw_2_om=None):
    self.orders = []
    self.om_2_gw = om_2_gw
    self.gw_2_om = gw_2_om
```

lookup_orders 함수는 미체결 주문을 조회하는 데 도움이 된다.

```
def lookup_orders(self,order):
  count=0
  for o in self.orders:
    if o['id'] ==  order['id']:
      return o, count
    count+=1
  return None, None
```

handle_order_from_gw 함수는 게이트웨이(주문 관리자)에서 om_2_gw 채널을 통해 주문을 수집한다.

```
def handle_order_from_gw(self):
  if self.om_2_gw is not None:
    if len(self.om_2_gw)>0:
      self.handle_order(self.om_2_gw.popleft())
    else:
      print('simulation mode')
```

handle_order 함수에서 사용하는 트레이딩 규칙은 새로운 주문을 수용한다. 주문에 이미 동일한 order ID가 있는 경우 주문이 삭제된다. 주문 관리자가 주문을 취소하거나 수정하면 주문이 자동으로 취소 및 수정된다. 이 함수로 코딩할 로직은 트레이딩에 맞게 조정된다.

```python
def handle_order(self, order):
  o,offset=self.lookup_orders(order)
  if o is None:
    if order['action'] == 'New':
      order['status'] = 'accepted'
      self.orders.append(order)
      if self.gw_2_om is not None:
        self.gw_2_om.append(order.copy())
      else:
        print('simulation mode')
      return
    elif order['action'] == 'Cancel' or order['action'] == 'Amend':
      print('Order id - not found - Rejection')
      if self.gw_2_om is not None:
        self.gw_2_om.append(order.copy())
      else:
        print('simulation mode')
      return
  elif o is not None:
    if order['action'] == 'New':
      print('Duplicate order id - Rejection')
      return
    elif order['action'] == 'Cancel':
      o['status']='cancelled'
      if self.gw_2_om is not None:
        self.gw_2_om.append(o.copy())
      else:
        print('simulation mode')
      del (self.orders[offset])
      print('Order cancelled')
    elif order['action'] == 'Amend':
      o['status'] = 'accepted'
      if self.gw_2_om is not None:
        self.gw_2_om.append(o.copy())
      else:
        print('simulation mode')
      print('Order amended')

def fill_all_orders(self):
```

```
  orders_to_be_removed = []
  for index, order in enumerate(self.orders):
    order['status'] = 'filled'
    orders_to_be_removed.append(index)
    if self.gw_2_om is not None:
      self.gw_2_om.append(order.copy())
    else:
      print('simulation mode')
  for i in sorted(orders_to_be_removed,reverse=True):
    del(self.orders[i])
```

단위 테스트는 트레이딩 규칙이 검증되었는지 확인한다.

```
import unittest
from chapter7.MarketSimulator import MarketSimulator

class TestMarketSimulator(unittest.TestCase):

  def setUp(self):
    self.market_simulator = MarketSimulator()

  def test_accept_order(self):
    self.market_simulator
    order1 = {
        'id': 10,
        'price': 219,
        'quantity': 10,
        'side': 'bid',
        'action' : 'New'
    }
    self.market_simulator.handle_order(order1)
    self.assertEqual(len(self.market_simulator.orders),1)
    self.assertEqual(self.market_simulator.orders[0]['status'],'accepted')

  def test_accept_order(self):
    self.market_simulator
    order1 = {
        'id': 10,
```

```
            'price': 219,
            'quantity': 10,
            'side': 'bid',
            'action' : 'Amend'
        }
    self.market_simulator.handle_order(order1)
    self.assertEqual(len(self.market_simulator.orders),0)
```

TestTradingSimulation 클래스

TestTradingSimulation 클래스의 목표는 이제까지의 모든 핵심 구성 요소를 모아 전체 트레이딩 시스템을 만드는 것이다.

이 클래스는 주어진 입력에 대해 예상되는 출력을 갖는지 확인한다. 또한 트레이딩 전략의 PnL이 그에 따라 업데이트됐는지 테스트한다.

먼저 트레이딩 시스템 내 통신 채널을 나타내는 모든 deque를 만들어야 한다.

```
import unittest
  from chapter7.LiquidityProvider import LiquidityProvider
  from chapter7.TradingStrategy import TradingStrategy
  from chapter7.MarketSimulator import MarketSimulator
  from chapter7.OrderManager import OrderManager
  from chapter7.OrderBook import OrderBook
  from collections import deque

class TestTradingSimulation(unittest.TestCase):
  def setUp(self):
    self.lp_2_gateway=deque()
    self.ob_2_ts = deque()
    self.ts_2_om = deque()
    self.ms_2_om = deque()
    self.om_2_ts = deque()
    self.gw_2_om = deque()
    self.om_2_gw = deque()
```

트레이딩 시스템의 모든 핵심 구성 요소를 인스턴스화한다.

```
self.lp=LiquidityProvider(self.lp_2_gateway)
self.ob=OrderBook(self.lp_2_gateway, self.ob_2_ts)
self.ts=TradingStrategy(self.ob_2_ts,self.ts_2_om,self.om_2_ts)
self.ms=MarketSimulator(self.om_2_gw,self.gw_2_om)
self.om=OrderManager(self.ts_2_om, self.om_2_ts,self.om_2_gw,self.gw_2_om)
```

매수 호가가 매도 호가보다 높은 2개의 유동성을 추가해 2개의 유동성을 차익 거래하기 위한 2개의 주문을 생성한다. 구성 요소가 해당 채널로 푸시되는 내용을 확인해 구성 요소가 올바르게 작동하는지 확인한다. 마지막으로 218의 가격으로 10개의 유동성을 매수하고, 219의 가격으로 매도하기 때문에 PnL은 10이어야 한다.

```
def test_add_liquidity(self):
  # 거래소에서 트레이딩 시스템에 보내진 주문
  order1 = {
        'id': 1,
        'price': 219,
        'quantity': 10,
        'side': 'bid',
        'action': 'new'
  }
  self.lp.insert_manual_order(order1)
  self.assertEqual(len(self.lp_2_gateway),1)
  self.ob.handle_order_from_gateway()
  self.assertEqual(len(self.ob_2_ts), 1)
  self.ts.handle_input_from_bb()
  self.assertEqual(len(self.ts_2_om), 0)
  order2 = {
        'id': 2,
        'price': 218,
        'quantity': 10,
        'side': 'ask',
        'action': 'new'
  }
```

```
self.lp.insert_manual_order(order2.copy())
self.assertEqual(len(self.lp_2_gateway),1)
self.ob.handle_order_from_gateway()
self.assertEqual(len(self.ob_2_ts), 1)
self.ts.handle_input_from_bb()
self.assertEqual(len(self.ts_2_om), 2)
self.om.handle_input_from_ts()
self.assertEqual(len(self.ts_2_om), 1)
self.assertEqual(len(self.om_2_gw), 1)
self.om.handle_input_from_ts()
self.assertEqual(len(self.ts_2_om), 0)
self.assertEqual(len(self.om_2_gw), 2)
self.ms.handle_order_from_gw()
self.assertEqual(len(self.gw_2_om), 1)
self.ms.handle_order_from_gw()
self.assertEqual(len(self.gw_2_om), 2)
self.om.handle_input_from_market()
self.om.handle_input_from_market()
self.assertEqual(len(self.om_2_ts), 2)
self.ts.handle_response_from_om()
self.assertEqual(self.ts.get_pnl(),0)
self.ms.fill_all_orders()
self.assertEqual(len(self.gw_2_om), 2)
self.om.handle_input_from_market()
self.om.handle_input_from_market()
self.assertEqual(len(self.om_2_ts), 3)
self.ts.handle_response_from_om()
self.assertEqual(len(self.om_2_ts), 2)
self.ts.handle_response_from_om()
self.assertEqual(len(self.om_2_ts), 1)
self.ts.handle_response_from_om()
self.assertEqual(len(self.om_2_ts), 0)
self.assertEqual(self.ts.get_pnl(),10)
```

지정가 주문 호가창 설계

지정가 주문 호가창limit order book은 모든 주문을 수집해 트레이딩 전략의 작업을 용이하게 하는 방식으로 정렬하는 구성 요소다. 주문 호가창은 거래소에서 매도 및 매수 주문을 유지하는 데 사용된다. 거래할 때 어떤 가격이 최고인지 알고자 또는 시장에 대한 견해를 갖고자 거래소의 호가창을 가져와야 한다. 거래소는 다른 머신에 있으므로 거래소 호가창의 변화를 통신하려면 네트워크를 사용해야 한다. 이를 위해 두 가지 방법이 있다.

- 첫 번째 방법은 전체 호가창을 보내는 것이다. 특히 거래소가 뉴욕증권거래소NYSE 또는 나스닥NASDAQ처럼 클 때 이 방법이 매우 느리다는 것을 알게 될 것이다. 이 솔루션은 확장할 수 없다.
- 두 번째 방법은 먼저 첫 번째 방법과 같이 전체 호가창을 보내는 것이지만, 업데이트가 있을 때마다 전체 호가창을 보내는 대신 업데이트를 보낸다. 이 업데이트는 주문이 될 것이다(다른 트레이더들이 거래소에 주문을 한 경우). 마이크로초만큼 작은 시간 단위로 도착한다.

트레이딩 전략은 매우 신속하게 결정을 내려야 한다(매수, 매도, 보유). 호가창은 트레이딩 전략이 결정을 내리는 데 필요한 정보를 제공하므로 매우 빨라야 한다. 주문 호가창은 실제로 매수자의 주문을 위한 호가창과 매도자의 주문을 위한 호가창으로 이뤄진다. 최고 매수 호가와 최저 매도 호가가 우선권을 갖는다. 최상의 가격을 위해 동일한 가격으로 경쟁하는 매수 호가가 둘 이상 있는 상황에서는 타임스탬프를 사용해 매도할 매수 호가를 정렬한다. 가장 빠른 타임스탬프가 먼저 실행된다.

주문의 수명주기 동안 처리해야 할 작업은 다음과 같다.

- **삽입**insertion: 삽입하면 호가창에 주문이 추가된다. 이 작업은 빨라야 한다. 이 작업을 위해 선택한 알고리즘 및 데이터 구조는 중요하다. 매수 호가와 매도 호가는 언제든지 정렬돼 있어야 하기 때문이다. $O(1)$ 또는 $O(\log n)$의 복잡성으로 새로운 주문을 삽입할 수 있도록 데이터 구조에 특권을 부여해야 한다.

- **수정**amendment/modificaiton: 수정은 order ID를 사용해 호가창의 주문을 조회한다. 이 작업은 삽입과 같은 레벨의 복잡성을 가져야 한다.
- **취소**cancelation: 취소하면 order ID를 사용해 호가창에서 주문을 제거할 수 있다.

알다시피 데이터 구조의 선택과 이 데이터 구조와 관련된 알고리즘은 성능을 크게 변화시킨다. 고빈도 트레이딩 시스템을 구축하는 경우 이에 따라 선택해야 한다. 여기에서는 파이썬을 사용하고 있고, 고빈도 트레이딩 시스템을 구현하지 않기 때문에 코딩 부분을 단순화하고자 리스트를 사용할 것이다. 이 리스트는 주문을 나타내며, 이 리스트는 매수 호가창과 매도 호가창 양쪽에 대해 정렬된다.

여기에서는 `OrderBook` 클래스를 만들 것이다. 이 클래스는 `LiquidityProvider` 및 주문을 정렬하고 호가창 이벤트를 만든다. 트레이딩 시스템의 호가창 이벤트는 사전 설정된 이벤트이며, 이 이벤트는 트레이더가 알고 가치가 있다고 생각할 수 있는 어떤 것도 될 수 있다. 예를 들어, 이 구현에서는 호가창 상단에 변경 사항이 있을 때마다 호가창 이벤트를 생성하도록 선택한다(호가장의 첫 번째 수준에서 변경되면 이벤트가 생성됨).

1. asks와 bids 리스트를 작성해 `OrderBook`을 코딩한다. 이 생성자에는 2개의 선택적 인수가 있는데, 이 인수는 주문을 받고 호가창 이벤트를 보내는 2개의 채널이다.

```
class OrderBook:
  def __init__(self,gt_2_ob = None,ob_to_ts = None):
    self.list_asks = []
    self.list_bids = []
    self.gw_2_ob=gt_2_ob
    self.ob_to_ts = ob_to_ts
    self.current_bid = None
    self.current_ask = None
```

2. 유동성 공급자로부터 주문을 받는 handle_order_from_gateway 함수를 작성한다. 코드를 살펴보자.

```
def handle_order_from_gateway(self,order = None):
  if self.gw_2_ob is None:
    print('simulation mode')
    self.handle_order(order)
  elif len(self.gw_2_ob)>0:
    order_from_gw=self.gw_2_ob.popleft()
    self.handle_order(order_from_gw)
```

3. 다음으로 위에서 보인 바와 같이 gw_2_ob 채널이 정의되었는지 확인하는 함수를 작성한다. 채널이 인스턴스화되면 handle_order_from_gateway는 gw_2_ob deque의 맨 위에서 주문을 pop[1]하고 주어진 조치에 대한 주문을 처리하고자 handle_order 함수를 호출한다.

```
def handle_order(self,o):
  if o['action']=='new':
    self.handle_new(o)
  elif o['action']=='modify':
    self.handle_modify(o)
  elif o['action']=='delete':
    self.handle_delete(o)
  else:
    print('Error-Cannot handle this action')
  return self.check_generate_top_of_book_event()
```

코드에서 handle_order는 handle_modify, handle_delete 또는 handle_new를 호출한다.

handle_modify 함수는 이 함수의 인수로 제공된 주문을 사용해 호가창의 주문을 수정한다. handle_delete 함수는 이 함수의 인수로 제공된 주문을 사용해 호가창에서 주문을 제거한다. handle_new 함수는 적절한 리스트 self.list_bids 및 self.

1 리스트의 맨 마지막 요소를 돌려주고 그 요소는 삭제한다. – 옮긴이

list_asks에 주문을 추가한다.

이 코드는 신규 주문 삽입의 구현을 보여 준다. 이 코드에서는 주문 방향을 확인한다. 방향에 따라 매수 호가 리스트 또는 매도 호가 리스트를 선택한다.

```
if o['side']=='bid':
  self.list_bids.append(o)
  self.list_bids.sort(key=lambda x: x['price'],reverse=True)
elif o['side']=='ask':
  self.list_asks.append(o)
  self.list_asks.sort(key=lambda x: x['price'])
```

4. 코드에 표시된 대로 수정 사항을 관리하고자 handle_modify 함수를 구현한다. 이 함수는 주문이 존재하는 경우 주문 리스트에서 검색한다. 검색이 되면 새로운 수량으로 수량을 수정한다. 이 작업은 주문 수량을 줄이는 경우에만 가능하다.

```
def handle_modify(self,o):
  order=self.find_order_in_a_list(o)
  if order['quantity'] > o['quantity']:
    order['quantity'] = o['quantity']
  else:
    print('incorrect size')
  return None
```

5. handle_delete 함수는 주문 취소를 관리한다. 코드에 표시된 대로 order ID가 있는 주문이 있는지 확인해 주문 리스트에서 주문을 제거한다.

```
def handle_delete(self,o):
  lookup_list = self.get_list(o)
  order = self.find_order_in_a_list(o,lookup_list)
  if order is not None:
    lookup_list.remove(order)
  return None
```

다음 두 함수는 order ID를 사용해 주문을 찾는 데 도움이 된다.

6. 코드의 get_list 함수는 주문을 포함하는 (어느 쪽 주문 호가창) 방향을 찾는 데 도움이 된다.

```
def get_list(self,o):
  if 'side' in o:
    if o['side']=='bid':
      lookup_list = self.list_bids
    elif o['side'] == 'ask':
      lookup_list = self.list_asks
    else:
      print('incorrect side')
      return None
    return lookup_list
  else:
    for order in self.list_bids:
      if order['id']==o['id']:
        return self.list_bids
    for order in self.list_asks:
      if order['id'] == o['id']:
        return self.list_asks
    return None
```

7. find_order_in_a_list 함수는 이 주문이 존재하면 주문에 대한 참조를 반환한다.

```
def find_order_in_a_list(self,o,lookup_list = None):
  if lookup_list is None:
    lookup_list = self.get_list(o)
  if lookup_list is not None:
    for order in lookup_list:
      if order['id'] == o['id']:
        return order
    print('order not found id=%d' % (o['id']))
  return None
```

다음 두 함수는 호가창 이벤트 작성에 도움이 된다. check_generate_top_of_book_event 함수에 정의된 호가창 이벤트는 호가창의 최상단의 변경이 일어날 때 작성된다.

8. 코드에서 보이는 바와 같이 create_book_event 함수는 호가창 이벤트를 나타내는 딕셔너리를 만든다. 이 예에서는 호가창 이벤트가 호가창 최상단 레벨에 어떤 변경 사항이 있었는지 알리고자 트레이딩 전략에 제공된다.

```
def create_book_event(self,bid,offer):
  book_event = {
        "bid_price": bid['price'] if bid else -1,
        "bid_quantity": bid['quantity'] if bid else -1,
        "offer_price": offer['price'] if offer else -1,
        "offer_quantity": offer['quantity'] if offer else -1
  }
  return book_event
```

9. 코드에서 보이는 것처럼 check_generate_top_of_book_event 함수는 호가창의 상단이 변경되면 호가창 이벤트를 작성한다. 최적의 매수 호가 또는 매도 호가에 대한 가격 또는 수량이 변경될 때 트레이딩 전략에 다음과 같이 상단에 변경 사항이 있음을 알린다.

```
def check_generate_top_of_book_event(self):
  tob_changed = False
  if not self.list_bids:
    if self.current_bid is not None:
      tob_changed = True
      # 호가창 변화의 상단의 변경이 이벤트를 생성하는 경우
    if not self.current_bid:
      if self.current_bid != self.list_bids[0]:
        tob_changed=True
        self.current_bid=self.list_bids[0] \
                 if self.list_bids else None
    if not self.current_ask:
      if not self.list_asks:
        if self.current_ask is not None:
          tob_chaned=True
        elif self.current_ask != self.list_asks[0]:
          tob_changed=True
          self.current_ask=self.list_asks[0] \
```

```
            if self.list_asks else None

    if tob_changed:
      be=self.create_book_event(self.current_bid,self.current_ask)
    if self.ob_to_ts is not None:
      self.ob_to_ts.append(be)
    else:
      return be
```

주문 호가창을 테스트할 때 다음 기능을 테스트해야 한다.

- 새로운 주문 추가
- 새로운 주문 수정
- 주문 삭제
- 호가창 이벤트 생성

이 코드는 주문 호가창에 대한 단위 테스트 작성으로 시작한다. 모든 테스트 사례에 대해 호출된 함수 설정(setUP)을 사용하고, 모든 테스트 사례에 대한 주문 호가창(OrderBook)에 대한 참조를 작성한다.

```
import unittest
 from chapter7.OrderBook import OrderBook

 class TestOrderBook(unittest.TestCase):

   def setUp(self):
     self.reforderbook = OrderBook()
```

10. 주문 삽입이 작동하는지 확인하는 함수를 작성한다. 호가창에는 매도 호가 리스트와 매수 호가 리스트가 정렬돼 있어야 한다.

```
def test_handlenew(self):
  order1 = {
        'id': 1,
        'price': 219,
        'quantity': 10,
```

```
        'side': 'bid',
        'action': 'new'
    }

    ob_for_aapl = self.reforderbook
    ob_for_aapl.handle_order(order1)
    order2 = order1.copy()
    order2['id'] = 2
    order2['price'] = 220
    ob_for_aapl.handle_order(order2)
    order3 = order1.copy()
    order3['price'] = 223
    order3['id'] = 3
    ob_for_aapl.handle_order(order3)
    order4 = order1.copy()
    order4['side'] = 'ask'
    order4['price'] = 220
    order4['id'] = 4
    ob_for_aapl.handle_order(order4)
    order5 = order4.copy()
    order5['price'] = 223
    order5['id'] = 5
    ob_for_aapl.handle_order(order5)
    order6 = order4.copy()
    order6['price'] = 221
    order6['id'] = 6
    ob_for_aapl.handle_order(order6)

    self.assertEqual(ob_for_aapl.list_bids[0]['id'],3)
    self.assertEqual(ob_for_aapl.list_bids[1]['id'], 2)
    self.assertEqual(ob_for_aapl.list_bids[2]['id'], 1)
    self.assertEqual(ob_for_aapl.list_asks[0]['id'],4)
    self.assertEqual(ob_for_aapl.list_asks[1]['id'], 6)
    self.assertEqual(ob_for_aapl.list_asks[2]['id'], 5)
```

11. 다음으로 수정이 제대로 작동하는지 테스트하고자 다음 함수를 작성한다. 이전 기능을 사용해 호가창을 채운 다음 수량을 변경해 주문을 수정한다.

```
def test_handleamend(self):
  self.test_handlenew()
  order1 = {
        'id': 1,
        'quantity': 5,
        'action': 'modify'
  }
  self.reforderbook.handle_order(order1)

  self.assertEqual(self.reforderbook.list_bids[2]['id'], 1)
  self.assertEqual(self.reforderbook.list_bids[2]['quantity'], 5)
```

12. 코드의 마지막 함수는 order ID로 호가창에서 주문을 제거하는 호가창 관리와 관련된다. 이 테스트 사례에서는 이전 기능으로 호가창을 채우고 주문을 제거한다.

```
def test_handledelete(self):
  self.test_handlenew()
  order1 = {
        'id': 1,
        'action': 'delete'
  }
  self.assertEqual(len(self.reforderbook.list_bids), 3)
  self.reforderbook.handle_order(order1)
  self.assertEqual(len(self.reforderbook.list_bids), 2)
```

13. 호가창 이벤트는 호가창 상단에 변경 사항이 있을 때 작성된다. 호가창의 상단이 변경된 후 호가창 이벤트의 생성을 테스트하고자 다음 함수를 작성한다.

```
def test_generate_book_event(self):
  order1 = {
          'id': 1,
          'price': 219,
          'quantity': 10,
          'side': 'bid',
          'action': 'new'
  }
  ob_for_aapl = self.reforderbook
```

```
        self.assertEqual(ob_for_aapl.handle_order(order1),
                {'bid_price': 219, 'bid_quantity': 10,
                 'offer_price': -1, 'offer_quantity': -1})
        order2 = order1.copy()
        order2['id'] = 2
        order2['price'] = 220
        order2['side'] = 'ask'
        self.assertEqual(ob_for_aapl.handle_order(order2),
        {'bid_price': 219, 'bid_quantity': 10,
        'offer_price': 220, 'offer_quantity': 10})

if __name__ == '__main__':
  unittest.main()
```

'지정가 주문 호가창 설계' 절에서는 지정가 주문 호가창을 작성하는 방법을 연구했다. 이것은 초보적 구현이었다. 주문을 추가하는 것은 O(N)차의 복잡성을 가지며, 각 삽입에 대해 O(N log N)의 복잡성을 가진 정렬 알고리즘을 사용한다. 주문 삽입, 주문 조회를 위해 호가창을 더 빨리 작동시키려면 『알고리즘 분석(Algorithm Analysis)』(팩트(Packt) 출판사)에 설명된 것과 같은 더 고급 데이터 구조를 사용해야 한다. 가격별로 주문을 정렬해야 하므로 트리와 같은 순서를 가진 데이터 구조를 사용해야 할 것이다. 삽입 복잡도를 O(log N)로 변경해야 할 것이다. 동시에 최적의 가격을 검색하고자 조회 시간을 수정해야 할 것이다.

요약

7장에서는 파이썬 트레이딩 시스템을 구축하는 방법을 배웠다. 구축한 트레이딩 시스템은 실시간 거래를 시작하는 데 필요한 핵심 구성 요소를 제시한다. 구현하는 트레이딩 전략에 따라 일부 서비스를 추가하고, 이들 구성 요소의 행태를 수정한다. 7장의 시작 부분에서 언급했듯이 트레이더의 수, 전략 유형, 자산 클래스 종류는 트레이딩 시스템의 설계에 영향을 미친다. 트레이딩 시스템을 설계하는 방법을 배우는 데 몇 년이 걸리며, 주어진 전략, 주어진 자산 클래스, 주어진 사용자 수에 대한 트레이딩 시스템의 전문가가 되는 것이 매우 일반적이다. 그러나 복잡성으로 인해 모든 트레이딩 시스템 유형에서 전문가가 되는 것은 드문 일이다. 여기에서는 트레이딩 시스템이 갖춰야 할 최소한의 기능을 구축했다. 완벽하게 기능하려면 이 구성 요소를 트레이딩 시스템에 연결하는 방법을 배워야 한다.

8장에서는 거래소와 관련된 모든 세부 사항을 설명하는 데 중점을 둘 것이다.

08

트레이딩 거래소 연결

지금까지 트레이딩 시스템과 이의 모든 중요 구성 요소에 대한 코드 작성법을 소개했다. 트레이딩 시그널을 생성하고, 시장 반응을 얻는 북 빌딩book building에 대한 세부 사항을 살펴봤다.

8장에서는 외부 세계와 게이트웨이와의 통신을 담당하는 구성 요소들을 소개한다.[1] 이 구성 요소들의 상이한 기능을 살펴보며, 상이한 유형의 프로토콜을 설명한다. 마지막으로 실제 유동성 공급자들과 연결할 게이트웨이를 구현한다.

1 게이트웨이(gateway)는 서로 다른 프로토콜을 통신이 가능하도록 변환해 주는 역할을 하는 일종의 변환기라고 생각하면 된다. – 옮긴이

8장에서는 다음 주제를 다룬다.

- 트레이딩 시스템을 이용한 거래소 거래
- 통신 API를 검토하는 법
- 가격 업데이트를 받는 법
- 주문을 보내고 시장 반응을 받는 법

트레이딩 시스템을 이용한 거래소 거래

7장, '파이썬 트레이딩 시스템 구축'에서 본 바와 같이 트레이딩 시스템은 금융 데이터를 수집하고 시장으로 주문을 송부할 수 있게 하는 하나의 소프트웨어다. 트레이딩 시스템은 트레이딩과 리스크를 취급하고, 하나 또는 그 이상의 거래소에서 일어나는 트레이딩 프로세스를 모니터하는 여러 기능적 구성 요소를 가진다. 트레이딩 전략을 코딩할 때 이는 트레이딩 시스템의 일부가 된다. 가격 정보를 입력으로, 트레이딩 전략을 출력으로 하며, 트레이딩 지시indication를 보낸다. 이 흐름을 완성하는 데 핵심 구성 요소인 게이트웨이가 필요하다.

다음 다이어그램은 트레이딩 시스템의 기능적 구성 요소인 게이트웨이 인터페이스, 외부 세계, 트레이딩 시스템을 보여 준다. 게이트웨이는 가격과 시장 반응을 수집하고 주문을 보낸다. 주요 역할은 연결을 시작하고 외부 세계로부터 들어오는 데이터를 트레이딩 시스템에서 사용할 데이터 구조로 전환하는 것이다.

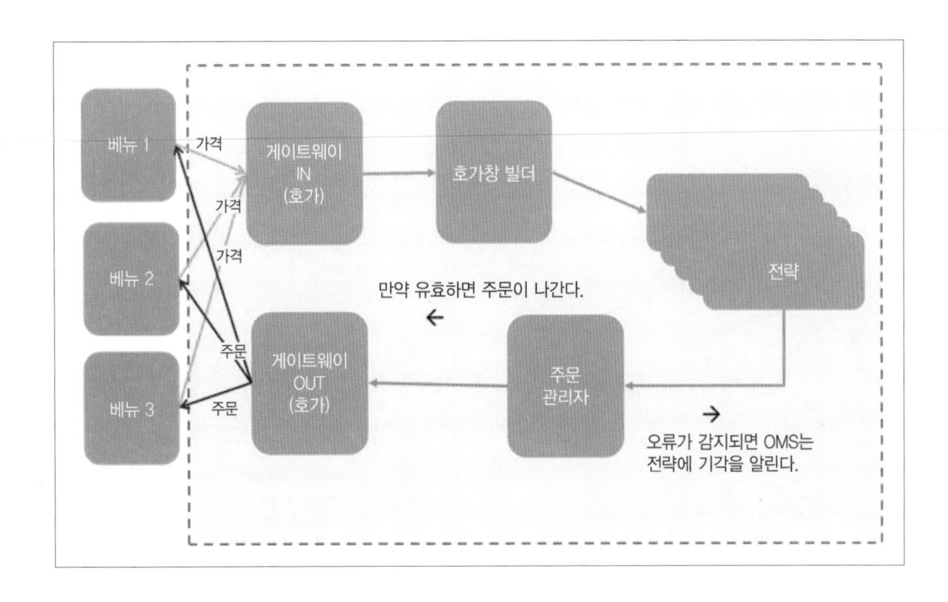

위의 다이어그램은 다음을 보여 준다.

- 트레이딩 전략을 구현할 때 트레이딩 전략은 한 머신 위에 있고, 거래소는 다른 머신 위에 위치할 것이다.
- 2개의 머신이 다른 장소에 있기 때문에 네트워크를 통해 통신해야 한다.
- 시스템의 위치에 따라 사용하는 통신 방법이 달라질 수 있다.
- 트레이딩 시스템이 동일한 위치에 있으면(머신들이 동일한 시설에 위치할 때) 하나의 선이 사용되며, 이는 네트워크 레이턴시를 줄일 것이다.
- 클라우드 해법을 사용한다면 인터넷은 또 하나의 통신법이 될 수 있다. 이 경우 통신이 직접 연결한 것보다는 느릴 것이다.

게이트웨이 간의 통신을 묘사한 다음 다이어그램을 살펴보자.

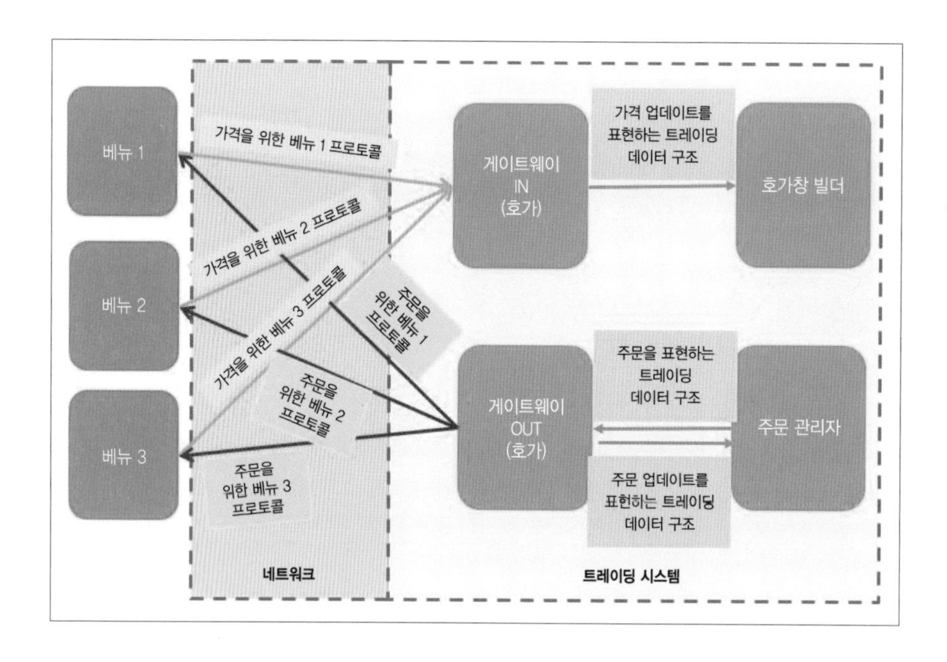

위의 다이어그램에서 다음을 볼 수 있다.

- 게이트웨이에 의해 취급되는 통신을 자세히 살펴보면 베뉴가 다른 프로토콜을 갖고 있음을 알 수 있다.
- 게이트웨이는 트레이딩 시스템 구조로 전환할 수 있도록 수많은 프로토콜을 처리할 수 있어야 한다.

통신 API 검토

네트워크 프로토콜은 머신 간의 통신 규칙을 정의한다. 이들 머신이 네트워크상에서 어떻게 인식되고 상호작용하는지를 정의한다. 트레이딩에서는 IP 프로토콜보다는 UDP와 TCP를 사용한다. 이에 더해 주문으로 통신하고 가격 업데이트를 얻는 법을 정의하는 소프트웨어 프로토콜을 사용한다. 통신 API는 소프트웨어 수준에서 통신 규칙을 설정한다.

통신 API는 거래 상대방에 의해 주어진다. 이 문서는 가격을 받고 주문을 보내려고 사용하는 모든 메시지를 포함한다.

트레이딩 API 문서의 예를 https://en.wikipedia.org/wiki/List_of_electronic_trading_protocols에서 발견할 수 있다.

트레이딩 API를 들어가기 전에 네트워킹의 기초를 설명한다.

네트워크 기초

네트워크는 컴퓨터가 상호 통신하게 하는 역할은 한다. 네트워크는 정보를 고유하는 물리 계층이 필요하다. 네트워크가 주어진 속도와 신뢰도 심지어 보안에 도달하는 데는 올바른 통신 매체(통신 계층)가 중요하다. 금융 거래에서는 다음이 사용된다.

- **전선**wire: 주파수 대역이 제한되는 전류
- **광섬유**fiber: 더욱 큰 주파수 대역
- **초고주파**microwave: 설치가 용이하고 주파수 대역이 크지만, 폭풍에 영향을 받을 수 있다.

통신 매체는 사용하는 투자 전략의 종류에 따라 변한다. 올바른 매체를 선택하는 것이 ISO 모델 네트워크의 첫 번째 계층 파트다. 이 계층은 물리 계층physical layer이라 부른다. 이것의 위에 추가적으로 통신의 종류를 묘사하는 6개의 계층이 있다. 금융 거래에서 사용하는 프로토콜은 IP 프로토콜이다. 이것은 ISO 모델의 네트워크 계층network layer 일부다. 이 IP 프로토콜은 네트워크 내에서 네트워크 패킷packet을 라우팅하는 규칙을 설정한다. 우리가 논의할 마지막 계층은 송신 계층transport layer이다. 금융에서 가장 잘 알려진 두 프로토콜은 TCP와 UDP다. 이들은 두 프로토콜은 매우 다르다. TCP는 두 머신 간의 통신을 구축하면서 작동한다. 먼저 송신한 모든 메시지는 먼저 도착한다. UDP에는 네트워크 패킷이 네트워크에 의해 수신되는 커넥션을 구축하는 메커니즘이 존재하지 않는다.

모든 거래소는 TCP를 사용하든 UDP를 사용하든 자체 프로토콜을 선택한다. 다음 절에서 네트워크를 통해 전달되는 콘텐츠를 논의한다.

트레이딩 프로토콜

두 개체가 상호 통신하게 하려면 동일한 언어를 사용해야 한다. 네트워킹에서는 프로토콜을 사용한다. 트레이딩에서 이 프로토콜은 어떤 베뉴venue에도 사용된다. 어떤 베뉴는 수많은 프로토콜을 갖는다. 이 프로토콜들이 다르더라도 커넥션을 구축하고 트레이딩을 시작하려고 밟는 스텝은 비슷하다.

1. 먼저 누가 트레이딩를 일으키는지, 수신자는 누구인지, 통신이 어떻게 활성화된 상태로 유지되는지를 묘사하는 로그온을 시작한다.
2. 다음 서로 다른 개체들로부터 무엇을 기대하는지 예를 들어, 트레이딩 또는 가격 업데이트 구독을 문의한다.
3. 이후 주문과 가격 업데이트를 받는다.
4. 다음 하트비트heartbeat[2]를 알림으로써 통신을 유지한다.
5. 마지막으로 통신을 끝낸다.

8장에서 사용하는 프로토콜은 **금융 정보 거래**FIX, Financial Information eXchange 프로토콜이다. 이는 1992년에 피델리티 인베스트먼트와 살로몬 브라더스 간의 실시간 국제 증권 거래를 위해서 만들어졌다. 이는 외환FX, Foreign eXchange, 채권, 파생상품, 청산으로 확대됐다. 이 프로토콜은 문자 기반의 프로토콜이다. 이는 인간이 읽을 수 있다는 것을 의미한다. 플랫폼 독립이고, 오픈 프로토콜이며, 여러 버전을 갖고 있다. 가장 널리 사용되는 버전은 4.2, 4.4, 5, 1이다. 두 가지 종류의 메시지가 있다.

- 행정 메시지administrative message는 금융 데이터를 전달하지 않는다.
- 응용 메시지application message는 가격 업데이트와 주문을 받는 데 사용된다.

2 통신이 살아 있음 – 옮긴이

이들 메시지의 콘텐츠는 파이썬 딕셔너리와 같다. 즉 키-값 쌍의 리스트다. 키[key]는 사전에 정의된 태그다. 즉 모든 태그는 특정 특성에 해당하는 숫자다. 이들 태그에 연관된 값이 존재하며, 이는 수치형일 수도 있고, 문자값일 수도 있다. 예를 살펴보자.

- 만약 $1.23의 가격으로 주문을 보내고자 하는데 이 주문 가격에 상응하는 태그가 44라는 값을 가진다고 하자. 따라서 주문 메시지로 44=1.23을 갖는다.
- 모든 쌍은 문자-1로 분리된다. 즉 이전 예에 100,000(태그 38)의 양을 더해 주문 하나를 생성하면 44=1.23|38=100,000을 갖게 된다. | 부호는 문자-1을 의미한다.
- 모든 메시지는 어떤 접두어, 즉 `8=FIX.X.Y`로 시작한다. 이 접두어가 FIX 버전 번호를 가리킨다. X와 Y는 버전 번호를 나타낸다.
- 이들은 `10=nn`이 검사합[checksum]에 상응할 때 모두 종료된다.
- 검사합은 메시지의 모든 이진값의 합이다. 이는 전송 문제를 식별하도록 돕는다.

다음이 FIX 메시지의 예다.

```
8=FIX.4.2|9=76|35=A|34=1|49=DONALD|52=20160617-23:11:55.884|56=VENUE1|98=0|
108=30|141=Y|10=134
```

이전의 FIX 메시지는 다음의 필드를 필수적으로 갖는다.

- 값 4.2와 연관이 있는 태그값 8. 이는 FIX 버전 번호에 상응한다.
- FIX 4.4보다 낮은 버전 번호: 8(BeginString), 9(BodyLength), 35(MsgType),
- FIX 4.4보다 높은 버전 번호: 8(BeginString), 9(BodyLength), 35(MsgType), 49(Snder CompID), 56(TargetCompID)
- 메시지 종류는 태그 35로 정의된다.
- 보디 길이 태그 9는 태그 35에서 시작해서 태그 10까지의 모든 문자 개수에 상응한다.

- 필드 10은 검사합checksum이다. 이 값은 검사합 필드까지의(검사합 필드는 포함하지 않는다) 모든 바이트의 ASCII 표현 소수점 이하의 값을 합계해 계산하며, 모듈로 256값을 반환한다.

FIX 통신 프로토콜

트레이딩 시스템은 트레이드를 가능하게 하고자 2개의 커넥션을 사용해야만 한다. 한 커넥션은 가격 업데이트를 수신하고, 다른 것은 주문을 수신한다. FIX 프로토콜은 각각의 커넥션에 대해 상이한 메시지를 가지므로 요구 사항을 만족한다.

가격 업데이트

트레이딩 시스템은 트레이더가 트레이드를 하고자 하는 유동성에 대한 가격을 요한다. 따라서 유동성 업데이트를 구독하고자 거래소에의 연결을 구축한다.

다음 그림은 초기자initiator, 즉 트레이딩 시스템과 수신자acceptor, 즉 거래소 간의 통신을 보여 준다.

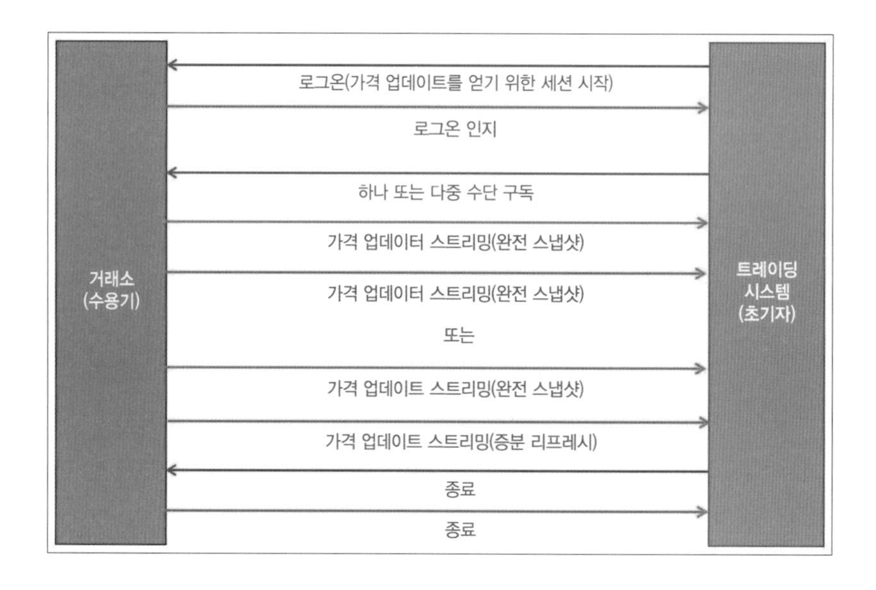

다음 다이어그램은 수신자와 송신자 간에 교환되는 FIX 메시지를 표현한다.

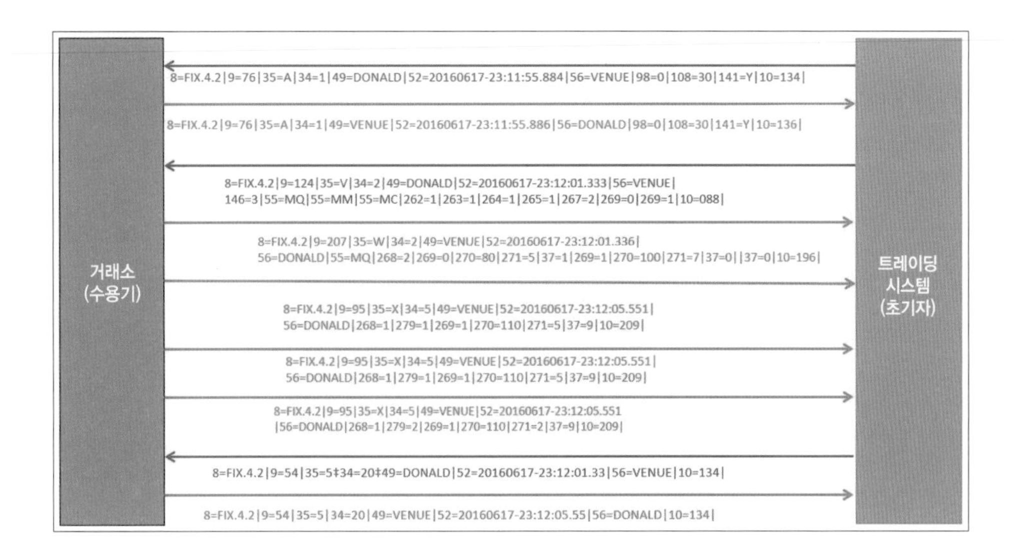

주문

트레이딩 시스템은 거래소와의 트레이딩 세션을 열어서 거래소와의 주문을 소통한다. 활성화된 트레이딩 세션이 열려 있으면 주문 메시지는 거래소로 보내진다. 거래소는 FIX 메시지를 사용해 이들 주문들의 상태를 소통한다. 이것이 다음 다이어그램에 보여진다.

다음 다이어그램은 초기자와 수신자 간에 교환되는 FIX 메시지를 나타낸다.

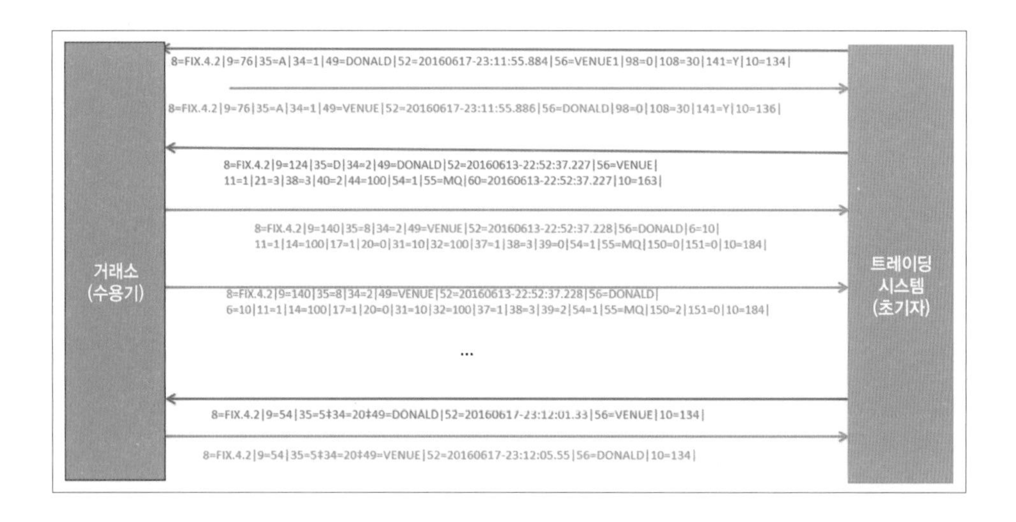

수신 가격 업데이트

FIX 파서paser와 FIX 콤포저composer를 구현하는 프로세스는 매우 지루하고 시간이 많이 걸린다. 이들 파트를 처음부터 구현하고자 하면 네트워크 커넥션, 파싱 연산과 FIX 메시지를 생성하는 파트를 주의해야 한다. 여기에서는 빨리 작동할 수 있는 트레이딩 시스템을 만드는 데 초점을 맞추고자 하기 때문에 모든 기능이 이미 구현된 라이브러리를 사용한다. NYFIX, Aegisfot-Aethana, Reuters-Traid, Financial Fusion-Trade Force를 포함하는 여러 상업적 FIX 라이브러리를 사용할 수 있다. 여기에서는 `quickfix`라 불리는 라이브러리를 사용한다.

이 라이브러리는 http://www.quickfixengine.org/에서 다운로드할 수 있다.

이 라이브러리는 2000년에 만들어졌고, 자바, C++, 파이썬에 의해 지원된다.

라이브러리는 콜백callback을 사용해 개발자의 역할을 단순화한다. 콜백은 컴퓨터 공학 용어이며, 끝내는 데 많은 시간이 걸리는 작업을 할 때 사용하는 것이라고 이해하자. 즉 초보적인 코드(콜백이 없는 코드)를 사용하면 작업의 수행이 끝날 때까지 기다려야 한다.

하지만 만약 콜백 시스템을 사용하면 다음이 가능하다.

- 작업을 시작한 후 이 작업을 계속 실행하면서 다른 작업들을 진행할 수 있다.
- 그 작업이 끝나면 프로그램이 이 작업의 결과를 취급하도록 함수를 호출할 것이다. 많은 작업을 가진 트레이딩 시스템을 가정하자.
- 이들 중 하나가 거래소로부터 가격 업데이트를 받을 것이며, 가격 업데이트가 수신되고 파스parse되면 트리거되는 콜백을 사용한다.
- 콜백이 호출되면 새로운 가격 업데이트를 사용해 시스템의 나머지와 함께 진행하고자 필요한 특정 필드를 읽을 수 있다.

quickfix 라이브러리는 개발자가 트레이딩 시스템이 수신하는 어떤 메시지에 대해서도 특정 작업을 구현할 수 있도록 한다. 다음 코드는 quickfix 라이브러리를 사용해 일반적 파이썬 코드 구조를 묘사한다.

```
import sys
import time\
import quickfix as fix
import quickfix42 as fix42

class Application(fix.Application):
  def onCreate(self, sessionID): return
  def onLogon(self, sessionID):
    self.sessionID = sessionID
    print ("Successful Logon to session '%s'." % sessionID.toString())
    return
  def onLogout(self, sessionID): return
  def toAdmin(self, sessionID, message):return
  def fromAdmin(self, sessionID, message):return
  def toApp(self, sessionID, message):
    print "Sent the following message: %s" % message.toString()
    return
  def fromApp(self, message, sessionID):
```

```
print "Received the following message: %s" % message.toString()
return
```

위의 코드는 quickfix 라이브러리를 임포트하고 fix.Application 객체로부터 도출되는 Application이라는 클래스를 생성한다. 이제 자세히 살펴보자.

- onLogon과 onLogout 함수는 로그온/로그아웃 메시지(35=A)가 시스템에 의해 수신되고 파스될 때 호출되는 콜백 함수다. onLogon 함수의 인자는 세션 ID다. 인자는 커넥션이 수신자와 송신자 간에 성공적으로 구축될 때 수신된다.
- onCreate 함수는 새로운 세션이 생성돼 트레이딩 세션을 시작할 때 호출된다.
- toAdmin과 toApp 함수는 수신자로부터 메시지를 받을 때 호출된다.
- fromAdmin과 fromApp 함수는 수신자로부터 메시지를 수신할 때 호출된다.
- 앞으로 나올 코드는 파이썬으로 FIX 응용 프로그램을 사용하기 위한 최소한의 코드다.

각 FIX 응용 프로그램은 각각 자신의 config 파일이 있다. qucikfix 라이브러리의 설명서를 읽으면 응용 프로그램을 어떻게 설정하는지 배울 것이다. 여기서는 간단한 설정 예로 설명한다. quickfix 설정 파일은 여러 파트로 나뉜다. DEFAULT 파트는 메인 app 속성들을 설정한다.

- 커넥션 종류: 송신자 또는 수신자
- 재연결 시간: (이 config 파일에서) 60초
- SendsCompIT: 송신자의 식별

SESSION 파트는 FIX 메시지 포맷을 묘사한다. 이 예에서 사용하고 있는 FIX 버전은 버전 4.1이다. 수신자의 식별에 해당하는 TargetCompID는 ARCA이다. 하트비트 구간이 이 파일에서 설정된다. 수신자가 여전히 활성화돼 송신되는지를 체크하는 하트비트를 설정한다. 네트워크 커넥션은 소켓을 이용해 설정된다. 이 소켓은 IP 주소(SocketConnectHost)와 포트(SocketConnectPort)를 기반으로 생성된다.

모든 메시지 종류에 대한 필수 및 옵션 태그를 모두 정의하는 딕셔너리를 사용한다.

```
# 세션에 대한 기본 설정
[DEFAULT]
ConnectionType=initiator
ReconnectInterval=60
SenderCompID=TW
# 세션 정의

[SESSION]
# 기본 설정으로부터 ConnectionType, ReconnectInterval, SenderCompID를 상속받는다.
BeginString=FIX.4.1
TargetCompID=ARCA
StartTime=12:30:00
EndTime=23:30:00
HeartBtInt=20
SocketConnectPort=9823
SocketConnectHost=123.123.123.123
DataDictionary=somewhere/FIX41.xml
```

다음에 나올 코드 예에서 깃허브의 무료로 사용할 수 있는 오픈 소스 소프트웨어를 사용할 것이다. 이는 https://github.com/gloryofrobots/fixsim에서 발견할 수 있다. 이 코드는 가격 업데이트와 주문 측면의 관점에서 송신자와 수신자를 위한 파이썬 코드의 좋은 예다.

송신자 코드 예

송신자는 거래와의 통신을 시작한다. 한 송신자는 다른 송신자가 주문을 담당하는 반면 가격 업데이트를 얻는 것을 담당한다.

가격 업데이트

송신자의 역할은 수신자와의 커넥션을 시작하는 것이다. 커넥션이 구축되면 송신자는 수신자를 구독하고 가격 업데이트를 요구한다. 검토할 첫 번째 함수는 구독을 위한 함수다. 이 함수는 일단 커넥션이 구축되면 호출된다.

`subscribe` 함수는 고정 시간 이후에 호출된다. 이 함수가 호출될 때 활성화된 세션이 있는지 체크해야 한다. 심벌 리스트를 반복하면서 시장 데이터 리퀘스트를 구축한다. 다음 코드 블록을 살펴보자.

```
8=FIX.4.4|9=78|35=V|146=1|55=USD/RUB|460=4|167=FOR|262=2|263=1|264=0|265=0|
267=2|269=0|269=0|10=222|
```

위에서 알 수 있듯이 메시지 종류는 35=V다. 태그와 상응하는 필드와 값을 다음 표에 열거한다.

태그	필드	값
8	BeginString	FIX.4.4
9	BodyLenth	78
35	MsgType	V
146	NoRelatedSym	1
55	Symbol	USD/RUB
460	Product	4
167	SecurityType	FOR
262	MDReqID	2
263	SubscriptionRequestType	1
264	MarketDepth	0
265	MDUpdateType	0
267	NoMDEntryTypes	2

269	MDEntryType	0
269	MDEntryType	1
10	CheckSum	222

위의 표에서 다음을 알 수 있다.

- 각 심벌(거래하고 싶은 티커ticker)에 대해 이 함수는 새로운 시장 데이터 리퀘스트 메시지를 생성한다.
- 각 시장 데이터 리퀘스트는 주어진 심벌에 연관된 유일한 식별자 MDReqIDMarket Data Request ID를 반드시 가져야 한다. 다음 예에서 UDS/RUB를 사용한다.

```
def subscribe(self):
  if self.marketSession is None:
    self.logger.info("FIXSIM-CLIENT Market session is none,
skip subscribing")
    return

  for subscription in self.subscriptions:
    message = self.fixVersion.MarketDataRequest()
    message.setField(quickfix.MDReqID(self.idGen.reqID()))
    message.setField(quickfix.SubscriptionRequestType(quickfix.Subscrip
tionRequestType_SNAPSHOT_PLUS_UPDATES))
    message.setField(quickfix.MDUpdateType(quickfix.MDUpdateType_FULL_R
EFRESH))
    message.setField(quickfix.MarketDepth(0))
    message.setField(quickfix.MDReqID(self.idGen.reqID()))
    relatedSym = self.fixVersion.MarketDataRequest.NoRelatedSym()
    relatedSym.setField(quickfix.Product(quickfix.Product_CURRENCY))
    relatedSym.setField(quickfix.SecurityType(quickfix.SecurityType_FOR EIGN_
EXCHANGE_CONTRACT))
    relatedSym.setField(quickfix.Symbol(subscription.symbol))
    message.addGroup(relatedSym)
    group = self.fixVersion.MarketDataRequest.NoMDEntryTypes()
    group.setField(quickfix.MDEntryType(quickfix.MDEntryType_BID))
    message.addGroup(group)
```

```
        group.setField(quickfix.MDEntryType(quickfix.MDEntryType_OFFER))
        message.addGroup(group)
        self.sendToTarget(message, self.marketSession)
```

위의 코드에서 다음을 알 수 있다.

- 일단 원하는 모든 심벌(이 예에서 통화쌍)을 구독하면 수신자는 시장 업데이트를 송신하기 시작한다.
- onMarketDataSnapshotFullRefresh 함수는 시스템으로 들어오는 모든 가격 업데이트의 모든 스냅샷[3]을 수신한다.

가격 업데이트 게이트웨이에 의해 수신되는 메시지 종류는 다음과 같다.

```
8=FIX.4.4|9=429|35=W|34=1781|49=FIXSIM-SERVER-
MKD|52=20190909-19:31:48.011|56=FIXSIM-CLIENT-MKD|55=EUR/USD|262=74|268=4|269=0|270=6.5
12|15=EUR|271=2000|276=A|299=a23de 46d-6309-4783-
a880-80d6a02c6140|269=0|270=5.1|15=EUR|271=5000|276=A|299=1f551637-20e5-4d8 b-85d9-
1870fd49e7e7|269=1|270=6.512|15=EUR|271=2000|276=A|299=445cb24b-8f94 -47dc-9132-75f4c0
9ba216|269=1|270=9.49999999999999|15=EUR|271=5000|276=A|29 9=3ba6f03c-131d-4227-b4fb-
bd377249f50f|10=001|
```

함수는 콜백이다. Full Snapshot 메시지가 수신되고 파스될 때 호출된다. message 파라미터는 메시지를 포함한다. 코드를 살펴보자.

```
def onMarketDataSnapshotFullRefresh(self, message, sessionID):

  fix_symbol = quickfix.Symbol()
  message.getField(fix_symbol)
  symbol = fix_symbol.getValue()

  group = self.fixVersion.MarketDataSnapshotFullRefresh.NoMDEntries()
  fix_no_entries = quickfix.NoMDEntries()
```

3 과거의 한때 존재하고 유지시킨 컴퓨터 파일과 디렉터리의 모임 – 옮긴이

```
message.getField(fix_no_entries)
no_entries = fix_no_entries.getValue()

for i in range(1, no_entries + 1):
  message.getGroup(i, group)
  price = quickfix.MDEntryPx()
  size = quickfix.MDEntrySize()
  currency = quickfix.Currency()
  quote_id = quickfix.QuoteEntryID()

  group.getField(quote_id)
  group.getField(currency)
  group.getField(price)
  group.getField(size)

  quote = Quote()
  quote.price = price.getValue()
  quote.size = size.getValue()
  quote.currency = currency.getValue()
  quote.id = quote_id.getValue()

  fix_entry_type = quickfix.MDEntryType()
  group.getField(fix_entry_type)
  entry_type = fix_entry_type.getValue()
```

위에서 알 수 있듯이 `getField` 메서드를 사용해 필드에 접근할 수 있다.

주문 실행과 시장 반응 수신

트레이딩 시스템의 주요 목적은 주문을 송신하고 주문 관련 시장 메시지를 수신하는 것이다. 이번 절에서 주문을 송신하고 이들 주문에 업데이트를 수신하는 법을 다룬다.

송신자의 역할은 수신자와의 커넥션을 시작하는 것이다. 커넥션이 구축될 때 트레이딩 세션이 구축된다. 바로 그 순간 트레이딩 시스템은 거래소로 주문을 보낸다. 주문은 다음과 같은 메시지 종류를 갖는다.

```
8=FIX.4.4|9=155|35=D|11=3440|15=USD|21=2|38=20000|40=D|44=55.945|54=1|55=
US D/RUB|59=3|60=20190909-19:35:27|64=SP|107=SPOT|117=b3fc02d3-373e-4632-80a0-
e50c2119310e|167=FOR|10=150|
```

수신자는 메시지 타입 35=D(단일 주문을 나타냄)를 사용해 주문을 생성한다. 이들 주문의 모든 필드는 quickfix 라이브러리 함수에 의해 채워진다. 코드를 살펴보자.

```
def makeOrder(self, snapshot):
  self.logger.info("FIXSIM-CLIENT Snapshot received %s", str(snapshot))
  quote = snapshot.getRandomQuote()
  self.logger.info("FIXSIM-CLIENT make order for quote %s", str(quote))
  order = self.fixVersion.NewOrderSingle()
  order.setField(quickfix.HandlInst ( quickfix.HandlInst_AUTOMATED_EXECUTION_ORDER_
PUBLIC_BROKER_INTERVENTION_OK  ) )
  order.setField(quickfix.SecurityType (quickfix.SecurityType_FOREIGN_EXCHANGE_
CONTRACT))
  order.setField(quickfix.OrdType(quickfix.OrdType_PREVIOUSLY_QUOTED))
  order.setField(quickfix.ClOrdID(self.idGen.orderID()))
  order.setField(quickfix.QuoteID(quote.id))
  order.setField(quickfix.SecurityDesc("SPOT"))
  order.setField(quickfix.Symbol(snapshot.symbol))
  order.setField(quickfix.Currency(quote.currency))
  order.setField(quickfix.Side(quote.side))
  order.setField(quickfix.OrderQty(quote.size))
  order.setField(quickfix.FutSettDate("SP"))
  order.setField(quickfix.Price(quote.price))
  order.setField(quickfix.TransactTime())
  order.setField(quickfix.TimeInForce(quickfix.TimeInForce_IMMEDIATE_OR_CANCE L))
```

거래소에 의해 주문이 수신되면 처리되며, 거래소는 특정 FIX 메시지로 이 주문에 회신한다. 이 메시지의 특성은 실행 보고서 35=8이다.

메시지는 실행 보고서 메시지 35=8, ExecType 태그 150=0, OrdStatus 39=0을 사용해 주문을 인식한다.

```
8=FIX.4.4|9=204|35=8|34=4004|49=FIXSIM-
SERVER|52=20190909-19:35:27.085|56=FIXSIM-
CLIENT|6=55.945|11=3440|14=20000|15=USD|17=3440|31=55.945|32=20000|37=3440|38=20000|39=
0|44=55.945|54=1|55=USD/RUB|64=20190910|150=0|151=0|10=008|
```

주문이 체결되고, 서버는 주문 체결에 대한 150=2와 39=2를 가리키는 실행 보고서 메시지를 보낸다.

```
8=FIX.4.4|9=204|35=8|34=4005|49=FIXSIM-
SERVER|52=20190909-19:35:27.985|56=FIXSIM-
CLIENT|6=55.945|11=3440|14=20000|15=USD|17=3440|31=55.945|32=20000|37=3440|38=20000|39=
2|44=55.945|54=1|55=USD/RUB|64=20190910|150=2|151=0|10=008|
```

코드의 onExecutionReport 콜백은 이들 메시지가 트레이딩 시스템에 의해 수신되면 호출된다.

```
def onExecutionReport(self, connectionHandler, msg):
  codec = connectionHandler.codec
  if codec.protocol.fixtags.ExecType in msg:
    if msg.getField(codec.protocol.fixtags.ExecType) == "0":
      side = Side(int(msg.getField(codec.protocol.fixtags.Side)))
      logging.debug("<--- [%s] %s: %s %s %s@%s" %
(codec.protocol.msgtype.msgTypeToName(msg.getField(codec.protocol.fixtags.M
 sgType)), msg.getField(codec.protocol.fixtags.ClOrdID),
msg.getField(codec.protocol.fixtags.Symbol), side.name,
msg.getField(codec.protocol.fixtags.OrderQty),
sg.getField(codec.protocol.fixtags.Price)))
    elif msg.getField(codec.protocol.fixtags.ExecType) == "2":
      logging.info("Order Filled")
  else:
    logging.error("Received execution report without ExecType")
```

위의 코드에서 보듯이 실행 보고서 메시지로부터 정보를 얻는 데 필요한 필드를 파스한다. 주문이 인식됐는지 또는 체결됐는지를 테스트한다.

Acceptor 코드 예제

수신자의 역할은 송신자로부터 커넥션을 수신하는 것이다. 자동 매매 트레이더들은 이 파트를 코딩하지 않을 것이다. 그러나 송신자가 보내는 메시지를 거래소가 어떻게 다루는지를 이해한다면 지식이 늘어날 것이다.

수신자가 담당하는 2개의 주요 함수가 있다.

- **시장 데이터 리퀘스트 처리**: 시장 데이터 리퀘스트가 서버에 의해 수신될 때 호출되는 함수다.
- **주문 처리**: 주문 메시지가 수신될 때 호출되는 함수다.

시장 데이터 리퀘스트 처리

시장 데이터 리퀘스트 처리는 수신자(거래소)가 주어진 심벌을 트레이드하고자 하는 송신자로부터의 리퀘스트를 등록할 수 있게 한다. 이 리퀘스트가 수신되면 수신자는 가격 업데이트를 송신자에게 스트리밍하기 시작한다 다음 코드를 살펴보자.

```
def onMarketDataRequest(self, message, sessionID):
  requestID = quickfix.MDReqID()
  try:
    message.getField(requestID)
  except Exception as e:
    raise quickfix.IncorrectTagValue(requestID)

  try:
    relatedSym = self.fixVersion.MarketDataRequest.NoRelatedSym()
    symbolFix = quickfix.Symbol()
    product = quickfix.Product()
    message.getGroup(1, relatedSym)
    relatedSym.getField(symbolFix)
    relatedSym.getField(product)
    if product.getValue() != quickfix.Product_CURRENCY:
      self.sendMarketDataReject(requestID, " product.getValue() !=
  quickfix.Product_CURRENCY:", sessionID)
```

```
    return

    # 매수 호가(bid)
    entryType = self.fixVersion.MarketDataRequest.NoMDEntryTypes()
    message.getGroup(1, entryType)

    # 매도 호가(ask)
    message.getGroup(2, entryType)

    symbol = symbolFix.getValue()
    subscription = self.subscriptions.get(symbol)
    if subscription is None:
      self.sendMarketDataReject(requestID, "Unknown symbol: %s" % str(symbol),
sessionID)
    return

    subscription.addSession(sessionID)
except Exception as e:
    print e,e.args
    self.sendMarketDataReject(requestID, str(e), sessionID)
```

위의 코드에서 보이듯이 시장 데이터 리퀘스트를 다루는 `onMarketDataRequest` 콜백은 다음을 수행한다.

- **리퀘스트 ID의 획득**: 거래소는 리퀘스트 ID가 이미 처리돼지 않았는지를 체크한다.
- **심벌 ID의 획득**: 시스템에 연동된 심벌 업데이트는 송신자에게 보내진다.
- **상품의 획득**: 거래소는 리퀘스트된 상품이 시스템에 존재하는지를 체크한다. 만약 상품이 없으면 기각 메시지를 송신자에게 보낸다.

주문

주문 관리는 송신자의 주요 기능이다. 거래소는 다음을 처리할 수 있어야 한다.

- **신규 주문(35=D)**: 이 메시지는 트레이딩 인디케이션^indication^을 위해서 보내진다. 이 메시지는 지정가^limit order^, 전량 충족 조건^fill or kill^, 시장가^market order^ 주문과 같은 수많은 종류의 주문을 묘사한다.

- **주문 취소(35=F)**: 주문 취소를 표시하도록 메시지가 보내진다.
- **주문 수정(35=G)**: 주문 수정을 위해 메시지가 보내진다.

`onNewOrderSingle` 함수는 송신자에 의해 보내진 주문을 다루는 함수다. 이 함수는 주요 주문 특성을 얻어야 한다.

- 심벌Symbol(티커 심벌)
- 사이드Side(매수 또는 매도)
- 형태Type(시장가, 지정가, 스톱, 스톱 지정 등)
- 주문량Quantity(트레이드하고자 하는 주문량)
- 가격Price(트레이드하고자 하는 가격)
- 고객 주문 IDClient Order ID(주문에 대한 유일한 식별자)
- 호가 IDQuote ID(트레이드하고자 하는 호가 식별자)

거래소는 주문 ID가 이미 존재하는지를 체크한다. 만약 존재하면 기각 메지지가 보내져 동일한 주문 ID를 가진 신규 주문을 생성할 수 없다는 것을 알리도록 해야만 한다. 만약 주문이 거래소에 의해 정확하게 수신되면 거래소가 주문을 받았다는 실행 보고서 메시지가 송신자에게 보내진다.

깃허브 fixism 코드에서 작성자는 랜덤random하게 들어오는 주문을 기각한다. 이 책의 뒷부분에서 백테스팅을 논의할 때 시장 행태를 모델링하고자 도입한 서로 다른 옵션을 언급할 것이다. 랜덤 기각을 도입하는 것은 시장 행태를 모방하는 한 방법이다. 만약 기각이 없으면 거래소는 주문을 체결하고, 주문 체결 상태를 나타내는 실행 보고서 35=8을 보낸다.

`onNewOrderSignle` 함수(콜백)는 두 부분으로 나뉜다. 첫째 부분은 New Order(35=D) 메시지로부터의 정보를 수집한다. 두 번째 부분은 송신자를 위한 회신을 생성한다. 이 회신은 실행 보고서(35=8) 메시지다.

코드는 `quickfix` 객체(`symbol`, `side`, `orderType` 등)를 생성하고, `getField` 함수를 사용해 태그 값으로부터 값을 얻는다. 코드 작성자는 오직 이 주문이 이전에 호가됐을 경우에만 주문을 채택하는 것으로 했다. 이는 주문이 트레이딩 시스템이 수신한 가격 업데이트를 기반으로 한다는 것을 뜻한다.

```
def onNewOrderSingle(self, message, beginString, sessionID):
  symbol = quickfix.Symbol()
  side = quickfix.Side()
  ordType = quickfix.OrdType()
  orderQty = quickfix.OrderQty()
  price = quickfix.Price()
  clOrdID = quickfix.ClOrdID()
  quoteID = quickfix.QuoteID()
  currency = quickfix.Currency()

  message.getField(ordType)
  if ordType.getValue() != quickfix.OrdType_PREVIOUSLY_QUOTED:
    raise quickfix.IncorrectTagValue(ordType.getField())

  message.getField(symbol)
  message.getField(side)
  message.getField(orderQty)
  message.getField(price)
  message.getField(clOrdID)
  message.getField(quoteID)
  message.getField(currency)
```

다음 코드는 실행 보고서(35=8) 메시지를 생성한다. 이 코드의 첫 번째 줄은 메시지를 나타내는 실행 보고서 객체를 생성한다. 다음 줄은 이 메시지에 대해 필요한 헤더를 생성한다.

```
executionReport = quickfix.Message()
executionReport.getHeader().setField(beginString)
executionReport.getHeader().setField(quickfix.MsgType(quickfix.MsgType_Exec
utionReport))
executionReport.setField(quickfix.OrderID(self.idGen.orderID()))
executionReport.setField(quickfix.ExecID(self.idGen.execID()))
```

다음은 기각을 시뮬레이션하는 코드를 구축한다. reject_chance(%)의 비율로 코드를 기각한다.

```
try:
  reject_chance = random.choice(range(1, 101))
  if self.rejectRate > reject_chance:
    raise FixSimError("Rejected by cruel destiny %s" % str((reject_chance, self.
rejectRate)))
```

다음 코드는 실행 크기와 가격에 대한 체크를 실행한다.

```
  execPrice = price.getValue()
  execSize = orderQty.getValue()
  if execSize > quote.size:
    raise FixSimError("size to large for quote")

  if abs(execPrice - quote.price) > 0.0000001:
    raise FixSimError("Trade price not equal to quote")
```

코드는 실행 보고서 메시지에서 필요한 필드를 채워 나감으로써 종료된다.

```
executionReport.setField(quickfix.SettlDate(self.getSettlementDate()))
executionReport.setField(quickfix.Currency(subscription.currency))
executionReport.setField(quickfix.OrdStatus(quickfix.OrdStatus_FILLED))
executionReport.setField(symbol)
executionReport.setField(side)
executionReport.setField(clOrdID)
executionReport.setField(quickfix.Price(price.getValue()))
executionReport.setField(quickfix.AvgPx(execPrice))
executionReport.setField(quickfix.LastPx(execPrice))
executionReport.setField(quickfix.LastShares(execSize))
executionReport.setField(quickfix.CumQty(execSize))
executionReport.setField(quickfix.OrderQty(execSize))
executionReport.setField(quickfix.ExecType(quickfix.ExecType_FILL))
executionReport.setField(quickfix.LeavesQty(0))
```

다음 코드는 오류의 경우 기각 메시지를 생성한다. 주문 실행을 표시하는 메시지를 생성하는 것과 동일한 방식으로 수행된다. 실행 보고서 메시지의 Order Status내의 Rejected 값을 지정한다.

```
except Exception as e:
  self.logger.exception("FixServer:Close order error")
  executionReport.setField(quickfix.SettlDate(''))
  executionReport.setField(currency)
  executionReport.setField(quickfix.OrdStatus(quickfix.OrdStatus_REJECTED))
  executionReport.setField(symbol)
  executionReport.setField(side)
  executionReport.setField(clOrdID)
  executionReport.setField(quickfix.Price(0))
  executionReport.setField(quickfix.AvgPx(0))
  executionReport.setField(quickfix.LastPx(0))
  executionReport.setField(quickfix.LastShares(0))
  executionReport.setField(quickfix.CumQty(0))
  executionReport.setField(quickfix.OrderQty(0))
  executionReport.setField(quickfix.ExecType(quickfix.ExecType_REJECTED))
  executionReport.setField(quickfix.LeavesQty(0))
```

마지막으로 메시지를 송신자로 다시 보낸다.

```
self.sendToTarget(executionReport, sessionID)
```

이로써 수신자에 특화된 코드 파트를 마친다. 수신자의 역할은 우리가 구현한 최소한의 코드보다 더 풍부하다. 수신자의 주요 역할은 트레이더들 간의 주문을 매치하는 것이다. 거래소를 구현한다면 (체결될 주문을 매치할) 머신 엔진을 생성해야 한다. 이 간단한 예에서는 시장의 상태와 상관없이 주문을 체결하기로 한다. 주요 목적은 단지 주문을 체결하고 기각함으로써 시장의 행태를 모방하는 시뮬레이션을 구축하는 것이다.

기타 트레이딩 API

FIX 프로토콜은 1992년부터 사용돼 왔다. 문자 기반의 프로토콜인 FIX를 이해함으로써 다른 프로토콜을 이해할 수 있을 것이다. 나스닥Nasdaq은 직접 데이터 피드인 ITCH와 직접 트레이딩 OUCH 프로토콜을 사용한다. 이들 프로토콜은 오버헤드가 제한되므로 FIX 프로토콜보다 훨씬 빠르다. 이들 프로토콜은 태그값을 지정하고자 고정된 오프셋을 사용한다. 예를 들어, 39=2를 사용하는 대신 OUCH 프로토콜은 오프셋 20에서 2라는 값을 사용한다.

뉴욕증권거래소NYSE, New York Exchange는 UTP Direct를 사용하는데 이는 나스닥 프로토콜과 유사하다. 가상화폐 세계는 RESTful API, 즉 웹소켓Websocket 방식의 통신을 사용하면서 HTTP 리퀘스트를 사용한다. 이런 모든 프로토콜은 금융 거래 정보를 표현하는 서로 다른 방법들을 제공한다. 이들의 목적(가격 업데이트와 주문의 처리)은 모두 같다.

요약

8장에서 트레이딩 시스템 통신이 트레이딩의 핵심이라는 것을 배웠다. 트레이딩 시스템은 정보를 기반으로 하는 의사결정에 요구되는 가격을 수집하는 역할을 한다. 이 구성 요소가 느리면 트레이딩 결정이 느리게 된다. 게이트웨이는 통신을 다뤄야 하므로 기술적으로 다른 어떤 구성 요소보다 고난도다. 통신은 계층들이 컴퓨터 레벨에서 완벽하게 취급돼야 한다는 것을 뜻한다. 즉 이는 컴퓨터 구조(네트워크 계층), 운영체제(시스템 콜, 네트워크 카드에 소통하는 드라이버 등)와 소프트웨어 자체를 포함한다. 이 모든 계층이 최적화돼야 빠른 트레이딩 시스템을 갖게 된다. 기술적 복잡성 수준 때문에 고빈도 트레이딩 전략을 가질 때 통신 시스템을 직접 구현할 가능성은 거의 없다. 대신 이 분야의 전문가에 의해 제공되는 시스템을 사용할 것이다. 그러나 트레이딩 전략이 속도에 민감하지 않다면 8장에서 얻은 정보를 사용해 거래소와의 통신을 구현할 수 있을 것이다.

또한 8장에서 트레이딩 시스템과 거래소 간의 통신을 논의했다. 파이썬 quickfix 라이브러리를 사용해 통신 시스템 구현 시간을 절약하는 법을 배웠다. quickfix와 함께 몇몇 소프트웨어를 사용해 송신자와 수신자 간의 거래를 시뮬레이트했다. 이렇게 함으로써 트레이딩 통신 시스템의 작업 흐름을 학습했다. 이제 트레이딩 시스템을 어떻게 구축하고, 이 시스템이 외부 세계와 어떻게 통신하는가를 알게 됐다. 마지막으로 필요한 것은 전략이 이러한 트레이딩 시스템 위에서 잘 작동하는지에 자신을 갖는 것이다.

9장에서 또 트레이딩 전략을 논할 때 하나의 중요한 스텝, 즉 백테스팅을 다룰 것이다.

09

파이썬 백테스트 시스템 구축

이제 트레이딩 전략 아이디어를 구축하는 법을 알았다. 코드를 작성해 전략이 트레이딩 시스템에서 실행시키는 법을 배웠다. 트레이딩 전략을 실제로 적용하기 이전의 마지막 스텝은 백테스트다. 전략의 성과에 더 자신감을 갖고자 하건, 매니저에게 트레이딩 아이디어가 얼마나 잘 작동하는지 보여 주고자 하건, 대량의 역사적 데이터를 사용하는 백테스터backtester를 사용해야 한다.

9장에서 백테스터를 구축하는 법을 배울 것이다. 트레이딩 전략의 성과를 검증하고자 대량 데이터를 갖고 여러 시나리오를 실행함으로써 트레이딩 알고리즘을 개선한다. 모델이 구현되면 트레이딩 로봇이 트레이딩 인프라에서 예상한 대로 작동하는지 테스트해야 한다.

9장에서 백테스팅이 작동하는 법을 배우고, 백테스터를 구축할 때 고려해야 할 가정들을 논의한다. 마지막으로 모멘텀 트레이딩 전략을 사용해 백테스터의 사용 예를 제공한다.

9장에서는 다음 주제를 다룬다.

- 백테스터를 구축하는 법
- 올바른 가정을 선택하는 법
- 시간값의 평가
- 듀얼 이동 평균 트레이딩 전략의 백테스팅

백테스터 구축

백테스팅은 트레이딩 전략의 핵심이다. 이는 역사적 데이터를 사용해 트레이딩 전략이 얼마나 수익성이 있는지 평가한다. 어떠한 자본 손실을 유발하기 이전에 위험과 수익성을 보여 주는 결과를 생성하는 시뮬레이션을 실행함으로써 전략을 최적화한다. 만약 백테스팅이 좋은 결과(적절한 위험에 높은 이익)을 낸다면 전략을 실전에 투입하도록 권장할 것이다. 만약 결과가 만족스럽지 못하면 백테스팅은 문제 발견을 도울 것이다.

트레이딩 전략은 자산 포트폴리오의 편입과 퇴출의 규칙을 정의한다. 백테스팅을 통해 이들 트레이딩 규칙을 실전에 적용하는 것이 가치가 있는지 결정한다. 이는 전략이 과거에 어떻게 성과를 냈을지의 아이디어를 제공한다. 최종 목적은 실제 자본을 배분하기 이전에 나쁜 전략을 거르는 것이다.

백테스팅은 과거 시장 데이터를 사용해 트레이딩 전략의 결과를 타진할 수 있다. 대부분의 경우 백테스트를 현실을 반영하는 모델로 간주한다. 경험을 기반으로 가정을 할 것이다. 그러나 모델이 현실을 충분히 반영하지 못하면 트레이딩 전략은 잘 작동하지 않을 것이며, 결국 금융 손실을 이끌 것이다.

9장에서 다루는 처음 부분은 데이터를 얻는 것이다. 데이터는 여러 가지 형태로 저장될 것인데 이에 따라 백테스터를 조정해야 할 것이다.

백테스터는 데이터를 매우 많이 사용한다. 트레이딩에서 하루 1테라바이트의 데이터는 매우 일반적이다. 하드 디스크가 이런 양의 데이터를 읽는 데는 불과 수분밖에 걸리지 않는다. 특정 범위의 날짜를 원하거나 특정 종목을 원한다면, 날짜, 종목 또는 그 밖의 속성에 대한 성과지표를 갖는 것이 매우 중요하다. 금융에 있어서 데이터는 특정 시간과 연관된 값이며, 이는 시계열time series이라 부른다. 표준적인 관계형 데이터베이스는 시계열을 읽는 데 효율적이지 못하다. 시계열을 다루는 몇 가지 방법을 살펴볼 것이다.

표본 내 데이터 대 표본 외 데이터

통계 모델을 구축할 때 교차 검증을 사용해 과적합을 방지한다. 교차 검증은 데이터를 2개 또는 3개의 다른 데이터셋으로 분할한다. 1개의 셋set은 모델을 구축하는 데에 사용되고, 한편 나머지 셋들은 모델의 정확성을 검증하는 데에 사용된다. 모델이 이들 다른 데이터셋으로 구축되지 않았기 때문에 성과에 대한 더 좋은 아이디어를 얻을 수 있다.

트레이딩 전략을 역사적 데이터로 테스트할 때 테스트를 위한 데이터의 부분을 사용하는 것이 중요하다. 통계 모델에서 훈련 데이터를 모델을 구축하는 최초의 데이터라 말한다. 이를 트레이딩 전략에 대한 표본 내 데이터in-sample data라 부른다. 테스팅 데이터는 표본 외 데이터out-of-sample data라 부른다. 교차 검증은 새로운 데이터를 가능한 한 실제 트레이딩과 가장 비슷하게 테스트함으로써 트레이딩 전략의 성과를 테스트하는 방법을 제공한다.

다음 다이어그램은 역사적 데이터를 어떻게 2개의 다른 데이터셋으로 나누는지 나타낸다. 표본 내 데이터를 이용해 트레이딩 전략을 구축한다. 그러고 나서 이 표본 외 데이터를 갖고 이 모델을 검증한다.

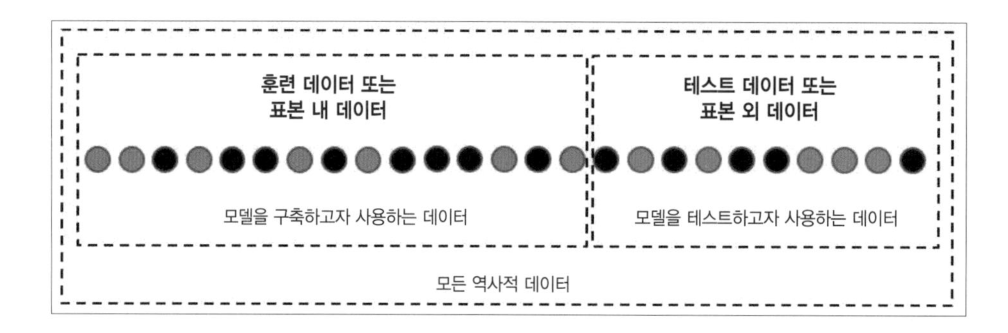

트레이딩 전략을 구축할 때 모델 구축을 위해 70~80% 정도를 따로 놓는 것이 중요하다. 트레이딩 모델이 만들어지면 이 모델의 성과는 표본 외 데이터(전체 데이터의 20~30%)를 이용해 테스트한다.

페이퍼 트레이딩(선행 테스트)

페이퍼 트레이딩(선행 성과 테스트라고도 알려져 있다)은 테스트 단계의 마지막 스텝이다. 트레이딩 전략을 시스템의 실시간 환경에 넣어서 가짜 주문을 보낸다. 하루의 트레이딩 이후에 모든 주문의 로그를 갖고 예상과 비교한다. 이 스텝은 전체 트레이딩 시스템을 사용해 전략을 테스트하므로 유용하다.

이 테스트 단계는 실제로 자금을 투자하기 이전 트레이딩 전략의 마지막 테스트를 하는 방법이다. 이 단계의 이점은 트레이딩 전략 구축자가 자신을 얻고 스트레스가 없는 환경에서 운용하는 반면 어떠한 금전적 위험이 없이 더 이상의 분석을 위해 사용할 수 있는 새로운 데이터셋을 구축한다는 것이다. 불행히도 페이퍼 트레이딩에 의해 얻어진 성과가 시장과 직접적인 상관관계는 없다는 것이다. 주문이 체결될지 안 될지, 체결되더라도 어떤 가격에 체결될지 보장할 수 없다. 시장 변동성이 심한 시기에 대부분의 주문은 기각될 수 있다. 게다가 주문이 체결되더라도 가장 나쁜 가격에 체결될 수 있다(음의 주문편차negative slipage).

초보적 데이터 저장

데이터를 저장하는 가장 직관적인 방법은 하드 디스크 위의 플랫 파일flat file을 사용하는 것이다. 이 방법의 문제점은 하드 디스크는 백테스팅을 위해 사용하려는 데이터에 해당하는 파일의 부분에 도달하고자 광대한 영역을 탐색해야 한다는 것이다. 인덱스를 갖는 것은 읽어야 할 올바른 부분을 찾는 데 크게 도움이 된다.

HDF5

계층적 데이터 포맷HDF, Hierarchical Format은 대용량 데이터를 저장하고 관리하려고 설계된 파일 포맷이다. 1990년대에 **미국 슈퍼컴퓨터응용센터**NCSA, National Center for Supercomputing Application에서 개발됐으며, 나사NASA가 이 포맷을 사용하기로 결정했다. 시계열 저장에 대한 휴대성과 효율성이 이 언어 설계의 핵심이다. 트레이딩 세계 특히 **고빈도 거래**HFT, High-Frequency Trading 회사, 헤지펀드와 투자 은행들은 이 포맷을 빠르게 채택했다. 이들 금융 회사들은 백테스트, 트레이딩, 그 외의 분석을 위해 거대한 양의 데이터에 의존한다.

이 포맷은 금융에서의 HDF 사용자들이 매우 커다란 데이터를 취급하고, 전체 섹션 또는 틱 데이터의 하위 섹션에 접근할 수 있도록 한다. 게다가 무료 포맷이라 공개 소스 툴이 많다.

HDF5의 계층적 구조는 다음의 두 가지 주요 타입을 사용한다.

- **데이터셋**: 주어진 타입의 다차원 배열
- **그룹**: 다른 그룹과(또는) 데이터셋의 콘테이너

다음 다이어그램이 HDF5의 계층적 구조를 보여 준다.

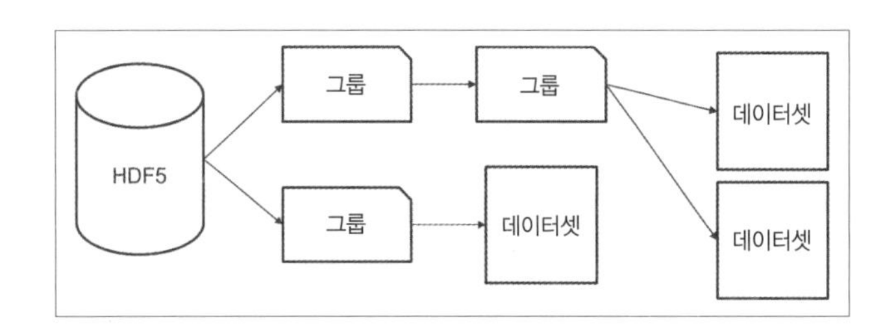

데이터셋의 콘텐츠를 얻고자 POSIX 구문 /path/file을 사용해 표준 파일과 같이 이에 접근할 수 있다. 메타데이터metadata 역시 그룹과 데이터셋에 저장된다. HDF5 포맷은 B-트리를 사용해 데이터셋을 인덱싱하는데 이는 금융 자산 가격 시리즈와 같은 시계열에 대한 좋은 저장 포맷을 만든다.

코드에서 파이썬으로 HDF5를 사용하는 법의 예를 보인다. GOOG 가격을 얻고자 이 책에서 사용했던 load_financial_data 함수를 사용한다. 데이터 프레임을 goog_data라는 HDF5 파일에 저장한다. 그러고 나서 h5py 라이브러리를 사용해 이 파일을 읽고 파일의 속성을 읽는다. 이 파일의 데이터 콘텐츠를 프린트한다.

아래 코드로 GOOG 재무 데이터를 얻을 것이며, 이 데이터를 데이터 프레임 goog-data에 저장한다.

```
!/bin/python3
import pandas as pd
import numpy as np
from pandas_datareader import data
import matplotlib.pyplot as plt
import h5py

def load_financial_data(start_date, end_date,output_file):
  try:
    df = pd.read_pickle(output_file)
    print('File data found...reading GOOG data')
  except FileNotFoundError:
    print('File not found...downloading the GOOG data')
    df = data.DataReader('GOOG', 'yahoo', start_date, end_date)
```

```
    df.to_pickle(output_file)
  return df

goog_data=load_financial_data(start_date='2001-01-01',
end_date = '2018-01-01',
output_file='goog_data.pkl')
```

코드의 이 부분에서 데이터 프레임 goog_data를 파일 goog_data.h5에 저장한다.

```
goog_data.to_hdf('goog_data.h5','goog_data',mode='w',format='table',data_columns=True
```

다음 이 파일을 파일 goog_data.h5에서 로딩해서 데이터 프레임 goog_data_from_h5_file을 만든다.

```
goog_data_from_h5_file = h5py.File('goog_data.h5')
print(goog_data_from_h5_file['goog_data']['table'])
print(goog_data_from_h5_file['goog_data']['table'][:])
for attributes in goog_data_from_h5_file['goog_data']['table'].attrs.items():
  print(attributes)
```

휴대성이 있고 공개 소스임에도 HDF5 파일 포맷은 중요한 결함이 있다.

- 파손된 데이터를 얻을 확률이 매우 높다. HDF5 파일을 취급하는 소프트웨어 충돌로 인해 동일한 파일에 위치한 모든 파일을 잃을 수 있다.
- 특성의 제한을 갖는다. 배열을 제거할 수 없다.
- 성과가 낮다. 운영체제 캐싱을 사용할 수 있다.

많은 금융 회사가 여전히 이 표준화된 파일을 사용한다. 수년간 더 시장에 남아 있을 것이다. 다음 파일 저장 대안인 데이터베이스를 논의한다.

데이터베이스

데이터베이스는 데이터를 저장하고자 만들어졌다. 금융 데이터는 시계열 데이터이고, 대부분의 데이터베이스는 시계열 데이터를 가장 효율적인 방법으로 취급하지 않는다. 시계열 데이터를 저장하는 데 있어 가장 큰 문제는 확장성scalability이다. 중요한 데이터 스트림부터 처리된다. 관계형relational과 비관계형non-relational의 2개의 주요 데이터베이스 그룹이 있다.

관계형 데이터베이스

관계형 데이터베이스는 데이터베이스 구조를 재구성할 필요없이 여러 다른 방법으로 쓰여지고 접근될 수 있는 테이블을 가진다. 이들은 보통 **구조적 쿼리 언어**SQL, Structured Query Language를 사용한다. 가장 광범위하게 사용하는 데이터베이스는 마이크로소프트 SQL-서버, PostgreSQL, MySQL, Oracle이다.

파이썬은 이들 데이터베이스를 사용할 수 있는 많은 라이브러리를 갖고 있다. 여기서는 PostGresSQL을 예제로 사용한다. PostGresSQL 라이브러리인 Psycopg2는 파이썬에 의해 사용될 수 있으며, 이는 어떤 SQL 쿼리도 처리한다.

1. GOOG 데이터 가격을 사용해 GOOD 데이터에 대한 데이터베이스를 작성한다.

```
goog_data.head(10)

                    High         Low        Open        Close
Volume    Adj Close
Date
2014-01-02  555.263550  550.549194  554.125916  552.963501
3666400.0  552.963501
2014-01-03  554.856201  548.894958  553.897461  548.929749
3355000.0  548.929749
2014-01-06  555.814941  549.645081  552.908875  555.049927
3561600.0  555.049927
2014-01-07  566.162659  556.957520  558.865112  565.750366
5138400.0  565.750366
```

```
2014-01-08  569.953003  562.983337  569.297241  566.927673
4514100.0  566.927673
2014-01-09  568.413025  559.143311  568.025513  561.468201
4196000.0  561.468201
2014-01-10  565.859619  557.499023  565.859619  561.438354
4314700.0  561.438354
2014-01-13  569.749329  554.975403  559.595398  557.861633
4869100.0  557.861633
2014-01-14  571.781128  560.400146  565.298279  570.986267
4997400.0  570.986267
2014-01-15  573.768188  568.199402  572.769714  570.598816
3925700.0  570.598816
```

2. SQL 내에 테이블을 만들고자 다음 명령문을 사용한다. 머신에 PostGresSQL을 설치해야 한다. 그러고 나서 다음 내용을 삽입한다.

```
CREATE TABLE "GOOG"
(
  dt timestamp without time zone NOT NULL, high numeric NOT NULL,
  low numeric NOT NULL,
  open numeric NOT NULL,
  close numeric NOT NULL,
  volume numeric NOT NULL,
  adj_close numeric NOT NULL
  CONSTRAINT "GOOG_pkey" PRIMARY KEY (dt)
);
```

이 명령문은 GOOG라는 이름의 SQL 테이블을 만든다. 이 테이블의 기본키는 타임스탬프 dt가 될 것이다.

3. 예제로 2016-11-08에서 2016-11-09의 GOOG 데이터를 얻고자 다음 쿼리를 실행한다.

```
SQL = '''SELECT
     dt,high,low,open,close,volume, adj_close
  FROM "GOOG"
  WHERE dt BETWEEN '2016-11-08' AND '2016-11-09'
  ORDER BY dt
  LIMIT 100;'''
```

파이썬 코드는 다음과 같다.

```
import psycopg2
conn = psycopg2.connect(database='name_of_your_database')  # set
the appropriate credentials
cursor = conn.cursor()
def query_ticks():
  cursor.execute(SQL)
  data = cursor.fetchall()
  return data
```

query_ticks 함수는 GOOG 데이터를 반환한다.

관계형 데이터베이스의 주요 문제는 속도다. 시간에 의해 인덱싱된 대용량 데이터를 작업하도록 만들어지지 않았다. 속도를 올리려면 비관계형 데이터베이스를 사용해야 한다.

비관계형 데이터베이스

비관계형 데이터베이스는 매우 많이 보급돼 있다. 데이터의 성격이 더욱더 시계열을 기반으로 하므로 이 종류의 데이터베이스는 지난 10년간 급속히 개발됐다. 시계열에 대한 최고의 비관계형 데이터베이스는 KDB라고 알려져 있다. 이 데이터베이스는 시계열에서 성과를 내도록 설계됐다. InfluxDB, MongoDB, Cassandra, TimescaleDB, OpenTSDB, Graphite를 포함하는 다른 많은 경쟁 데이터베이스도 존재한다.

	찬성	반대
KDB	고성능	가격, 비SQL 언어라 사용하기 어렵다.
InfluxDB	무료, 성능, 빠른 시작	작은 커뮤니티, 나쁜 성과 분석 도구, 보안성 부재
MongoDB	관계형 데이터베이스보다 빠르다.	데이터 결합(join)이 없다. 느리다.
Cassandra	관계형 데이터베이스보다 빠르다.	성능 예측 불가능
TimescaleDB	SQL 지원	성능
Graphite	무료, 광범위한 지원	성능
OpenTSDB	관계형 데이터베이스보다 빠르다.	작은 수의 특성

표에서 보인 바와 같이 KDB의 대체를 선택하는 것은 어렵다. KDB 라이브러리 pyq를 사용해 파이썬 코드 예를 코딩할 것이다. PosGresSQL에 대해 작성한 것과 비슷한 예를 작성한다.

```
from pyq import q
from datetime import date

# 이는 kdb 위에서 실행되는 부분이다.
#googdata:([]dt:();high:();low:();open:();close:();volume:(),adj_close:())

q.insert('googdata', (date(2014,01,2), 555.263550, 550.549194, 554.125916,
552.963501, 3666400.0, 552.963501))
q.insert('googdata', (date(2014,01,3), 554.856201, 548.894958, 553.897461,
548.929749, 3355000.0, 548.929749))

q.googdata.show()

               High        Open        Close      Low     Volume
Adj Close
 Date
 2014-01-02  555.263550  550.549194  554.125916  552.963501  3666400.0  552.963501
 2014-01-03  554.856201  548.894958  553.897461  548.929749  3355000.0  548.929749


# 다음은 kdb에서 실행되는 부분이다.
# f:{[s]select from googdata where date=d}

x=q.f('2014-01-02')
print(x.show())

2014-01-02  555.263550  550.549194  554.125916  552.963501  3666400.0  552.963501
```

이 코드로 데이터 저장에 대한 이 절을 마친다. 이 부분은 백테스트 설계에 있어 매우 중요하며, 백테스트의 실행 시간을 절약시켜 트레이딩 전략을 검증하기 위한 백테스트를 더 많이 실행할 수 있게 한다. 금융 데이터를 저장하는 여러 방법을 다룬 이 절을 마치고, 다음 절에서 백테스트가 작동하는 법을 소개한다.

올바른 가정 선택

백테스트는 트레이딩 전략을 펼치고자 요구되는 단계다. 데이터베이스에 저장된 역사적 데이터를 사용해 트레이딩 전략의 행태를 재생한다. 근본적 가정은 과거에 기능했던 어떤 방법도 미래에 아마 기능할 것이라는 점이다. 과거에 유효하게 성과를 내지 못했던 어떤 전략은 아마 미래에도 성과를 내지 않을 것이다. 이번 절은 어떤 응용 프로그램이 백테스트에 사용될 것인지, 어떤 종류의 정보를 얻고 이들을 어떻게 활용할 것인지 검토한다.

백테스트는 루프형[for-loop] 또는 이벤트 주도형[event-driven] 백테스트 시스템일 수 있다. 높은 정확성을 달성하고자 어느 정도의 시간을 보내야 하는지 고려하는 것은 항상 중요하다. 현실에 상응하는 모델을 얻는 것은 불가능하다. 백테스터는 단지 현실을 반영하는 모델이다. 그러나 실제 시장과 가능한 한 유사하게 되도록 지켜야 할 몇 가지 규칙이 존재한다.

- **훈련/테스트 데이터**: 어떤 모델에 대해서도 모델을 구축하려고 사용한 데이터로 모델을 테스트하면 안 된다. 과적합을 제한하고자 미관찰 데이터로 모델을 검증해야 한다. 머신러닝 기법을 사용할 때 모델을 과적합하기 쉽다. 이것이 모델의 정확성을 개선하는 데 교차 검증을 사용하는 것이 중요한 이유다.
- **생존 편향 자유**[survivorship-bias free] **데이터**: 만약 전략이 장기 포지션 전략이면 생존 편향 자유 데이터를 사용하는 것이 중요하다. 이는 패자를 고려하지 않고 승자만에 초점을 맞추는 것을 방지한다.
- **선견 데이터**[look-ahead data]: 전략을 구축할 때 미래를 미리 보고 트레이딩 결정을 하면 안 된다. 전체 샘플을 사용해 계산한 숫자를 사용함으로써 종종 이런 실수를 저지르기 쉽다. 이는 전체 데이터로 계산한 평균이 이에 해당한다. 왜냐하면 주문을 내기 전에 얻는 데이터만을 사용해 평균을 계산하기 때문에 이는 주문을 낼 때 구할 수 없는 데이터이기 때문이다.
- **시장 국면 변화**[market change regime]: 시장이 국면을 변화시키므로 주식 분포 파라미터가 시간에 따라 변화한다고 모델링한다.

- **거래 비용**transaction cost: 트레이딩의 거래 비용을 고려하는 것은 매우 중요하다. 이것은 잊어버리기 매우 쉽고, 이것 때문에 실제 시장에서 돈을 못 벌 수 있다.
- **데이터 질/원천**data quality/source: 많은 금융 데이터 원천이 있어서 데이터 구성이 매우 다르다. 예를 들어, 구글 파이낸스에서 OHLC 데이터를 사용할 때 이것은 많은 거래소 피드의 총합이다. 트레이딩 시스템에서 동일한 고가와 저가를 얻는 것은 힘들 것이다. 실제로 모델과 실제를 일치시키려면 사용하는 데이터가 사용할 데이터와 가능한 한 같아야 한다.
- **자금 제약**money constraint: 항상 트레이드하는 자금의 양이 무한하다고 생각하지 마라. 추가로 신용/마진 계정을 사용한다면 포지션 제약이 따를 것이다.
- **평균 일간 거래량**ADV, Average Daily Volume: 주어진 종목의 평균 일간 거래 주식 수. 트레이드하고자 하는 주식 수는 시장에 영향을 주지 않도록 이 숫자에 기반을 두어야 한다.
- **벤치마크 테스트**benchmark test: 트레이딩 전략의 성과를 테스트하고자 다른 종류의 전략이나 어떤 인덱스의 수익률에 대해서 비교한다. 만약 선물을 거래한다면 S&P 500에 대해서 테스트하지 마라. 항공 주식을 트레이드한다면 항공산업 전체가 당신의 모델보다 성과가 더 좋은지 체크해야 한다.
- **초기 조건 가정**initial condition assumption: 돈을 버는 강건한 방법을 가지려면 백테스트를 시작하는 월 또는 일에 의존되면 안 된다. 더 일반적으로 초기 조건이 항상 같다고 가정하면 안 된다.
- **심리**psychology: 트레이딩 로봇을 만들어도 실제 거래할 때는 알고리즘을 중단시킬 수 있어야 한다. 통계적으로 말하면 백테스트 기반으로 트레이딩 전략이 큰 하락을 겪고 나서 며칠 후에 이 전략의 포지션을 유지했을 때 커다란 이익을 얻을 수 있으리라 예상이 돼도 항상 알고리즘의 작동을 멈출 수 있어야 한다. 컴퓨터는 리스크를 취해도 문제가 없지만, 인간은 리스크를 취하는 것이 어려울 수 있다. 따라서 심리도 전략의 성과에 큰 역할을 할 수 있다.

위의 규칙에 앞서서 시장이 어떻게 움직이는지에 대해 가정을 할 필요가 있다. 트레이딩 전략을 누군가에 발표한다면 가정들이 어떤 것인지 밝히는 것이 중요하다.

고려할 첫 번째 가정 중 하나는 체결 비율fill ratio이다. 주문을 낼 때 전략의 종류에 따라 주문의 체결 비율이 변화한다. 만약 고빈도 트레이딩 전략으로 거래한다면 95%의 주문은 기각될 것이다. 만약 FED의 발표 같은 시장에 중요한 뉴스가 있을 때도 거래한다면 대부분의 주문이 기각될 것이다. 따라서 백테스터의 체결 비율을 많이 생각해야 한다.

시장 조성 전략을 실행할 때는 또 다른 사항을 고려해야 한다. 시장 트레이딩 전략과 다르게 시장 조성 전략은 시장으로부터 유동성을 제거하는 것이 아니라 유동성을 더한다. 따라서 언제 주문이 체결될 것인지(또는 체결이 안 될지)에 대한 가정을 하는 것이 중요하다. 이 가정은 백테스터에 추가적 조건을 더한다. 예를 들어, 주어진 시점에 시장에서 행해진 트레이드 같은 추가적 데이터를 얻을 수 있다. 이러한 정보는 주어진 시장 조성 주문이 체결될지 안 될지를 결정하는 데 도움을 줄 수 있다.

추가적인 지연 시간latency 가정을 더할 수 있다. 실제로 트레이딩 시스템은 많은 구성 요소에 의존하므로 모든 구성 요소는 지연 시간을 가진다. 또한 통신할 때 지연 시간을 더한다. 트레이딩 시스템의 어떤 구성 요소도 지연 시간을 가지므로 네트워크 지연 시간만 더하는 것이 아니라 주문을 체결하는 지연 시간도 가질 수 있다는 것을 인지해야 한다.

가정 리스트는 매우 길지만, 트레이딩 전략이 실제 시장에서 어떻게 성과를 낼지 설명하고자 이 가정들을 보여 주는 것이 매우 중요하다.

루프형 백테스트 시스템

루프형 백테스터는 매우 간단한 인프라다. 이는 가격 업데이트를 라인별로 읽으며, 이들 가격으로부터 (종가 이동 평균과 같은) 척도를 계산한다. 그러고 나서 트레이딩 방향에 대한 의사결정을 한다. 백테스터의 마지막에 손익이 계산되고 보여진다. 설계는 매우 간단하고 트레이딩 아이디어가 실현 가능한지 빨리 파악할 수 있다.

이런 종류의 백테스터가 어떻게 작동하는가를 보여 주기 위한 알고리즘은 다음과 같다.

```
for each tick coming to the system (price update):
  create_metric_out_of_prices() buy_sell_or_hold_something()
  next_price()
```

장점

루프형 백테스터는 매우 이해하기 쉽다. 어떤 프로그램 언어로도 쉽게 구현할 수 있다. 루프형 백터스터의 주요 기능은 파일을 읽고 가격만 기반으로 새로운 척도를 계산하는 것이다. 복잡성과 계산 능력에 대한 요구가 매우 낮다. 따라서 실행은 그다지 시간이 걸리지 않으며, 트레이딩 전략의 성과에 대한 결과를 빨리 얻을 수 있다.

단점

루프형 백테스터의 주요 단점은 시장 대비 정확성이다. 이는 거래 비용, 거래 시간, 매입과 매도 가격, 거래량을 무시한다. 시간에 앞서 가격을 읽음으로써 실수를 저지를 확률이 매우 크다(선견 편향).

루프형 백테스터 코드는 단순하지만, 저성과 전략을 제거하고자 여전히 이런 종류의 백테스터를 해야 한다. 만약 전략이 루프형 백테스터에서도 성과를 내지 못한다면 더 실제적인 백테스터에서는 더 성과가 안 날 것이기 때문이다.

가능한 한 실제적인 백테스터를 갖는 것이 중요하다면 다음 절의 이벤트 주도형 백테스터를 익혀야 한다.

이벤트 주도형 백테스트 시스템

이벤트 주도형 백테스터event-driven backtester는 트레이딩 시스템의 거의 모든 요소를 사용한다. 대부분의 경우 이런 종류의 백테스트는 모든 트레이딩 시스템 요소(예를 들어, 주문 관리 시스템, 포지션 관리 시스템, 위험 관리 시스템)를 포함한다. 더 많은 요소가 연관돼 있으므로 백테스터는 더 현실적이다.

이벤트 주동형 백테스터 7장, '파이썬 트레이딩 시스템 구축'에서 구현한 트레이딩 시스템과 비슷하다. TradingSimulation.py 파일을 비워 놨었다. 비워진 부분을 어떻게 작성하는지 살펴보자.

모든 요소를 하나씩 루프 호출을 할 것이다. 요소는 입력을 하나씩 읽고 필요하면 이벤트를 생성한다. 이런 모든 이벤트는 큐에 들어간다(이를 위해서 파이썬 deque 객체를 사용한다). 트레이딩 시스템 코딩 시 다루는 이벤트는 다음과 같다.

- **틱 이벤트**tick event – 시장 데이터의 신규 라인을 읽을 때
- **호가창 이벤트**book event – 최근 호가창이 수정될 때
- **시그널 이벤트**signal event – 롱 또는 숏으로 포지션 시그널이 나올 때
- **주문 이벤트**order event – 주문이 시장으로 보내질 때
- **시장 반응 이벤트**market response event – 시장 반응이 트레이딩 시스템에 올 때

이벤트 주동형 백테스팅 시스템의 의사 코드pseudo code는 다음과 같다.

```
from chapter7.LiquidityProvider import LiquidityProvider
from chapter7.TradingStrategy import TradingStrategy
from chapter7.MarketSimulator import MarketSimulator
from chapter7.OrderManager import OrderManager
from chapter7.OrderBook import OrderBook
from collections import deque

def main():
  lp_2_gateway = deque()
  ob_2_ts = deque()
  ts_2_om = deque()
  ms_2_om = deque()
  om_2_ts = deque()
  gw_2_om = deque()
```

```python
    om_2_gw = deque()
    lp = LiquidityProvider(lp_2_gateway)
    ob = OrderBook(lp_2_gateway, ob_2_ts)
    ts = TradingStrategy(ob_2_ts, ts_2_om, om_2_ts)
    ms = MarketSimulator(om_2_gw, gw_2_om)
    om = OrderManager(ts_2_om, om_2_ts, om_2_gw, gw_2_om)

    lp.read_tick_data_from_data_source()
    while len(lp_2_gateway)>0:
      ob.handle_order_from_gateway()
      ts.handle_input_from_bb()
      om.handle_input_from_ts()
      ms.handle_order_from_gw()
      om.handle_input_from_market()
      ts.handle_response_from_om()
      lp.read_tick_data_from_data_source()

if __name__ == '__main__':
    main()
```

트레이딩 시스템의 모든 구성 요소가 호출됨을 알 수 있다. 만약 포지션을 체크하는 서비스를 갖는다면 이 서비스는 호출될 것이다.

장점

모든 구성 요소를 사용하므로 실제와 더욱 가까운 결과를 가질 것이다. 중요한 구성 요소 중 하나는 시장 시뮬레이터(`MarketSimulator.py`)다. 이 요소는 반드시 시장과 동일한 가정을 가져야 한다. 다음 파라미터를 시장 시뮬레이터에 더할 수 있다.

- 답신을 보내는 데 걸리는 지연 시간
- 체결을 보내는 지연 시간
- 주문 체결 조건
- 변동성 체결 조건
- 시장 조성 추정치

이벤트 기반 백테스터의 장점은 다음과 같다.

- 선견 편향 제거 – 이벤트를 받으므로 데이터를 미리 볼 수 없다.
- 코드 캡슐화 – 트레이딩 시스템의 여러 다른 경로에 대해서 객체를 사용하므로 단지 객체를 바꿈으로써 트레이딩 시스템 행태를 변화할 수 있다. 시장 시뮬레이션 객체는 이러한 예의 하나다.
- 포지션/위험 관리 시스템을 도입할 수 있고, 한도를 넘어서는지 체크할 수 있다.

단점

장점이 많더라도 이런 유형의 이벤트 기반 시스템은 코딩하기 어렵다는 것을 고려해야 한다. 실제로 트레이딩 시스템에 스레드thread가 있으면 이 스레드를 결정적으로 만들어야 한다. 예를 들어, 트레이딩 시스템이 만약 주문이 5초 내에 반응을 얻지 못하면 취소한다고 가정하자. 이런 기능을 코딩하는 최적 관행은 5초를 세고 나서 종료timing out하는 스레드를 갖는 것이다. 만약 백테스트에 스레드를 사용하면 틱을 읽을 때 시간은 가상 시간simulated time이므로 시간이 실제 시간이면 안 된다.

추가적으로 로그 관리log management, 단위 테스트unit testing, 버전 관리version control 같은 많은 처리를 요한다. 시스템의 실행이 매우 느릴 수 있다.

시간값 평가

9장의 이전 부분에서 본 바와 같이 트레이딩 전략을 구축할 때 백테스터의 정확성이 중요하다. 트레이딩 전략의 페이퍼 트레이딩과 실제 성과 사이의 간극을 만드는 두 가지 중요한 요소는 다음과 같다.

- 트레이딩 전략을 실제 사용할 때 당면하는 시장 행태
- 트레이드하고자 사용하는 트레이딩 시스템

시장이 반응하는 방식에 관해 가정을 함으로써 시장 영향market impact을 감안할 수 있다는 것을 봤다. 이 부분은 단지 가정에 기반을 두고 있으므로 매우 어려운 문제다. 두 번째 간극의 이유, 즉 트레이딩 시스템 그 자체에 관해서는 쉬운 해를 구할 수 있다. 백테스터로서 트레이딩 시스템을 사용할 수 있다. 주요 트레이딩 요소를 모두 얻고, 실제 적용되는 것처럼 상호 소통하도록 한다.

실제 적용 시 시간을 사용할 때 컴퓨터의 시계로부터 시간을 얻는다. 예를 들어, 트레이딩 시스템에 호가창 이벤트가 투입되는 시간을 기록하고자 파이썬 datetime 모듈로부터 함수 now를 사용한다. 다른 예로, 주문을 낸다고 가정하자. 시장이 이 주문에 반응할지 확실하지 않기 때문에 타임아웃timeout 시스템을 사용한다. 타임아웃 시스템은 일정 기간의 시간 이후에 트레이딩 시스템이 시장으로부터의 답신을 수신하지 못하면 함수를 호출한다. 이렇게 작동시키고자 보통 타임아웃까지의 초를 세는 스레드를 생성한다. 초를 세고, 주문 상태가 주문을 인지한 것으로 변화하지 않으면 스레드는 콜백함수 onTimeOut를 호출한다. 이 콜백은 주문이 시장에서 타임아웃될 때 무엇이 일어나야 하는지를 처리하는 역할을 한다. 만약 백테스터의 타임아웃 시스템을 모방하려면 이는 더욱 어렵다. 타임아웃시간까지 시간을 세는 머신의 실시간real-time 시계를 사용할 수 없기 때문에 모든 프로세스 동안 가상simulated 시계를 사용해야 한다.

다음 다이어그램은 백테스터가 시간을 처리하는 새로운 가상 시계 요소를 어떻게 작동시키는지 보여 준다. 구성 요소가 시간을 얻어야 할 때마다 함수 getTime을 호출한다. 이 함수는 가상 시간(LiquidityProvder 클래스에 의해 읽혀진 마지막 틱 시간)을 반환한다.

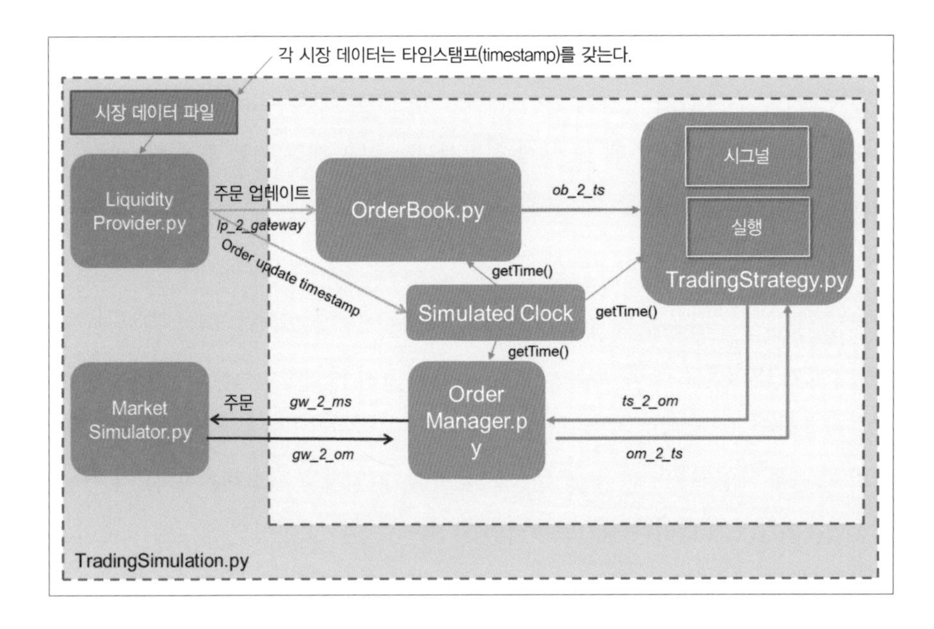

1. **가상 시계 함수**(SimulatedRealClock 클래스)를 구현하고자 한다. 트레이딩 시스템이 백테스트 모드로 시작할 때마다 simulated=True를 인수로 가진 SimulatedRealClock 클래스를 사용한다. 만약 트레이딩 시스템이 시장에 주문을 내고자 실시간으로 실행된다면 SimulatedRealClock 클래스는 인수 없이 또는 simulated=True 인수를 갖고 생성된다. 시간이 가상 시간에 의해 주어지면 시간은 주문의 타임스탬프timestamp로부터 구해질 것이다.

```
from datetime import datetime\

class SimulatedRealClock:
  def __init__(self,simulated=False):
    self.simulated = simulated
    self.simulated_time = None
  def process_order(self,order):
    self.simulated_time= \
      datetime.strptime(order['timestamp'], '%Y-%m-%d %H:%M:%S.%f')
  def getTime(self):
    if not self.simulated:
      return datetime.now()
```

```
else:
  return self.simulated_time
  realtime=SimulatedRealClock()
  print(realtime.getTime())
  # 이 코드를 실행하면 이는 date/time을 반환한다.
  simulatedtime=SimulatedRealClock(simulated=True)
  simulatedtime.process_order({'id' : 1, 'timestamp' : '2018-06-29
08:15:27.243860'})
  print(simulatedtime.getTime())
  # 이는 2018-06-29 08:15:27.243860를 반환한다.
```

트레이딩 시스템을 코딩할 때 시간값이 필요하면 항상 SimulatedRealClock을 참조하고, getTime 함수에 의해 반환되는 값을 사용한다.

2. 다음 코드에서, 주문을 보낸 이후 5초를 타임아웃으로 하는 주문 관리 시스템을 구현한다. 먼저 타임아웃 값까지 세고, 타임아웃이 일어나면 함수를 호출하는 TimeOut 클래스를 작성하는 법을 보인다. 이 TimeOut 클래스는 스레드다. 이는 이 클래스의 실행은 주 프로그램과 동시에 일어난다는 것을 뜻한다. 이 클래스를 생성하기 위한 인수는 SimulatedRealClock, 타임아웃으로 간주할 시간, 콜백으로 호출될 함수 fun이다. 이 클래스는 현재 시간이 카운트다운을 종료하는 시간보다 오래되지 않는 한 루프를 계속 실행할 것이다. 만약 시간이 더 크고, TimeOut 클래스가 살아 있으면, callback 함수가 호출될 것이다. 주문에 대한 반응이 시스템이 도착해서 TimeOut 클래스가 비활성화되면, callback 함수가 호출되지 않을 것이다. SimulatedRealClock 클래스로부터 getTime 함수를 사용해 타이머 종료 시간과 현재 시간을 비교한다.

```
class TimeOut(threading.Thread):
  def __init__(self,sim_real_clock,time_to_stop,fun):
    super().__init__()
    self.time_to_stop=time_to_stop
    self.sim_real_clock=sim_real_clock
    self.callback=fun
    self.disabled=False
  def run(self):
```

```
    while not self.disabled and\
        self.sim_real_clock.getTime() < self.time_to_stop:
      sleep(1)
    if not self.disabled:
      self.callback()
```

3. 여기서 구현하고자 하는 다음 OMS 클래스는 주문 관리 서비스가 할 수 있는 것의 작은 부분 집합이다. OMS 클래스는 주문을 내는 것을 담당한다. 주문이 나갈 때마다 5초 타임아웃이 생성된다. 이는 만약 OMS가 시장에 보내진 주문에 대해 반응을 받지 못하면, onTimeOut 함수가 호출된다는 것을 뜻한다. SimulatedRealClock 클래스로부터 getTime 함수를 사용해 TimeOut 클래스를 구축한다.

```
class OMS:
  def __init__(self,sim_real_clock):
    self.sim_real_clock = sim_real_clock
    self.five_sec_order_time_out_management=\
        TimeOut(sim_real_clock,
           sim_real_clock.getTime()+timedelta(0,5),
             self.onTimeOut)
  def send_order(self):
    self.five_sec_order_time_out_management.disabled = False
    self.five_sec_order_time_out_management.start()
    print('send order')
  def receive_market_reponse(self):
    self.five_sec_order_time_out_management.disabled = True
  def onTimeOut(self):
    print('Order Timeout Please Take Action')
```

위의 코드가 작동하는지 확인하고자 다음 코드를 실행해 다음 두 경우를 생성한다.

- **케이스 1**: 이는 실시간 모드의 SimulatedRealClock을 사용해 실시간 OMS를 사용한다.
- **케이스 2**: 이는 가상 모드의 SimulatedRealClock을 사용해 가상 모드의 OMS를 사용한다.

4. 다음 코드에서 케이스 1은 5초 후 타임아웃을 발동하고, 케이스 2는 가상 시간이 타임아웃을 trig하는 시간보다 오래되면 타임아웃을 발동한다.

```
if __name__ == '__main__':
  print('case 1: real time')
  simulated_real_clock=SimulatedRealClock()
  oms=OMS(simulated_real_clock)
  oms.send_order()
  for i in range(10):
    print('do something else: %d' % (i))
    sleep(1)

  print('case 2: simulated time')
  simulated_real_clock=SimulatedRealClock(simulated=True)
  simulated_real_clock.\
      process_order({'id' : 1,\
                     'timestamp' : '2018-06-29 08:15:27.243860'})
  oms = OMS(simulated_real_clock)
  oms.send_order()
  simulated_real_clock. \
      process_order({'id': 1, \
          'timestamp': '2018-06-29 08:21:27.243860'})
```

트레이딩 시스템으로 백테스터를 사용하면 가상 시간과 실시간을 처리할 수 있는 클래스를 사용하는 것이 매우 중요하다. 트레이딩 시스템을 사용하면 테스트의 정확도와 트레이딩 전략의 신뢰도를 증진시킬 수 있다.

이중 이동 평균 전략 백테스트

이중 이동 평균 전략은 단기 이동 평균이 장기 이동 평균을 상방으로 교차할 때 매수 주문을 내고, 다른 방향으로 교차할 때 매도 주문을 낸다. 이번 절은 이중 이동 평균 전략의 백테스트 구현을 보여 준다. 루프형 백테스터와 이벤트 기반 백테스터의 구현을 보여 준다.

루프형 백테스터

1. 이 백테스터의 구현에 관해 이전에 사용했던 것과 동일한 함수 load_financial_data로 추출한 GOOG 데이터를 사용할 것이다. '시간값 평가' 절에서 제안했던 다음 의사 코드를 따른다.

```
for each price update:
  create_metric_out_of_prices()
  buy_sell_or_hold_something()
  next_price();
```

ForLookBackTester 클래스를 작성한다. 이 클래스는 라인별로 데이터 프레임의 모든 가격을 처리한다. 2개의 이동 평균을 계산하고자 가격을 포착하는 2개의 리스트가 필요하다. 얼마나 돈을 버는지 보는 차트를 그리고자 손익의 히스토리, 현금, 보유 주식 수를 저장한다.

create_metrics_out_of_price 함수는 장기 이동 평균(100일)과 단기 이동 평균(50일)을 계산한다. 단기 윈도우 이동 평균이 장기 윈도우 이동 평균보다 높을 때 매수[long] 시그널을 생성한다. buy_sell_or_hold_something 함수는 주문을 낸다. 숏 포지션이 있거나 포지션이 없을 때 매수 주문이 나올 것이다. 롱 포지션이 있거나 포지션이 없을 때 매도 주문이 나올 것이다. 이 함수는 포지션, 보유 주식 수와 이익을 추적한다.

이들 루프형 백테스터에는 두 함수로 충분하다.

2. 이제 코드에서 보이는 대로 다음 라이브러리를 임포트한다.

```
#!/bin/python3
import pandas as pd
import numpy as np
from pandas_datareader import data
import matplotlib.pyplot as plt
import h5py
from collections import deque
```

3. 다음 아래와 같이 이 책의 이전 부분에서 정의했던 load_financial_date 함수를 호출한다.

```
goog_data=load_financial_data(start_date='2001-01-01',
                    end_date = '2018-01-01',
                    output_file='goog_data.pkl')

# 리스트의 평균을 얻는 파이썬 프로그램
def average(lst):
  return sum(lst) / len(lst)
```

4. 이제 ForLoopBackTester 클래스를 아래와 같이 정의하자. 이 클래스는 구축자constructor에 있는 전략을 지원하는 데이터 구조를 가진다. 손익, 현금, 포지션, 주식 보유 수에 대한 역사적 값을 저장한다. 또한 실시간 손익, 현금, 주식 보유 수 값을 보존한다.

```
class ForLoopBackTester:
  def __init__(self):
    self.small_window=deque()
    self.large_window=deque()
    self.list_position=[]
    self.list_cash=[]
    self.list_holdings = []
    self.list_total=[]

    self.long_signal=False
    self.position=0
    self.cash=10000
    self.total=0
    self.holdings=0
```

5. 코드에서처럼 create_metric_out_of_prices 함수를 작성해 트레이딩 전략의 의사결정을 위해 필요한 실시간 척도를 업데이트한다.

```
def create_metrics_out_of_prices(self,price_update):
  self.small_window.append(price_update['price'])
```

```
    self.large_window.append(price_update['price'])
    if len(self.small_window)>50:
      self.small_window.popleft()
    if len(self.large_window)>100:
      self.large_window.popleft()
    if len(self.small_window) == 50:
      if average(self.small_window) >\
          average(self.large_window):
        self.long_signal=True
      else:
        self.long_signal = False
      return True
    return False
```

6. buy_sell_or_hold_something 함수는 이전 함수의 계산을 기반으로 주문을 보낸다.

```
  def buy_sell_or_hold_something(self,price_update):
    if self.long_signal and self.position<=0:
      print(str(price_update['date']) +
        " send buy order for 10 shares price=" + str(price_update['price']))
      self.position += 10
      self.cash -= 10 * price_update['price']
    elif self.position>0 and not self.long_signal:
      print(str(price_update['date'])+
        " send sell order for 10 shares price=" + str(price_update['price']))
      self.position -= 10
      self.cash -= -10 * price_update['price']
    self.holdings = self.position * price_update['price']
    self.total = (self.holdings + self.cash)
    print('%s total=%d, holding=%d, cash=%d' %
          (str(price_update['date']),self.total,
           self.holdings, self.cash))
    self.list_position.append(self.position)
    self.list_cash.append(self.cash)
    self.list_holdings.append(self.holdings)
    self.list_total.append(self.holdings+self.cash)
```

7. goog_data 데이터 프레임을 사용해 작성한 클래스를 아래와 같이 피드한다.

```
naive_backtester=ForLoopBackTester()
for line in zip(goog_data.index,goog_data['Adj Close']):
  date=line[0]
  price=line[1]
  price_information={'date' : date,
                     'price' : float(price)}
  is_tradable =
naive_backtester.create_metrics_out_of_prices(price_information)
  if is_tradable:
    naive_backtester.buy_sell_or_hold_something(price_information)
```

위의 코드를 실행하면 다음과 같은 그래프를 얻는다. 그래프는 이 전략이 백테스트 기간 동안 50% 정도의 수익률을 얻는다는 것을 보인다. 이 결과는 완전한 체결 비율을 가정해 얻어진다. 추가로 누적 손실drawdown 또는 큰 포지션을 막는 어떤 메커니즘도 갖지 않는다. 이는 트레이딩 전략의 성과를 연구할 때 가장 낙관적인 접근법이다.

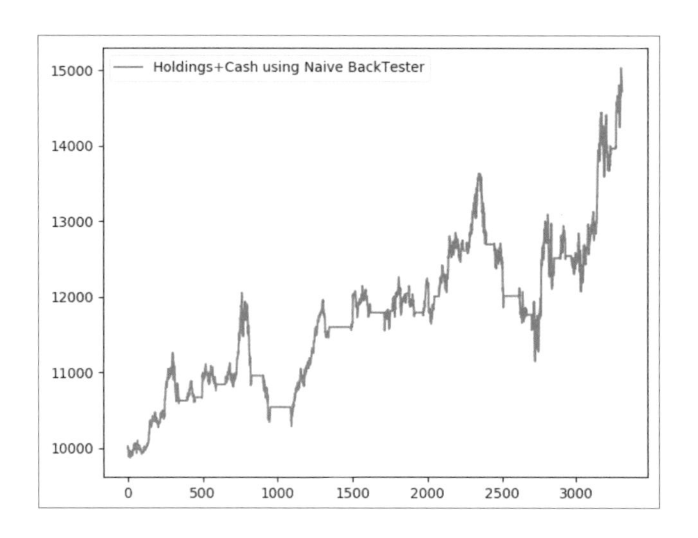

전략의 시장 성과에 신뢰도를 개선하는 것은 백테스터가 트레이딩 시스템의 특성들(더 일반적으로는 일하는 회사 트레이딩 전략의 요구 사항들)과 시장 가정들을 고려하게 하는 것을 뜻한다. 실제로 경험하는 시나리오와 더 유사하게 하고자 트레이딩 시스템의 대부분의 요

소를 사용해 트레이딩 전략을 백테스트해야 한다. 추가로 시장 시뮬레이터에 시장 가정을 포함한다.

이벤트 기반 백테스터

이벤트 기반 백테스터의 목적은 트레이딩의 장arena에서 더 나은 정확도를 달성하는 것이다. 8장에서 구축한 트레이딩 시스템을 사용해 트레이딩 시스템의 내부 요소들을 고려하고, 시장의 외부 제약을 시뮬레이트하고자 시장 시뮬레이터를 사용한다.

이번 절에서 `EventBasedBackTester` 클래스를 작성한다. 이 클래스는 트레이딩 시스템 모든 요소 간의 큐queue를 가진다. 최초 파이썬 트레이딩 시스템을 작성했을 때와 마찬가지로 이 큐의 역할은 두 구성 요소 간에 이벤트를 전달하는 것이다. 예를 들어, 게이트웨이는 큐를 통해 시장 데이터를 호가창에 보낸다. 각 티커(가격 업데이트)는 이벤트로 간주된다. 이 호가창에서 구현하는 이벤트는 호가창이 신규로 변화할 때마다 발동된다. 만약 호가창의 변화가 있으면 호가창은 호가창의 변화가 있다는 호가창 이벤트를 전달한다. collection 라이브러리의 deque를 사용해 큐가 구현된다. 모든 트레이딩 객체 요소는 이 큐에 의해 서로 연결된다.

시스템의 입력은 판다스 `DataReader` 클래스에 의해 수집된 야후 파이낸스 데이터다. 데이터는 주문을 포함하고 있지 않아서 데이터를 `process_data_from_yahoo` 함수로 수정한다. 이 함수는 가격을 사용하는데 가격을 주문으로 변환한다.

주문은 `lp_2_gateway` 큐에서 큐를 형성한다. 이 주문은 매 반복 시행 후에 없어져야 하므로 주문을 없앨 것이다. `process_events` 함수는 `call_if_not_empty` 함수를 호출함으로써 틱에 의해 생성된 모든 이벤트가 처리되는 것을 보장한다. 이 함수는 2개의 인수를 갖는다.

- **큐**: 큐가 비어 있는지 체크한다. 만약 큐가 비어 있지 않으면 두 번째 인수를 호출한다.
- **함수**: 이는 큐가 비어 있지 않을 때 호출될 함수를 지칭한다.

이제 이벤트 기반 백테스터를 구축하고자 취하는 스텝을 설명한다.

1. 다음 코드에서 7장, '파이썬 트레이딩 시스템 구축'에서 작성한 객체들을 임포트한다. 백테스터로 구축한 트레이딩 시스템을 사용할 것이다.

```
from chapter7.LiquidityProvider import LiquidityProvider
from chapter7.TradingStrategyDualMA import TradingStrategyDualMA
from chapter7.MarketSimulator import MarketSimulator
from chapter7.OrderManager import OrderManager
from chapter7.OrderBook import OrderBook
from collections import deque
import pandas as pd
import numpy as np
from pandas_datareader import data
import matplotlib.pyplot as plt
import h5py
```

2. deque로부터의 모든 원소를 읽고자 `call_if_not_empty` 함수를 구현한다. 이 함수는 deque가 비어 있지 않는 한 함수를 호출한다.

```
def call_if_not_empty(deq, fun):
  while (len(deq) > 0):
    fun()
```

3. 다음 코드에서 `EventBasedBackTester`를 구현한다. 클래스의 구축자constructor는 모든 구성 요소들이 소통하는 데 필요한 모든 deque를 구축한다. 또한 `EventBasedBackTester`의 구축자의 모든 객체를 인스턴스화한다.

```
class EventBasedBackTester:
  def __init__(self):
    self.lp_2_gateway = deque()
    self.ob_2_ts = deque()
    self.ts_2_om = deque()
    self.ms_2_om = deque()
    self.om_2_ts = deque()
    self.gw_2_om = deque()
```

```
    self.om_2_gw = deque()
    self.lp = LiquidityProvider(self.lp_2_gateway)
    self.ob = OrderBook(self.lp_2_gateway, self.ob_2_ts)
    self.ts = TradingStrategyDualMA(self.ob_2_ts, self.ts_2_om,\
              self.om_2_ts)
    self.ms = MarketSimulator(self.om_2_gw, self.gw_2_om)
    self.om = OrderManager(self.ts_2_om, self.om_2_ts,\
              self.om_2_gw, self.gw_2_om)
```

4. process_data_from_yahoo 함수는 판다스 DataReader 클래스에 의해 생성된 데이터를 트레이딩 시스템이 실시간으로 사용할 수 있는 주문으로 변환한다. 이 코드에서 이후에 곧 지울 신규 주문을 생성한다.

```
def process_data_from_yahoo(self,price):
  order_bid = {
        'id': 1,
        'price': price,
        'quantity': 1000,
        'side': 'bid',
        'action': 'new'
  }
  order_ask = {
        'id': 1,
        'price': price,
        'quantity': 1000,
        'side': 'ask',
        'action': 'new'
  }
  self.lp_2_gateway.append(order_ask)
  self.lp_2_gateway.append(order_bid)
  self.process_events()
  order_ask['action']='delete'
  order_bid['action'] = 'delete'
  self.lp_2_gateway.append(order_ask)
  self.lp_2_gateway.append(order_bid)
```

5. process_events 함수는 신규 주문이 오는 한 모든 구성 요소를 호출한다. 모든 구성 요소는 deque의 모든 이벤트가 없어지지 않는 한 호출된다.

```
def process_events(self):
  while len(self.lp_2_gateway)>0:
    call_if_not_empty(self.lp_2_gateway,\
          self.ob.handle_order_from_gateway)
    call_if_not_empty(self.ob_2_ts, \
          self.ts.handle_input_from_bb)
    call_if_not_empty(self.ts_2_om, \
          self.om.handle_input_from_ts)
    call_if_not_empty(self.om_2_gw, \
          self.ms.handle_order_from_gw)
    call_if_not_empty(self.gw_2_om, \
          self.om.handle_input_from_market)
    call_if_not_empty(self.om_2_ts, \
          self.ts.handle_response_from_om)
```

6. 다음 코드는 eb 인스턴스를 작성함으로써 이벤트 기반 백테스터를 인스턴스화한다. 동일한 GOOG 금융 데이터를 로드하므로 load_financial_data 함수를 사용한다. 그러고 나서 가격 업데이트를 하나씩 이벤트 기반 백테스터에 공급하는 루프형 백테스터를 작성한다.

```
eb=EventBasedBackTester()

def load_financial_data(start_date, end_date,output_file):
  try:
    df = pd.read_pickle(output_file)
    print('File data found...reading GOOG data')
  except FileNotFoundError:
    print('File not found...downloading the GOOG data')
    df = data.DataReader('GOOG', 'yahoo', start_date, end_date)
    df.to_pickle(output_file)
  return df

goog_data=load_financial_data(start_date='2001-01-01', end_date = '2018-01-01',
output_file='goog_data.pkl')
```

```
for line in zip(goog_data.index,goog_data['Adj Close']):
  date=line[0]
  price=line[1]
  price_information={'date' : date,
                     'price' : float(price)}
  eb.process_data_from_yahoo(price_information['price'])
  eb.process_events()
```

7. 이 코드의 끝에서 트레이딩 기간 동안의 현금 보유액을 나타내는 그래프를 보인다.

```
plt.plot(eb.ts.list_total,label="Paper Trading using Event-Based BackTester")
plt.plot(eb.ts.list_paper_total,label="Trading using Event-Based BackTester")
plt.legend()
plt.show()
```

이번 절에서 소개하는 신규 코드는 트레이딩 전략 코드다. 트레이딩 시스템에서 구현했던 첫 번째 트레이딩 전략은 차익 거래 전략이었다. 이번에는 이중 이동 평균 트레이딩 전략의 예제를 계속해서 다룬다.

이 코드는 트레이딩 로직이 루프형 백테스터와 동일한 코드를 사용함을 보인다. create_metrics_out_of_prices와 buy_sell_or_hold_something 함수는 건드리지 않는다. 주요 차이점은 클래스의 execution 부분에 관한 것이다. 실행은 시장 반응을 다룬다. 실제와 페이퍼 트레이딩의 차이를 보이고자 페이퍼 트레이딩 모드에 관련된 일련의 변수를 사용한다. 페이퍼 트레이딩은 전략이 주문을 보낼 때마다 주문이 트레이딩 전략에 의해 요구된 가격으로 체결된다는 것을 뜻한다. 반면, handle_market_response 함수는 포지션, 보유 주식 수와 손익을 업데이트하고자 시장으로부터의 반응을 고려한다.

8. 7장, '파이썬 트레이딩 시스템 구축'에서 코딩했던 TradingStrategy의 연속선상에서 TradingStrategyDualMA 클래스를 코딩한다. 이 클래스는 2개의 시계열, 즉 페이퍼 트레이딩의 값과 백테스트의 값을 추적한다.

```
class TradingStrategyDualMA:
  def __init__(self, ob_2_ts, ts_2_om, om_2_ts):
    self.orders = []
    self.order_id = 0
    self.position = 0
    self.pnl = 0
    self.cash = 10000
    self.paper_position = 0
    self.paper_pnl = 0
    self.paper_cash = 10000
    self.current_bid = 0
    self.current_offer = 0
    self.ob_2_ts = ob_2_ts
    self.ts_2_om = ts_2_om
    self.om_2_ts = om_2_ts
    self.long_signal=False
    self.total=0
    self.holdings=0
    self.small_window=deque()
    self.large_window=deque()
    self.list_position=[]
    self.list_cash=[]
    self.list_holdings = []
    self.list_total=[]
    self.list_paper_position = []
    self.list_paper_cash = []
    self.list_paper_holdings = []
    self.list_paper_total = []
```

9. 수신한 모든 틱 각각에 대해 의사결정을 할 척도를 생성한다. 이 예에서는 이중 이동 평균 트레이딩 전략을 사용한다. 따라서 틱마다 구축하는 2개의 이동 평균을 사용한다. create_metric_out_of_prices 함수는 단기와 장기 이동 평균을 계산한다.

```
def create_metrics_out_of_prices(self,price_update):
  self.small_window.append(price_update)
  self.large_window.append(price_update)
```

```
  if len(self.small_window)>50:
    self.small_window.popleft()
  if len(self.large_window)>100:
    self.large_window.popleft()
  if len(self.small_window) == 50:
    if average(self.small_window) >\
        average(self.large_window):
      self.long_signal=True
    else:
      self.long_signal = False
    return True
  return False
```

10. buy_sell_or_hold_something 함수는 롱 시그널을 갖고 있는지 숏 시그널을 갖고 있는지 체크한다. 시그널을 기반으로 주문을 내고, 페이퍼 트레이딩 포지션, 현금, 손익을 추적한다. 이 함수는 또한 포지션, 현금, 손익의 백테스트 값을 기록한다. 이들 값들을 추적해 트레이딩 실행 차트를 만든다.

```
def buy_sell_or_hold_something(self, book_event):
  if self.long_signal and self.paper_position<=0:
    self.create_order(book_event,book_event['bid_quantity'],'buy')
    self.paper_position += book_event['bid_quantity']
    self.paper_cash -= book_event['bid_quantity'] * book_event['bid_price']
  elif self.paper_position>0 and not self.long_signal:
    self.create_order(book_event,book_event['bid_quantity'],'sell')
    self.paper_position -= book_event['bid_quantity']
    self.paper_cash -= -book_event['bid_quantity'] * book_event['bid_price']
    self.paper_holdings = self.paper_position * book_event['bid_price']
    self.paper_total = (self.paper_holdings + self.paper_cash)
    self.list_paper_position.append(self.paper_position)
    self.list_paper_cash.append(self.paper_cash)
    self.list_paper_holdings.append(self.paper_holdings)
    self.list_paper_total.append(self.paper_holdings+self.paper_cash)
    self.list_position.append(self.position)
    self.holdings=self.position*book_event['bid_price']
    self.list_holdings.append(self.holdings)
    self.list_cash.append(self.cash)
    self.list_total.append(self.holdings+self.cash)
```

11. 아래에 보인 바와 같이 signal 함수는 이전의 두 함수를 호출한다.

```
def signal(self, book_event):
  if book_event['bid_quantity'] != -1 and \
      book_event['offer_quantity'] != -1:
    self.create_metrics_out_of_prices(book_event['bid_price'])
    self.buy_sell_or_hold_something(book_event)
```

12. 다음 함수는 7장, '파이썬 트레이딩 시스템 구축'에서 구현한 원래 함수 execution과 다르다. 이것은 손익, 포지션, 현금을 추적한다.

```
def execution(self):
  orders_to_be_removed=[]
  for index, order in enumerate(self.orders):
    if order['action'] == 'to_be_sent':
      # 주문 실행
     order['status'] = 'new'
      order['action'] = 'no_action'
      if self.ts_2_om is None:
        print('Simulation mode')
      else:
        self.ts_2_om.append(order.copy())
    if order['status'] == 'rejected' or
      order['status']=='cancelled':
        orders_to_be_removed.append(index)
    if order['status'] == 'filled':
      orders_to_be_removed.append(index)
      pos = order['quantity'] if order['side'] == 'buy' else -order['quantity']
      self.position+=pos
      self.holdings = self.position * order['price']
      self.pnl-=pos * order['price']
      self.cash -= pos * order['price']

  for order_index in sorted(orders_to_be_removed,reverse=True):
    del (self.orders[order_index])
```

13. 아래에 보인 바와 같이 다음 함수는 시장 반응을 취급한다.

```
def handle_market_response(self, order_execution):
  print(order_execution)
  order,_=self.lookup_orders(order_execution['id'])
  if order is None:
    print('error not found')
    return
  order['status']=order_execution['status']
  self.execution()
```

14. 다음 함수는 전략의 손익을 반환한다.

```
def get_pnl(self):
  return self.pnl + self.position * (self.current_bid + self.current_offer)/2
```

위의 예제를 실행하면 다음 차트를 얻는다. 그래프는 이전과 동일함을 알 수 있다. 이는 구축한 트레이딩 시스템과 페이퍼 트레이딩이 동일한 현실을 반영한다는 것을 뜻한다.

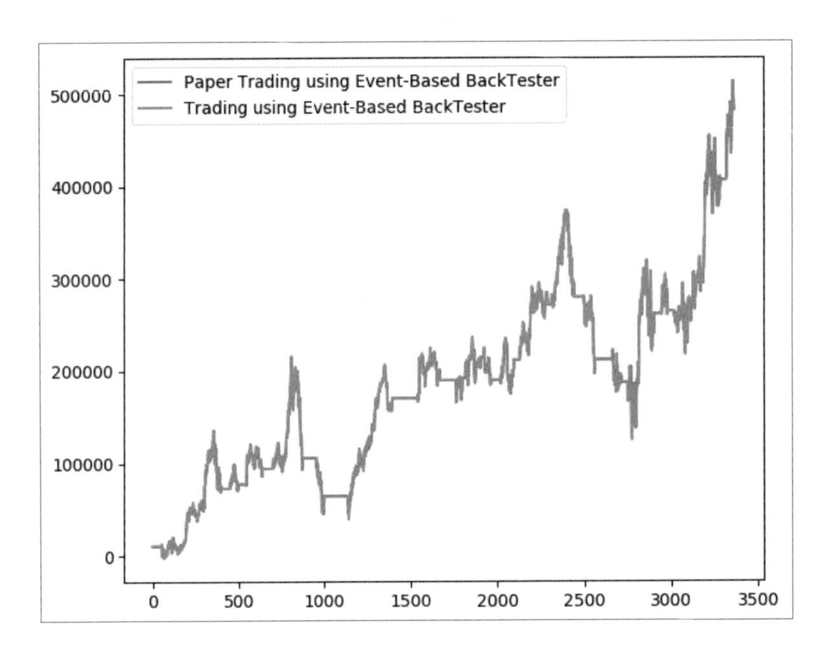

이제 시장 시뮬레이터에 의해 사용된 체결 비율을 바꿔서 시장 가정을 수정한다. 10%의 체결 비율로 설정하면 손익이 매우 영향을 받는 것을 알 수 있다. 대부분의 주문이 체결이 되지 않으므로 트레이딩 전략이 돈을 버는 것으로 예상되는 경우에 돈을 벌지 못할 수 있다.

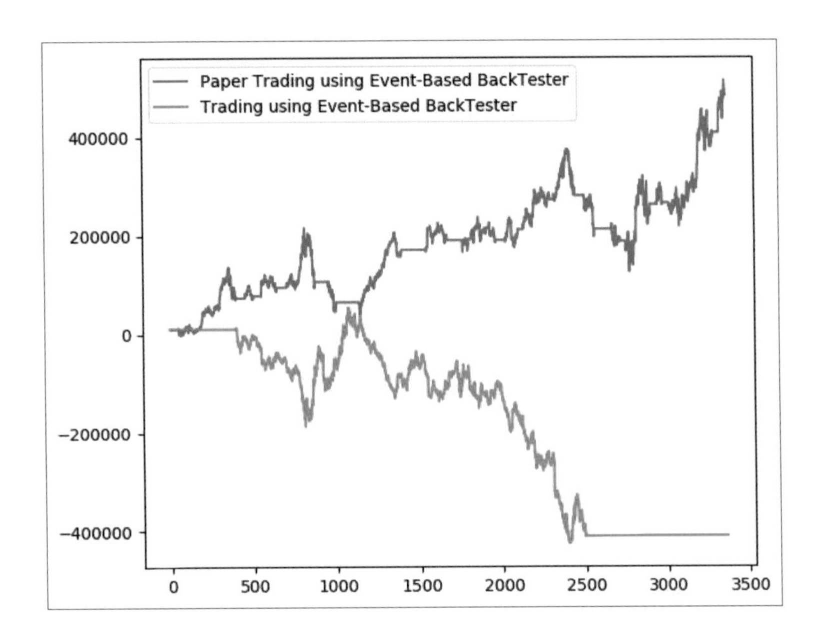

위의 차트는 주문을 신속하게 체결할 수 있는 빠른 시스템fast system의 중요성을 상기시킨다. 주문을 내는 대부분의 경우 주문이 기각된다. 이는 트레이딩 전략의 손익에 악영향을 미칠 것이다.

요약

9장에서 백테스트의 중요성을 강조했다. 루프형 백테스터와 이벤트 기반 백테스터, 두 종류의 백테스터를 논의했다. 2개의 주요 차이점을 보이고, 2개 모두의 예를 구현했다. 9장은 트레이딩 전략의 구축 파트를 마친다. 처음에 트레이딩 전략 아이디어를 산출하는 법을 소개하고, 다음에 트레이딩 전략을 어떻게 구현하는지를 설명했다. 그다음 트레이딩 시스템으로 트레이딩 전략을 어떻게 사용하는가를 설명하고, 트레이딩 전략을 어떻게 테스트할 수 있는가를 보임으로써 학습을 마쳤다.

10장에서 알고리즘 트레이딩 세계의 다음 스텝을 논의하면서 이 책을 마치겠다.

5부

알고리즘 트레이딩의 도전

5부에서는 알고리즘 트레이딩 전략이 시장에 배치된 후 직면하는 문제를 다룬다. 참여자가 직면하는 몇 가지 일반적인 함정의 예를 소개하고, 잠재적인 솔루션을 설명한다.

5부는 다음 장으로 구성된다.

- 10장: 변화하는 시장 참여자와 시장 조건 적응

10

변화하는 시장 참여자와 시장 조건 적응

지금까지 알고리즘 트레이딩과 관련된 모든 개념과 아이디어를 살펴봤다. 알고리즘 트레이딩 생태계의 다양한 구성 요소와 플레이어를 소개하고, 트레이딩 시그널의 실제 예를 살펴보고, 알고리즘 트레이딩 전략에 예측 분석을 추가하며, 실제로 일반적으로 사용되는 몇 가지 기본 거래 및 정교한 트레이딩 전략을 구축했다. 또한 트레이딩 전략의 진화에 따라 위험을 제어하고 관리할 수 있는 아이디어와 시스템을 개발했다. 마지막으로 이러한 트레이딩 전략을 실행하는 데 필요한 인프라 구성 요소와 트레이딩 전략 행태를 분석하는 데 필요한 시뮬레이터/백테스팅 리서치 환경을 살펴봤다. 이 시점에서 독자들은 알고리즘 트레이딩 전략 비즈니스 스택의 모든 구성 요소를 구축하고, 개선하고, 안전하게 배치하는 데 필요한 모든 구성 요소 및 정교함에 대한 깊은 이해를 성공적으로 개발시킬 수 있어야 한다.

이 책의 마지막 장의 목표는 알고리즘 트레이딩 전략의 배치와 운영을 넘어서 다음과 같은 동적 측면을 고려하는 것이다. 즉 트레이딩 시그널의 우월적 지위가 사라짐에 따라 라이브 시장에서 잘못되거나 시간이 지남에 따라 서서히 악화되는 것과 새로운 시장 참여자 또는 더 많은 정보를 가진 참여자가 시장에 진입함에 따라 정보가 적은 참여자들이 시장을 떠나는 것들을 고려하는 것이다. 금융 시장과 시장 참여자들은 지속적으로 진화하고 있으므로 시간이 지남에 따라 진화하고, 시장 상황이 변화함에도 불구하고 새로운 조건에 적응하고, 계속해서 수익성을 유지할 수 있는 알고리즘 트레이딩 사업만이 장기적으로 생존할 수 있는 것이다. 이 문제는 해결하기가 매우 어려운 문제이지만, 10장에서는 일반적으로 발생하는 장애물을 극복하고, 이를 해결하는 방법에 대한 지침을 제공하고자 한다. 라이브 트레이딩 시장에 배치할 때 전략이 예상대로 수행되지 않는 이유를 논의하고, 전략 자체 또는 그 배후의 가정에서 문제를 해결하는 방법의 예를 보여 줄 것이다. 또한 실적이 좋았던 전략이 서서히 성과가 저하되는 이유를 논의한 후 이를 해결하는 방법을 간단한 예를 들어 설명한다.

10장에서는 다음 주제를 다룬다.

- 라이브 시장 대비 백테스터의 전략 성과
- 알고리즘 트레이딩에서 지속적인 수익성

백테스터와 라이브 시장의 전략 성과 비교

이 절에서는 먼저 정교함이 부족한 백테스터/시뮬레이터를 가진 많은 알고리즘 트레이딩 참여자가 겪는 매우 일반적인 문제를 해결해 보겠다. 백테스터는 포지션 보유 시간에 관계없이 알고리즘 트레이딩 전략을 구축, 분석, 비교하는 초석이므로 라이브 테스트 시장에서 백테스트된 결과가 실현되지 않으면 트레이딩을 시작하거나 계속하기가 어렵다. 일반적으로 포지션 보유 기간이 짧고 거래 규모가 클수록 시뮬레이션 결과가 실제 거래 시장에서 실제로 달성되는 결과와 다를 가능성이 커진다. 백테스터는 종종 매우 정확하게 시뮬레이션해야 하기 때문에 백테스터는 많은 **고빈도 거래**HFT 비즈니스에서 가장 복잡한 소프트웨어 구성 요소다. 또한 거래 모델이 복잡하거나 직관적이지 않을수록 더 좋은 시뮬레이터가 필요하다. 라이브 시장에서 직관적이지 않은 복잡한 트레이딩 시그널, 예측, 전략을 사용해 매우 빠른 자동 거래를 따르는 것은 흔히 매우 어렵기 때문이다.

기본적인 문제는 백테스터와 라이브 시장에서 동일하지 않은 알고리즘 트레이딩 전략에 대한 거래 가격과 거래 규모로 요약된다. 트레이딩 전략의 성과는 거래 가격과 거래 규모의 직접적인 함수이기 때문에 이 문제가 백테스트된 결과와 실제 거래 결과에 차이를 일으키는 이유라는 것을 알기 어렵지 않다. 때로는 백테스터가 트레이딩 전략에 대한 집행을 수여하는 데 비관적이거나 실제 거래에서 달성되는 것보다 더 나쁜 가격으로 집행한다. 이러한 백테스터는 비관적이며, 라이브 트레이딩 결과는 백테스팅된 결과보다 훨씬 나을 수 있다.

때로는 백테스터가 트레이딩 전략에 대한 집행을 보상하는 데 낙관적이거나 실제 거래에서 달성되는 것보다 더 나은 가격으로 집행한다. 이러한 백테스터는 낙관적이며, 라이브 트레이딩 결과는 백테스팅된 결과보다 나쁠 수 있다. 백테스터는 지속적으로 비관적이거나, 지속적으로 낙관적이거나, 또는 트레이딩 전략 유형, 시장 조건, 일중 시간 등에 따라 달라질 수 있다. 일관된 편향을 가진 백테스터는 몇 번의 실제 배치 후에 비관론/낙관론에 대한 아이디어를 가질 수 있고, 이를 정량화하고, 이를 이용해 역사적 결과에서 기대치를 조정할 수 있으므로 쉽게 다룰 수 있다. 불행히도 백테스터는 흔히 편향이 일관적이지 않게 차이 나는 결과를 초래하고, 계량화하고 설명하기가 훨씬 어려운 불안정성을 가진다. 비관적인 백테스터를 나타내는 다음 그림을 살펴보자.

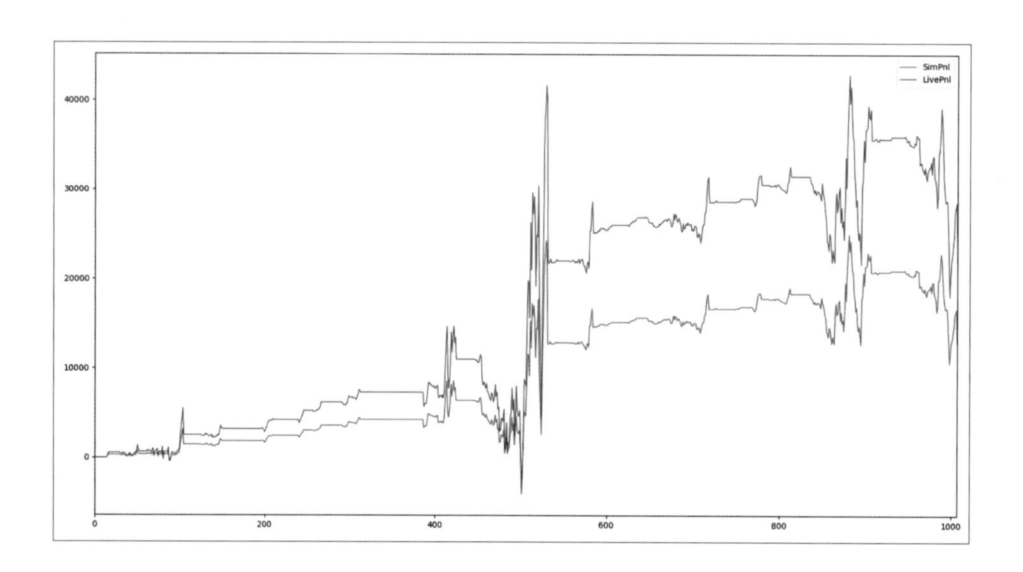

비관적인 백테스터를 사용하면 라이브 결과가 시뮬레이션 결과에서 벗어나지만, 전체적으로 라이브 PnL이 시뮬레이션 결과보다 높게 유지되는 경향이 있다. 이제 낙관적 백테스터를 나타내는 다음 그림을 살펴보자.

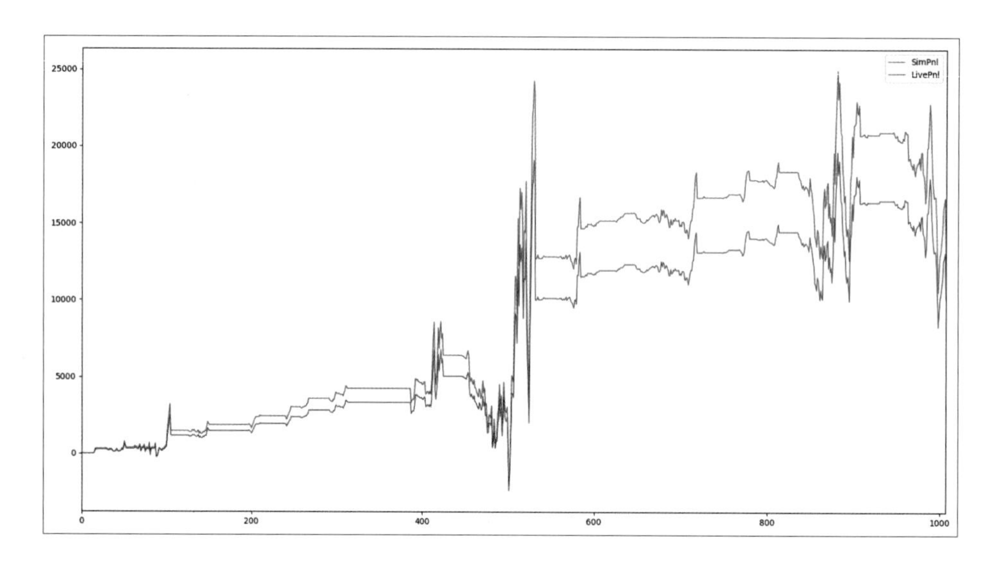

낙관적인 백테스터를 사용하면 실시간 결과가 시뮬레이션 결과에서 벗어난다. 하지만 전체적으로 실시간 PnL은 시뮬레이션 결과보다 낮다.

벡테스터 불안정성의 영향

우수한 백테스터가 없으면 역사적 리서치와 알고리즘 트레이딩 전략의 실시간 배치에 다양한 문제가 발생한다. 이들을 좀 더 자세히 살펴보자.

시그널 검증

트레이딩 시그널을 연구하고 개발할 때 과거 데이터를 기반으로 예측된 가격 변동과 시장에서 실현된 실제 가격 변동을 비교할 수 있다. 물론 본격적인 백테스터가 반드시 필요한 것은 아니지만, 과거 데이터 재생 소프트웨어가 필요하다. 이 구성 요소는 백테스터보다 덜 복잡하지만 여전히 상당한 복잡성을 갖고 있으며, 다른 시장 데이터 소스를 동기화하고 정확한 타임스탬프 및 이벤트 동기화로 시장 데이터를 재생하는 데 있어 정확해야 한다. 과거 리서치 플랫폼에서 재생된 시장 데이터가 라이브 트레이딩 전략에서 수신된 것과 동일하지 않은 경우 역사적 리서치에서 관찰된 시그널 예측 및 성과는 라이브 트레이딩에서 실현되지 않으며, 트레이딩 전략의 수익성을 떨어뜨릴 수 있다.

전략 검증

백테스터의 전략 성과는 '시그널 검증' 절에서 논의했던 시그널 검증의 요구 사항인 단지 과거에 사용 가능한 시장 데이터에 대해 여러 트레이딩 상품을 올바르게 동기화하고 재생하는 것보다 더 큰 백테스터의 복잡성이 필요하다. 여기서 한 걸음 더 나아가 거래소와 같은 매칭을 수행함으로써 마치 실제 시장에서 거래되는 것처럼 과거 데이터에 대한 트레이딩 전략의 행동과 성과를 실제로 시뮬레이션할 수 있는 백테스터를 구축해야 한다.

이 모든 것을 9장에서 다뤘고, 훌륭한 백테스터를 구축하는 것이 얼마나 복잡한지 분명히 해야 한다. 백테스터가 매우 정확하지 않은 경우 백테스터 결과를 기반으로 한 전략 성과를 신뢰할 수 없다. 이는 트레이딩 전략의 설계, 개발, 개선, 검증을 어렵고 부정확하게 만든다.

위험 추정

6장에서는 백테스터를 사용해 트레이딩 전략 및 트레이딩 전략 파라미터의 다양한 위험 측정값을 계량화하고 측정해 실제 시장에 배치하기 전에 예상되는 것을 파악한다. 다시 말하지만 이 단계에는 정확한 백테스터가 필요하며, 정확도가 떨어지면 전략이 실제 시장에 배치될 때 예상되는 위험 한도를 정확하게 측정할 수 없다.

위험 관리 시스템

매우 정확한 백테스터가 없는 상태에서는 트레이딩 전략에 대한 위험 평가의 계량화 및 측정 문제와 마찬가지로 최적의 위험 관리 시스템도 구축하기 어렵다. 또한 위험 관리에 관한 장에서 위험 관리 시스템을 구축할 뿐 아니라 성과가 우수한 거래에 대해서는 거래 노출 및 위험 한도를 천천히 증가시키고, 성과가 좋지 않은 경우 거래 노출 및 위험 한도를 낮추는 시스템을 구축했다. 우수한 백테스터가 없으면 트레이딩 전략 개발 및 배치의 측면이 과거 예상과 다를 수 있고, 실제 시장에 배치할 때 문제가 발생할 수 있다.

배치 전략 선택

서로 다른 가능한 트레이딩 전략, 다른 트레이딩 시그널 조합, 다른 거래 파라미터가 있는 경우 일반적으로 백테스터를 사용해 전체 포트폴리오의 위험을 최소화하는 방식으로 실제 시장에 배치하는 전략 포트폴리오를 구축한다. 이 단계는 우수한 백테스터backtester에 의존하며, 이것 없이는 라이브 트레이딩 전략 포트폴리오의 성과가 떨어지고, 과거 시뮬레이션에서 생각했던 것보다 더 많은 위험을 감수하게 될 수 있다.

다시 말하지만, 우수한 백테스터가 이 단계의 핵심이기 때문에 이것 없이는 실제 트레이딩 전략과 포트폴리오는 예상대로 작동하지 않는다. 백테스터가 여러 트레이딩 전략과 여러 거래 파라미터에 대해 실제 거래와 다른 결과를 보일 때 다양한 문제를 초래한다. 시뮬레이션에서 수익성이 높을 것으로 보이는 전략이 실제 시장에서 잘 수행되지 않는 것도 문제이지만, 백터스터가 특정 트레이딩 전략이나 파라미터에 대해 비관적이어서 시뮬레이션에서 수익성이 나쁜 것으로 보여도 실제 시장 시장에 배치하면 성과가 우수할 수 있는 전략을 놓치는 것은 더 큰 문제를 일으킨다.

예상 성과

라이브 트레이딩에서 많은 불안정성을 겪는 백테스터의 주요 문제점은 시뮬레이션 결과에서 도출된 성과 기대치가 라이브 트레이딩에서 유지되지 않는다는 것이다. 이는 시그널 유효성 검사, 전략 유효성 검사, 위험 추정, 위험 관리, 위험 조정 전략을 버리게 할 뿐 아니라, 또한 위험-보상에 대한 기대를 버리게 한다. 트레이딩 전략은 예상 시뮬레이션 성과에 미치지 못하기 때문에 종종 전체 알고리즘 트레이딩 비즈니스가 실패할 수 있다.

시뮬레이션 불안정성의 원인

이제 알고리즘 트레이딩 전략 및 알고리즘 트레이딩 비즈니스의 개발, 최적화 및 배치 측면에서 부정확한 백테스터가 발생할 수 있는 모든 문제를 다뤘으므로 시뮬레이션 불안정성의 일반적인 원인을 살펴보자.

슬리피지

슬리피지slipage는 시뮬레이션에서 예상되는 거래 가격과 실제 거래 가격이 다를 수 있다는 사실을 나타낸다. 이는 알고리즘 트레이딩 전략의 예상 성과에 해를 끼칠 수 있다. 실제 시장에서의 거래 가격은 시뮬레이션에서 예상되는 것보다 더 나쁠 것이다. 이는 과거 시장 데이터 재생 문제, 트레이딩 전략 내 지연 시간에 대한 기본 가정 또는 트레이딩 전략과 거래소 간의 지연 시간으로 인한 것으로 곧 발견될 수 있다.

또 다른 이유는 시뮬레이션에서는 시장 영향 없이 대규모 거래를 할 수 있지만, 실제 시장에서 대규모 거래는 시장 충격과 함께 다른 참여자들로부터의 반응을 유발해 가용한 유동성을 제거한다는 것이다. 이는 실제 시장에서 시뮬레이션에 비해 안 좋은 가격으로 거래해야 한다는 것을 의미한다.

수수료

주요 거래 비용 중 하나는 거래 수수료이며, 이는 보통 거래소와 중개인이 부과하는 거래된 주식/선물 계약/옵션 계약당 수수료다. 거래 수수료 성과 분석에서 수수료가 무엇인지 이해하고 이를 고려하는 것이 중요하다. 그렇지 않으면 예상 위험과 보상에 대한 잘못된 추정치가 발생할 수 있다.

전략이 거래 수수료와 수수료 후 수익을 포괄하게 하려면 거래당 계약당 PnL을 고려하는 것이 중요하다. 이는 HFT와 같은 대량 트레이딩 전략 또는 일반적으로 많은 계약을 거래하고, 다른 전략보다 계약 거래 비율당 PnL이 낮은 시장조성market-making 알고리즘 트레이딩 전략에 특히 중요하다.

운영 문제

라이브 시장에 알고리즘 트레이딩 전략을 배치할 때는 시뮬레이션 조건에 최대한 가까운 라이브 시장에서 전략을 실행하는 것이 중요하다. 핵심 목표는 실제 시장의 백테스팅/시뮬레이션에서 관찰된 성과를 실현하는 것이다. 라이브 트레이딩 전략을 가능한 한 작게 수동으로 중단/개입하는 것이 중요하다. 예상되는 시뮬레이션된 전체 기간의 성과를 개입하고 이탈하게 함으로써 알고리즘 트레이딩 전략을 망칠 수 있기 때문이다.

운영할 때 돈을 벌면 라이브 트레이딩 전략에 개입해 조기에 종식시키거나 돈을 잃으면 겁이 나서 운영을 멈추는 유혹에 맞서 싸우기가 어려울 수 있다. 광범위하게 백테스트된 자동화된 트레이딩 알고리즘의 경우 시뮬레이션 결과를 실현할 수도 없고, 트레이딩 전략의 예상 대비 실현된 수익성에 영향을 미치기 때문에 수동 개입은 나쁜 아이디어다.

시장 데이터 문제

라이브 트레이딩에서 관찰된 트레이딩 전략이 시뮬레이션에서 관찰된 거래 데이터와 다른 경우 거래 시장에서 과거 시장 데이터를 재생하는 이슈가 문제될 수 있다. 이는 과거 시장 데이터 캡처와 라이브 트레이딩에 사용된 서버의 차이, 과거 아카이버archiver 프로세스와 실제 시장 데이터 프로세스에서 시장 데이터가 디코딩되는 방식, 데이터가 타임스탬프 및 저장되는 방식의 문제 또는 심지어 과거 데이터를 읽고 트레이딩 전략으로 재생하는 백테스터 때문일 수 있다.

시장 데이터 시계열이 시뮬레이션과 실제 거래에서 다른 경우 알고리즘 트레이딩 전략의 모든 측면이 역사적 기대치에서 벗어나고, 따라서 라이브 거래 성과가 시뮬레이션 결과에 미치지 못한다는 것은 분명하다.

지연 시간 변동성

알고리즘 트레이딩 설정에서는 시장 데이터가 처음 거래 서버에 도달하는 시점과 새 데이터에 대한 주문 흐름이 거래소에 도달하는 시점 사이에 많은 홉hop[1]이 존재한다. 먼저 시장 데이터 피드 핸들러가 이를 읽고 거래를 해독한다. 전략은 정규화된 시장 데이터를 수신한 뒤 전략 자체가 새로운 시장 데이터를 기반으로 트레이딩 시그널을 업데이트하고, 기존 주문에 새로운 주문 또는 수정을 보낸다. 그런 다음 주문 플로order flow는 주문 게이트웨이에 의해 선택돼 거래소 주문 입력 프로토콜로 변환되고 거래소와의 TCP 연결에 기록된다.

최종적으로 주문은 트레이딩 서버에서 전자 트레이딩 거래소의 매칭 엔진으로의 전송 지연 시간과 동일한 지연 시간이 발생한 후 거래소에 도착한다. 각각의 지연 시간은 백테스팅 트레이딩 전략에서 설명돼야 하지만, 종종 복잡한 문제일 수 있다. 지연 시간은 정적 지연 시간 값이 아닐 가능성이 높지만, 트레이딩 시그널 및 트레이딩 전략 소프트웨어 구현, 시장 조건 및 최대 네트워크 트래픽과 같은 많은 요인에 따라 달라지며, 이러한 지연 시간이 역사적으로 적절하게 모델링되고 설명되지 않은 경우 실시간 트레이딩 전략 실적은 예

1 데이터가 출발지와 목적지 사이에서 통과해야 하는 중간 장치들의 개수를 가리킨다. – 옮긴이

상되는 과거 시뮬레이션 결과와 크게 다를 수 있으므로 시뮬레이션 불안정성, 라이브 트레이딩의 예상치 못한 손실 및 트레이딩 전략 수익성 저하를 초래할 수 있다.

라인에서의 자리 추정

전자 트레이딩 거래소는 FIFO 및 pro-rata와 같은 매칭 알고리즘에 대해 서로 다른 모델을 갖고 있기 때문에 트레이딩 전략의 성과가 라인에서 좋은 자리place-in-line를 차지하는 것, 즉 동일한 가격 수준에서 우리의 트레이딩 전략의 주문을 앞선 다른 시장 참여자의 규모를 정확하게 시뮬레이션하는 것이 중요하다. 일반적으로 백테스터가 나머지 시장 참여자와 비교해 지정가 주문 호가창에서 트레이딩 전략의 주문 우선순위를 추정하는 데 너무 낙관적이라면, 즉 주문이 실제로 라이브 시장에서 더 많은 시장 참여자보다 우선한다고 가정하면, 시장에서 이것은 트레이딩 전략 성과에 대한 잘못되고 부풀린 기대를 불러일으킬 수 있다.

트레이딩 전략이 실제 시장에 배치될 때 종종 예상되는 시뮬레이션된 거래 성과를 실현하지 못하고, 이는 트레이딩 전략 수익성을 해칠 수 있다. 정확한 우선순위 자리를 모델링하는 것은 종종 어려운 문제이며, 올바른 결과를 얻으려면 많은 연구와 신중한 소프트웨어 개발이 필요하다.

시장 충격

시장 충격은 트레이딩 전략이 실제 시장에 배치될 때 발생하는 상황을 말한다. 이는 기본적으로 주문 흐름에 대한 다른 시장 참여자의 반응을 계량화하고 이해하기 위한 것이다. 시장 충격은 예측 및 시뮬레이션이 어렵고 트레이딩 전략이 확대될수록 점차 악화된다. 알고리즘 트레이딩 전략이 위험 노출이 매우 적은 상태에서 처음 배치될 때는 문제가 되지 않지만, 시간이 지남에 따라 규모가 커질수록 문제가 된다.

위험이 증가함에 따라 수익성은 선형으로 증가하지 않는다. 대신 크기는 증가함에 따라 수익성 증가 속도가 느려지지만 위험은 계속 증가하는데, 이는 시장 충격에 기인한다. 결국 전략은 위험이 크게 증가하더라도 수익성이 조금만 증가하는 상태에 도달한다. 즉 전략이 확장 가능한 수준의 한계에 도달한 것이다. 물론 이것은 예상 위험과 보상을 분석할 때 시장 충격을 설명하는 경우다. 여기서 부정확성으로 인해 트레이딩 전략이 추가 이익을 거의 얻지 못할 위험이 더 커지고, 결국 수익성이 높을 것으로 보이는 트레이딩 전략이 실제 시장에서 전개되고 확장될 때 크게 성과를 잃을 수 있다.

라이브 트레이딩에 반응한 백테스팅 및 전략 조정

이제 라이브 트레이딩 성과에서 시뮬레이션 불안정성의 원인과 영향을 논의했으므로 라이브 시장에 배치된 알고리즘 트레이딩 전략이 예상한 성과와 일치하지 않는 경우 해당 문제에 대한 가능한 접근 방법/해결 방법을 살펴본다.

과거 시장 데이터 정확도

이 시점에서 분명한 것은 이용할 수 있는 과거 시장 데이터의 품질과 수량이 수익성 있는 알고리즘 트레이딩 사업을 구축할 수 있는 핵심 요소라는 것이다. 이러한 이유로 대부분의 시장 참여자는 극단적으로 정확한 시장 데이터 캡처 및 정규화 프로세스를 구축하는 것과 버그가 없을 뿐더러 라이브 시장 데이터를 역사적 모드로 충실하게 캡처하고 재생할 수 있어서 알고리즘 트레이딩 전략이 실제 시장에 배치될 때 관찰하는 것과 정확히 일치하는 소프트웨어 구현에 많은 리소스를 투자한다. 일반적으로 트레이딩 전략이 예상대로 라이브 시장에서 수행되지 않는 경우 이것이 가장 먼저 시작해야 할 곳이다. 시장 데이터 업데이트 트레이딩 전략이 관찰하는 것에 방대한 양의 계측/기록을 추가하고, 시뮬레이션 및 라이브 트레이딩에서 관찰되는 것을 비교함으로써 배후의 문제를 찾아 수정하는 것은 비교적 간단한다.

과거 시장 데이터 기록 설정, 실시간 시장 데이터 디코딩 및 전달 설정 또는 둘 다에 문제가 있을 수 있다. 때때로 지연 시간에 민감한 트레이딩 전략은 라이브 트레이딩 전략에 전달되는 시장 데이터 정보를 가능한 한 간결하고 빠른 속도로 간소화해 과거 기록에서 사용

가능한 것과 다른 라이브 거래에서의 정규화된 시장 데이터 포맷을 갖는다. 이 경우 이는 라이브 시장 데이터 업데이트가 과거 시장 데이터 업데이트와 다른 또 다른 이유가 될 수 있다. 이 단계에서 문제가 발견되면 먼저 과거 및/또는 라이브 시장 데이터 프로토콜에서 해당 문제를 해결한다. 그런 다음 트레이딩 전략 결과를 다시 계산하고, 필요한 경우 재보정한 다음 라이브 시장에 재배치함으로써 문제를 해결하는 것이 시뮬레이션 불안정성을 줄이는 데 도움이 되는지를 확인한다.

지연 시간 측정 및 모델링

미체결 시장 데이터 문제가 없음을 확인한 후 다음 단계는 백테스터의 기본 지연 시간latency 가정을 조사하는 것이다. 현대의 알고리즘 트레이딩 설정에서 시장 데이터를 생성하는 거래소 매칭 엔진과 디코딩되고 표준화된 시장 데이터를 수신하는 트레이딩 전략 사이, 그리고 거래소 매칭 엔진이 실제로 수신하는 것과 거래소에 주문 흐름을 보내기로 결정하는 트레이딩 전략 사이에 많은 홉hop이 있다. 서버 하드웨어, 네트워크 스위치, 네트워크 카드, 커널 바이패스 기술이 현대적으로 향상됨에 따라 각 홉 간의 타임스탬프를 나노초 단위로 매우 정확하게 기록한 다음 해당 측정값을 사용해 백테스터에서 기본 지연 시간 가정/추정치를 테스트할 수 있다.

또한 현대적 전자 거래소는 자체 매칭 엔진 설정 내 다양한 홉에서 매우 정확하게 측정되는 다양한 타임스탬프를 제공한다. 측정에는 거래소가 주문 요청을 받았을 때, 매칭 엔진에 의해 선택돼 지정가 주문 호가창에 매치되거나 추가될 때, 개인 주문 알림 및 공개 시장 데이터 업데이트가 생성될 때, 해당 네트워크 패킷은 거래소 인프라를 떠날 때를 포함한다. 거래소에서 제공한 타임스탬프를 올바르게 기록하고, 이들 측정값을 사용해 주문이 매치되는 주변 환경에 대한 통찰력을 얻고, 이를 기반으로 백테스터를 교정하면 시뮬레이션 불안정성을 해결하는 데 도움이 될 수 있다. 서로 다른 홉 간의 각각의 지연 시간 측정은 시간, 거래 상품, 거래소, 트레이딩 전략에 따라 변할 수 있는 값의 분포다.

일반적으로 대부분의 시뮬레이터는 각각의 측정값에 대한 정적 지연 시간 파라미터로 시작하는데 이는 분포의 평균 또는 중앙값이다. 특정 지연 시간 측정값에 대한 분산이 매우 높으면 단일 정적 파라미터로는 더 이상 충분하지 않으며, 이 시점에서 보다 정교한 지연 시간 모델링 방법을 사용해야 한다. 한 가지 방법은 라이브 거래에서 관찰된 평균 지연 시간을 사용하고, 라이브 거래에서 관찰된 내용을 기반으로 지연 시간에 오류항을 추가하는 것이지만, 보다 정교한 방법은 더 높거나 더 낮은 지연 시간 기간 또는 조건을 캡처할 수 있는 특성을 구현하고, 백테스터에서 이를 동적으로 조정하는 것이다. 직관적인 특성 중 일부는 시장 데이터 업데이트 빈도, 거래 빈도 또는 가격 움직임의 규모 및 모멘텀을 증가된 지연 시간의 대용물로 사용하는 것이다.

이 배후의 아이디어는 분주한 시장 상황과 큰 가격 변동으로 인해 활동이 많은 기간 동안 또는 많은 참여자가 거래소에 정상보다 많은 양의 주문 흐름을 보내, 이번에는 정상보다 큰 양의 시장 데이터가 생성될 때, 많은 지연 시간 측정치가 정상보다 높을 가능성이 높고, 실제로 시장 활동 증가의 함수일 수 있다는 것이다. 이 기간 동안 거래소는 더 많은 주문 흐름을 처리하고, 주문 흐름마다 더 많은 매칭을 수행하고, 모든 주문 흐름에 대해 더 많은 시장 데이터를 생성 및 보급해야 하므로 처리 시간으로 인해 지연이 더 많이 발생하기 때문에 이치에 맞다. 마찬가지로 알고리즘 트레이딩 전략 측면에서 더 많은 시장 데이터는 들어오는 시장 데이터 업데이트를 읽고, 디코딩하고, 표준화하는 데 더 많은 시간, 지정가 주문 호가창, 트레이딩 시그널을 업데이트하는 데 더 많은 시간, 증가된 시장 활동을 처리하고자 생성된 더 많은 주문 흐름과 증가한 주문 활동을 처리하고자 주문 게이트웨이가 수행하는 더 많은 작업을 뜻한다.

동적 지연 시간을 모델링하는 것은 백테스터로 해결하기 어려운 문제이며, 대부분의 정교한 참여자는 우선적으로 지연 시간이 낮은 거래 인프라 및 트레이딩 전략을 구축하는 것 외에도 올바른 솔류션을 얻는 데 많은 리소스를 투자한다. '지연 시간 측정 및 모델링' 절을 요약하면 시뮬레이션 불안정성이 지연 시간 가정/모델링의 오류와 관련이 있는 경우 첫 번째 스텝은 거래 시스템의 각 홉과 거래소 간에 가능한 한 많이 정확한 측정값을 수집하고, 역사적 시뮬레이션에서 이들을 충실히 재현하는 인텔리전스를 구축하는 것이다.

백테스팅 성과 개선

'지연 시간 측정 및 모델링' 절에서는 트레이딩 전략을 백테스팅할 때 알고리즘 트레이딩 설정에서 지연 시간을 이해하고 모델링하는 것이 중요하다는 점을 살펴봤다. 역사적 시뮬레이션에서 알고리즘 트레이딩 설정의 지연 시간 차이를 주의 깊게 이해하고, 설명하고, 모델링하고, 알고리즘 트레이딩 전략을 라이브 시장에 재배치한 후에도 라이브 시장에서 전략 성과의 예상한 것과의 편차를 유발하는 시뮬레이션 불안정성을 감지하면 백테스팅의 정교성을 더 검토한다.

현대의 전자 거래소는 정확한 타임스탬프를 제공하는 것 이외에도 매칭 프로세스의 모든 측면에 대한 많은 정보를 제공한다. 트랜잭션들이 매칭 이벤트에 참여하고, 전략에서 기대하는 주문 실행 시기를 근본적으로 변경할 수 있기 때문에 백테스터에서 처리되지 않으면 많은 시뮬레이션 불안정성을 유발하는 매칭 이벤트 중에 발생할 수 있는 많은 트랜잭션이 있다. 자체 매칭 방지 취소, 매치하는 이벤트 중 스톱 주문 발행stop-order release, 완전히 실행된 후 과도하게 실행되거나 대치되는 숨겨진 유동성을 가진 빙산의 일각 주문iceberg order, 경매auction 이벤트 중 매칭 및 암시/프로라타implied/pro-rata 매칭 고려 사항과 같은 부적합 트랜잭션은 시뮬레이터에서 올바르게 감지하고 처리되지 않으면 시뮬레이션 불안정성을 발생할 수 있다.

서로 다른 자산 클래스에는 고유한 매칭 규칙 및 문제 세트가 있다. 다크 풀dark pool, 숨겨진 유동성, 가격 개선, 숨겨진 상대방, 기타 여러 요인으로 시뮬레이션 불안정성이 발생해 알고리즘 트레이딩 전략이 실패할 수 있다. 모든 규칙을 이해하고, 이들을 소프트웨어로 구현하고, 그 위에 정확한 시뮬레이션을 구축하는 것은 해결하기 매우 어려운 문제이지만, 종종 알고리즘 트레이딩 사업의 성공과 실패의 차이를 낳을 수 있다.

백테스터 편향 예상 성과의 조정

시뮬레이션 및 과거 시장 데이터 재생 프레임워크에서 문제를 찾고 수정하고자 많은 방법을 살펴봤다. 시뮬레이션과 비교할 때 여전히 실제 시장에서 트레이딩 전략 성과의 차이를 관찰하고 있다면 다른 가능성이 있다. 백테스터 편향bias을 설명하고자 시뮬레이션에서 얻은 예상 성과 결과를 조정하는 것이 해결책이다.

앞서 논의한 바와 같이 백테스터 편향은 본질적으로 낙관적이거나 비관적일 수 있으며, 트레이딩 전략 유형, 전략 파라미터, 시장 조건에 따라 변하는 일정한 편향 또는 편향일 수 있다. 특정 전략 유형 및 전략 파라미터에 대해 편향을 일정하게 되도록 분리할 수 있으면 라이브 트레이딩 결과에서 시뮬레이션 불안정성 결과를 수집해 전략 및 전략 파라미터 세트별로 구성할 수 있다. 그런 다음 예상 불안정성 결과값을 시뮬레이션 결과와 함께 사용해 실제 라이브 트레이딩 결과를 추정할 수 있다. 예를 들어, 시뮬레이션 불안정성으로 인해 시뮬레이션 결과와 비교할 때 특정 파라미터를 가진 알고리즘 트레이딩 전략이 라이브 트레이딩에서 항상 20% 더 나쁘게 수행하는 경우 이를 고려해 시뮬레이션 결과를 20% 줄이고 재평가할 수 있다. 이 추정 방법론을 한 단계 더 발전시켜 시장 활동이나 가격 변동과 같은 거래량과 시장 상황의 함수로 백테스터 낙관론/비관론의 규모를 모델링할 수 있다.

이러한 방식으로 트레이딩 전략 시뮬레이션 결과를 얻은 다음 동일한 전략에 대한 라이브 트레이딩 결과를 취하고, 시뮬레이션 불안정성을 계량화하고, 실제 예상 라이브 거래 실적의 추정치를 제공하는 시스템을 구축할 수 있다. 예상 라이브 거래 실적을 조정하는 이러한 방법들은 이상적이지 않다. 그들은 라이브 트레이딩에서 트레이딩 전략을 운영하는 데 있어 피드백feedback을 요구하는데 이는 손실을 야기할 수 있으며, 결국 단지 추정일 뿐이다. 이상적으로 정확한 시뮬레이션 결과를 제공할 수 있는 백테스터를 원하지만, 이는 매우 어렵고 때로는 불가능한 작업이기 때문에 이 추정 방법은 시뮬레이션 불안정성을 처리하고, 알고리즘 트레이딩 사업을 지속적으로 구축하고 관리하기에 좋은 중간 타협점이다.

라이브 트레이딩 전략의 분석 방법

예상 시뮬레이션 성과에서 벗어난 라이브 트레이딩 성과를 처리하는 또 다른 솔루션은 라이브 트레이딩 전략에 대한 정교한 분석을 하는 것이다. 다른 말로 하면 이것은 백테스팅 성과와 행태에 전적으로 의존하는 대신 시뮬레이션 불안정성이 알고리즘 트레이딩 사업이 비정상이 될 가능성을 줄이고자 라이브 트레이딩 전략에 직접 충분한 지능과 정교함을 추가하는 데 투자하는 것이다. 이것은 다시 얘기할 때 문제를 해결하는 데 불완전한 접근 방법이지만, 백테스터의 한계와 오류를 해결하는 데 좋은 대안이 될 수 있다. 아이디어는 라이브 시장에 노출이 매우 적게 트레이딩 전략을 배치하고, 각 전략 행태에 대한 통계를 수집하며, 이들 결정이 내려진 이유에 대한 통계를 올바르게 계측하고 수집하는 것이다.

그런 다음 광범위한 **트레이드 사후 분석**PTA, Post Trade Analytics 프레임워크를 사용해 전략 행위 기록을 살펴보고, 승자와 패자 포지션과 이들 포지션을 이끈 전략 행위에 대한 통계를 분류한다. 라이브 트레이딩의 거래 성과에 대해 이러한 종류의 PTA를 수행하면 특정 트레이딩 전략의 문제점/한계에 대한 많은 통찰력이 드러난다. 이러한 통찰력은 알고리즘 트레이딩 전략의 개발 및 개선을 안내하고, 시간이 지남에 따라 수익성을 향상시키는 데 사용될 수 있다. 여러 가지 측면에서 이는 직관적인 파라미터를 사용해 매우 작은 위험 노출에서 트레이딩 전략을 시작하고, 라이브 트레이딩의 피드백을 사용해 전략의 성과를 향상시키는 접근 방식으로 귀결된다.

이는 완벽한 접근 방식이 아니다. 왜냐하면 트레이딩 전략이 쉽게 이해할 수 있는 파라미터로 라이브 시장에서 실행될 수 있을 정도로 단순해야 하며, 거거에 더해 단기적으로라도 라이브 시장에서 수익성이 없는 트레이딩 전략을 원하지 않는 손실을 발생하면서 실행해야 하기 때문이다.

알고리즘 트레이딩에서 지속적인 수익성

10장의 전반부에서는 시뮬레이션에서 구축 및 보정calibration돼 수익성이 있는 것으로 보이는 알고리즘 트레이딩 전략을 배치할 때 예상되는 일반적인 문제를 살펴봤다. 라이브 시장에 배치될 때 트레이딩 전략 성과에 편차를 일으키는 시뮬레이션 불안정성의 영향과 일반적인 원인을 논의했다. 그런 다음 문제를 해결하기 위한 가능한 솔루션과 알고리즘 트레이딩 전략을 시작하고, 안전하게 확장해 수익성이 있는 알고리즘 트레이딩 사업을 구축하는 법을 탐구했다. 이제 라이브 거래 시장에서 알고리즘 트레이딩 전략을 시작하고 실행한 후 다음 단계를 살펴본다. 앞서 언급한 바와 같이 라이브 트레이딩 시장은 시장 참여자들이 시장에 들어오고 나가면서 트레이딩 전략을 조정 및 변경함에 따라 지속적으로 진화하고 있다.

시장 참여자 외에도 전 세계 및/또는 국지적 자산 클래스 및 거래 상품의 가격 변동에 영향을 미칠 수 있는 수많은 세계 경제 및 정치 조건이 있다. 알고리즘 트레이딩 비즈니스를 설립하는 것만으로는 충분하지 않다. 또한 모든 변화하는 조건과 시장 위험에 적응하고 계속 수익성을 유지하는 것이 필수적이다. 그것은 매우 어려운 목표다. 시간이 지남에 따라 이전에 수익성이 높고 정교한 시장 참여자는 거래 사업을 중단하고 시장에서 나와야 했다. '알고리즘 트레이딩에서 지속적인 수익성' 절에서는 먼저 높은 수익성을 달성한 후 성공 트레이딩 전략이 사라지는 원인을 살펴보겠다.

라이브 트레이딩 시장에 초기 구축한 후 트레이딩 전략 수익성을 유지하고 개선하는 데 도움이 되는 솔루션을 모색할 것이다. 마지막으로 변화하는 시장 상황 및 시장 참여자에 대한 적응을 논의함으로써 10장을 마무리한다. 즉 알고리즘 트레이딩 비즈니스의 진화하는 특성과 매우 오랫동안 지속되는 알고리즘 트레이딩 유용성을 구축하는 방법을 다룬다.

알고리즘 트레이딩 전략의 이윤 감소

먼저 처음에 높았던 수익성이 천천히 쇠퇴해 트레이딩 전략이 더 이상 수익성이 없어지게 되는 요인을 이해해야 한다. 현재 수익성이 있는 알고리즘 트레이딩 사업이 시간이 지남에 따라 악화될 수 있는 요인을 잘 이해하면 알고리즘 트레이딩 사업의 수익성을 유지하고자 이러한 조건을 감지하고 제 시간에 처리할 수 있는 점검 및 재평가 메커니즘을 마련하는 데 도움이 될 수 있다. 이제 알고리즘 트레이딩 전략의 수익 감소와 관련된 몇 가지 요소를 살펴보겠다.

최적화 부족으로 인한 시그널 감쇠

트레이딩 전략에 사용되는 시그널은 트레이딩 전략 성과를 주도하는 핵심 측면 중 하나다. 트레이딩 시그널에는 유지/보수 측면이 있어 관련성/수익성을 유지하고자 지속적으로 재평가하고 재조정해야 한다. 이는 일정한 파라미터를 가진 트레이딩 시그널이 다른 시장 조건을 통해 똑같이 잘 수행할 수 없으며, 시장 조건이 변경됨에 따라 약간의 조정 또는 조정이 필요하기 때문이다.

정교한 시장 참여자들은 종종 트레이딩 시그널 파라미터를 지속적으로 조정해 최대한의 거래 성과와 이점을 제공하는 정교한 최적화/재적합화 설정을 한다. 최근 몇 년간 실적이 좋은 트레이딩 시그널을 찾을 뿐만 아니라 트레이딩 시그널을 변화하는 시장 조건에 적응시켜 수익성을 유지하고자 체계적인 최적화 파이프 라인을 설정하는 것도 중요하다.

선도 참여자 부재로 인한 시그널 소멸

많은 트레이딩 시그널이 특정 시장 참여자 행동을 포착하고 향후 시장 가격 변동을 예측한다. 간단한 예는 고빈도 거래 참여자의 주문 흐름을 감지하고, 이를 이용해 매우 빠른 가격으로 유동성을 추가 및 제거할 수 있는 매우 빠른, 때로는 다른 참여자가 반응하고 거래하는 것보다 빠른 능력을 가진 참여자가 제공하는 유동성 부분을 파악하고자 사용하는 트레이딩 시그널이다.

다른 예는 유사한 거래 수단에 대해 선물 시장과 같은 다른 관련 시장에서 우위를 얻고자 현금 시장 또는 옵션 시장과 같은 관련 시장에서의 참여자 행태를 포착하려는 트레이딩 시그널이다. 때때로 트레이딩 시그널이 포착하고 활용하는 많은 시장 참여자가 시장을 빠져 나가거나, 정보를 얻거나, 의도를 더 잘 위장할 수 있는 경우 참여자에 의존하는 트레이딩 시그널은 더 이상 예측 능력과 수익성을 갖지 않게 된다. 시장 참여자와 시장 상황은 항상 변하기 때문에 시장 참여자의 부재로 시그널이 소멸되는 것은 매우 현실적이고 매우 흔한 일이며, 모든 수익성을 추구하는 시장 참여자가 처리하고 다뤄야 하는 것이다.

여기에는 계량적 리서처로 구성된 팀이 항상 기존 트레이딩 시그널과 다른 새로운 예측 트레이딩 시그널을 검색해 현재 수익성 있는 트레이딩 시그널 붕괴 가능성에 대응하게 하는 것이 포함된다. '최적화 부족으로 인한 시그널 감쇠' 절에서 다룬 시그널 파라미터 최적화 측면은 기존 참여자로부터 수집한 정보가 시간이 지남에 따라 소멸됨에 따라 기존 시그널을 사용하지만, 다른 파라미터를 사용해 새로운 참여자로부터 정보를 얻음으로써 문제를 완화하는 데 도움이 된다.

다른 참여자의 시그널 발견

우리가 기존 트레이딩 시그널 파라미터를 최적화하고 새로운 트레이딩 시그널을 검색하는 과정을 지속하는 것과 동일하게 다른 모든 시장 참여자도 새로운 트레이딩 시그널을 찾는다. 다른 시장 참여자들은 종종 우리가 수익성 있는 트레이딩 전략에서 사용하는 것과 동일한 트레이딩 시그널을 발견한다. 이는 시장 참여자들이 두 가지 다른 방식으로 반응하게 만든다. 한 가지 방법은 트레이딩 전략의 주문 흐름을 변경해 의도를 가장하고, 트레이딩 시그널을 더 이상 우리에게 수익성이 없게 만드는 것이다.

또 다른 반응은 참여자들이 동일한 트레이딩 시그널을 사용하기 시작해 우리와 매우 유사한 트레이딩 전략을 실행하고, 이는 동일한 트레이딩 전략으로 시장을 혼잡하게 만들고 트레이딩 전략을 확장하는 능력을 감소시켜 수익성을 떨어뜨릴 수 있다. 또한 다른 시장 참여자가 더 나은 인프라를 활용하거나 더 잘 자본화할 수 있다. 그러면 우리는 거래 우위를 완전히 잃고 시장에 퇴출될 수 있다. 다른 참여자가 알고리즘 트레이딩 전략에 사용되는 것과 동일한 트레이딩 시그널을 발견하는 것을 금지하는 실제 방법은 없지만, 업계 관행은 시간이 지남에 따라 기업의 극단적 비밀 특성을 반영하도록 발전해 왔으며, 직원이 경쟁 업체를 위해 일하는 것을 힘들게 만든다. 이는 **비공개 계약**NDA, Non-Disclosure Agreement, **비경쟁 계약**NCA, Non-Compete Agreement을 통해 이뤄지며, 독점적 트레이딩 소스 코드의 개발 및 사용을 엄격하게 모니터링한다.

다른 요소는 트레이딩 시그널의 복잡성이다. 일반적으로 트레이딩 시그널이 단순할수록 여러 시장 참여자가 이 트레이딩 시그널을 발견할 가능성이 높다. 트레이딩 시그널이 더 복잡할수록 경쟁 시장 참여자가 발견할 가능성이 적고, 또한 발견, 구현, 배치, 수익 창출, 유지 관리에 많은 연구와 노력이 필요하다. '다른 참여자의 시그널 발견' 절을 요약하면 다른 참여자가 우리에게 잘 작동하는 동일한 시그널을 발견할 때 거래 우위를 잃는 것은 비즈니스의 정상적인 부분이고, 수익성을 유지하고자 새로운 트레이딩 시그널을 계속 발견하는 데 최선을 다하는 것 외에는 이 문제에 대한 직접적인 해결책은 없다.

참여자 이탈로 인한 이익 감소

거래는 제로섬zero-sum 게임이다. 일부 참여자가 돈을 벌려면 승리 참여자에게 돈을 잃는, 정보가 적은 참여자가 있어야만 한다. 이것의 문제점은 돈을 잃는 참여자가 더 똑똑해지고 더 빨라져서, 돈을 잃지 않게 된다는 것이다. 아니면 돈을 잃는 참여자는 계속 돈을 잃고 결국 시장을 빠져나가며, 이는 우리의 트레이딩 전략의 지속적인 수익성을 해칠 것이며, 우리가 전혀 돈을 벌 수 없는 시점에 이를 수도 있다.

우리의 트레이딩 전략이 정보가 적은 참여자들에 대한 거래를 통해 돈을 벌고, 더 나은 정보를 얻고 돈을 잃는 것을 멈추거나 또는 시장을 떠난다면, 우리는 정보가 적은 참여자들의 행동에 의존하는 트레이딩 시그널 우위를 잃거나 경쟁자가 우위를 갖게 돼서 우리의 트레이딩 전략이 더 이상 수익성을 갖지 못하고 돈을 잃게 될 수 있다. 지속적으로 돈을 잃는 참여자는 거래를 계속할 가능성이 없기 때문에 이 사업은 결국 모든 사람에게 수익성이 사라지는 사업이다.

실제로 이러한 일은 발생하지 않는데 큰 시장이 상이한 트레이딩 전략, 상이한 트레이딩 기간, 상이한 여러 참여자와 상이한 정보로 구성돼 있기 때문이다. 또한 기존 참여자는 시장을 떠나지만, 새로운 참여자가 매일 시장에 진입해 모든 참여자가 활용할 수 있는 새로운 기회를 창출한다. 요약하자면 시장 참여자들은 지속적으로 진화하고 있고, 새로운 참여자들은 시장에 진입하고, 기존 참여자가 시장을 떠나기 때문에 트레이딩 전략에 사용하는 트레이딩 시그널을 제공하는 참여자를 잃을 수 있다. 이를 해결하고자 새로운 트레이딩 시그널을 지속적으로 찾고, 트레이딩 시그널과 전략을 다양화해 더 많은 시장 참여자의 의도를 포착하고, 시장 가격 변동을 예측해야 한다.

다른 참여자에 의한 발견으로 인한 이익 감소

우리는 트레이딩 시그널을 발견하고 트레이딩 전략이 돈을 벌고자 사용하는 것과 동일한 시그널을 사용하는 다른 시장 참여자의 가능성과 영향을 논의했다. 다른 시장 참여자가 우리의 트레이딩 전략이 사용하는 것과 동일한 시그널을 발견해 우리의 수익성을 손상시키는 것과 유사하게, 다른 시장 참여자는 우리의 주문 흐름과 전략 행태를 발견한 다음 트레이딩 전략의 주문 흐름을 예측하고 활용할 수 있는 방법을 찾을 수 있어서 우리의 트레이딩 전략이 돈을 잃도록 우리에게 불리하게 거래할 수 있다.

다른 방법으로 다른 시장 참여자들이 우리의 주문 흐름을 발견하고 다른 자산 군이나 다른 거래 수단, 아마도 통계적 차익 거래 또는 페어 트레이딩 전략 또는 교차 자산 전략에서 시장 가격 변동을 예측할 수 있다. 이로 인해 수익성이 저하되거나 특정 알고리즘 트레이딩 전략을 계속 실행할 수 없는 수준으로 악화될 수 있다. 정교한 시장 참여자들은 다른 시장 참여자들이 우리의 거래 수익성을 해치므로 알고리즘 트레이딩이 전략을 즉시 포기하지 않도록 많은 생각, 디자인, 자원을 투자한다.

이 투자는 종종 FIFO 시장에서 대기열 우선순위를 구축하고자 GTC 주문을 사용하는 것, 빙산의 일각 주문iceberg order을 사용해 주문 배후의 실질적인 유동성을 위장하는 것, 시간에 앞서서 특정 가격에 트리거되는 스톱 주문을 사용하는 것, 전량 충족 조건Fill or Kill 또는 즉시 미체결 취소Immediate or Cancel 주문을 사용해 주문이 거래소로 보내지는 배후의 유동성을 숨기는 것, 트레이딩 전략의 진정한 의도를 숨기려는 복잡한 주문 실행 전략과 연관된다. 스푸핑Spoofing의 경우에서 본 것처럼 다른 시장 참여자들로부터 의도를 숨기려는 시도는 너무 멀리 간 것으로 이는 불법적인 알고리즘 트레이딩 관행이다. 요약하면 경쟁이 치열하고 혼잡한 시장에서 정교한 트레이딩 전략을 사용하려면 전략 구현이 단지 정보 유출과 수익성 저하를 줄이는 데 필요한 것보다 훨씬 더 복잡할 수 있다.

기본 가정/관계의 변화로 인한 이익 감소

모든 트레이딩 시그널 및 트레이딩 전략은 시장 참여자 행동에 대한 가정, 다른 자산 클래스와 다른 거래 수단 간의 상호 작용 및 관계에 대한 가정과 같은 특정 기본 가정 위에 구축된다. 기본 트레이딩 전략을 세울 때 20일과 40일 같은 파라미터가 우리의 거래 수단에 적합하다는 기본 가정에 의존했다. 변동성 조정 트레이딩 전략, 경제 지표 발표 기반 트레이딩 전략, 페어 트레이딩 전략, 통계적 차익 거래 전략과 같은 정교한 트레이딩 전략에 대해서 변동성 측정과 거래 상품의 관계, 경제 지표 발표와 경제에 미치는 영향, 거래 상품의 가격 변동에 대한 더 많은 기본 가정이 존재한다.

페어 트레이딩 및 통계적 차익 거래 전략은 다른 거래 수단 간의 관계와 시간이 지남에 따라 이 관계가 어떻게 진화하는지에 대한 가정을 한다. 통계적 차익 거래 전략을 다뤘을 때 논의한 바와 같이 이러한 관계가 무너질 때 전략은 더 이상 수익성이 없어진다. 트레이딩 시그널과 알고리즘 트레이딩 전략을 구축할 때 수익성을 내고자 특정 트레이딩 시그널과 특정 트레이딩 전략이 의존하는 기본 가정을 이해하고 염두에 둬야 한다. 시장 상황과 참여자들은 항상 변화하기 때문에 트레이딩 전략들이 처음에 라이브 시장에 구축되고 배치되었을 때의 가정은 더 이상 특정 시간 동안 또는 미래에 유효하지 않을 수 있다.

이러한 상황이 발생하면 예상대로 수행되지 않는 전략을 감지, 분석, 이해하는 능력이 중요하다. 또한 다양한 트레이딩 시그널 및 트레이딩 전략을 갖는 것이 중요하다. 중복되지 않는 기본 가정으로 다양한 트레이딩 시그널 및 전략이 충분하지 않다면 거래는 완전히 망할 수 있다. 그리고 그 가정이 결코 사실이 될 수 없다면 그대로 알고리즘 트레이딩 전략 사업의 마지막이 될 수도 있다. 요약하면 트레이딩 전략의 기본 가정이 더 이상 작동하지 않는 상황을 다루는 유일한 방법은 더 이상 작동하지 않는 기간을 감지하고 이해할 수 있는 능력을 갖고, 여러 상이한 시장 상황과 변화하는 참여자에 걸쳐 실행될 수 있는 다양한 종류의 트레이딩 시그널 및 전략을 갖는 것이다.

계절적 이익 감소

'기본 가정/관계의 변화로 인한 이익 감소' 절에서는 알고리즘 트레이딩 전략에 여러 가지 기본 가정이 어떻게 적용되는지를 이야기했다. 그중에서 다룬 개념인 계절성은 트레이딩 전략의 수익성을 지배하는 가정이다. 많은 자산 군의 경우 가격 변동, 변동성, 다른 자산 군과의 관계 및 예상되는 행태는 상당히 예측 가능하게 변한다. 트레이딩 시그널과 트레이딩 전략은 계절적 요인으로 인한 차이를 설명하고, 그에 따라 조정 및 적응해야 한다. 그렇지 않으면 수익성은 시간이 지남에 따라 변할 수 있으며, 예상 성과에 미치지 못할 수 있다. 장기적인 알고리즘 트레이딩 전략 사업을 구축하고 운영할 때 관련된 계절성 요인과 트레이딩 전략 성과에 미치는 영향을 올바르게 이해하는 것이 중요하다.

계절적 이익 감쇠를 피하고자 정교한 시장 참여자들은 계절적 시장 조건과 서로 다른 계약 간 관계를 감지하고 적응하려는 특별한 트레이딩 시그널과 전략을 갖고 있어서 계절적 추세를 통해 수익성 있게 거래할 수 있다. 계절적 이익 감쇠는 행태 및 교차 자산 관계에서 계절적 경향이 있는 자산 클래스 및/또는 거래 수단을 다루는 트레이딩 전략의 정상적인 부분이며, 수익성을 극대화하고자 계절적 추세를 이해하고 관리하는 데 많은 양의 데이터를 수집하고 분석을 구축하는 것이 중요하다.

시장 조건과 시장 참여자 변화에의 적응

이제까지 시간이 지남에 따라 또는 시장 참여자의 행태 또는 시장 상황의 변화 때문에 알고리즘 트레이딩 전략의 수익성이 쇠퇴하는 다양한 요인 살펴봤다. '시장 조건과 시장 참여자 변화에의 적응' 절에서는 알고리즘 트레이딩 전략의 장기 수익성을 유지하고 조건을 유지하는 데 가능한 접근 방법과 솔루션을 살펴보겠다.

트레이딩 시그널 딕셔너리/데이터베이스 구축

'계절적 이익 감소' 절에서는 트레이딩 시그널의 예측력이 시간이 지남에 따라 소멸됐기 때문에 수익성 있는 트레이딩 전략이 중단되는 요인을 논의했다. 이는 파라미터 최적화 부족, 다른 시장 참여자의 발견, 기본 가정 위반 또는 계절적 추세로 인해 발생하는 것을 포함한다. 트레이딩 시그널 최적화와 파이프 라인이 어떻게 생겼는지를 살펴보기 전에 트레이딩 시그널 딕셔너리/데이터베이스라고 부르는 계량적 리서치 플랫폼의 중요한 한 요소를 알아본다. 이 구성 요소는 수년간의 데이터에 걸쳐 서로 다른 트레이딩 시그널 및 다른 트레이딩 시그널 파라미터 세트의 통계를 포함하는 대형 데이터베이스다.

이 데이터베이스에 포함된 통계는 주로 시그널의 예측 기간에 대한 시그널의 예측 능력을 포착하는 통계다. 시그널의 예측 능력을 포착하는 척도의 간단한 예는 트레이딩 시그널 값과 트레이딩 시그널이 의도하는 거래 상품의 가격 변동과의 상관관계일 수 있다. 다른 통계는 즉 트레이딩 시그널이 얼마나 일관성 있게 일정 기간 동안 유지되는지를 나타내는 일간 예측력의 분산으로, 트레이딩 시그널이 시간에 따라 크게 변하는지 확인할 수 있다.

이 데이터베이스에는 모든 〈시그널, 시그널 입력 수단, 시그널 파라미터〉 튜플tuple에 대해 서로 다른 시간대에 하루에 하나의 항목 또는 하루에 여러 개의 항목이 있을 수 있다. 알다시피 이 데이터베이스는 매우 커질 수 있다. 정교한 알고리즘 트레이딩 시장 참여자는 종종 시장 데이터가 매일 추가될 때마다 이 데이터베이스에 항목을 계산하고 추가하는 복잡한 시스템뿐만 아니라 수천 개의 트레이딩 시그널 변형에 대해 수년 전으로 거슬러 올라가는 데이터베이스 결과를 갖는다. 이런 데이터베이스를 갖는 주요 이점은 시장 상황이 변할 때 이 데이터베이스를 쿼리해 상이한 시장 상황에서 어떤 트레이딩 시그널, 시그널 입력, 시그널 파라미터 세트가 다른 트레이딩 시그널보다 우수한지를 이해하고 분석하는 것이 매우 쉽다는 점이다. 이것은 현재 시장 상황에서 왜 특정 시그널이 제대로 작동하지 않는지를 분석하고, 어느 것이 더 좋은 성과를 보일지를 알게 해 관찰을 기반으로 새롭고 다양한 트레이딩 전략을 세울 수 있게 한다.

다양한 방식으로 포괄적인 트레이딩 시그널 딕셔너리/데이터베이스에 액세스함으로써 훈련 및 테스트 히스토리에서 개별적으로 트레이딩 시그널 성과를 비교해 시그널 성과가 역사적 기대에서 벗어나고 있는지 파악하게 하고, 이에 따라 변화하는 시장 조건/참여자를 빠르게 감지할 수 있다. 또한 과거의 시그널 성과에 대한 데이터베이스를 신속하게 쿼리해 다른 시그널이 도움이 되거나 더 잘 작동했는지 확인할 수 있도록 함으로써 변화하는 시장 조건/참여자에게 적응할 수 있도록 도와준다. 또한 이는 동일한 거래 수단에 대해 입력되었지만, 다른 트레이딩 시그널 파라미터를 가지는 동일한 트레이딩 시그널이 라이브 트레이딩에 사용되는 현재 파라미터 세트보다 더 성과가 좋지 않았을까 하는 질문에 답변한다.

서로 다른 트레이딩 시그널, 시그널 수단 입력, 시그널 파라미터, 시그널 예측 기간, 수년간의 틱 데이터 기간에 걸친 결과를 계산한 다음 이를 체계적인 방식으로 저장하는 리서치 플랫폼 구성 요소에 투자하면, 알고리즘 트레이딩 전략이 라이브 시장에 배치돼 변화하는 시장 조건에서 이익이 감소하더라도 전략의 트레이딩 시그널 이익을 감소시키는 많은 요소를 이해하는 데 도움이 될 수 있다.

트레이딩 시그널 최적화

'트레이딩 시그널 딕셔너리/데이터베이스 구축' 절에서 시장 상황과 시장 참여자가 시간이 지남에 따라 진화한다고 가정할 때 정적 입력을 가진 트레이딩 시그널이 지속적으로 수익성 있는 결과를 제공할 수 없다고 논의했다. 또한 시간이 지남에 따라 서로 다른 트레이딩 시그널에 대한 결과를 지속적으로 계산하고 저장할 수 있는 큰 계량 시스템이 어떻게 이 문제를 처리하는 데 도움이 될 수 있는지 봤다. 정교한 알고리즘 트레이딩 사업의 무기고의 일부가 돼야 하는 또 다른 구성 요소는 기존 트레이딩 시그널을 취하고, 매우 많은 수의 입력 상품 및 파라미터 조합을 구축한 다음 특정 기간 동안 서로 다른 예측 기간을 가진, 유사하지만 약간 다른 트레이딩 시그널의 모집단에 대해 최적화를 시도하고, 결과를 요약해 최상의 것을 찾게 하는 데이터 마이닝/최적화 시스템이다. 본질적으로 이것은 이전에 논의한 트레이딩 시그널 딕셔너리/데이터베이스 설정과 유사하지만, 여기서의 목적은 리서처researcher가 수동으로 제공할 필요가 없는 시그널의 변형을 구축하고 시도해 직관적/수동으로 얻을 수 있는 것보다 더 나은 변형을 찾고자 하는 것이다.

이것은 종종 리서처가 트레이딩 시그널과 파라미터가 직관적으로 작동해야 한다고 믿는 것과 실제로 최적인 것 사이의 간격을 메우는 데 필요하며, 그렇지 않으면 간과했을 트레이딩 시그널, 입력, 파라미터 조합을 발견하는 데 도움이 된다. 이 시스템은 서로 다른 시그널 및 파라미터 값의 순열에 대한 그리드 검색과 같은 비교적 간단한 방법과 관계되거나 선형 최적화, 확률적 경사 하강, 볼록 최적화, 유전자 알고리즘 또는 심지어 비선형 최적화 기법의 최적화 기법에 연관될 수 있다. 이것은 트레이딩 시그널, 파라미터 순열 생성기, 시그널 평가기, 시그널 예측 능력의 계량적 측정, 시그널 성과 요약 알고리즘, 그리드 검색 방법, 아마도 고급 최적화 구현과 트레이딩 시그널 성과에 대한 요약 통계를 분석하고 시각화하는 구성 요소와 같은 많은 하위 구성 요소가 있는 매우 복잡한 시스템이다.

그러나 이는 변화하는 시장 상황에 능동적으로 적응하고 적응하며 수익성을 유지하고, 우리가 시작한 것보다 더 나은 트레이딩 시그널을 찾을 수 있도록 함으로써 시간이 지남에 따라 심지어 수익성을 증가시키도록 함으로써 라이브 트레이딩 시장에 배치된 후 트레이딩 시그널 붕괴를 방지하는 데 도움이 되는 중요한 최적화 플랫폼/시스템이다. 고급 시장 참여자는 대규모 확장 가능한 클라우드/클러스터 컴퓨팅 시스템에 투자해 24시간 내내 이러한 최적화를 실행해 더 나은 시그널을 찾는다.

예측 모델 최적화

현대 전자 거래 거래소에서 대부분의 트레이딩 전략은 단일 트레이딩 시그널을 사용한다. 일반적으로 단일 트레이딩 전략 내에서 최소 수백 개의 트레이딩 시그널을 사용한다. 이러한 트레이딩 시그널은 수많은 복잡한 방식으로 서로 상호작용하기 때문에 상호작용을 이해, 분석, 최적화하기가 어려운 경우가 많다. 때때로 트레이딩 시그널은 복잡한 머신러닝 모델을 통해 서로 상호작용하므로 가능한 모든 상호작용을 직관적으로 이해하기가 더 어려워진다.

선형 대수, 미적분, 확률, 통계의 복잡한 원리와 방법을 사용해 더 큰 검색 공간에서 트레이딩 시그널을 분석하는 방법과 유사하게 트레이딩 전략을 위한 유사한 시스템도 필요하다. 이 시스템은 서로 다른 트레이딩 시그널 사이의 가능한 상호작용의 넓은 공간에서 테스트하고, 상호작용을 최적화해 최적의 트레이딩 시그널 조합 모델을 찾을 수 있어야 한다. 트레이딩 시그널을 최적화하는 데 사용할 수 있는 많은 기술이 때로는 트레이딩 시그널의 조합을 최적화하는 데 직접 사용될 수도 있다. 그러나 단지 이해해야 할 것은 여기서의 검색 공간의 크기는 최종 트레이딩 모델에서 결합되는 트레이딩 시그널 수의 함수라는 것이다.

또 다른 고려 사항은 개별 트레이딩 시그널의 조합인 예측 모델을 최적화하는 데 사용되는 최적화 방법이다. 트레이딩 시그널이 많은 복잡한 방법의 경우 이 복잡성은 기하급수적으로 증가하고, 매우 빠르게 지속할 수 없게 된다. 정교한 계량 트레이딩 회사는 대규모 클라우드/클러스터 컴퓨팅 시스템, 스마트 병렬화 파이프 라인, 초고효율 최적화 기술을 조합해 대규모 데이터셋으로 예측 모델을 지속적으로 최적화한다. 다시 말하지만 이것은 모두 변화하는 시장 상황 및 거래 참여자를 다루고자 하고, 거래 수익성을 극대화하려고 항상 최적의 시그널 및 시그널 조합을 갖고자 하는 노력의 일환이다.

예측 전략 파라미터 최적화

트레이딩 시그널에는 출력/행태를 제어하는 입력 파라미터가 있다. 마찬가지로 트레이딩 시그널의 조합인 예측 모델에는 트레이딩 시그널이 서로 상호작용하는 방식을 제어하는 가중치/계수/파라미터가 있다. 마지막으로 트레이딩 전략은 또한 트레이딩 시그널, 예측 모델, 실행 모델을 함께 작동시켜 들어오는 시장 데이터에 반응해 주문 흐름을 거래소에 보내는 방법, 포지션 시작 및 관리 방법, 실제 트레이딩 전략의 행태를 제어하는 많은 파라미터를 가진다. 이것은 최종 트레이딩 전략으로 백테스트 후 라이브 시장에 배치된다.

이미 잘 알고 있는 트레이딩 전략의 맥락에서 이것을 논의해 보자. 예를 들어, 5장, '고급 알고리즘 전략'에서 살펴본 트레이딩 전략에는 매수/매도 입력에 대한 임계값, 초과 거래를 제어하기 위한 임계값, 이익/손실을 고정하기 위한 임계값, 포지션 증가/감소를 제어하는 파라미터 및 전략의 거래 행동을 전체적으로 제어하는 파라미터/임계값을 제어하는 변동성 조정 동적 파라미터와 정적 파라미터가 있었다. 상상할 수 있듯이 트레이딩 시그널 또는 예측 모델 자체가 변하지 않더라도 서로 다른 트레이딩 전략 파라미터 세트는 PnL

측면에서와 또한 트레이딩 전략이 기꺼이 취할 위험 노출 측면에서 크게 다른 거래 결과를 초래할 수 있다.

이를 또 다르게 생각하면 개별 트레이딩 시그널이 미래 시장 가격 변동의 견해를 제공하는 반면, 예측 모델은 서로 다른 견해를 가진 다양한 트레이딩 시그널을 결합해 미래/예상 시장 가격 변동에 대한 최종 의견을 제시한다고 할 수 있다. 마지막으로 트레이딩 전략은 예측을 취하고 이를 거래소로 나가는 주문 흐름으로 전환해 예측된 가격 변동을 실제 달러로 변환하는 식으로 거래를 수행하고 포지션 및 위험을 관리하며, 이것이 모든 알고리즘/계량 트레이딩 전략의 최종 목표다.

트레이딩 전략 파라미터는 트레이딩 시그널 및 예측 모델을 최적화하고자 유사한 인프라, 구성 요소, 방법을 사용해 최적화된다. 단, 차이점은 여기서의 최적화 목적이 트레이딩 시그널 및 예측 모델을 평가하는 데 사용되는 예측 능력 대신 PnL 및 위험이라는 것이다. 지속적으로 트레이딩 전략 파라미터를 평가하고 최적화하는 것은 변화하는 시장 상황/참여자에 적응하고, 지속적으로 수익성을 유지하는 데 있어 중요한 단계다.

새로운 트레이딩 시그널 연구

기존 트레이딩 시그널에 대한 이익 쇠퇴의 영향과 원인과 새로운 트레이딩 시그널을 연구하고 구축하는 측면에서 새로운 트레이딩 우위/장점의 원천을 지속적으로 탐색하는 것의 중요성을 상당히 자세히 논의했다. 언급한 바와 같이 많은 시장 참여자는 이를 달성하고자 풀타임으로 새로운 트레이딩 시그널을 구현하고 검증하는 전체 계량적 리서치 팀을 보유하고 있다. 새로운 트레이딩 시그널 또는 알파를 찾는 것은 매우 어려운 작업이며, 잘 구조화되거나 잘 알려진 프로세스가 아니다.

새로운 트레이딩 시그널 아이디어는 손실 기간 검사 또는 해당 기간 동안의 시장 데이터 및 시장 데이터, 시장 참여자, 트레이딩 시그널, 트레이딩 전략 간의 상호작용의 검사를 통해 라이브 트레이딩 분석으로부터 도출된다. 이 검사/분석에서 관찰되고 이해되는 것에 기초해 새로운 트레이딩 시그널은 손실이 나는 포지션을 피하고, 포지션의 손실 규모를 감소시키거나, 더 많은 이익이 나는 포지션을 산출하거나, 이익 포지션의 규모를 증가시키는 데 도움이 될 것으로 보이는 것에 기초해 개념화된다. 이 시점에서 새로운 트레이딩 시그널은 뒷받침할 계량적 연구 또는 증거가 없는 단지 아이디어일 뿐이다. 다음 단계는 트레이딩 시그널을 구현하고, 트레이딩 시그널에 의해 출력된 값은 트레이딩 시그널 데이터베이스 절에서 논의한 것과 유사한 예측 능력을 이해하고자 조정 및 검증된다.

새로 개발된 트레이딩 시그널이 잠재적/예측 능력을 보여 주는 것 같으면 프로토타이핑 단계를 통과하고 트레이딩 시그널 최적화 파이프 라인으로 전달된다. 대부분의 트레이딩 시그널은 프로토타입 단계를 넘지 못하며, 이는 새로운 트레이딩 시그널을 개발하는 것을 매우 어렵게 만드는 요소 중 하나다. 직관적인 의미가 반드시 유용하고 예측 가능한 트레이딩 시그널로 변환되는 것은 아니다. 또는 새로 개념화된 트레이딩 시그널이 이미 개발된 시그널과 예측 능력이 상당히 유사한 것으로 판명되면 이 경우 새로운 예측 능력을 제공하지 않기 때문에 제거된다. 그것이 최적화 단계에 이르면 새로 개발된 트레이딩 시그널의 가장 좋은 변형을 찾고, 이를 예측 모델에 추가하는 단계로 전달한다. 여기에서 이는 기존의 다른 트레이딩 시그널과 상호작용한다. 새로운 트레이딩 시그널을 다른 예측 트레이딩 시그널과 결합해 다른 것보다 좋은 최종 예측 모델을 찾는 올바른 방법을 찾기 전에 긴 시간과 많은 반복 시행이 필요할 수 있다. 이 단계 이후 새로운 트레이딩 시그널은 최종 평가 전에 또 다른 평가 및 최적화를 거친 전략 파라미터를 가진 최종 트레이딩 전략에서 사용된다. 여기서 새로운 트레이딩 시그널의 추가가 트레이딩 전략의 수익성을 향상시키는지 결정하려는 것이다.

새로운 트레이딩 시그널을 브레인스토밍해 수익성을 향상시킬 수 있는 최종 트레이딩 전략으로 만드는 데 얼마나 많은 시간과 자원을 투자해야 하는지 봤다. 새로운 트레이딩 시그널은 많은 중간 검증 및 최적화 단계를 통과하고, 기존의 잘 알려진 다른 트레이딩 시그널과 경쟁한 다음, 트레이딩 전략의 수익성 거래 능력에 새로운 가치를 추가해 PnL을 개선하는 방식으로 다른 트레이딩 시그널과 상호작용해야 한다. 여러 가지 면에서 새로운 트레이딩 시그널은 진화와 자연 선택과 매우 유사한 생존 파이프 라인을 거쳐야 한다. 최고의 트레이딩 시그널만 살아남아 트레이딩 전략에 도달하고, 다른 것들은 제거된다. 이

것이 새로운 트레이딩 시그널 개발을 어렵게 만들고, 성공 확률이 매우 낮은 작업으로 만든다. 그러나 모든 알고리즘 트레이딩 사업이 경쟁력을 유지하고 수익성을 유지하려면 새로운 트레이딩 시그널을 조사하는 것이 필수적이며, 최고의 퀀트quant를 알고리즘/계량 트레이딩 사업에서 가장 많이 찾는 직원으로 만든다.

신규 트레이딩 전략 확대

경쟁력을 유지하고 오랜 기간 동안 수익성을 유지하는 알고리즘 트레이딩 사업을 구축하고자 지속적으로 새로운 트레이딩 시그널을 연구하고 생성하는 것이 중요한 이유와 마찬가지로 현재 존재하고 라이브 시장에서 실행되는 트레이딩 전략에 가치를 더하는 새로운 트레이딩 전략을 구축하고자 노력해야 한다. 여기서의 아이디어는 트레이딩 전략 수익성이 트레이딩 시그널 및 트레이딩 전략 붕괴, 경쟁 시장 참여자에 의한 개선에 이르기까지 많은 요인에 의해 영향을 받기 때문에 특정 전략에 대한 기본 가정에 영향을 미치는 시장 상황의 변화는 더 이상 적용되지 않을 수 있다는 것이다. 기존 트레이딩 전략 시그널 및 실행 파라미터를 지속적으로 최적화하는 것 외에도 장기적으로 수익을 창출하지만, 다른 행태를 보이는 새로운 상관관계가 없는 트레이딩 전략을 추가하는 데 리소스를 투자해야 한다. 이들 새로운 전략은 일부 트레이딩 전략이 시장 상황이나 계절적 측면으로 인해 수익성이 저하되거나 수익성이 저하되는 기간을 거치게 될 가능성에 대해 반작용한다.

중첩되지 않는 예측력을 추가하고자 다른 트레이딩 시그널과 상호작용하는 새로운 트레이딩 시그널을 연구하고 구축하는 것과 마찬가지로, 중첩되지 않는 이익 원천을 추가하고자 기존의 다른 트레이딩 전략과 상호작용하는 새로운 트레이딩 전략을 구축해야 한다. 새로 개발된 트레이딩 전략은 다른 트레이딩 전략이 돈을 잃을 수 있는 기간 동안 돈을 버는 것이 중요하며, 새로 개발된 트레이딩 전략은 다른 트레이딩 전략이 돈을 잃을 때도 돈을 잃지 않는 것이 중요하다. 이를 통해 다양한 트레이딩 시그널, 시장 상황, 시장 참여자, 거래 수단 간의 관계, 계절적 측면에 의존하는 다양한 트레이딩 전략 풀을 구축할 수 있다. 핵심은 충분히 지능형인 트레이딩 전략을 실행시키려는 목표와 동시에 라이브 시장에 배치할 수 있는 다양한 가용 트레이딩 전략 풀을 구축하는 것이다. 이는 트레이딩 전략이 서로 다른 시그널/조건/가정을 기반으로 하기 때문에 모든 거래의 동시 붕괴로 인한 알고리즘 트레이딩 사업의 상당한 이익 감소 및 완전 폐쇄 가능성이 낮아서 시장 참여자/조건 변경을 다루는 데 도움이 된다.

앞에서 다룬 상호보완하는 트레이딩 전략에는 흔히 추세/돌파 시장에 대해 상반되는 의견을 가지는 평균 회귀 전략과 결합된 추세 추종 전략이 포함된다. 약간 덜 직관적인 쌍은 페어 트레이딩 및 통계적 차익 거래 전략이다. 하나는 다른 거래 수단 보유와 다른 거래 수단 간의 공선형co-linear 관계에 의존하고, 또 다른 하나는 서로 다른 거래 수단 사이의 상관 관련 리드-래그 관계가 성립함에 의존하기 때문이다. 이벤트 기반 트레이딩 전략의 경우 평균 회귀 베팅뿐만 아니라 추세 추종 베팅을 동시에 갖고 배치하는 것이 좋다. 보다 복잡한 시장 참여자는 보통 여러 거래소에서 거래되는 서로 다른 자산 클래스에 배치된 서로 다른 트레이딩 시그널 및 파라미터를 가진 모든 트레이딩 전략의 조합을 가진다. 따라서 그들은 매우 다양한 범위의 트레이딩 노출을 항상 유지한다. 이를 통해 트레이딩 시그널 및 트레이딩 전략의 수익 감소 문제를 해결하고 위험 대비 보상을 최적화할 수 있다. 다음 절에서 더 자세히 살펴보겠다.

포트폴리오 최적화

'신규 트레이딩 전략 확대' 절에서 서로 다른 트레이딩 시그널에 의존하는 다양한 트레이딩 전략 세트의 장점을 논의했다. 여기서 각 트레이딩 전략은 자체적으로 수익성이 있지만, 각각의 성과는 시장 상황, 시장 참여자, 자산 클래스, 기간에 따라 약간 다르며, 이들 대부분 서로 관련이 없다. 요약하자면 장점은 변화하는 시장 상황/참여자에 대한 더 큰 적응성과 전체 포트폴리오에 대한 더 나은 위험 대 보상 프로파일이다. 이는 라이브 트레이딩 시장에 배치된 전체 트레이딩 전략 포트폴리오에서 매우 큰 손실을 초래할 수 있는 모든 전략이 동시에 돈을 잃는 경우를 방지하기 때문이다. 다양한 트레이딩 전략이 있다고 가정해 보자. 각 트레이딩 전략에 할당할 위험 정도를 어떻게 결정할 것인가? 그것은 포트폴리오 최적화로 알려진 연구 분야이며, 이에 관련된 여러 가지 방법을 이해하려면 책 한 권이 필요할 것이다.

포트폴리오 최적화는 알고리즘/계량 트레이딩을 위한 고급 기술이므로 여기서 자세히 다루지 않는다. 포트폴리오 최적화는 서로 다른 위험 보상 프로파일을 가진 서로 다른 트레이딩 전략을 결합해 전체 포트폴리오에 대해 최적의 위험 보상을 제공하는 트레이딩 전략 포트폴리오를 형성한다. 최적의 위험 보상은 위험을 최소화하면서 최대한의 수익을 제공한다는 뜻이다. 분명히 위험과 보상은 반비례하므로 여러 포트폴리오에 걸쳐 기꺼이 취할 위험의 양에 대한 최적의 보상을 찾은 다음, 기꺼이 취할 최대 위험을 존중하면서 포트폴리오의 총 보상을 최대화하는 포트폴리오 배분을 찾는다. 일반적인 포트폴리오 최적화 방법을 살펴보고 상이한 배분 방법에 따라 배분이 어떻게 달라지는지 살펴보자.

간략하게 하고자 여러 포트폴리오 배분 기법의 구현 세부 사항은 여기에서 생략됐지만, 관심이 있으면 다양한 방법을 구현하고 비교하는 프로젝트에 대한 https://github com/sghoshusc/stratandport를 확인하자. 이는 12개의 선물 계약에 적용되는 평균 회귀, 추세 추종, 통계적 차익 거래 및 페어 트레이딩 전략을 사용하고, 여기서 논의한 방법을 사용해 최적의 포트폴리오를 구축한다. cvxopt 패키지와 함께 python3을 사용해 마코위츠Markowitz 배분을 위한 볼록 최적화를 수행하고, scikit learn을 사용해 국면 예측 배분regime predictive allocation을 수행하고, matplotlib을 사용해 시각화를 수행한다.

균등 위험 배분

균등 위험 배분uniform risk allocation은 이해하기 가장 쉬운 포트폴리오 배분/최적화 방법이다. 기본적으로 전체 포트폴리오에 대해 허용되거나 기꺼이 취할 수 있는 총 위험을 취해 사용할 수 있는 모든 트레이딩 전략에 균등하게 분배한다. 직관적으로 라이브 트레이딩 시장에 배치된 어떤 것도 없으므로 트레이딩 전략에 대한 과거 실적 기록이 없을 때 좋은 출발점 또는 기준선 배분 방법이다. 그러나 실제로 이것은 거의 사용되지 않다.

PnL 기반 위험 배분

PnL 기반 위험 배분PnL based risk allocation은 아마도 가장 직관적인 포트폴리오 배분/최적화 기법일 것이다. 이는 라이브 트레이딩 내역이 없을 때 동일한 양의 위험으로 사용할 수 있는 모든 트레이딩 전략을 시작한다고 말한다. 그런 다음 시간이 지남에 따라 각 트레이딩 전략의 평균 성과를 기반으로 포트폴리오 배분 금액을 재조정한다.

매월 트레이딩 전략 포트폴리오를 재조정하고 싶다고 가정해 보자. 월말마다 포트폴리오에 있는 모든 트레이딩 전략의 월 평균 PnL을 살펴보고, 다음 달에는 모든 트레이딩 전략이 월 평균 성과에 비례해 위험을 얻는다. 최고 성과 전략들은 가장 큰 위험을 받고, 최악 성과 전략은 가장 작은 위험을 배분받는다. 이것은 직관적으로 이해되며 흔히 포트폴리오 배분이 수행되는 방식이다. 역사적 성과를 미래의 성과를 위한 프록시로 사용한다. 이는 항상 사실이 아니지만 좋은 출발이다.

그러나 상이한 트레이딩 전략이 상이한 종류의 위험을 취하고, 더 안전한 트레이딩 전략이 더 변동성이 큰 트레이딩 전략을 선호해 더 작은 위험을 배분받을 수 있다. 이 배분 방법은 또한 상이한 전략 간의 수익률 상관관계를 고려하지 않아 포트폴리오 수익률에 매우 큰 변동성을 초래하도록 상이한 트레이딩 전략에 위험을 배분할 수 있다.

여기서 흥미로운 점은 최고의 역사적 성과를 가진 전략이 대부분의 위험 배분을 받도록 귀결된다는 것이다. 또한 다른 전략들만큼 성과를 못 내는 전략들은 점차 위험을 매우 적은 양으로 줄이는데, 흔히 거기서 다시 회복하지 못한다.

손익-샤프 기반 위험 배분

손익-샤프 기반 위험 배분PnL-sharpe-based risk allocation은 PnL 기반 위험 배분보다 한 단계 앞서 있다. 변동성이 큰 수익률이라고도 하는 PnL 변동이 큰 트레이딩 전략에 불이익을 주고자 역사적 수익률 표준편차로 정규화된 평균 PnL을 사용한다.

이 배분 방법은 변동성이 큰 포트폴리오 구축을 피하는 문제를 해결한다. 그러나 여전히 다양한 트레이딩 전략 간의 수익률 상관관계를 설명하지 않으므로 개별 트레이딩 전략에는 우수한 위험 조정 PnL이 있지만, 포트폴리오 전체가 변동성이 큰 포트폴리오를 구축할 수 있다.

최고의 성과를 가진 트레이딩 전략은 여전히 개별 PnL 기반 배분에서 본 것과 유사하게 가장 큰 수익을 창출한다. 그러나 다른 트레이딩 전략은 여전히 총 배분 금액의 상당 부분을 차지한다. 배분 방법에 위험을 고려할 때 많은 돈을 버는 전략조차도 PnL에 따라 수익의 변동성이 증가하므로 큰 배분을 받지 않게 될 수도 있기 때문이다

마코위츠 배분

마코위츠Markowitz 포트폴리오 배분은 현대 알고리즘/계량 트레이딩에서 가장 잘 알려진 포트폴리오 배분 방식 중 하나이며, 현대 포트폴리오 이론을 기반으로 한다. 여기서 아이디어는 포트폴리오의 모든 트레이딩 전략의 수익 간에 공분산을 취하고 포트폴리오 수익을 극대화하면서 포트폴리오 변동을 최소화하고자 개별 트레이딩 전략에 위험을 배분할 때 이를 고려하는 것이다. 볼록 최적화 문제이며 잘 알려져 있고 잘 이해가 된 많은 해를 푸는 기법이 있다. 주어진 포트폴리오 분산의 상이한 위험 수준에 대해 포트폴리오 내의 트레이딩 전략에 대한 최적 배분의 커브인 이른바 효율적인 경계 곡선efficient frontier curve을 구축함으로써 포트폴리오 수익을 극대화할 수 있는 최상의 배분 체계를 찾을 수 있다. 여기에서 위험 선호가 커지거나 줄어짐에 따라, 더 많은 거래일로 더 많은 전략 결과를 얻을 수 있음에 따라, 재조정된 효율적 경계를 사용해 포트폴리오를 재조정rebalance하는 것은 간단한다.

마코위츠 배분에 대해서 다음을 명시할 수 있다.

- 배분은 상관관계가 없는 수익이 있는 전략에 위험이 배분되도록 해 포트폴리오의 다양한 트레이딩 전략의 다양성을 극대화하려고 한다.
- 다른 배분 방법에서는 성과가 떨어지는 전략에 대한 위험 배분이 0에 가까워졌지만, 여기서는 전략을 잃어도 할당이 된다. 이는 손실 전략이 돈을 버는 기간이 나머지 포트폴리오가 돈을 잃는 기간을 상쇄해 전체 포트폴리오 분산을 최소화하기 때문이다.

국면 예측 배분

국면 예측 배분regime predictive allocation은 최근 몇 년간 일부 고급 참여자가 사용한 기술이며, 여전히 활발히 연구되고 있는 기술이다. 다양한 경제 지표의 함수로 다양한 트레이딩 전략의 성과를 연구한 다음 현재 시장 상황에서 어떤 종류의 트레이딩 전략과 어떤 상품 그룹이 가장 잘 수행될 수 있는지 예측할 수 있는 머신러닝 예측 모델을 구축한다. 요약하면 국면 예측 배분 방법은 경제 지표를 현재 시장 체제에서 트레이딩 전략의 예상 성과를 예측하는 모델의 입력 특성으로 사용하고, 예측을 사용해 포트폴리오의 다른 트레이딩 전략에 할당된 배분의 균형을 맞춘다.

이 방법은 여전히 최고의 성과를 내는 전략에 가장 큰 위험을 할당하고 실적이 저조한 전략에 대한 할당을 줄일 수 있다. 다음 그림에서 이를 이제까지 다뤘던 모든 다른 배분 방법과 비교할 때 더 의미가 있을 것이다.

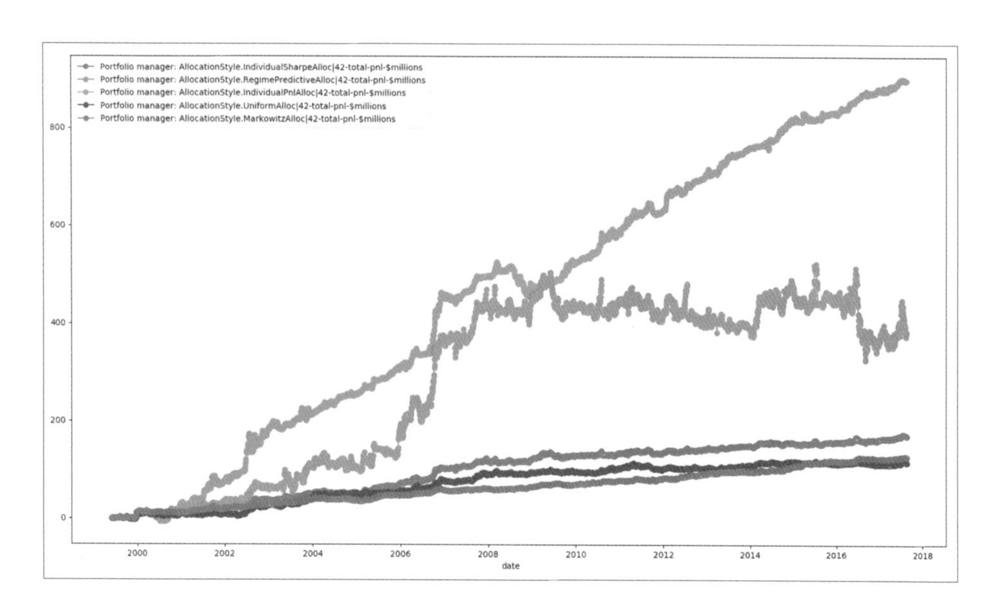

서로 다른 배분 방법을 서로 비교하면 몇 가지를 관찰할 수 있다.

첫 번째는 마코위츠 배분 방법이 분산이 가장 적고 꾸준히 수익이 증가한다는 것이다. 균등 배분 방법이 최악을 수행한다. 개별 PnL 기반 배분 방법은 실제로 약 $400,000,000의 누적 PnL로 매우 우수한 성과를 제공한다. 그러나 시각적으로 볼 때 어떤 식으로든 분산/위험을 고려하지 않기 때문에 직관적으로 예상할 수 있듯이 포트폴리오 성과가 크게 변동하므로 분산이 매우 크다는 것을 관찰할 수 있다. 국면 기반의 배분 방법은 누적 PnL이 약 $900,000,000인 다른 모든 배분 방법보다 훨씬 뛰어나다. 국면 기반 배분 방법은 분산이 매우 낮기 때문에 포트폴리오에 대해 매우 우수한 위험 조정 성과를 달성한다.

그래프에서 일일 평균 포트폴리오 성과와 포트폴리오 성과의 일일 표준편차를 비교해 다양한 배분 방법 포트폴리오 성과를 살펴보자. 이를 위해 각 전략 배분 방법이 위험 대 보상 곡선의 어디에 있는지 확인하고, 이를 확대해 다음과 같이 효율적인 경계를 찾을 수 있다.

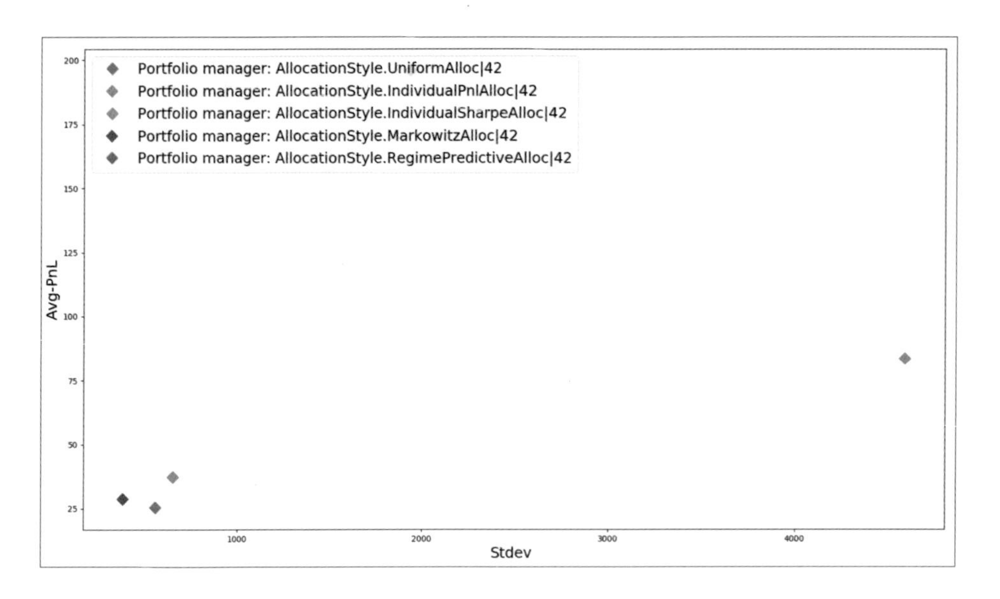

앞의 그래프에서 다음을 관찰할 수 있다.

- 평균 일일 PnL 및 일일 위험은 $1,000 단위다.
- 마코위츠 배분은 평균 PnL이 $25,000이고 위험이 $300,000인 가능한 최소 포트폴리오 위험/변동이 있음을 즉시 알 수 있다.
- 균등 위험 배분 방법은 포트폴리오 평균 PnL이 약 $20,000이지만, 최저 위험은 $500,000이다.

- 개별 PnL 배분의 평균 PnL은 $80,000이지만, 위험은 $4,700,000으로 매우 높기 때문에 실제로는 사용할 수 없다.
- 국면 예측 배분 방법의 평균 PnL은 $180,000으로 매우 높고 상대적으로 위험은 $1,800,000이므로 실제로 가장 유용한 배분 방법이며, 현재 연구 분야가 왜 활발한지 입증한다.

기술 진보 통합

이제 모범 사례best practice와 경쟁력 있는 시장 참여자 및 변화하는 시장 상황에 대처하는 방법의 마지막 절에 다다랐다. 논의한 바와 같이 알고리즘/계량 트레이딩은 주로 기술 사업이며, 수년에 걸친 기술의 발전은 알고리즘 트레이딩 사업에 큰 영향을 미치고 있다. 기술의 발전이 공개 호가 핏outcry pit에서 시작해서 가장 자동화되고, 최신 기술 지원을 받는 트레이딩에 이르기까지 현대식 전자 트레이딩을 처음부터 가능하게 했던 것이다. 더 빠른 거래 서버, 더 높은 처리량, 더 낮은 스위칭 지연 시간이 가능한 특수 네트워크 스위치, 네트워크 카드 기술, 커널 바이 패스 메커니즘의 발전, 심지어 FPGA[2] 기술로 이어지는 발전이 중요한 예다. 이로 인해 전자 트레이딩 비즈니스는 자동 거래 봇bot이 다른 자동 거래 봇과 거래하는 고빈도, 24시간 트레이딩 사업으로 발전했다.

하드웨어 향상뿐만 아니라 소프트웨어 개발 관행까지도 시간이 지남에 따라 발전했다. 이제 대규모 유능한 소프트웨어 엔지니어 팀이 확장 가능하고 매우 낮은 지연 시간 거래 시스템 및 트레이딩 전략을 구축하는 방법을 알아내고 있다. 이는 C, C++, 자바와 같은 저수준 및 고수준 프로그래밍 언어의 진화와 고도로 최적화된 코드를 생성할 수 있는 컴파일러의 개선을 결합해 지원된다. 둘 다 실제 거래 시장에 배치할 수 있는 거래 시스템 및 트레이딩 전략의 확장 성과 속도를 크게 개선했다.

'기술 진보 통합' 절을 요약하면 다음과 같다. 알고리즘 트레이딩 회사는 거래 비즈니스가 경쟁력을 유지하고자 기술 사용을 지속적으로 발전시켜야 한다. 만약 다른 시장 참여자가

2 설계 가능 논리 소자와 프로그래밍이 가능한 내부 회로가 포함된 반도체 소자 – 옮긴이

획기적인 기술에 액세스하면 적응 못하는 시장 참여자는 완전히 퇴출된다.

요약

10장에서는 알고리즘 트레이딩 시스템과 알고리즘 트레이딩 전략이 수개월, 수년의 개발 및 연구 후에 라이브 시장에 배치될 때 발생하는 상황을 살펴봤다. 기대에 따른 행태와 성과를 보이지 않는 것과 같은 라이브 트레이딩 전략과 관련된 많은 일반적인 문제가 논의됐으며, 이를 해결하기 위한 일반적인 원인과 가능한 해결책 또는 접근 방식을 제공했다. 이를 통해 라이브 시장에 알고리즘 트레이딩 전략을 구축 및 배치하려는 모든 사람이 이에 대한 준비를 할 수 있고, 예상대로 진행되지 않을 때 트레이딩 전략 구성 요소를 개선할 수 있는 지식을 갖출 수 있게 됐다.

일단 초기 트레이딩 전략이 예상대로 라이브 시장에서 전개되고 실행되면 알고리즘 트레이딩 비즈니스와 글로벌 시장의 일반적인 진화 특성을 논의한다. 다양한 이유 때문에 트레이딩 전략 자체와 외부 시장 참여자 및 외부 조건의 형태로 외부에서 수익성 있는 전략이 천천히 붕괴되는 많은 요인을 다뤘다. 또한 지속적으로 수익성을 유지하고자 지속적으로 수행해야 할 다양한 요소와 엄청난 양의 작업을 조사했다.

마치며

이제 현대 알고리즘 트레이딩 사업과 관련된 모든 구성 요소를 배웠다. 거래소와 엔드-투-엔드 알고리즘 트레이딩 설정과 관련된 모든 다른 구성 요소와 거래소와 상이한 시장 참여자 간의 상호작용에 정통해야 한다. 또한 거래소 매칭 엔진과 사용 가능한 시장 데이터를 통해 시장 참여자가 서로 상호작용하는 방식을 이해할 수 있어야 한다.

고급 머신러닝 방법뿐만 아니라 기존의 기술적 분석을 사용해 정보를 트레이딩 시그널에 통합하는 다양한 방법을 살펴봤다. 트레이딩 전략의 세부 사항과 이들이 트레이딩 시그널에서의 정보를 주문 흐름으로 변환해 수익을 창출하는 포지션과 위험을 관리하는 방법을 논의한 다음 더 많은 정보를 활용할 수 있는 정교한 트레이딩 전략을 살펴봤다. 엄격한 위험 관리 원칙, 위험 관리 시스템 구축, 트레이딩 전략 성과를 통해 시간에 따라 이를 조정하는 방법의 중요성을 다뤘다.

완전한 알고리즘 트레이딩 설정과 관련된 모든 인프라 구성 요소를 살펴봤다. 트레이딩 전략이 인프라 구성 요소 위에 있다는 것을 기억하자. 따라서 강력하고 빠르며 안정적인 시장 데이터 피드 핸들러, 시장 데이터 정규화 기제, 주문 게이트웨이는 수익성 있는 알고리즘 트레이딩 비즈니스의 핵심 요소이며, 간과해서는 안 된다.

백테스터의 내부 작업을 이해하고자 전체 장을 할애했으며, 계량적 자동 데이터 중심 트레이딩 전략의 또 다른 핵심 요소인 구축, 유지, 조정과 관련된 모든 문제를 조사했다. 마지막으로 트레이딩 전략이 라이브 시장에서 최종 채택될 때 예상할 사항과 이를 검사하는 방법을 알아야 한다.

알고리즘 트레이딩은 경쟁이 치열하고 보람 있는 사업이며, 세계에서 가장 똑똑한 사람들을 사로잡는다. 또한 트레이딩과 관련된 위험이 있으며, 지속적인 진화 상태에 있으므로 이 여행에는 많은 헌신, 힘든 일, 분석적 사고, 인내, 지속적인 혁신이 필요하다. 현대 알고리즘 트레이딩으로 여행을 떠나면서 여러분에게 최고의 행운을 기원한다!

| 찾아보기 |

ㅇ

ㅈ

S

T

U

V

W

Z

실전 알고리즘 트레이딩 배우기

파이썬으로 시작하는 알고리즘 트레이딩의 기초와 실전 전략

발 행 | 2021년 2월 26일

지은이 | 세바스티앙 도나디오 · 수라브 고쉬
옮긴이 | 이 기 홍

펴낸이 | 권 성 준
편집장 | 황 영 주
편 집 | 조 유 나
디자인 | 윤 서 빈

에이콘출판주식회사
서울특별시 양천구 국회대로 287 (목동)
전화 02-2653-7600, 팩스 02-2653-0433
www.acornpub.co.kr / editor@acornpub.co.kr

ISBN 979-11-6175-490-1
http://www.acornpub.co.kr/book/learn-algorithmic-trading

책값은 뒤표지에 있습니다.